八閩文庫

八閩文庫

要籍選刊

58

莊子鬳齋口義校注

[宋]林希逸 撰

周啓成 校注

海峽出版發行集團
THE STRAITS PUBLISHING & DISTRIBUTING GROUP
福建人民出版社

八閩文庫編纂委員會

八閩文庫編輯中心

主任

林彬

成員

鄧詩霞　劉亞忠　孫漢生　茅林立　宋一明　江中柱　史霄鴻
林頂　王金團　連天雄　江叔維　楊思敏　盧爲峰　張華金
林玉平　林濱　魏清榮　魏芳　莫清洋　陳楷根　祝玲鳳
曾子鳴　余明建　林淑平

八閩文庫編輯部

宋一明　連天雄　劉挺立　趙遠方　莫清洋　張輝蘭　陳慧子
李科　張煜傑

八閩文庫總序

葛兆光　張　帆

一

在傳統中國的文化史上，福建算是後來居上的區域。經歷了東晉、中唐、南宋幾次大移民潮，浙、閩之間的仙霞嶺，早已不是分隔内外的屏障，而成了溝通南北的通道。歷史使得福建越來越融入華夏文明之中，唐宋兩代，特別是在「背海立國」的宋代，東南的經濟發達，海洋的地位凸顯，福建逐漸從被文明中心影響的邊緣地帶，成爲反向影響全國文明的重要區域。在七世紀的初唐，詩人駱賓王曾説「龍章徒表越，閩俗本殊華」（駱臨海集箋注卷二晚憩田家，陳熙晉箋注，上海古籍出版社一九八五年，第三六頁），前一句説的是華夏的衣冠對斷髮文身的越人没有用，後一句説的是閩地的風俗本來就與華夏不同，意思都是瞧不起東南。但是，到了十五世紀的明代中期，黄仲昭在弘治八閩通志序裏卻説，八閩雖爲東南僻壤，但自唐以來文化漸盛，「至宋，大儒君子接踵而出」，實際上它的文明程度，已經「可以不愧於鄒魯」（四庫全書存目叢書史部一七七册，齊魯書社一九九六年，第三六四頁）。

的確，自從福建在唐代出了第一個進士薛令之，而且晉江有歐陽詹，福清有王棨，莆田有徐寅、黄滔這些傑出人物之後，到了更加倚重南方的宋代，福建出現了蔡襄（一〇一二—一〇六七）、陳襄（一〇一七—一〇八〇）、游酢（一〇五三—一一二三）、楊時（一〇五三—一一三五）、鄭樵（一一〇四—一一六二）、林光朝（一一一四—一一七八）、朱熹（一一三〇—一二〇〇）、蔡元定（一一三五—一一九八）、陳淳（一一五九—一二二三）、真德秀（一一七八—一二三五）等一大批著名文人士大夫。這些出身福建或流寓福建的士人學者，大大繁榮和提升了這裏的文化，甚至使得整個中國的文化重心逐漸南移，也許，就像程顥説的那樣「吾道南矣」（宋史卷四二八道學楊時傳，中華書局一九七七年，第一二七三八頁）。也就是説宋代之後，原本偏在東南的福建，逐漸成了中國重要的文化區域。

不過，習慣於中原中心的學者，當時也許還有偏見。以來自中心的偏見視東南一隅的福建，那時福建似乎還是「邊緣」。雖然人們早已承認福建「歷宋逮今，風氣日開」

（黄虞稷閩小紀序，撰於康熙五年，續修四庫全書史部七三四册，上海古籍出版社二〇〇二年，第一二七頁），但有的中原士人還覺得福建「僻在邊地」。像北宋樂史的太平寰宇記，一面承認「此州（福州）之才子登科者甚衆」，一面仍沿襲秦漢舊説，稱閩地之人「皆蛇種」，並引十道志説福建「嗜欲、衣服，别是一方」（樂史太平寰宇記卷一〇〇江南東道一二，中華書局二〇〇七年，第一九九一頁）。所以，歷史上某些關於福建歷史、文化和風俗的著作，似乎還在以中原或者江南的眼光，特别留心福建地區與核心區域不同的特異之處，筆下一面凸顯異域風情，一面鄙夷南蠻鴃舌。但是從大的方面説，我們看到宋代以降，實際上福建與中原的精英文化越來越趨向同一，正如宋人祝穆方輿勝覽所説，「海濱幾及洙泗，百里三狀元」，前一句裏所謂「洙泗」即孔子故鄉，這是説福建沿海文風鼎盛，幾乎趕得上孔子故里；後一句裏「三狀元」是指南宋乾道年間福建登第的三個狀元，即乾道二年（一一六六）的蕭國梁、乾道五年的鄭僑和乾道八年的黄定，他們都是福建永福（今永泰）這個地方的人（祝穆新編方輿勝覽卷一〇，施和金點校，中華書局二〇〇三年，第一六三頁）。

文化漸漸發達，書籍或者文獻也就越來越多，福建文獻的撰寫者中不僅有本地人，也有流寓或任職於閩中的外地人。日積月累，這些文獻記錄了這個多山臨海區域千年的文化變遷史，而八閩文庫的編纂，正是把這些文獻精選並彙集起來，爲現代人留下唐宋以來有關福建的歷史記憶。

二

福建鄉邦文獻數量龐大，用一個常見的成語説，就是「汗牛充棟」。那麽多的文獻，任何歸類或敘述都不免挂一漏萬。不過，我們這裏試圖從區域文化史的角度，談一談福建文獻或書籍史的某些特徵。

毫無疑問，中國各個區域都有文獻與書籍，秦漢之後也都大體上呈現出華夏同一思想文化的底色，但各區域畢竟有其地方特色。如果我們回溯思想文化的歷史，那麽，唐宋之後福建似乎也有一些特點。恰恰因爲是後來居上的文化區域，所以福建積累的傳統包袱不重，常常會出現一些越出常軌的新思想、新精神和新知識。這使得不少代表新思想、新精神和新知識的人物與文獻，往往先誕生在福建。衆所周知的方面之一，就是宋代儒家思想的變遷。應當説，宋代的理學或者道學，最初乃是一種批判性的新思潮，一些儒家士大夫試圖以屬於文化的「道理」鉗制屬於政治的「權力」，所以，極力强調

「天理」的絶對崇高，人們往往稱之爲道學或理學，也根據學者的出身地叫作「濂洛關閩之學」。其中，「閩」雖然排在最後，卻應當説是宋代新儒學的高峰所在，以至於後人乾脆省去濂溪和關中，直接以「洛閩」稱之（如清代張夏雒閩源流録），以凸顯道學正宗，恰在洛陽的二程與福建的朱熹，而道學最終水到渠成，也正是在福建。因爲宋代道學集大成的代表人物朱熹，雖然祖籍婺源，卻出生在福建，而且相當長時間在福建生活。他的學術前輩或精神源頭，號稱「南劍三先生」的楊時、羅從彦（一〇七二—一一三五）、李侗（一〇九三—一一六三），也都是南劍州即今福建南平一帶人，他的提攜者之一陳俊卿（一一一三—一一八六），則是興化軍即今莆田人，而他的最重要的弟子黄榦（一一五二—一二二一）是閩縣（今福州）人、陳淳是龍溪（今龍海）人。

正是在這批大學者推動下，福建逐漸成爲圖書文獻之邦。慶元元年（一一九五），朱熹在福州州學經史閣記中曾經説，一個叫常濬孫的儒家學者，在福州地方軍政長官詹體仁、趙像之、許知新等資助下，修建了福州府學用來藏書的經史閣，即「開之以古人敎學之意，而後爲之儲書，以博其問辨之趣」（朱文公文集卷八〇，朱子全書第二四册，上海古籍出版社、安徽教育出版社二〇一〇年，第三八一四頁）。宋代之後，經由近千年的日積月累，我們看到福建歷史上出現了相當多的儒家論著，也陸續出現了有關儒家思想的普及讀物。大家可以從八閩文庫中看到，這裏收録的不僅有朱熹、真德秀、陳淳的著述，也有明清學者詮釋理學思想之作，像明人李廷機性理要選、清人雷鋐雷翠庭先生自恥録等等，應當説，這些論著構成了一個歷經宋元明清近千年的福建儒家文化史。

三

説到福建地區率先出現的新思想、新精神和新知識，當然不應僅限於儒家或理學一系。更應當記住的是，從宋代以來，中國政治、經濟和文化的重心，逐漸從西北轉向東南，一方面由於中原文化南下，被本地文化激蕩出此地異端的思想，另一方面海洋文明東來，同樣刺激出東南濱海的一些更新的知識。

我們注意到，在福建文獻或書籍史上，呈現了不少過去未曾有的新思想、新精神和新知識。比如唐宋之間，福建不僅出現過譚峭（生卒年不詳）化書這樣的道教著作，也出現過像百丈懷海（約七二〇—八一四）、潙山靈佑（七七一—八五三）、雪峰義存（八二二—九〇八）那樣充滿批判性的禪僧，還出現過禪宗史上撰於泉州的最重要禪史著作祖堂集。又如明代中後期，那個驚世駭俗而特立獨行的李贄（一五二七—一六〇二），有人説他的獨特思想，就是因爲他生在各種宗教交匯融合的泉州，傳説他曾受到伊斯蘭教之影響，當然更因爲有佛教與心學的刺激，使他成了晚明傳統思想世界的反叛者。而另一個莆田人林兆恩（一五一七—一五九八），則是乾脆開創了三一教，提倡「三教合一」，也同樣成爲正統的政治意識形態的挑戰者。再如明清時期，歐洲天主教傳教士「梯航九萬里」，也把天主教傳入福建，特别是明末著名傳教士艾儒略（一五八二—一六四九）應葉向高（一五五九—一六二七）之邀來閩傳教二十五年，從而福建才會有「三山論學」這樣的思想史事件，也産生了三山論學記這樣的文獻，無論是葉向高，還是謝肇淛，這些思想開明的福建士大夫，多多少少都受到外來思想的刺激。最後需要特别提及的是，由於宋元以來，福建成爲向東海與南海交通的起點，所以，各種有關海外的新知識，似乎都與福建相關，宋代趙汝适撰寫諸蕃志的機緣，是他在泉州市舶司任職；元代汪大淵撰寫島夷志略的原因，也是他從泉州兩度出海。由於此後福州成爲面向琉球的接待之地，泉州成爲南下西洋的航線起點，因而福建更出現了像張燮東西洋考、吴朴渡海方程、葉向高四夷考、王大海海島逸志等有關海外新知的文獻，這一有關海外新知的知識史，一直延續到著名的林則徐四洲志。老話説「草蛇灰線，伏脈千里」，歷史總有其連續處，由於近世福建成爲中國的海外貿易和海上交通的中心，所以，這裏會成爲有關海外新知識最重要的生産地，這才能讓我們深切理解，何以到了晚清，福建會率先出現沈葆楨開辦面向現代的船政學堂，出現嚴復通過翻譯引入的西方新思潮。

甚至還可以一提的是，近年來福建霞浦發現了轟動一時的摩尼教文書，這些深藏在道教科儀抄本中的摩尼教資料，説明唐宋元明清以來，福建思想、文化和宗教在構成與傳播方面的複雜性和多元性。所以，在八閩文庫中，不僅收録了譚峭化書，李贄焚書、藏書續藏書，林兆恩林子會編等富有挑戰性的文獻，也收録了張燮東西洋考、趙新續琉球國志略等關係海外知識的著作，讓我們看到唐宋以來，福建歷史上新思想、新精神和新知識的潮起潮落。

四

在八閩文庫收録的大量文獻中，除了福建的思想文化與宗教之外，也留存了有關福建政治、文學和藝術的歷史。如果我們看明人鄧原岳編閩中正聲、清人鄭杰編全閩詩録收録的福建歷代詩歌，看清人馮登府編閩中金石志、葉大莊編閩中石刻記、陳棨仁編閩中金石略中收録的福建各地石刻，看清人黄錫蕃編閩中書畫録中收録的唐宋以來福建書畫，那麼，我們完全可以同意歷史上福建的後來居上。這正如陳衍（一八五六—一九三七）在閩詩錄的序文中所説「余維文教之開，吾閩最晚，至唐始有詩人，至唐末五代中土詩人時有流寓入閩者，詩教乃漸昌，至宋而日益盛」（續修四庫全書集部一六八七册，第四一一頁）。可見，宋史地理志五所説福建人「多向學，喜講誦，好爲文辭，登科第者尤多」，「今雖閭閻賤品處力役之際，吟詠不輟」（杜佑通典州郡十二），真是一點兒不假。

清代學者朱彝尊（一六二九—一七〇九）曾説「閩中多藏書家」（曝書亭集卷四四淳熙三山志跋，四部叢刊初編集部二七九册，上海書店一九八九年，第六〇一頁）。千年以來的人文日盛，使得現存的福建傳統鄉邦文獻，經史子集四部之書都很豐富，翻檢八閩文庫，就可以感覺到這一點，這裏不必一一敘説。需要特别指出的是，福建歷史上不僅有衆多的文獻留存，也是各種書籍刊刻與發售的中心之一。福建多山，林木葱蘢，具備造紙與刻書的有利條件，從宋元時代起，福建就成爲中國書籍出版的中心之一。宋元時代福建的所謂「建本」或「麻沙本」曾經「幾遍天下」（葉夢得石林燕語卷八，侯忠義點校，中華書局一九八四年，第一一六頁），更有所謂「麻沙、崇安兩坊産書，號稱『圖書之府』」的説法（新編方輿勝覽卷一一，第一八一頁）。版本學家也許將它與蜀本、浙本對比，覺得它並不精緻，但是，從書籍流通與文化貿易的角度看，正是這些廉價圖書，使得很多文化知識迅速傳向中國四方，也深入了社會下層。淳熙六年（一一七九），朱熹在建寧府建陽縣學藏書記中曾説到，「建陽版本書籍行四方，無遠不至」，可當時嘉禾縣學居然藏書很少，「學於縣之學者，乃以無書可讀爲恨」，於是一個叫姚耆寅的知縣，就「鬻書於市，上自六經，下及訓傳、史記、子、集，凡若干卷以充入之」。當地刊刻的書籍，豐富了當地學者的知識，也增加了當地文獻的積累，甚至扭轉了當地僅僅重視「世儒所誦科舉之業」的風氣（朱文公文集卷七八，朱子全書第二四册，第三七四五頁），這就是一例。到了清代，汀州府成爲又一個書籍刊刻基地，近年特别受到中外學者注意的四堡，就是一個圖書出版和發行中心，文獻記載這裏「以書版爲産業，刷就發販，幾半天下」（咸豐長汀縣志卷三一物産）。所以，美國學者包筠雅（Cynthia J. Brokaw）文化貿易：清代至民國時期四堡的書籍交易（劉永華、饒佳榮等譯，北京大學出版社二〇一五年）就深入研究了這個位於汀州府長汀、清流、寧化、連城四縣交界地區的客家聚集區的書籍事業，繼承宋元時代建陽地區（如麻沙）刻書業，這裏再一次出現中國書籍出版史上佔據重要位置的福建書商群體。

可以順便提及的是，福建刻書業也傳至海外。福建莆田人俞良甫，元末到日本，由九州的博多上岸，寓居在京都附近的嵯峨，由他刻印的書籍被稱爲「博多版」。據説，俞氏一面協助京都五山之天龍寺雕印典籍，一面自己刻印各種圖書，由於所刊雕書籍在日本多爲精品，所以被日本學者稱爲「俞良甫版」。

從建陽到汀州，福建不僅刊刻了精英文化中的儒家九經三傳、諸子百家以及文選、文獻通考、賈誼新書、唐律疏議之類的典籍，也刊刻了很多大衆文化讀本，諸如西廂記、花鳥爭奇和話本小説。特别在明清兩代書籍流行的趨勢和作爲商品的書籍市場的影響下，蒙學、文範、詩選等教育讀物，風水、星相、類書等實用讀物，小説、戲曲等文藝讀物，在福建大量刊刻。如果我們不是從版本學家的角度，而是從區域文化史的角度去看，這種「易成而速售」（石林燕語卷八，第一一六頁）的書籍生産方式，使得各種文獻從福建走向全國甚至海外，特别是這些既有精英的、經典的，也有普及的、實用的各種知識的傳播，是否正是使得華夏文明逐漸趨向各地同一，同時也日益滲透到上下日常生活世界的一個重要因素呢？

五

八閩文庫的編纂，當然是爲福建保存鄉邦文獻，前面我們説到，保存鄉邦文獻，就是爲了留住歷史記憶。

這次編纂的八閩文庫，擬分爲三個部分。第一部分是「文獻集成」，計劃選擇與收録唐宋以來直到晚清民初的閩人各種著述，以及有關福建的文獻，共一千餘種，這部分採取影印方式，以保存文獻原貌。這是八閩文庫的基礎部分，按傳統的經史子集四部分類，這是爲了便於呈現傳統時代福建書籍面貌，因而數量最多；第二部分是「要籍選刊」，精選一百三十餘種最具代表性的閩人著述及相關文獻，以深度整理的方式點校出版，不僅爲了呈現歷代福建文獻中的精華，也爲了便於一般讀者閲讀；第三部分則爲「專題彙編」，初步擬定若干類，除了文獻總目之外，還將包括書目提要、碑傳集、宗教碑銘、官員奏折、契約文書、科舉文獻、名人尺牘、古地圖等，我們認爲，這是以現代觀念重新彙集與整理歷史資料的一個新方式，它將無法納入傳統的四部分類，卻是對理解福建文化與歷史至關重要的文獻，進行整理彙集，必將爲研究與理解福建，提供更多更系統的資料。

經歷幾年討論與幾年籌備，八閩文庫即將從二〇二〇年起陸續出版，力爭用十年時間，經過一番努力，打下一個比較完備的福建文獻的基礎。

當然，不能説八閩文庫編纂過後，對於福建文獻的發掘與整理就已完成。八閩文庫僅僅是我們這一兩代人的工作，還有更多或更深入的工作，在等待著未來的幾代人去努力。無論從舊材料中發現新問題，還是以新眼光發現新材料，都是建立在前人的基礎上，而又對前人的工作不斷修正完善的過程。還是朱熹寫給陸九齡的那句廣爲流傳的老話：「舊學商量加邃密，新知培養轉深沉。」用舊的傳統融會新的觀念，整理這些縱貫千年的歷史文獻，也就無論「人間有古今」了。

八閩文庫要籍選刊出版説明

福建自唐代以降，名家輩出，著述繁興，流傳千載，聲光燦然。遺存之文獻，多可彰顯福建歷史發展脈絡，展示前賢思想學術及文學藝術成就，爲研究福建區域文化之基本典籍。八閩文庫「要籍選刊」擇取重要之閩人著作及相關福建文獻百數十種，予以點校。其中具備條件者，將採用編年、箋注、校證等方式整理。諸書略依經史子集分部編次，陸續出版。

二〇二一年八月

目次

前言

一

林希逸，字肅翁，一字淵翁，號竹溪，又號鬳齋、獻機。南宋福建路福清縣漁溪人。紹熙四年（一一九三）生。理宗端平元年（一二三四）解試第一，次年省試第一，殿試中甲科第四人，爲平海軍節度推官，以清白稱。淳祐六年（一二四六）遷秘書正字，入對乞信任給諫，又乞早決宗社大計，以慰人望，理宗皆開納。七年除樞密院編修官，兼權都官郎官，兼崇政殿説書。八年，以直秘閣知興化軍。九年，知南劍州。後改直寶謨閣，除提點坑冶，兼知饒州，除考功郎官。寶祐四年（一二五六），丁母憂，七年敘復。景定元年（一二六〇）起，以賈似道故，復被起用，歷廣東運判、考功郎、司農少卿、秘書少監、太常少卿等。咸淳元年（一二六五）除直寶文閣、湖南運副，四年知贛州。五年，除秘書監兼侍講。六年，除起居郎。次年以疾終於家，年七十有九。

林希逸著作頗富，現可考者有：考工記圖解二卷（存）、春秋三傳正附論十三卷（佚）、周禮説（佚）、易講述四卷（佚）、三子口義（存）、鬳齋前集六卷（佚）、竹溪鬳齋十一

稿續集三十卷（存）、竹溪十一稿詩選一卷（存）。〔一〕

林希逸師從陳藻，爲艾軒學派末代名儒。他的學術淵源，如下圖所示：

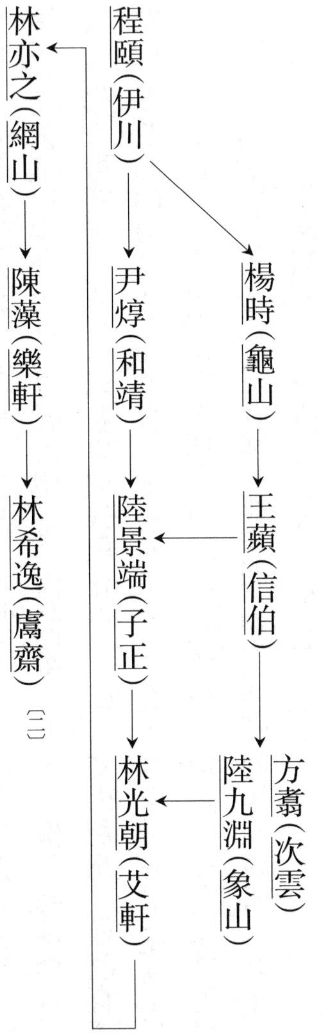

林希逸曾爲林光朝、林亦之、陳藻立三先生祠，蒐集刻印其遺文，並上疏朝廷請求對三人予以褒崇。他在知興化軍時，下車即告學者說：「自南渡後，洛學中微，朱、張未起，以經行倡東南，使知聖賢心不在訓詁者，自莆南夫子始。初疑漢儒不達性命，洛學不好文辭，使知性與天道不在文章外者，自福清兩夫子始，學者不可不知信從也。」〔三〕此處「莆南夫子」指林光朝，「福清兩夫子」則指林亦之、陳藻二人。林希逸指出，艾軒學派實溯源於二程的洛學，以宣傳儒家聖賢之教爲本，和專注訓詁、不達義理的漢學完全有別。但是，艾軒學派重視文章，認爲文章與義理不可分割，不可偏廢，這和輕視文辭的洛學又有很大區別。在林林總總的宋代理學派别中，講究文章技巧，可以説是艾軒學派的重要特點，林希逸自説：「希逸少嘗有聞於樂軒，因樂軒而聞艾軒之説，文字血脉稍知梗概。」（莊子口義發題）

林希逸在艾軒學派中又有他的個人特點，那就是公開兼收佛學和老莊。據劉克莊説，林亦之、陳藻「其衛吾道，闢異端甚嚴」。〔四〕其實，嚴則説不上。陳藻曾對林希逸説：「佛書最好證吾書。」（莊子口義卷三）他的讀莊子詩也説：「堯無是處桀無非，此語堪驚與道違。造物恩私多嵬瑣，始知莊子得真機。」可見對佛學與老莊都有所肯定。而林希逸更是大大跨進一步，他在莊子口義發題中聲稱：「頗嘗涉獵佛書。」在所著三子口義中更是大量引用燈録、語録材料，融儒、佛、老莊於一爐。所以他的摯友劉克莊説他的學問「近禪」〔五〕，這是一針見血的批評。林希逸與朱熹的分歧也主要在這一點上，他説：「晦翁懲象山之學，謂江西學者，皆揚眉瞬目，自説悟道，深詆而力闢之。故論語集解以識音志，曰默而記之爾；孟子『不言而喻』，亦曰不待人言而自喻，不肯説到頓悟處，蓋有所懲而然，非語、孟二書之本旨也。」「頓漸自有二機，不可謂有漸而無頓，亦不必人人皆自頓悟得之。仲弓之持敬，漸也；顔子之克己復禮，頓也。」（莊子口義卷三）

這裏他毫不避諱運用佛學來解釋語、孟，也公開表明他和標榜攘佛老、闢異端的朱熹及大部分理學家（雖然他們暗中也吸取佛學理論的滋養）有着很大的不同了。

在宋代，儒佛道三家之間，一方面固然有時相互排斥，另一方面，融合的潮流也相當洪大。釋智圓中庸子傳説：「夫儒、釋者，言異而理貫也，莫不化民，俾遷善遠惡也。儒者，飾身之教，故謂之外典；釋者，修心之教，故謂之内典也。惟身與心，則内外別矣。蚩蚩生民，豈越於身心哉？非吾二教，何以化之乎？嘻，儒乎，釋乎，其共爲表裏乎。」（閑居編十九）釋契嵩輔教編説：「古之有聖人焉，曰佛，曰老，曰儒，其心則一，其迹則異。夫一焉者，其皆欲人爲善者也；異焉者，分家而各爲其教者也。」道教著名内丹家張伯端在悟真篇序中説：「迨夫漢魏伯陽引易道陰陽交媾之體作參同契，以明大丹之作用。唐忠國師於語録首敘老、莊言，以顯至道之本末如此。豈非教雖分三，道乃歸一？奈何後世黄緇之流，各自專門，互相非是，致使三家宗要，迷没邪岐，不能混一而同歸矣。」這種三教融合的論調在理學界引起反響，出現了像林希逸這樣以儒爲主，兼納釋、道的理學家。

二

莊子口義之林經德序云：「戊午訪竹溪於溪上，因語而及，溪忽謂我曰：『余嘗欲爲南華老仙洗去郭、向之陋，而逐食轉移，未有閉户著書之日。憂患廢退以來，遂以此紓憂而娛老，今書幸成矣。』」戊午爲寶祐六年（一二五八），莊子鬳齋口義至遲完成於是年。

林希逸在全書發題中談到莊子一書五大難讀之處及解決的途徑時說：

此書所言仁義、性命之類，字義皆與吾書不同，一難也；其意欲與吾夫子爭衡，故其言多過當，二難也；鄙略中下之人，如佛書所謂爲最上乘者説，故其言每每過高，三難也；又其筆端鼓舞變化，皆不可以尋常文字蹊徑求之，四難也；況語脉機鋒，多如禪家頓宗所謂劍刃上事，吾儒書中未嘗有此，五難也。是必精於語、孟、中庸、大學等書，見理素定，識文字血脉，知禪宗解數，具此眼目而後知其言意一一有所歸着，未嘗不跌蕩，未嘗不戲劇，而大綱領、大宗旨未嘗與聖人異也。

這實是林希逸對於他注莊子所取的主要觀點方法的一個總説明。他基本上是站在理學的立場上，但同時也容納了禪宗哲學。他的基本看法是莊子思想「大綱領、大宗旨未嘗與聖人異」。從此出發，他運用師傳的解析文章的技法，也使用了禪宗的參悟本領，對於莊子所用概念加以考訂，對於所謂「過當處」、「鼓舞處」、「戲劇處」一一加以廓清，努力使莊子本意得以顯露在讀者的面前，因此，在發題末尾他自詡：「使莊子復生，謂之千載而下子雲可也。」

歷代莊注都是從一定學術觀點出發的，一部莊學史反映了一部中國學術史。郭象從玄學出發，他的莊注在向注基礎上加以發揮，在闡釋莊旨上起了重要的開拓作用，可是他的「獨化」之旨、「性足」自齊説等都是外加給莊子的。成玄英則從道教觀點出發，他的疏也自有其成就，但他又把「重玄之道」這樣的理論貼在莊子身上。到了宋代，儒學家們則從儒家角度來看莊子，王安石根據天下篇得出：「然則莊子豈非有意于天下之弊而存聖人之道乎？伯夷之清，柳下惠之和，皆有矯于天下者也。莊子用其心，亦二聖人之徒矣。」（臨川集卷六十八莊周上）蘇軾則説：「余以爲莊子蓋助孔子者，要不可以爲法耳。」「故莊子之言，皆實予而文不予，陽擠而陰助之，其正言蓋無幾。」（莊子祠堂記）他們都認爲，從用心説，莊子實是要贊助孔子之道的，只不過表面上説了一些相反的話而已。林希逸作爲一個理學家，很自然地繼承了他們的觀點（口義卷四、卷十反復提到蘇軾的論斷），他進而對莊子全書做了深入細致的剖析，完成了一部具有鮮明特色的注本。莊子鬳齋口義的出現，推動了對莊子理解的進步，在莊學史上是有突出貢獻的，但不可諱言，這部書也有着明顯的局限，甚至在某些方面曲解了莊子。

從考訂概念入手，對照前後的論述，比較儒釋理論，來達到使讀者掌握莊子理論體系的目的，這是口義的一個重要特色。

對莊子一書作過一些研究的人都知道，莊子的基本理論其實並不十分複雜，但由於用詞的獨異，論述的變幻，常使初讀者如入五里霧中。林希逸有見於此，所以在考訂概念方面下了很大功夫，或同詞異義，或異詞同義，他都一一加以詳析。同時，他還十分注意把莊子前後對同一問題用各種方式進行的論述，對照歸納起來，這就簡化了頭緒。在詮釋中，他還時時用儒佛二家與莊子對比，指出它們在理論上的種種相通相異之處，這也加深了讀者對莊子的理解。下面畧舉數例。莊子在宥：「抱神以靜。」口義：「神存於心曰抱，靜而無爲，形則自正。」在宥：「鴻蒙曰：『噫，心養』，『解心釋神，莫然無魂。』」口義：「心養者，言止汝此心自養得便是」，「解心，解去其有心之心；釋神，釋去其有知之神」，「解心之心與心養之心自異，解神之神與抱神以靜之神自異，此等字又當子細體認」。這裏就非常細密地分析了同一篇裏用到「心」、「神」二詞時不同的含義，前是指得道的心神，後是指鶩外的心神。不加以分辨，初讀者很容易産生困惑。又如在詮釋德充符中「知爲孽，約爲膠，德爲接，工爲商」時，他又聯繫前面「接」、「德」、「智」三詞的使用情況，指出：「以接而生時於其心，才全而德不形，一智之所知，由前言之，三字皆是好字，到此段，接、德、智又成不好字。」這是説用同一詞的褒貶之異。下面另一篇中，他又就「德」字繼續作了考訂，指出莊子與儒家使用時含義的不同。莊子駢拇：「駢拇枝指，出乎性哉，而侈於德。」口義：「與生俱生曰性，人所同得曰德。駢拇枝指皆病也，本出於自然，比人所同得者則爲侈矣。侈，剩也。似此性德字義，皆與聖賢稍異。」同時，林希逸又對莊子中出現過的許多名詞加以歸并，説明它們意義的相近或一致。莊子刻意：「能體純素，謂之真人。」口義：「真人，至人也，前曰聖人之德，此又曰真人，便如内篇所謂『至人無己，神人無名』，皆只是聖人字，却换許多名字，非曰真人、至人又高於聖人也。」這樣就把讀者從各種名詞擺成的迷陣中引了出來，理解了它們的共通之處。他還常用相通的理學或佛學用語來與莊子對比，闡釋莊子用詞的含義。如莊子齊物論：「古之人，其知有所至矣。惡乎至？有以爲未始有物者，至矣，盡矣，不可以加矣。其次以爲有物矣，而未始有封也。其次以爲有封焉，而未始有是非也。」口義：「未始有物者，太極之先也。古之人者，言古之知道者。自無物之始看起來，則天下之理極矣。其次爲有物，是無極而太極也。自有物而有封，是太極分而爲兩儀也。」這是用北宋理學家周敦頤的太極圖説來對比莊子的世界生成之説，比得很恰當，太極圖説本深受老子影響，莊子也承自老子，思想淵源原自相通。理學在理宗一朝備受朝廷推崇，而終于成爲官學。讀書人對於理學用語十分熟悉，用來比喻莊子，就很容易領會。當時禪宗哲學也流傳頗廣，爲不少知識份子所樂道講究，所以用禪學來比較莊子也是口義常用的手法。如莊子人間世：「若能入遊其樊而無感其名……則幾矣。」口義：「若，汝也。人世如在樊籠之中，汝能入其中而遊，不爲虚名所感動。有迹則可名，纔至有迹，則是動其心矣。處世無心則無迹，無迹則心無所動，故曰遊其樊而無感其名。」這裏用了「有迹」、「無迹」的名詞，郭象也曾用「迹」、「所以迹」來發揮玄學，而林希逸則用佛家的無心來解釋無迹，主張以保持真心、離却妄念來處世，這實是暗合道家思想的。又如天運中老子答孔子如何求道的問話時説：「中無主而不止，外無正而不行。」口義詮釋説：「中無主而不止，非自見自悟也，言學道者雖有所聞於外，而其中自無主，非所自得，雖欲留之不住也。外無正者，無所質正也，今禪家所謂印證也。」這裏運用佛學非常恰當地詮釋了莊子的理論，可以説是中國比較哲學的一條好材料。

林希逸在詮釋中十分注意把莊子前後的論述加以對照，説明其中相通之處，這對於讀者融會貫通地掌握莊子的理論體系，有很大好處。譬如莊子大宗師：「死生，命也，其有夜旦之常，天也。人之有所不得與，皆物之情也。彼特以天爲父，而身猶愛之，而况其卓乎？人特以有君爲愈乎己，而身猶死之，而况其真乎？」口義：「此數語，蓋以死生之天命，發明一與不一之意。曰父曰君，人世之所尊愛，莫大於此，而是道之大，尤出於君父之上，故曰可以爲衆父父，故曰其有真君存焉。」這段話是解釋莊子關於道主宰一切的觀點，爲了印證這一觀點，他引用了「可以爲衆父父」及「其有真君存焉」二句。這二句一出於天地，一出於齊物論，這兩處的論述與大宗師此處在理論上的確是一致的。又如知北遊有「古之人，外化而内不化，今之人，内化而外不化」。口義詮釋時則把齊物論的有關論述與之結合來談：「應物而不累於物，則爲外化，因感而應，不動其心，則爲内不化，故曰古之人，外化而内不化。與接爲構，日以心鬭，則爲内化，與物相劘相刃，而見役於内，則爲外不化，故曰今之人，内化而外不化。」其中「與接爲構，日以心鬭」，「與物相劘相刃」，都源於齊物論中批評世俗之態的句子，結合來解知北遊，對於知北遊這幾句的意蕴就挖掘得深了。而且，由於知北遊這幾句把修身與處世結合起來論，説得很平實扼要，讀者倒可以藉此反過來對齊物論那一段激動却又思想跳躍的論説的實質有一個較清晰的認識了。口義中這種印證、溝通上下的地方很多，多數對讀者理解都有幫助。

識别莊子的「鼓舞處」、「過當處」、「戲劇處」，探求莊子真意所在，是口義的第二個特色。

關於莊子爲文的特點，那位天下篇的作者早就評論過：「以謬悠之説，荒唐之言，無端崖之辭，時恣縱而不儻，不以觭見之也。」〔六〕司馬遷也説：「畏累虚、亢桑子之屬，皆空語無事實」，「其言洸洋自恣以適己」。（史記卷六十三老子韓非列傳）這都指出莊子誇大虚構的特點。因此，讀莊就要能辨析，口義正是這樣來指導讀者的。林希逸指出莊子中不少地方行文有「鼓舞處」，有「戲劇處」，讀來不可過於當真，又有些地方往往説得「過當」、「過高」，實際用意倒並非如此。這就幫助讀者在理解上免走許多歧路和彎路。例如莊子齊物論：「夫道未始有封，言未始有常，爲是而有畛也。請言其畛：有左，有右，有倫，有義，有分，有辯，有競，有爭，此之謂八德。」口義：「八德之名，只是物我對立之意，却鼓舞其文，做出四句」，「看此等文字，即就字義上畧擺撥得伶俐便自好，若道倫又如何，義又如何，分又如何，辯又如何，爭又如何，競又如何，便非莊子之意矣。且倫字、義字、分字、辯字、競字、爭字，本無甚分别，如何名以八德？看得他文字破，不被他鼓舞處籠罩了，方是讀得莊子好，雖使莊子復生，亦必道還汝具一隻眼」。莊子此處無非是説由於有了成心作怪，所以出現各種觀念，「八德」只是隨意取的一個名詞，其實既不限於八種，又不必細究其中順序。林希逸這裏就評説得十分透徹。又如莊子胠篋：「故絶聖棄知，大盜乃止；擿玉毁珠，小盜不起；焚符破璽，而民朴鄙；掊斗折衡，而民不爭；殫殘天下之聖法，而民始可與論議。」口義：「擿玉毁珠、焚符破璽、剖斗折衡，皆是激説，以結絶聖棄知之意，非實論也。殫殘者，毁削也，盡去聖人之法，民始純一，可與言道也，故曰民始可與論議。此皆憤世之辭，故人每以剖斗折衡、焚符破璽之事譏議之，其實即老子『不貴難得之貨，則民不爲盜』之意，但説得過當耳。東坡曰：『人生識字憂患始。』豈欲天下人全不識字耶？」林希逸這段辨析很是精彩，他正確地指出，這只是憤世過當之言而已，絶不能當成「實論」。的確如此，莊子此段出於左派後學，他們正值社會制度大變遷的時代，對於種種現象不能理解，所以發出憤激的議論。其實作爲小生産者的代表也並不是要取消一切、開歷史倒車的。口義這類辨析相當多，多數看得比較準，説得較有道理，於讀者有幫助。但在有些地方，他把莊子中對儒家的抨擊，也作爲「鼓舞」、「過當」處而輕輕化解掉，這就不對了。

注意評析莊子散文藝術，是口義的第三個特色。

郭象、成玄英都没有從文學角度來看莊子，到了宋代，莊子的散文藝術受到重視，蘇軾説：「吾昔有見於中，口不能言，今見莊子，得吾心矣。」〔七〕由於蘇軾這樣的著名文學家的重視，莊子在後人中產生了很大影響，林希逸在口義中對莊子的文章也頗推崇：「蓋莊子之書，非特言理微妙，而其文獨精絶，所以度越諸子。」他認爲莊子文章一個突出的特點是「奇」，寓言奇，比喻奇，用字也奇。在評論渾沌鑿竅這個寓言時，他説：「此段只言聰明能爲身累，故如此形容。墮枝體，黜聰明，則爲渾沌矣。本是平常説話，粧出日鑿一竅之説，皆奇筆也。」（口義卷三）他還承繼了韓愈的文氣説（從口義多處引用韓文看，林希逸很欽仰韓愈），多次談到莊子的「筆勢」。如莊子天運：「以敬孝易，以愛孝難；以愛孝易，而忘親難；忘親易，使親忘我難；使親忘我易，兼忘天下難；兼忘天下易，使天下兼忘我難。」口義：「敬孝，猶有迹也，愛孝，則相忘矣，自此以上，曰忘親，曰忘天下，天下忘我，但要一節高一節，此書筆法例如此。」在另一處他又解釋説：「説得一節高一節，此是莊子之筆勢，若聖賢之言，則平易而已。」（口義卷三）在他看來，這種「一節高一節」寫法形成莊子特有的筆勢，與一般儒家文章平易的風格就不一樣，這是有一定見識的。此外，他還幾次贊美莊子的文采和使用比喻的巧妙。這些文章藝術方面的評析對於引導讀者理解和欣賞莊子的文章，無疑是有益的。但是，口義中也有一些關於起結開闔之類的分析，則顯得過於瑣碎，意義不大。

通俗易解是口義注莊的第四個特色。

口義的文字相當口語化，類似語録，讀者容易接受。林經德説：「此書以口義名者，謂其不爲文，雜俚俗而直述之也。」〔八〕林希逸還引用俚歌俗諺以及社會上的實事來解莊，常能發明新義。如釋逍遥遊「海運」一詞，他説：「海運者，海動也。今海瀕之俚歌猶有『六月海動』之語。」又如解盜跖中「貪權而取竭……可謂疾矣」，他説：「今諺云『有勢莫盡用』是也。」這些地方引用俚歌俗諺都相當恰當，解釋得準確，同時使人感到很親切。

以上舉例畧談了口義的四個特色，其他如識別莊子文中的虚字，對某些通假字的詮釋等等也都值得肯定。但是，無庸諱言，口義也有明顯的缺陷，這主要是作者的學術觀點造成的。

用理學來曲解莊子哲學，調和莊儒的矛盾，是口義一個較大的缺陷。

林希逸站在理學的立場上，堅持認爲莊子「大綱領、大宗旨未嘗與聖人異」，因此他就戴上了一副有色眼鏡，從他看來，莊子中一些原與理學毫無關係的論述，竟也帶上了理學色彩。例如莊子天地：「形體保神，各有儀則，謂之性。」口義：「形體，氣也，氣中有神，所謂儀則，皆此神爲之，便是性中自有仁義禮智之意。」莊子這幾句原無非是説，人類由於精神各異，所以稟性各異，至於性的内容，並未深探。而林希逸則用此段來比附理學，用理學的人性論來解説莊子的「性」，輸進了儒家「仁義禮智」的内容。又如莊子徐無鬼：「知士無思慮之變則不樂，辯士無談説之序則不樂，察士無凌誶之事則不樂，皆囿於物者也。」口義：「三者皆隨其所長而自以爲喜，故一日無之則不樂，此爲物慾所籠罩者也，故曰囿於物。」莊子這段是批評世人馳騖身心、沉溺外物的種種行爲，這裏所説的「物」即指外物，和理學家説的「物慾」是完全不同的概念。因爲就在同一節裏，還批評道「禮教之士敬容，仁義之士貴際」，可見「囿於物」的行爲還包括行禮教仁義之事。口義的闡釋可説是曲解了莊子。

林希逸還受到莊學研究水平的局限，當時對莊子各篇的考訂還處在初級階段，林希逸除了同意蘇軾提出的讓王以下四篇非莊子作的觀點外，其他各篇尚不敢懷疑。因此對於外、雜篇中大量右派後學的理論，就無法分清了。譬如在宥後半篇提到「粗而不可不陳者，法也；遠而不可不居者，義也；親而不可不廣者，仁也；節而不可不積者，禮也」，和前半篇的觀點迥然不同。〔九〕口義於是説：「觀此一段，莊子依舊是理會事底人，非止談説虚無而已。伊川言釋氏『有上達而無下學』，此語極好，但如此數語中，又有近於下學處，又有精粗不相離之意。」這就把莊門右派後學的觀點當作了莊子的觀點，從而模糊了莊儒對立的界綫。又如天道中釋到「五末」時，他又説：「末學者，古人有之，而非所以先，此一句尤好，看得莊子何嘗欲全不用兵刑禮樂？」這也是根據莊門右派後學的觀點對莊子的思想傾向做出了錯誤的評價。

即使對於一些與儒學完全相反的理論，口義也竭力把它和儒家調和起來。譬如至樂中有莊子妻死鼓盆而歌一節，口義說：「此一段乃是發明死生一貫之理。鼓盆之說，亦寓言耳，且如原壤之登木而歌，豈其親死之際，全無人心乎？若全無人心，是豺狼也，夫子尚肯與之友乎？聖門之學，所以盡其孝慕者，豈不知生死之理乎？原壤、莊子之徒，欲指破人心之迷着者，故爲此過當之舉。此便是『道心惟微』，不可以獨行於世，所以有執中之訓。莊、列之徒，豈不知此？特矯世厭俗，故爲此論耳。」鼓盆而歌這個故事很可能是後學的虛構，却非常典型地表述了莊子的生死觀，這和儒家理論是完全不同的。但口義却硬把莊、儒扯在一起，說儒家豈不知死生一貫之理，而莊子又豈無常人之心？只不過爲了矯世而說此過當之言，於是莊儒之論就這樣被他調和起來了。

用佛學改造莊子的理論，把佛、莊作不恰當的類比，是口義的另一個缺陷。莊子在大宗師說，道的存在不但早於人，而且早於天地，而這種道又是「無爲無形」、「可得而不可見」的，所以他所謂的道實是一種客觀精神，莊子乃是客觀唯心主義者。但是林希逸在口義中却用禪宗的主觀唯心主義哲學來改造莊子的本體論。譬如齊物論開端載：南郭子綦說「今者吾喪我」一語，口義闡釋說：「有我則有物，喪我，無我也，無我則無物矣。」而其實此處莊子只說無我，並沒有說因而無物。下面在闡釋莊子關於由「未始有物」至「有物」、「有封」、「有是非」的宇宙生成論時，口義又說：「且如一念未起，便是未始有物之時。此念既起，便是有物。因此念而後有物我，便是有封。因物我而有好、惡、喜、怒、哀、樂，便是有是非。」這便是禪宗所持萬物由自性（自心）派生，包含於自性之中的觀點。再如莊子德充符：「命物之化而守其宗。」口義：「命物之化者，言萬物之變化皆受命於我，此猶禪家所謂『心迷法華轉，心悟轉法華』也。」莊子原意是說順任萬化而不離所守之道，所以上句說「不與物遷」，並沒有使萬物受命之意。「心迷」、「心悟」二句出於壇經，慧能原偈還有這樣幾句：「無念念即正，有念念成邪；有無俱不計，長御白牛車。」這是說開悟心性，則能利用佛法濟度衆生，而這和莊子謹守天道，順任自然而獨善其身的思想相去何其遠。

口義發題說「大藏經五百四十函皆自此中紬繹出」，在以後的詮釋中他又不斷發揮這一觀點。天運末章有「烏鵲孺，魚傳沫，細要者化，有弟而兄啼」幾句，口義即說：「佛經所言胎生、卵生、化生、濕生，其原必出於此。」又山木說：「南越有邑焉，名爲建德之國。」口義即說：「今人禮淨土，其源流在此。」又如知北遊中有「自本觀之，生者，喑醷物也」。口義即説：「此意蓋是貶剥人身，便是釋氏所謂皮囊包血之論。子細看來，大藏經中許多説話，多出於此。」把佛經中許多重要論點都説成是源出於莊子，實在很荒謬。佛陀及其弟子的傳承時代約爲公元前六、五世紀至前四世紀中葉，要早於莊子所生活的時代，而且也没有任何文獻足以證明佛教創立時即受到中國文化的影響，怎麼能隨意把這兩種源流各異的文化扯在一起呢？宋初名僧延壽在宗鏡録中也常引用道家、儒家典籍，但他十分反對濫將三家比附的做法：「後儒皆以言詞小同，不觀前後本所建立，致欲渾和三教。但見言有小同，豈知義有大異？是知不入正宗，焉知言同意别；未明已眼，寧鑒名異體同？所以徇語者迷，據文者惑，恐參大旨，故録示之。」〔二〇〕這種批評對口義也是適用的。

三

林希逸在著口義之初即已表示要「洗去郭、向之陋」，通觀全書，引用前代注疏很少。但是也不是完全没有提到，如達生中痀僂承蜩一節，口義説：「累丸於竿首，自二至五不墜，則其凝定入神矣。郭象下兩箇停審字，亦自好。」又卷二中提到司馬彪的注，卷三提到崔譔的注，卷八又不指名駁斥成玄英關於大隗爲大道之隗然的説法，可見他在著作中還是注意參考各家注疏的。如果把口義與郭、成的注疏對照起來看，則可以看出，口義的詮釋承繼前人之處是相當多的，他是在有批判地總結了前人研究成果基礎上完成這部著作的。

口義的產生，還和莊學發展的一定階段特點有關。咸淳元年（一二六五）有人批評當時一些莊注說：「近時釋莊者益衆，其說亦有超於昔人，然未免翼以吾聖人言，挾以禪門關鍵，似則似矣，是則未是。」〔二二〕口義正是這種學術風尚的代表，它引用儒佛，評析文字血脈，有着迥異於過去諸注的特色。所以此書問世不到十年，褚伯秀纂集南華真經義海纂微即將其收入，放在一個顯目的地位上。明焦竑輯莊子翼也收了此書。

用佛學來解莊，支遁已開其端，成玄英雖是道士，其實疏中佛理也不少，王雱南華真經新傳也引過一點，然而大量直接引用佛家的概念、命題來和莊子對比，則是林希逸口義所特有的，口義中約有八十餘處之多。後陸長庚南華真經副墨、釋德清莊子內篇注等在佛理上也許比林希逸精通，然而在以佛解莊這條路上，仍是步的林希逸口義的後塵。

在以儒解莊方面，王安石、蘇軾固然已經在理論上建立了莊不非儒、「陽擠而陰助」的學說，但是真正大量直接引用儒家的概念論斷來與莊子對照、細致證實其說的則是林希逸，王雱新傳也没有這樣做。明清以後這條路上可説是繼者不乏，林雲銘莊子因、宣穎南華經解、陸樹芝莊子雪諸家都是竭力調和莊儒矛盾，他們論證的宗旨，其實就是林希逸所説莊子「大綱領、大宗旨未嘗與聖人異也」。

從文學上解莊評莊，也可説濫觴於口義。蘇軾雖已極推重莊子文章，但是直到林希逸方秉承師學，一方面依據文字的分析，尋繹莊子理論系統的義脉，一方面又能從文章學的角度來賞鑒莊子的種種妙處。這對於後代莊注的影響更大，打開莊子内篇注，就可以見到注家要讀者注意莊子的「鼓舞處」、「戲劇處」，這正是林希逸一再告誡的。又如羅勉道的南華真經循本，更極似口義，其中談到莊子「文法」的地方很多。明清以來，評點莊子之家越來越多，評析也越來越細密，對比林希逸時，可説涓涓細水已成爲滚滚洪流了。

林希逸口義在朝鮮、日本有多種版本，此書在日本的影響更是我們所未想到的。口義成書於十三世紀，而十四世紀即已傳入日本。今所知始讀莊子口義的是惟肖得巖，他是「五山」臨濟宗的禪僧，「五山」文學的代表人物之一。而到十七世紀，由於德川幕府的儒官林羅山的大力推荐，由於口義是以融合儒佛道爲主旨，投合了正居於統治地位的朱子學和佛學的口味，所以口義竟在當時日本莊學方面成爲最權威的注本，許多人讀莊只讀口義（老子口義、列子口義也同時受到重視）。直到十八世紀，徂徠學派興起，他們主張古學主義，排斥宋學，於是口義也受到批評，因而逐漸失勢。可以説，莊子口義在中日文化交流史上是起了重要作用的（詳見本書附録林希逸莊子鬳齋口義在日本一文）。

四

我從一九八五年開始從事莊子鬳齋口義的校注工作，工作中曾受到全國高校古籍整理研究工作委員會的經費資助，工作條件得到一定改善。幾年來我還受到不少前輩、朋友的關懷和幫助：我的叔父周一良先生一直關心我的這項工作，並熱心爲我搜集和翻譯有關資料，另一位叔父周紹良先生給予我不少幫助和指導，日本東京大學池田知久先生特意應我的要求研究了口義在日本的流傳情況，並寫成長篇論文，日本京都大學井上進先生來信就有關問題給予指教，北京大學古文獻研究所安平秋先生、杭州大學中文系平慧善先生、北京大學白化文先生都曾給予我熱心的支持，我所楊黛同志曾助我查閲資料。正是在以上的學術機構、前輩、專家和朋友的熱情關懷幫助下，我才得以完成此項校注工作，在此謹致以衷心的謝意。

由於我學識淺陋，點校注釋之中謬誤一定不少，懇切希望專家學者及廣大讀者賜予指正。

周啓成

一九九一年五月於杭州大學古籍研究所

注　釋

〔一〕以上林希逸傳略及著述情況參考林希逸墓碑碑文，宋元學案卷四十七及補遺卷四十七，閩中理學淵源考卷八，後村先生大全集有關記載，竹溪鬳齋十一稿續集林同序，另參考楊黛所作林希逸傳略及生卒年考辨、林希逸著作述略二文（一九八六年油印本）。

〔二〕見宋元學案卷二十七、卷四十七，閩中理學淵源考卷九。

〔三〕閩中理學淵源考卷八中書林竹溪先生希逸。

〔四〕劉克莊，城山三先生祠（後村先生大全集卷九十）。

〔五〕竹溪鬳齋十一稿續集卷二十祭文後村劉尚書：「我學之癖，公譏近禪。」

〔六〕張恒壽先生莊子新探認爲，從天下篇思想傾向及謹嚴的邏輯思維看，天下篇當非莊子自作

（見張恒壽莊子新探，湖北人民出版社一九八三年版）。本人同意這一看法。

〔七〕蘇轍，東坡先生墓志銘。

〔八〕林經德，莊子鬳齋口義序。

〔九〕武内義雄等認爲在宥一篇前半篇和後半篇應分開看，前半與駢拇、馬蹄相近，後半與天地、天道相近。此説甚是。

〔一〇〕延壽，宗鏡録卷四十六。

〔一一〕南華真經義海纂微之湯漢序。

校注説明

一、本書以明萬曆二年施觀民刻本（簡稱施本）爲底本。此本反映了明人校勘成果，訛誤較少。然發現有以口義之外他本莊子補入者，實爲蛇足之舉。

二、參校本。①宋咸淳五年延平刊本（簡稱宋本），此爲目前僅存之宋刻本，序跋完整無缺，文字訛誤最少，可説是最接近原貌者。口義成書於寶祐六年，景定初即已由林經德刻版印行。至咸淳五年陳癉炎又據之復刻，陳跋曰：「此板舊鋟於樵，繙閱則便，巾笥爲難，今本之大者中之，字之疏者密之，使一覽義見，亦猶余得之易也。」文中的直音常闕，留有空格，似待補而未曾補入。②道藏本，此爲明正統刻本，雖訛誤畧多于上述二本，然從其與上二本之異文看，當從另一系統沿刻而來，故頗有參考價值。

三、底本有脱誤者，則據他本及其他資料改正本文，出校記説明。他本可資參考的異文，在校記中説明。一般筆誤，逕改不出校。引文中稍有出入而不影響原義者，不作訂正；引文出入較大者，則於校注中説明。

四、宋本序跋附録於後，按撰時先後排列。

五、宋本、施本附有莊子釋音，細考内容，絶大部分節録自陸德明經典釋文莊子音義，抄錯及其他錯誤不少，而且與口義中本有的音注不相合，當不是出於林希逸之手，故決定删去。

六、宋本、道藏本之莊子正文中時夾有雙行小字注音，而施本絶少。宋、道二本之注音亦有差異，當爲後人所加，兹不出校記説明。

七、莊子正文概按口義之旨標點。

八、只注口義中涉及的儒佛及其他方面典故，不直接注莊子。凡原文已點明出處者，如無必要，不再細注。凡詞、句、典出於莊子本書前後篇中者，一概不注。

發題

鬳齋林希逸

莊子，宋人也，名周，字子休，生睢陽蒙縣，在戰國之初，與孟子同時，隱遁而放言者也。所著之書名以莊子，自分爲三：内篇七，外篇十五，雜篇十一。雖其分別次第如此，而所謂寓言、重言、巵言三者，通一書皆然也。外篇、雜篇則即其篇首而名之。内篇則立爲名字，各有意義，其文比之外篇、雜篇爲尤精，而立言之意則無彼此之異。陳同甫嘗曰：「天下不可以無此人，亦不可以無此書，而後足以當君子之論。」〔一〕

若莊子者，其書雖爲不經，實天下所不可無者。郭子玄謂其不經而爲百家之冠，此語甚公。然此書不可不讀，亦最難讀。東坡一生文字只從此悟入，大藏經五百四十函皆自此中紬繹出。左丘明、司馬子長諸人筆力未易敵此，是豈可不讀？然謂之難者，何也？伊川曰：「佛書如淫聲美色，易以惑人。」蓋以其語震動而見易搖也。況此書所言仁義、性命之類，字義皆與吾書不同，一難也；其意欲與吾夫子爭衡，故其言多過當，二難也；鄙署中下之人，如佛書所謂爲最上乘者說〔二〕，故其言每每過高，三難也；又其筆端鼓舞變化，皆不可以尋常文字蹊徑求之，四難也；況語脉機鋒〔三〕，多如禪家頓宗〔四〕所謂劍刃上事〔五〕，吾儒書中未嘗有此，五難也。是必精於語、孟、中庸、大學等書，見理素定，識文字血脉，知禪宗解數，具此眼目而後知其言意一一有所歸着，未嘗不跌蕩，未嘗不戲劇，而大綱領、大宗旨未嘗與聖人異也。若此眼未明，强生意見，非以異端邪説鄙之，必爲其所恐動，或資以誕放，或流而空虚，則伊川淫聲美色之喻，誠不可不懼。

希逸少嘗有聞於樂軒〔六〕，因樂軒而聞艾軒〔七〕之説，文字血脉稍知梗概，又頗嘗涉獵佛書，而後悟其縱横變化之機，自謂於此書稍有所得，實前人所未盡究者。最後乃得吕吉甫、王元澤〔八〕諸家解説，雖比郭象稍爲分章析句，而大旨不明，因王、吕之言愈使人有疑於莊子。若以管見推之，則此書自可獨行天地之間，初無得罪於聖門者。使莊子復生，謂之千載而下子雲〔九〕可也，非敢進之作者，聊與諸同志者共之。〔一〇〕

校注

〔一〕陳同甫言，見陳亮揚雄度越諸子。原指揚雄及其法言。

〔二〕「爲最上乘者説」，金剛經：「如來爲發大乘者説，爲發最上乘者説。」宗密禪源諸詮集都序：「若頓悟自心本來清淨，元無煩惱，無漏智性本自具足，此心即佛，畢竟無異，依此而修者，是最上乘禪，亦名如來清淨禪，亦名一行三昧，亦名真如三昧。」五燈會元卷四載薦福弘辯禪師曰：「如來出世爲大人師，善知識，隨根器而説法，爲上根者開最上乘頓悟至理。中下者未能頓曉，是以佛爲韋提希權開十六觀門，令念佛生於極樂。」

〔三〕「機鋒」，佛教禪宗名詞。指問答迅速、不落迹象、含有深意的語句。

〔四〕「禪家頓宗」，原作「禪家宗」，據宋本、道藏本改。

〔五〕「劍刃上事」，指禪家採用峻險機鋒破除妄念和種種塵俗執着的做法。五燈會元卷九：「師（仰山慧寂禪師）卧次，僧問：『法身還解説法也無？』師曰：『我説不得，別有一人説得。』曰：『説得底人在甚麼處？』師推出枕子。潙山聞曰：『寂子用劍刃上事。』」

〔六〕「樂軒」，陳藻，字元潔，號樂軒，南宋福清人。理學家，師林亦之，爲林光朝再傳弟子。卒謚文遠，有樂軒集八卷。

〔七〕「艾軒」，林光朝，字謙之，號艾軒，莆田人。南宋隆興元年（一一六三）進士，累官廣西提點刑獄、中書舍人等職，卒謚文節。理學家，創艾軒學派，有艾軒集。

〔八〕「吕吉甫」，吕惠卿，字吉甫，北宋晉江人。著莊子義十卷。「王元澤」，王雱，字元澤，北宋臨川人，王安石之子。治平四年（一〇六七）進士，累官天章閣待制，著有南華真經新傳等。

〔九〕「子雲」，揚雄，字子雲，時人稱其知人（見漢書卷七十二）。

〔一〇〕道藏本此下署「鬳齋林希逸序」，後有小字：「莊子，宋人也，名周，字子休，生睢陽蒙縣，嘗爲蒙漆園吏。學無所不窺，要本歸於老子之言。故其著書十餘萬言，大抵率寓言也。其言洸洋自恣以適己，故自王公大人不能器之。楚威王聞周賢，使使厚幣迎之，許以爲相。周笑謂使者：『千金，重利；卿相，尊位也。子獨不見郊祭之犧牛乎？養食之數歲，衣以文繡，以入太廟。當是之時，欲爲孤豚，其可得乎？子亟去，無汙我，我寧遊戲汙瀆之中自快，無爲有國者所羈，終身不仕，以快吾志焉。』唐封南華真人，書爲南華真經。」

莊子鬳齋口義卷一

内篇逍遥遊第一

逍遥遊者，此篇所立之名也。内篇有七，皆以三字名之。遊者，心有天遊也；逍遥，言優游自在也。論語之門人形容夫子只一「樂」字〔一〕；三百篇之形容人物，如南有樛木，如南山有臺，曰：「樂只君子。」〔二〕亦止一「樂」字。此之所謂逍遥遊，即詩與論語所謂「樂」也。一部之書，以一「樂」字爲首，看這老子胸中如何？若就此見得有些滋味，則可以讀茱萸矣。茱萸一詩形容胸中之樂，併一「樂」字亦不説，〔三〕此詩法之妙，譬如七層塔上又一層也。

校注

〔一〕「門人形容夫子只一『樂』字」，論語先進：「閔子侍側，誾誾如也；子路，行行如也；冉有、子貢，侃侃如也。子樂。『若由也，不得其死然。』」

〔二〕「樂只君子」，詩樛木：「南有樛木，葛藟纍之。樂只君子，福履綏之。」詩南山有臺：「南山有臺，北山有萊。樂只君子，邦家之基。樂只君子，萬壽無期。」

〔三〕芣苢不言「樂」字，詩芣苢：「采采芣苢，薄言采之。采采芣苢，薄言有之。采采芣苢，薄言掇之。采采芣苢，薄言捋之。采采芣苢，薄言袺之。采采芣苢，薄言襭之。」詩序云：「芣苢，后妃之美也。和平則婦人樂有子矣。」

北冥有魚，其名爲鯤。鯤之大，不知其幾千里也。化而爲鳥，其名爲鵬。鵬之背，不知其幾千里也；怒而飛，其翼若垂天之雲。是鳥也，海運則將徙於南冥。南冥者，天池也。齊諧者，志怪者也。諧之言曰：「鵬之徙於南冥也，水擊三千里，搏扶搖而上者九萬里，去以六月息者也。」野馬也，塵埃也，生物之以息相吹也。天之蒼蒼，其正色邪？其遠而無所至極邪？其視下也，亦若是則已矣。且夫水之積也不厚，則負大舟也無力。覆杯水於坳堂之上，則芥爲之舟，置杯焉則膠，水淺而舟大也。風之積也不厚，則其負大翼也無力。故九萬里，則風斯在下矣，而後乃今培風，背負青天而莫之夭閼者，而後乃今將圖南。蜩與鷽鳩笑之曰：「我決起而飛，搶榆枋，時則不至而控於地而已矣，奚以之九萬里而南爲？」

此段只是形容胸中廣大之樂，却設此譬喻，其意蓋謂人之所見者小，故有世俗紛紛之爭，若知天地之外有如許世界，自視其身，雖太倉一粒，不足以喻之，戴晉人所謂蝸角蠻、觸亦此意也。北冥，北海也。鯤、鵬之名，亦寓言耳。或以陰陽論之，皆是强生節目。鳥之飛也，必以氣，下一怒字，便自奇特。海運者，海動也，今海瀕之俚歌猶有「六月海動」之語。海動必有大風，其水湧沸，自海底而起，聲聞數里。言必有此大風，而後可以南徙也。南冥，亦海也，莊子又以天池訓之。

齊諧，書名也，其所志述皆怪異非常之事，如今山海經之類。然此書亦未必有，莊子既撰此說，又引此書以自證，此又是其戲劇處。摶，飛翔也。扶摇，風勢也。三千、九萬，即形容其高遠也。去以六月息者，此鳥之往來必歇住半年方可動也。野馬、塵埃三句，此是他文字最奇處，前後説多不通。野馬，遊絲也，水氣也，子美所謂「落花遊絲白日静」是也。言此野馬、塵埃自何而得？皆世間之生物以其氣息自相吹噓，故虛空之中有此物也。此三句本要形容下句，却先安頓於此，謂人之仰視乎天，見其蒼蒼然，豈其正色？特吾目力既窮，其上無所極止，故但見蒼蒼然爾。鵬之飛也，既至於天上，則其下視人間，不知相去幾千萬里，其野馬、塵埃相吹之息亦必如此濛濛然，猶人之在下視天上也。此數句只是形容鵬飛之高，如此下得來多少奇特。若如從前之説，以鵬爲大，野馬、塵埃爲細，與前句不相接，後句不相關，如何見得他筆力？水之積也不厚，爲下句風之喻也。坳堂，堂上坳深處也。其水既微，但能浮一芥而已，以杯盞之類置其間，則膠住矣。膠音教，言粘住不動也。鵬在天上，去地下九萬里，風自溪谷而起，而後蓬蓬然周遍四海。鵬既在上，則此風在下。培，厚也。九萬里之風乃可謂之厚風，如此厚風，方能負載鵬翼。背負青天，言飛之高也。莫之夭閼，無障礙也。圖南，自北海而謀南徙也。圖，謀也。蜩，蟬也。鷽鳩，學飛之小鳩也。鷽或作鸒，音預，亦小鳥而已，兩字皆通。決起者，奮起而飛也。搶，突也。奮起而飛，欲突至於榆枋之上，不過丈尺之高，有時猶不能至，又投諸地。控，投也。言我所飛不過如此，且有不能，彼乃欲藉九萬里之風而南徙於天池。奚以，奚用也。此意謂淺見之人局量狹小，不知世界之大也。

適莽蒼者，三飡而反，腹猶果然；適百里者，宿舂糧；適千里者，三月聚糧。之二蟲又何知？小知不及大知，小年不及大年。奚以知其然也？朝菌不知晦朔，蟪蛄不知春秋，此小年也。楚之南有冥靈者，以五百歲爲春，五百歲爲秋。上古有大椿者，以八千歲爲春，八千歲爲秋。而彭祖乃今以久特聞，衆人匹之，不亦悲乎？

莽蒼者，一望之地，莽蒼然不見。我欲適之，一往一來，不過三飯，而腹猶果然。果，實也，食未盡消也，言其近也。將爲百里之往，則必隔宿舂擣糧米而去，非可三飡而已。爲千里之行，則須三月聚糧矣。此三句以人之行有遠有近，則所食亦有多有少，亦如人見有小大，則所志趣亦有遠近。又爲鵬與蜩、鳩之喻也，二蟲者，蜩、鳩也。言彼何足以知此，故曰又何知。小知不及大知，小年不及大年，此兩句又是文之一體，以小知大知一句結上鵬、鳩，又以小年大年一句生下一段譬喻。朝菌，大芝也，亦名日及。生於糞上，暮生，見日則死，彼但知有朝暮而已，安知有晦朔也？蟪蛄，寒蟬也，春生夏死，夏生秋死，不見四時之全，故曰小年。冥靈，木名也，大椿，亦木名也。此亦寓言，不必求其實。言冥靈之生一千年，方當一歲，大椿之生一萬六千年，方當一歲，彭祖僅年八百，至今乃以高壽特聞於世，衆人皆欲慕之而不及，亦是見小而不知大也。久，壽也。匹，慕而求似之也。

湯之問棘也是已。窮髮之北有冥海者，天池也。有魚焉，其廣數千里，未有知其修者，其名爲鯤。有鳥焉，其名爲鵬，背若太山，翼若垂天之雲，摶扶摇羊角而上者九萬里，絶雲氣，負青天，然後圖南，且適南冥也。斥鴳笑之曰：「彼且奚適也？我騰躍而上，不過數仞而下，翱翔蓬蒿之間，此亦飛之至也。而彼且奚適也？」此小大之辨也。

此段只是前段又翻説一箇證據，言向來湯曾問棘，即此事也。棘，人名也。是已，即是也。據此一句，合結在下，以結語爲起語，此其作文鼓舞處。窮髮，不毛也。扶摇，風勢也，羊角，亦風之屈曲勢也。摶，飛翔也。絶雲氣者，言九萬里之上更無雲氣。人言泰山絶頂，雲皆在山下，雷鳴如嬰兒聲然，今人亦言雲只在半天是也。圖南，且謀適南冥也，言謀爲南徙之計，而後往南海也。斥，小澤也。斥澤之鴳，小鳥也。飛之至者，言我翱翔蓬蒿之間，其飛如此，亦至樂矣，又何必他往哉。其意即與前段同。

故夫知效一官，行比一鄉，德合一君而徵一國者，其自視也，亦若此矣。而宋榮子猶然笑之。且舉世而譽之而不加勸，舉世而非之而不加沮，定乎内外之分，辨乎榮辱之境，斯已矣。彼其於世，未數數然也。雖然，猶有未樹也。夫列子御風而行，泠然善也，旬有五日而後反。彼於致福者，未數數然也。此雖免乎行，猶有所待者也。若夫乘天地之正，而御六氣之辯，以遊無窮者，彼且惡乎待哉？故曰：至人無己，神人無功，聖人無名。

知效一官，言其智能可以辦一職之事也。行比一鄉，言其德行可以比合一鄉而使人歸向也。德見知於一君，是爲遇合，而可以號召於一國，言主一國之事也。此三等人各以其所能爲自足，其自視亦如斥鴳之類。宋榮子，見之大者也。猶然，笑貌也。宋榮子之爲人，雖舉世毁之譽之，而不加勸沮，言不以爲意也，視彼一鄉一國之士，但見可笑。然宋榮子之所以能此者，何也？蓋知本心爲内，凡物爲外，故曰定内外之分。在外者則有榮辱，在内者則無榮辱，知有内外之分，則能辨榮辱皆外境矣。斯已矣者，言道理只如此也。彼既以本心爲重，外物爲輕，則豈肯汲汲然以世俗爲事？數數，汲汲也。雖然，宋榮子之能固如此，亦未有大樹立作家處。若列子者以身御風而行虚空之間，半月而後反，其御風之時，泠然而善，此形容其飄飄之貌也。泠然，飄然也；善，美也。彼既能乘風而行，又視修身以求福，汲汲然惟恐不及者，不足言矣。未數數者，言其未肯似他如此數數也。人之行也在地，列子之行也御風，此雖免乎行矣，而非風則不可，故曰猶有所待。若夫乘天地之正理，御陰、陽、風、雨、晦、明之六氣，以遊於無物之始而無所窮止，若此則無所待矣。此乃有迹無迹之分也。至於無迹，則謂之至人矣，謂之神人矣，謂之聖人矣。無己、無功、無名，皆言無迹也，特下三句，贊美之又贊美之也。

堯讓天下於許由曰：「日月出矣而爝火不息，其於光也，不亦難乎？時雨降矣而猶浸灌，其於澤也，不亦勞乎？夫子立而天下治，而我猶尸之，吾自視缺然。請致天下。」許由曰：「子治天下，天下既已治也，而我猶代子，吾將爲名乎？名者，實之賓也。吾將爲賓乎？鷦鷯巢於深林，不過一枝；偃鼠飲河，不過滿腹。歸休乎君，予無所用天下爲。庖人雖不治庖，尸祝不越樽俎而代之矣。」

爝火，炬火也。日月既明，何用把火？時雨既降，何用抱甕？堯謂許由立則天下自治，而必使我主此，我自見其不足，故以爝火、浸灌自喻也。尸者，主也。致天下者，言以天下歸之汝也。名不出於我，而出於人，則是在外者也，以名對實，則實爲主而名爲賓，吾不爲賓者，言吾不以外物自喪其身也。鷦鷯、偃鼠，許由自喻也，言其有以自足也。偃，伏也；偃鼠，潛伏之鼠也。歸休乎君，言君且歸去休，不必來訪我也。庖與尸祝其業不同，言我不能舍我之所樂以代汝，各守其所守，亦猶尸祝不肯違越，去其樽俎，而代庖人烹割也。

肩吾問於連叔曰：「吾聞言於接輿，大而無當，往而不反。吾驚怖其言，猶河漢而無極也，大有逕庭，不近人情焉。」連叔曰：「其言謂何哉？」曰：「『藐姑射之山有神人居焉，肌膚若冰雪，綽約若處子。不食五穀，吸風飲露。乘雲氣，御飛龍，而遊乎四海之外。其神凝，使物不疵癘而年穀熟。』吾以是狂而不信也。」連叔曰：「然。瞽者無以與乎文章之觀，聾者無以與乎鐘鼓之聲。豈惟形骸有聾瞽〔二〕哉？夫知亦有之。是其言也，猶時女也。之人也，之德也，將旁礴萬物，以爲一世蘄乎亂，孰弊弊焉以天下爲事？之人也，物莫之傷，大浸稽天而不溺，大旱金石流、土山焦而不熱。是其塵垢粃糠，將猶陶鑄堯舜者也，孰肯以物爲事？」

肩吾、連叔皆未必實有此人，此皆寓言，亦不必就名字上求義理，中間雖有一二亦可解説，而實不皆然也。無當者，無實也。往而不反者，謂其大言只説前去，而不回顧也。河漢，天河也，河漢無極，謂天河在天，不知其首尾之所極。逕音徑，庭音趂，逕庭只言疆界遥遠也。大有，甚有也。其言不近人情，言非世俗所常有也。藐姑射，山名也。冰雪，瑩潔也。所養者全，陽氣伏而不動，故凝然若冰雪，今之服氣道人亦有能爲此者。綽約者，柔媚可愛也；處子，處女也，則神全。不食以下四句，言其神妙也。其精神凝然而定，所居之地，百物自無疵癘之病，而年穀自熟。蓋接輿之言如此。狂與誑同，肩吾以其言爲欺誑而不可信也。曰然者，言固是如此也，汝固疑而不信也。文章之觀示，鐘鼓之音聲，人皆見之聞之，而瞽者聾者無預，此形骸之病也。豈惟形骸有此病，在心亦有此病，言其心無見識，猶聾瞽然，故不知此語，而以爲誑也。時，是也；女與汝同。前後解者皆以此時女爲處子，故牽彊不通。其意蓋謂如此言語豈是汝一等人能之。此等人，其爲德也，周游乎萬物之上，而世自治，彼豈肯弊弊然以治天下爲事？言其無爲無不爲也。蘄與祈同；亂者，治也。言一世之人自祈乎治，我但無爲而彼自治，我何用自勞？弊弊，自勞之意也。物莫之傷者，言外物不能動其本心也。稽，至也。水之大，可以至天，而斯人不溺；旱之甚，可使金石融流、土山焦枯，而彼亦不熱，言其無入而不自得也。塵垢、粃糠，緒餘也，謂此人推其緒餘，可以做成堯舜事業，豈肯以事物爲意？物者，事物也；爲事猶言從事也。陶鑄，做成之意也。據此一語，便是郭子玄所謂不經者，但其著書初意，正要鄙夷世俗之儒，故言語有過當處，不可以此議之。如李太白曰「堯舜之事不足驚」，「莫比夷齊事高潔」，〔二〕與此何異？

校注

〔一〕「瞽」，宋本、道藏本作「盲」。

〔二〕「堯舜之事不足驚」，李白懷仙歌：「一鶴東飛過滄海，放心散漫知何在？仙人浩歌望我來，應攀玉樹長相待。堯舜之事不足驚，自餘囂囂直可輕。巨鰲莫載三山去，我欲蓬萊頂上行。」「莫比夷齊事高潔」，李白梁園吟：「洪波浩蕩迷舊國，路遠西歸安可得？人生達命豈暇愁，且飲美酒登高樓。平頭奴子摇大扇，五月不熱疑清秋。玉盤楊梅爲君設，吴鹽如花皎白雪。持鹽把酒但飲之，莫學夷齊事高潔。」

宋人資章甫而適諸越，越人斷髮文身，無所用之。

章甫，冠也。越人既斷髮不用衣冠，宋人以此爲貨而往越，宜其無賣處也。莊子此言蓋謂其所言廣大，今世之人無非淺見，此言何所用，謂世不足與語此也。

堯治天下之民，平海内之政，往見四子藐姑射之山，汾水之陽，窅然喪其天下焉。

此章亦見廣而後知自陋之意。以堯之治天下，古今第一人矣，而於汾水之南見四子於藐姑射之山，猶且恍然自失，況他人乎？喪其天下，忘其天下也。窅然，茫茫之意也。四子既無名，或以爲許由、齧缺、王倪、被衣。〔一〕或曰山海經云藐姑射在寰海外，汾陽，堯都也，在堯之都而見姑射之神，即堯心也。一本，二迹，三非本非迹，四非非本迹也。〔二〕如此推尋，轉見迂誕，不知此正莊子滑稽處，如今人所謂斷頭話，正要學者如此揣摸。前後解者正落其圈禮中，何足以讀莊子？其實皆寓言也。大抵謂人各局於所見而不自知其迷者，必有大見識，方能自照破也。

校注

〔一〕或以爲四子爲許由等，陸德明經典釋文莊子音義上引司馬彪莊子注、李頤莊子集解：四子，王倪、齧缺、被衣、許由。

〔二〕在堯都見堯心云云，成玄英南華真經注疏：「四子者，四德也：一本，二迹，三非本非迹，四非非本迹也。言堯反照心源，洞見道境，超兹四句，故言往見四子也。」此實成玄英所主之「雙遣」、「重玄之道」。

惠子謂莊子曰：「魏王貽我大瓠之種，我樹之成而實五石，以盛水漿，其堅不能自舉也。剖之以爲瓢，則瓠落無所容。非不呺然大也，吾爲其無用而掊之。」莊子曰：「夫子固拙於用大矣。宋人有善爲不龜手之藥者，世世以洴澼絖爲事。客聞之，請買其方百金。聚族而謀曰：『我世世爲洴澼絖，不過數金；今一朝而鬻技百金，請與之。』客得之，以説吴王。越有難，吴王使之將，冬與越人水戰，大敗越人，裂地而封之。能不龜手，一也；或以封，或不免於洴澼絖，則所用之異也。今子有五石之瓠，何不慮以爲大樽而浮乎江湖，而憂其瓠落無所容？則夫子猶有蓬之心也夫。」

瓠，可爲瓢者也。實，瓠之子也。一瓠之大，其子五石，則亦可盛五石之水矣。堅，重也。瓢，半匏也。瓠落，淺而大之貌也。掊，擊碎之也。不龜手者，言冬月用此藥而手不裂也。洴澼，打洗也。絖，絮也。以有此藥而爲人洗絮，數世以此爲業也。樽，浮水之壺也，以壺繫腰，乃可浮水，故曰中流失船，一壺千金。莊子既以不龜藥之事喻其不知所用，乃曰有此大瓠，何不思之以爲浮江之壺？慮，思也。何不慮者，言子之思何不及此也。蓬心，猶茅塞其心也。此段之意亦謂見小不能用大而已。

惠子謂莊子曰：「吾有大樹，人謂之樗。其大本擁腫而不中繩墨，其小枝卷曲而不中規矩，立之塗，匠者不顧。今子之言，大而無用，衆所同去也。」莊子曰：「子獨不見狸狌乎？卑身而伏，以候敖者，東西跳梁，不避高下，中於機辟，死於罔罟。今夫斄牛，其大若垂天之雲，此能爲大矣，而不能執鼠。今子有大樹，患其無用，何不樹之於無何有之鄉、廣莫之野，彷徨乎無爲其側，逍遥乎寢卧其下，不夭斤斧，物無害者，無所可用，安所困苦哉？」

樗，惡木之名也。大本，樹之身也。擁腫，盤結而瘰瘣也。不中繩墨規矩，言其不中用也。立之塗，近於道旁也。此惠子戲以喻莊子之大言無用也。狸狌，狐之類也。敖者，物之遊遨者也，伺候而欲食之。方其跳梁之時，不避高下，亦最小而桀黠者，一旦爲機網所中，遂殺其身。辟，法也，機辟，猶言機械也。斄牛，旄牛也，其牛至大而不能如狸狌之執鼠，此意蓋喻小，各自不同，不可以大者皆爲無用也。無何有之鄉、廣莫之野，言造化自然，至道之中，自有可樂之地。役役人世，有福則有禍，若高飛遠舉，以道自樂，雖無所用於世，而禍害亦不及之，即退之所謂「刀鋸不加，理亂不聞」〔一〕也。故曰「不夭斤斧，物無害者，安所困苦哉」。惠子之問，莊子之答，如今人説〔二〕隱語然。後人就此機紬繹多少文字，其原實出於此。

校注

〔一〕退之之言，韓愈送李愿歸盤谷序：「愿之言曰：車服不維，刀鋸不加，理亂不知，黜陟不聞，大丈夫不遇於時者之所爲也，我則行之。」

〔二〕「説」，原作「听」，據宋本、道藏本改。

内篇齊物論第二

物論者，人物之論也，猶言衆論也。齊者，一也，欲合衆論而爲一也。戰國之世，學問不同，更相是非，故莊子以爲不若是非兩忘而歸之自然。此其立名之意也。天籟、地籟、人籟，就聲上起譬喻也。

南郭子綦隱几而坐，仰天而噓，嗒焉似喪其耦。顏成子游立侍乎前，曰：「何居乎？形固可使如槁木，而心固可使如死灰乎？今之隱几者，非昔之隱几者也。」子綦曰：「偃，不亦善乎，而問之也。今者吾喪我，汝知之乎？

隱几者，憑几也。嗒然者，無心之貌也。喪其耦者，人皆以物我對立，此忘之也。槁木者，無生意也。死灰，心不起也。今之隱几者，言今日先生之隱几非若前此見人之隱几也。有我則有物，喪我，無我也，無我則無物矣。汝知之乎者，言汝知此理乎？吾即我也，不曰我喪我，而曰吾喪我，言人身中纔有一毫私心未化，則吾我之間亦有分別矣。吾喪我三字下得極好。洞山曰：「渠今不是我，我今正是渠。」〔一〕便是此等關竅。

校注

〔一〕洞山之言，景德傳燈録卷十五載洞山良价禪師過水偈：「切忌從他覓，迢迢與我疏。我今獨自往，處處得逢渠。渠今正是我，我今不是渠。應須恁麼會，方得契如如。」

汝聞人籟而未聞地籟，汝聞地籟而未聞天籟夫。」子游曰：「敢問其方。」子綦曰：「夫大塊噫氣，其名爲風。是唯無作，作則萬竅怒號。而獨不聞之翏翏乎？山林之畏佳，大木百圍之竅穴，似鼻，似口，似耳，似枅，似圈，似臼，似洼者，似污者。激者，謞者，叱者，吸者，叫者，譹者，宎者，咬者，前者唱于而隨者唱喁。泠風則小和，飄風則大和，厲風濟則衆竅爲虚。而獨不見之調調，之刁刁乎？」

子綦因子游一問，知其亦有造理之見，欲以天籟語之，遂如此發問也。方，道也，問此理果何如也。大塊，天地也，天地之間因何有風，亦猶人之噫氣也。是唯無作，言其不作則已也。作則萬竅怒號者，言纔動則滿世界皆是也。萬竅，萬木之竅也。翏翏乎，長風之聲也。畏音偉，佳音翠，上聲。畏佳者，林木摇動之貌。百圍，言木之大也，兩手相拏曰圍。上言萬竅，此但以一樹之大者言之，則其他可知，文法也。大木之竅穴，其形之不同，各有所似。枅，柱上方木斜而深者。圈，如桮圈之員者。洼，曲者。污，下者。此皆言其竅穴之形。自激者至咬者，言竅穴中之聲。于之聲輕，喁之聲重，言風之前去，其聲如唱于，隨其後而至者，則如唱喁，輕重相和也。泠風，小風也，風小則其相和之聲亦小。飄風，大風也，風大則其相和之聲亦大。厲風者，猛厲之風也。濟者，止也，風既止則衆竅之中向之爲聲者皆不聞矣，故曰爲虛。調調、刁刁，皆樹木爲風所摇動之形。前曰獨不聞，後曰獨不見，此一段文字之關鎖也。而，汝也。莊子之文好處極多，如此一段，又妙中之妙者，一部書中，此爲第一文字。非特莊子一部書中，合古今作者求之，亦無此一段文字。詩是有聲畫，謂其寫難狀之景也，何曾見畫得箇聲出？自激者至咬者八字，八聲也。于與喁，又是相和之聲也。天地間無形無影之風，可聞而不可見之聲，却就筆頭上畫得出，非南華老仙，安得這般手段？每讀之，真使人手舞足蹈而不知自已也。此段只是説地籟，却引説後段天籟，自是文勢如此。説者或謂此言地籟自然之聲，亦天籟也，固是如此，風非出於造化，出於何處？然看他文勢，説地籟且還他説地籟，庶見他血脉綱領。

子游曰：「地籟則衆竅是已，人籟則比竹是已。敢問天籟。」

比竹，笙簧之類也。人籟豈特比竹，金、石、絲、匏之類皆是，此特舉其一耳。前説地籟，後説天籟，却把人籟只一句斷送了，此亦是文法。讀莊子之文須如此仔細檢點，庶得箇入處。

子綦曰：「夫吹萬不同，而使其自己也，咸其自取，怒者其誰邪？」

吹萬，萬物之有聲者也，言萬物之有聲者，皆造物吹之。吹之者，造物也，而皆使其若自己出。吹字、使字，皆屬造物。自取者，自取於己也。咸其自取，言萬物皆以爲我所自能，而不知一氣之動誰實使之。氣發於内而爲言，遂下一怒字，與怒而飛同，亦屬造物。

大知閑閑，小知間間；大言炎炎，小言詹詹。

大知者，上知之人也。閑閑者，從容自得也。小知，小計較者也。間間者，言筭星筭兩自分別也。大言者，氣燄大者也。炎炎者，有光輝也。莊子之意，伊、周、孔、孟，皆在此一句内。小言者，小小見識之人也。詹詹者，瞻前顧後也，百家之説、市井之談，皆在此一句内。此四句總説世間有此兩種人。知，理會事功者；言，理會學術議論者。

其寐也魂交，其覺也形開，與接爲構，日以心鬭。

既説上四句了，却就人身上發明。其寐也魂交，言夜則神集於其心也。其覺也形開，言晝則四體皆動用也。此兩句自帝王至庶人皆在内。構，合也。應於外者爲接，言人夜則安寢，平旦以來，遇合之間，便有應接。内役其心，如戰鬭然，日日如是，故曰與接爲構，日以心鬭，即孟子所謂「旦晝之所爲有梏亡之」[一]者。孟子説得便平善，被他如此造語，精神百倍，亦警動人。後之禪家，其言語多是此等意思。

校注

〔一〕孟子之言，見孟子告子上。

縵者，窖者，密者，小恐惴惴，大恐縵縵。

縵者，有一種人做事縵怛怛地。又有一種人出着言語便有機穽，故曰窖。又有一種人思前筭後，不漏落一線路，故曰密。此皆言世之應物用心者，然皆不得自在，皆有憂苦畏懼之心，所謂「小人長戚戚」〔一〕是也。孔子則謂小人戚戚，莊子之意，則堯、舜、周、孔皆爲戚戚矣。事之小者則惴惴然而懼，故曰小恐惴惴。事之大者則憂深思遠，若失若疑，故曰大恐縵縵。

校注

〔一〕「小人長戚戚」，論語述而：「君子坦蕩蕩，小人長戚戚。」

其發若機括，其司是非之謂也。其留如詛盟，其守勝之謂也。其殺如秋冬，以言其日消也。其溺之所爲之，不可使復之也。其厭也如緘，以言其老洫也。近死之心，莫使復陽也。喜怒哀樂，慮歎變慹，姚佚啓態，樂出虛，蒸成菌。

其議論是非，各有所主，若射者之謀中的然，故曰其發若機括，謂一語不虛發也。司，主也。好勝之心自守不化，留戀於胸次，若與人有詛盟然。用心憂勞，日銷月鑠，謂其內自苦也。物生於春夏，殺於秋冬，憔悴之時也，故以爲日消之喻。此三句，下是意，上是譬喻，却如此下語。意有所溺，一去而不可回，故曰溺之所爲之。上之字，助語也；下之字，往也。不可使復之也，此之字亦訓往，言不可復挽回也。其爲物慾所厭没，如被緘縢然，至老而不可救拔，故曰老洫。洫者，謂其如墜於溝壑也。此等人，身雖生而心已若死者矣，故曰近死，謂其胸中無知也。陽，生也，言其心已死，不復活也。此以上形容世俗之用心。喜怒以下十二字，又形容其狀貌，謂其在內者如此，故其見於外也，或喜或怒，或哀或樂，時乎憂慮，時乎嗟嘆，時乎變換意態，如此不得，又欲如彼。慹者，憂疑而不動之貌；姚，央庠之貌；佚，縱逸也；啓，開放不收斂之貌；態，做模打樣也。其人雖如此，實皆不自由，如樂之出於虛，如氣之蒸成菌。言許多種人皆是造物使之，便是吹萬如此。說造物處又不謂自然而然，言人不能以道自持，則做出許多醜差，皆若鬼神使之然。讀莊子者，却要如此體認得子細。

日夜相代乎前，而莫知其所萌。已乎，已乎。旦暮得此，其所由以生乎？非彼無我，非我無所取。是亦近矣，而不知其所爲使。若有真宰，而特不得其朕。可行已信，而不見其形，有情而無形。

日夜相代乎前，造物之往來者也。莫知所萌，言不見其所起之處也。已乎已乎，猶今人言是了是了，意謂所萌之地雖不可知，然旦暮之間，不過得此而已。此者，造物也。這一此字甚重，不是輕下。非彼無我這彼字，却是上面此字，言非造物則我不能如此。然造物之所爲，必因人身而後見，故曰非我無所取。如此説得來，雖若近而可見矣，然其所爲見使於造物者，人實不知之，故曰是亦近矣，而不知其所爲使。真宰，造物也。若有者，似若有之，而不敢以爲實有也。朕，萌芽之地也，不得其朕，即莫知其所萌也。可行者，言天行之可見者也。已信者，甚實也，造物之所行，信乎有之。而但不見其形，即莫知其所爲使也。有情，言有實也，即已信也；無形，即不見其形也。自日夜相代以下，皆言造物之所爲，雖在面前而人不可見，反反覆覆，紬繹許多語句，辭甚切而意甚至，蓋欲人於此着意自檢點也。

百骸、九竅、六藏，賅而存焉，吾誰與爲親？汝皆悦之乎？其有私焉？如是皆有爲臣妾乎？其臣妾不足以相治乎？其遞相爲君臣乎？其有真君存焉。如求得其情與不得，無益損乎其真。

百骸、九竅、六藏，即人一身之所有者也，此以下又就人身上發明一段，更是奇特。賅者，備也；存，在也。言人之一身備此而皆在也。吾誰與爲親者，言吾所獨親者誰乎？這一親字下得極有理。且如人身，或有病在手，爲其所苦，則方病之時，手乃爲身之讎也，六根〔二〕皆然。汝皆悦之乎者，言六根之中，皆喜之乎？亦有所私喜乎？且其在身之用，何者爲貴？何者爲賤？如頭痒而手搔，則手者頭之役；望遠而足行，則足者目之役。役者，臣妾也。然而不足以相治者，手、足、耳、目、鼻、舌互相爲用也。受役者爲臣，役之者爲君，足時乎而用手，手時乎而用足，故曰遞相爲君臣。百骸、九竅、六藏之君臣既不可得而定名，則心者身之主也，其以心爲君乎？心又不能以自主，而主之者造物，則造物爲真君矣，故曰其有真君存焉。我雖如此推求，欲見到實處，然見得與見不得，其所謂君者，初何加損乎？情，實也，故曰如求得其情與不得，無益損乎其真。

校注

〔一〕「六根」，佛學指眼、耳、鼻、舌、身、意具有能取相應之六境，生長相應之六識的六種功能爲六根。

一受其成形，不亡以待盡，與物相刃相靡，其行盡如馳，而莫之能止，不亦悲乎？終身役役而不見其成功，薾然疲役而不知其所歸，可不哀邪？人謂之不死，奚益？其形化，其心與之然，可不謂大哀乎？人之生也，固若是芒乎？其我獨芒而人亦有不芒者乎？

大抵人之形體，非我自有，必有所受者。既受此形於造物，則造物與我相守，不亡以待此形之歸盡而後已。而人不能一順乎造物，乃爲外物所汩，與之或逆或順，以此而行，盡其一生，如駒過隙，不能以一息自寧，故曰行盡如馳，而莫之能止。相刃，相逆也。相靡，相隨，汩没之意。終身役役，言自苦也。不見其成功，言無益也，「採得百花成蜜後，不知辛苦爲誰甜」[一]即此意也。薾然疲役，又形容其役役勞苦之狀，不知其所歸，不知何日可休歇也。人生之自勞如此，壽雖百年亦何益？故曰不死奚益。其形化者，從衰得白，從白得老也。年彌高而德彌卲，則是形化而心不化。在我既無見識，徒以心爲形役，形衰而心亦疲矣，故曰其心與之然。芒，芒然無見識也。彼愚惑之人亦當回首自思曰：凡人之生，其胸中本若是昧然無見乎？豈我獨昧而人亦有不昧者？此意蓋謂「天生蒸民，有物有則，民之秉彜，好是懿德」[二]。天理未嘗不明，汝以人欲自昏，故至於此，知道之人豈如此芒昧乎？此所謂「金篦括膜[三]，要汝開眼」也。

校注

[一]「採得百花成蜜後」二句，見唐羅隱蜂詩。「不知」或作「爲誰」。

[二]「天生蒸民」四句，見詩烝民。

[三]「金篦括膜」，大般涅槃經卷八如來性品：「佛言：善男子，如有盲人爲治目故，造詣良醫，是時良醫即以金錍決其眼膜。」

夫隨其成心而師之，誰獨且無師乎？奚必知代而心自取者有之？愚者與有焉。未成乎心而有是非，是今日適越而昔至也。是以無有爲有。無有爲有，雖有神禹，且不能知，吾獨且奈何哉？

成心者，人人皆有此心，天理渾然而無不備者也。言汝之生，皆有見成一箇天理，若能以此爲師，則誰獨無之？非惟賢者有此，愚者亦有之。知代，古賢者之稱也。代，變化也，言其知變化之理也。心自取者，言其心有所見也。若此心未能見此渾然之理，而强立是非之論，是者自是，而不知其理之本然，譬如今日方始適越，而謂昔日已至之矣，天下寧有是理哉？此謂强其不知以爲知也。如此則是本無所見，而强以爲有。既以無所見而自以爲有所見，雖使古聖人復出，於汝亦不可曉，他人又奈汝何哉？神禹，即禹也，借以爲古聖人之稱也。

夫言非吹也，言者有言，其所言者特未定也。果有言邪？其未嘗有言邪？其以爲異於𪊨音，亦有辯乎？其無辯乎？

此篇本爲齊物論是非而作，前既發爲三籟之論，謂天地之間，凡有聲者皆出於造物，却又引而伸之，演説人身皆爲造物所使，紬繹發越至成心處而後住，自此以下却説是非之論。風之於竅，比竹之聲，吹萬不同，皆聲而已。聲成文而後謂之言，言則非吹比也。所謂言者，皆各言其意也，故曰言者有言，此四字便是是非之論。其所言者特未定也，謂汝雖有此言，其出於汝邪？其出於造物邪？故曰未定。其言果汝之言邪？其在汝者未嘗有此言，而爲造物所使遂爲此言邪？鷇者，鳥之初出卵者也。鷇之爲音，未有所知，汝之有言，亦不自知，若以爲異於鷇音，則實不能自異，則以爲與鷇音有分辯乎？無分辯乎？言其實一同，不可得而分辯也。

道惡乎隱而有真僞？言惡乎隱而有是非？道惡乎往而不存？言惡乎存而不可？道隱於小成，言隱於榮華。故有儒、墨之是非，以是其所非而非其所是，欲是其所非而非其所是，則莫若以明。物無非彼，物無非是。自彼則不見，自知則知之。故曰彼出於是，是亦因彼。

道本無真僞，不知道因何而隱晦，故有此真僞。至言本無是非，不知因何而隱晦，故有此是非之論。惡乎往而不存者，謂大小精粗，是道無乎不在也。惡乎存而不可者，謂是是非非皆可也。小成，小見也，一偏之見也，因人之偏見而後此道晦而不明。榮華者，自相誇詡以求名譽也。偏見之言自相誇詡，則至言隱矣。自是而後，始有儒、墨相是非之論，人之所非，我以爲是，彼之所是，我以爲非，安得而一定？若欲一定是非，則須是歸之自然之天理方可。明者，天理也，故曰莫若以明。物無非彼者，言以我爲是，則以彼爲非也。物無非是者，言我以爲是，則人以爲非也。在彼之説，我則不爲之見察；在我知者，則自知之。物我不對立，則無是無非，因物我之對立，而後有是有非，故曰彼出於是，是亦因彼。

彼是，方生之説也，雖然，方生方死，方死方生；方可方不可，方不可方可；因是因非，因非因是。是以聖人不由，而照之于天，亦因是也。

有彼有是，止〔一〕與方生之説同，此是撰出一箇方生字來做譬喻。蓋生必有死，二者不可相離，若只説生而不説死，是見得一邊而已。雖然，汝雖見得一邊，據道理來，他自相離不得。如生則必有死，死則必有生，纔有箇可，便有箇不可，纔有箇不可，便有箇可，如何離得？既知其説之不可離，則不若因其所是而是之，因其所非而非之。古之聖人所以不用一偏之見，而照之以天理者，即因其是而已矣。前説因是因非，此又只言因是，省文也。

校注

〔一〕「止」，疑當作「正」。

是亦彼也，彼亦是也，彼亦一是非，此亦一是非，果且有彼是乎哉？果且無彼是乎哉？彼是莫得其偶，謂之道樞。樞始得其環中，以應無窮。是亦一無窮，非亦一無窮也。故曰莫若以明。

若以是非而論，則他之説一是非也，我之説又一是非也，我與他又何以異汝？雖分爲人我，其實分不得，故曰果且有彼是乎哉？果且無彼是乎哉？言彼與我皆無也。偶者，對也，若使彼之與我不對而立，混人己而一之，則爲道之樞要矣。環之中必虛，我得道之樞要，則方始如環中然，如環之中，則無始無終而無窮矣。是亦無窮，非亦無窮者，言聽其自然也。如此則爲自然之天理，故曰莫若以明，舉前一句以結此段也。

以指喻指之非指，不若以非指喻指之非指也。以馬喻馬之非馬，不若以非馬喻馬之非馬也。天地一指也，萬物一馬也。

指，手指也。以我之指爲指，則以人之指爲非，彼非指之人又以我指爲非。若但以我而非彼，不若就他身上思量，他又非我，物我對立，則是非不可定也。馬〔一〕，博塞之籌也，見禮記投壺篇下。馬有多寡，博者之相是非亦然。若以此理而喻之，則天職覆，地職載，亦皆可以一偏而相非矣。萬物之不同，飛者、走者、動者、植者，亦若籌馬之不同，亦可以一偏而相非矣。此蓋言世間無是非也，只緣有彼我，則有是非，終不成天地亦可以彼我分乎？此皆譬物論之不可不齊也。

校注

〔一〕「馬」，禮記投壺：「請爲勝者立馬，一馬從二馬，三馬既立，請慶多馬。」馬，古計算用的籌。

可乎可，不可乎不可。道行之而成，物謂之而然。惡乎然？然於然。惡乎不然？不然於不然。物固有所然，物固有所可。無物不然，無物不可。

可者可之，不可者不可之，故曰可乎可，不可乎不可。道無精粗，行之即成。皆自然也，謂之而然，説底便是也。我何所然乎？因其然者而然之。我何所不然乎？因其不然者而不然之。物固有所然者，固，本來也，言物物身上本來自有一箇是底，故曰固有所然，固有所可。既有所然有所可，則物物皆如是也，故曰無物不然，無物不可。

故爲是舉莛與楹，厲與西施，恢恑憰怪，道通爲一。

莛，屋梁也。楹，屋柱也。梁橫而柱直，厲惡而施美，恢大之與褊狹，詭變之與循常，譎詐之與平直，妖怪之與祥瑞，皆不同者也。以道觀之，則橫直者各當其用，美惡者各全其質，皆可通而爲一矣，言皆歸之造物也。

其分也，成也；其成也，毁也。凡物無成與毁，復通爲一。

成毁，物之相戾者也，然無毁則無成，無成則無毁。譬如木之在山，伐而用之，毁也，以之作室，則爲成物矣。譬如用藥，㕮之咀之，分也，合而和之，可以成藥。有筋有角，而後成弓，在弓則爲成，在筋角則爲毁。秦不亡則漢不興，漢雖成而秦則毁。以此觀之，初無成也，亦無毁也，故曰復通爲一。

唯達者知通爲一，爲是不用而寓諸庸。庸也者，用也；用也者，通也；通也者，得也；適得而幾矣。因是已。已而不知其然，謂之道。

唯達道者知此理之爲一，則去其是者不用之而寓諸庸之中。以常爲用，而隨用皆通，通則自得矣，故曰庸也者，用也；用也者，通也；通也者，得也；適得而幾矣。幾，盡也。此亦無他，不過因是而無是非之爭，如此而已。惟至於不知其然而循其自然，此則謂之道也。以下句已字粘上句已字，此是其筆端游戲作文處。

勞神明爲一而不知其同也，謂之朝三。何謂朝三？曰：狙公賦芧，曰：「朝三而暮四。」衆狙皆怒。曰：「然則朝四而暮三。」衆狙皆悦。名實未虧而喜怒爲用，亦因是也。是以聖人和之以是非而休乎天均，是之謂兩行。

神明，猶精神也。勞苦精神自爲一偏之説，强相是非而不知理本同者，謂之朝三。此亦是做兩字設譬喻起，與方生一樣文法。芧，山栗也，一名橡子。名三與四也，實通七數也，名實未嘗變，但移易朝暮，而衆狙喜怒隨之。此喻是非之名雖異，而理之實則同，但能因是，則世自無爭矣。洪野處〔一〕云列子勝於莊子。如此譬喻，二書皆同，〔二〕但把字數添減處看，便見列子勝不得莊子。和之以是非者，和其是非而歸之一也。天均者，均平而無彼此也。兩行者，隨其是非，而使之並行也。

校注

〔一〕「洪野處」，洪邁，南宋文學家，字景盧，别號野處。

〔二〕「如此譬喻，二書皆同」，列子黄帝第二：「宋有狙公者，愛狙，養之成羣。能解狙之意，狙亦得公之心，損其家口充狙之欲。俄而匱焉，將限其食，恐衆狙之不馴於己也，先誑之曰：『與若芧，朝三而暮四，足乎？』衆狙皆起而怒。俄而曰：『與若芧，朝四而暮三，足乎？』衆狙皆伏而喜。」

古之人，其知有所至矣。惡乎至？有以爲未始有物者，至矣，盡矣，不可以加矣。其次以爲有物矣，而未始有封也。其次以爲有封焉，而未始有是非也。是非之彰也，道之所以虧也。道之所以虧，愛之所以成。果且有成與虧乎哉？果且無成與虧乎哉？

未始有物者，太極之先也。古之人者，言古之知道者。自無物之始看起來，則天下之理極矣。其次爲有物，是無極而太極也。自有物而有封，是太極分而爲兩儀也，〔一〕兩儀雖分，覆載異職，各隨其理，何嘗有所是非？是非起於人心之私。彰，露也。私心既露，則自然之道虧喪矣。道既虧，則有好有惡，在我則愛，而在物則惡，佛氏所謂愛河〔二〕是也。虧其道而溺於愛，此自人心之私，然以造物觀之，何嘗有所成虧？故曰果且有成與虧乎哉？果且無成與虧乎哉？此言人世是非之爭，到了皆歸之空也。此一段固是自天地之初説來，然會此理者，眼前便是。且如一念未起，便是未始有物之時。此念既起，便是有物。因此念而後有物我，便是有封。因物我而有好、惡、喜、怒、哀、樂，便是有是非。未能回思悉念未起之時，則但見胸次膠擾，便是道虧而愛成；及此念一過，依然無事，便見得何嘗有成有虧。莊子之言若迂闊，若能如此體認，則皆是切身受用之事。

校注

〔一〕「無極而太極」，「太極分而爲兩儀」，北宋理學家周敦頤太極圖説：「無極而太極。太極動而生陽，動極而靜，靜而生陰。靜極復動。一動一靜，互爲其根。分陰分陽，兩儀立焉。陽變陰合，而生水、火、木、金、土。五氣順布，四時行焉。」

〔二〕「愛河」，佛學術語，貪愛之心執着於物而不離，如水浸染於物，故以河水譬之。楞嚴經卷四曰：「愛河枯乾，令汝解脱。」

有成與虧，故昭氏之鼓琴也；無成與虧，故昭氏之不鼓琴也。昭文之鼓琴也，師曠之枝策也，惠子之據梧也，三子之知幾乎，皆其盛者也，故載之末年。惟其好之也，以異於彼，其好之也，欲以明之。彼非所明而明之，故以堅白之昧終。而其子又以文之綸終，終身無成。若是而可謂成乎？雖我亦成也。若是而不可謂成乎？物與我無成也。是故滑疑之耀，聖人之所圖也。爲是不用而寓諸庸，此之謂以明。

既説成虧之理，却以鼓琴喻之，最爲親切。且如有琴於此，用而鼓之，則一操之曲自有終始。此終始生於既鼓之後，若不鼓則安有終始哉？如人一念若不起，則亦無有物我之同異也。昭，姓也，名文，古之善鼓琴者。師曠，樂師也。策，擊樂器之物也，今馬鞭亦曰策，左傳「繞朝贈之以策」〔一〕，羊曇以策擊西州門〔二〕，皆馬策也。枝，猶持也，持而擊曰枝，此二字想古語有之。師曠枝策，即言師曠擊樂器也。據梧，以梧爲几而凭之，故曰據梧。因上言鼓琴，遂引説二子，言三子之技皆精。幾，盡也，言其智於此技極其盡也。技精而有盛名於世，故曰皆其盛者也。載，事也，末年，晚年也，言從事於此終其身也。三子之好，自以爲異於天下之人，故曰唯其好之也，以異於彼。三子既自好之，又欲誇説於人，故曰其好之也，欲以明之。我雖如此誇説，而所聽之人本自不〔三〕曉，乃强〔四〕以此曉之，故曰彼非所明而明之。如惠子之强辯，自愚也，而以終其身。堅白本公孫龍之事，莊子却以爲惠子，但借其分辯堅白之名耳。昧，自愚也。上言三子，此但以惠子之辯爲結，亦是文法也。堅白，注家以爲堅石、白馬之辨，蓋曰堅則爲石，白則爲馬，言白不必言馬，亦猶「黄馬驪牛三」也。史記蘇秦傳注又曰：龍泉水淬刀劍特〔五〕堅利，故有堅白之論曰：黄所以爲堅，白所以爲利。齊辯之曰：白所以爲不堅，黄所以爲不利。二説雖殊，皆辯者之事爾。昭文既以鼓琴終其身，而昭文之子又傳文之緒業，亦終其身。綸，緒業也。上言惠子，下句又以昭文之子結，此是筆端鼓舞處。終身無成者，言只他一人自會，教別人不得，故曰無成。凡天下之事，若只據其所能而可以爲了當，則我之現前所能者謂之了當亦可也；若據此現前者未爲了當，則凡天下之人與我，皆不得謂之了當。成，猶言了當也。此兩句雖是結上三子之技，然其意甚廣，蓋所言三子之技，亦是譬喻物論是非，非專説三子也。滑疑，言不分不曉也，滑亂而可疑，似明而不明也。耀，明也。聖人之心其所主者未嘗着迹，故其所見之處若有若無。圖，欲也，言聖人之所欲者如此也。所以去其是不用，而寓諸尋常之中，此之謂以明。自物無非彼以下至非亦一無窮也，既解以明二字；自以指喻指以下至適得而幾矣，又解因是二字；却直至此處，又以此之謂以明結之。文勢起伏，縱横變化，綱領自是分曉。僕嘗謂齊物論自首至尾，只是一片文字，子細看他下字，血脉便見。

校注

〔一〕「左傳『繞朝贈之以策』」，左傳文公十三年，士會將使晉，「繞朝贈之以策」。

〔二〕「羊曇以策擊西州門」，晉書卷七十九謝安傳。

〔三〕「不」，原作「分」，據宋本改。

〔四〕「强」下，宋本、道藏本有一「欲」字。

〔五〕「特」，原作「時」，宋本、道藏本俱同，據史記卷六十九蘇秦傳司馬貞索隱改。

今且有言於此，不知其與是類乎？其與是不類乎？類與不類，相與爲類，則與彼無以異矣。

此段又自「爲是不用」一句中「是」字生來，故曰與是類乎？與是不類乎？此便是他下字血脈。前言言非吹也，到此換頭又喝起今且有言於此一句，亦是他前後血脈。以其類者與其不類者易地而看，則見類與不類皆相類矣，其意蓋曰把他做我看，把我做他看，則見我與他一般，故曰與彼無以異矣。此便是以指喻指、以馬喻馬之意。

雖然，請嘗言之。有始也者，有未始有始也者，有未始有夫未始有始也者。有有也者，有無也者，有未始有無也者，有未始有夫未始有無也者。俄而有無矣，而未知有無之果孰有孰無也。今我則已有謂矣，而未知吾所謂之其果有謂乎，其果無謂乎？

莊子之文纔下，雖然作一轉處，其語皆妙。其意蓋謂雖云無是無非，亦且説一説，故曰請嘗言之。始，太極也；未始有始，無極也。未始有夫未始有始，此無極之上又一層也。有，有物也。此有之生必自無而始，故曰有無也者。無字之上，又有未始有無，即無極之上一層也。列子所謂有太質，有太素，有太初，〔一〕亦是此意。當初本無箇有，不特無箇有，亦無箇無，忽然有箇無，則必是生出一箇有。如此推明其意，蓋謂其初本來無物，因有我而後有物我，因有物我而後有是非。大意不過如此，却恁地發明，果是高妙。據此處合曰俄而有有矣，今不曰俄而有有，而曰俄而有無，此皆其筆端入妙處。這箇無字，雖是有了，果是喚作無得否？故曰未知有無之果孰有孰無也。此箇無字，雖未可知，然既喚作無字，便是有無之名矣，故曰今我則已有謂矣。然我雖有此言，謂即言也，然不知此言果可謂有邪，果可謂無邪？此與轂音處同。

校注

〔一〕列子之言，列子天瑞第一：「故曰：有太易，有太初，有太始，有太素。太易者，未見氣也；太初者，氣之始也；太始者，形之始也；太素者，質之始也。」

天下莫大於秋毫之末，而泰山爲小；莫壽乎殤子，而彭祖爲夭。天地與我並生，而萬物與我爲一。既已爲一矣，且得有言乎？既已謂之一矣，且得無言乎？一與言爲二，二與一爲三，自此以往，巧歷不能得，而況其凡乎？故自無適有以至於三，而況自有適有乎？無適焉，因是已。

此兩句雖是設喻，以明是非有無之理，然此語極天下之至理。前乎莊子，未有此言也，後乎莊子，亦未有此言也，可謂千百年獨到之論。秋毫之末，至小也，而謂之莫大；太山，至大也，而謂之爲小。其意蓋謂既名曰秋毫，纔大些箇，便不可以秋毫名之矣，太山纔小些箇，便不名爲太山矣。若以太山爲大，天地更大，故太山謂之小亦可。殤子爲名，則是極殤子之數矣，更多些箇，則不名殤子矣。彭祖雖曰至壽，比之天地，彭祖爲夭矣。此兩句細看得出，便是若是而可謂成乎，雖我亦成也，若是而不可謂成乎，物與我無成也。若人會如此看，則大而天地與我並生於太虛之間，天地亦不得爲大，而萬物又與我並生於天地之間，雖一草一木、一禽一蟲，亦與我相類，故曰天地與我並生，萬物與我爲一。說了箇一字，却就此一字粘起，曰既爲一矣，且得有言乎？意謂既是混然爲一，則和箇一字亦不當有，今既有一字矣，則安得謂之無乎？以混然之一與此名一之言，自是兩箇，故曰一與言爲二。既有此二矣，又有一與言爲二一句，則成三箇矣。自此三箇但管生將去，自千而萬，自萬而兆，直至巧於曆者亦筭不盡，而况凡常人乎？若如此看得來，當初因箇無字引起，遂至於有，自有而一，自一而二，自二而三，已自如此，言之不已，何况更自有而生有乎？以此而觀，則惟無適爲是。何以謂之無適？即因是而已。自箇是字說來，到這裏又結一結。

夫道未始有封，言未始有常，爲是而有畛也。請言其畛：有左，有右，有倫，有義，有分，有辯，有競，有爭，此之謂八德。

此段又自是字上生起。有封，即有彼我也。有常，有主也。至道、至言本無彼此，因人心之私有箇是字，故生出許多疆界。畛，疆界也。八德之名，只是物我對立之意，却鼓舞其文，做出四句。左右，彼此對立之名也。倫，理也；義，事宜也。纔有彼此對立，則説理説事各有主意也。分，分析也；辯，辯别也。分、辯皆同，但字有輕重。纔有主意，則各自分析辯别也。競、爭亦一意，但競則甚於爭爾。既有分辯，則大者必競，小者必爭也。看此等文字，即就字義上畧擺撥得伶俐便自好，若道倫又如何，義又如何，分又如何，辯又如何，爭又如何，競又如何，便非莊子之意矣。且倫字、義字、分字、辯字、競字、爭字，本無甚分别，如何名以八德？看得他文字破，不被他鼓舞處籠罩了，方是讀得莊子好，雖使〔一〕莊子復生，亦必道還汝具一隻眼。

六合之外，聖人存而不論；六合之内，聖人論而不議。春秋，經世先王之志，聖人議而不辯。故分也者，有不分也；辯也者，有不辯也。曰：何也？聖人懷之，衆人辯之以相示也。故曰辯也者，有不見也。

上面既説了彼我是非，到這數句又别生箇説話來，發明此老胸中多少玲瓏，多少快活。六合之外，天地之外也；存而不論，即釋氏所謂四維上下不可思量〔二〕也。六合之内，宇宙之間也。宇宙之間合有許多道理，聖人何嘗不説，但不立此議以强天下之知。春秋，史書之名也，此一句又是既有君臣上下，凡見於史册者，皆是先王經世之意。聖人豈容不立此議，而何嘗與世人爭較是非？蓋天下之理，惟其不言，則爲至言；纔到分辯處，便是爾胸中自見得不透徹也。故曰分也者，有不分也；辯也者，有不辯也。到這裏又自發一箇「何也」之問。懷之者，退藏於密〔三〕之意也。聖人於此卷而懷之〔四〕，衆人於此則必辯而明之，以相誇示。纔有分辯，便是無見識處，故曰有不見也。

校注

〔一〕「使」，原作「是」，據宋本、道藏本改。

〔二〕「四維上下不可思量」，佛學稱東西南北四方之中間曰四維。無量壽經曰：「照東方恒沙佛剎，南西北方，四維上下，亦復如是。」佛剎，佛土。恒沙，恒河沙，無法計數之意。

〔三〕「退藏於密」，易繫辭上：「六爻之義易以貢，聖人以此洗心，退藏於密。」

〔四〕「卷而懷之」，論語衛靈公：「君子哉蘧伯玉。邦有道，則仕；邦無道，則可卷而懷之。」

夫大道不稱，大辯不言，大仁不仁，大廉不嗛，大勇不忮。道昭而不道，言辯而不及，仁常而不成，廉清而不信，勇忮而不成。五者园而幾向方矣，故知止其所不知，至矣。孰知不言之辯、不道之道?若有能知,此之謂天府。注焉而不滿,酌焉而不竭,而不知其所由來,此之謂葆光。

對立者曰稱,謂之大道,則無對立者矣。不言之中自有至言,故曰大辯不言。無仁之迹而後爲大仁。嗛,滿也,猴藏物曰嗛。以廉爲廉,則有自滿之意。國語曰「嗛嗛之德,不足就也」〔二〕,言其自小,即此嗛字。清畏人知,清畏人不知,皆不得爲大廉矣。不忮者,不見其用勇之迹也。既説此五句,下面又再解一轉。昭者,明也,道不可以指名,昭然而指名,則非道矣,故曰不道。言而形諸辯,則是自有見不及處矣。常者,可見之迹也,有可見之迹,則非仁之大成矣。廉而至於有自潔之意,則不誠實矣。清,自潔意也;信,實也。勇而見於忮,則必喪其勇矣。园,圓也,言此以上五者皆是箇圓物,謂其本混成也,若稍有迹,則近於四方之物矣,謂其有圭角也。幾,近也,向字與於字同意。天下之真知必至於不知爲知而止,則爲知之至矣。不知之知,便是不言之辯,便是不道之道。若人有能知此,則可以見天理之所會矣,故曰此之謂天府。天府者,天理之所會也。天理之所會,欲益之而不能益,故曰注焉而不滿;欲損之而不能損,故曰酌焉而不竭。至理之妙,無終無始,故曰不知其所由來。葆光者,滑疑之耀也。葆,藏也,藏其光而不露,故曰葆光。

校注

〔一〕國語二句，國語晉語：「嗛嗛之德，不足就也。」韋昭注：「嗛嗛，猶小小也。」

故昔者堯問於舜曰：「我欲伐宗、膾、胥敖，南面而不釋然。其故何也？」舜曰：「夫三子者，猶存乎蓬艾之間。若不釋然，何哉？昔者十日並出，萬物皆照，而況德之進乎日者乎？」

昔者上着一故字，便是因上文而引證也。宗、膾、胥敖之事，無經見，亦寓言耳。不釋然者，不悦也。蓬艾之間，喻其物慾障蔽，而不知有天地也。謂彼之三國，物慾自蔽，未能向化，而我纔有不悦之心，則物我亦對立矣。十日並出〔一〕，亦見淮南子，此蓋莊子寓言，淮南子又因之而粧撰也。言日於萬物無所不照，況我之德猶勝於日，而不能容此三子者乎？此意蓋喻物我是非，聖人所以寘之不辯者，照之以天也。十日之説，即莫若以明之喻也。

校注

〔一〕「十日並出」，淮南子墬形訓：「若木在建木西，末有十日，其華照下地。」兵略訓：「武王伐紂」，「當戰之時，十日亂於上，風雨擊於中」。

齧缺問乎王倪曰：「子知物之所同是乎？」曰：「吾惡乎知之？」「子知子之所不知邪？」曰：「吾惡乎知之？」「然則物無知邪？」曰：「吾惡乎知之？雖然，嘗試言之。庸詎知吾所謂知之非不知邪？庸詎知吾所謂不知之非知耶？

此段又自知止其所不知上生來，又自前頭是字上引來，所以道一篇只是一片文字。齧缺同是之問，王倪不知之對，便即是知止其所不知。但如此撰造名字，鼓舞發揮，此所以爲莊子也。既曰吾惡乎知之，又曰雖然，嘗試言之，此皆轉換妙處。知之非不知，不知之非知，此兩句發得知止其所不知又妙，其意蓋謂不知便是真知也。

且吾嘗試問乎汝：民溼寢則腰疾偏死，鰌然乎哉？木處則惴慄恂懼，猨猴然乎哉？三者孰知正處？民食芻豢，麋鹿食薦，蝍蛆甘帶，鴟鴉耆鼠，四者孰知正味？猨，猵狙以爲雌，麋與鹿交，鰌與魚游。毛嬙、麗姬，人之所美也，魚見之深入，鳥見之高飛，麋鹿見之決驟。四者孰知天下之正色哉？自我觀之，仁義之端，是非之塗，樊然殽亂，吾惡能知其辯？」

且吾嘗試問乎汝者，又爲發端之語也。鰌安乎水，猨猴安乎木，人豈能處此？既各安其所安，而皆不能安其所不安，則是三者所處皆非正也，豈得以人異乎猨鰌哉？芻，草木之食；豢，肉味之食也。薦，草也。帶，蛇也。麋鹿則食草，蜈蚣則食蛇，鴟鴉則食鼠，人則食芻豢，所嗜好甘美皆不同，則四者之味孰爲正哉？猵狙，獦牂也，猵狙以猿爲雌。麋、鹿一類物也，鰌與魚非二物，即如此下語。此一段雌雄之喻，却就毛嬙、麗姬發此三句，言人之悦好色者，其與禽魚何異？我之視猿鹿，亦猶猿鹿之視我，然四者之於色，孰爲正乎？決，猛也；驟，走也。此三節皆爲是非物我之喻，故結之曰，自我觀之，仁義之分，是非之論，紛然而淆亂，亦猶處味色之不同，又安可得而辯？樊然，紛然也；殽，雜也。

齧缺曰：「子不知利害，則至人固不知利害乎？」王倪曰：「至人神矣。大澤焚而不能熱，河漢沍而不能寒，疾雷破山、風振海而不能驚。若然者，乘雲氣，騎日月，而遊乎四海之外。死生無變於己，而况利害之端乎？」

王倪即至人也。神矣者，言其妙萬物而無迹也，不熱、不寒、不驚，即游心於無物之始也。死生之大且不爲之動心，而况利害是非乎？此一句却是朴實頭結殺一句。

瞿鵲子問乎長梧子曰：「吾聞諸夫子，聖人不從事於務，不就利，不違害，不喜求，不緣道。無謂有謂，有謂無謂，而遊乎塵垢之外。夫子以爲孟浪之言，而我以爲妙道之行也。吾子以爲奚若？」長梧子曰：「是黄帝之所聽瑩也，而丘也何足以知之？

此因至人又發聖人之問，且就此貶剥聖門學者。務，事也；不從事，不以爲意也。有就有違，則是知有利害矣，利害不知，何就違之有？物之求我，歸我也，亦不以爲喜。不緣道，無行道之迹也。無謂有謂，不言之言也；有謂無謂，言而不言也。孟浪，不着實也。夫子，指孔子也。言我以聖人之事語之夫子，其言有妙道，而夫子以爲不着實之言，吾子謂如何？吾子，即長梧子也。瑩，明也，言必黄帝聽此而後能明之。

且汝亦大早計，見卵而求時夜，見彈而求鴞炙。予嘗爲汝妄言之，汝以妄聽之奚。旁日月，挾宇宙，爲其脗合，置其滑涽，以隸相尊。衆人役役，聖人愚芚，參萬歲而一成純，萬物盡然，而以是相蘊。

汝亦大早計者，謂汝之所言方如此，而早以爲妙道之行，是見少而自多之意。雞未出卵而早求其呼更，挾彈而未得鴞，早求之以爲炙，此早計之喻也。時夜，度其時而呼更也。我試爲汝妄説，汝且妄聽之看如何。妄，猶言未可把作十分真實説，未可把作十分真實聽也。奚，何如也，此一字奇。旁日月，附日月也。挾宇宙，宇宙在其懷内也。脗合者，言渾然相合而無縫罅也，言至理混然爲一也。滑，汩汩也；涽，昏昧也。人世汩汩涽涽，以隸而相尊者，皆置之而不言也。士尊大夫，大夫以士爲隸，大夫尊卿，卿又以大夫爲隸，推而上之，彼此皆隸也，而却自爲尊卑。衆人迷於世，故役役然。聖人以不知知之，則渾渾然猶愚芚也。愚芚，無知之貌也。參，合也，合萬歲而觀，止此一理，更無間雜，故曰一成純。萬物盡然者，言萬物各然其所然，人人皆有私意，所以天地之間，自古及今，積無限箇是字，故曰以是相蘊。相蘊者，猶言相積相壓也。

予惡乎知悦生之非惑邪？予惡乎知惡死之非弱喪而不知歸者邪？麗之姬，艾封人之子也，晉國之始得之也，涕泣沾襟。及其至於王所，與王同筐牀，食芻豢，而後悔其泣也。予惡乎知夫死者不悔其始之蘄生乎？夢飲酒者，旦而哭泣；夢哭泣者，旦而田獵。方其夢也，不知其夢也。夢之中又占其夢焉，覺而後知其夢也。且有大覺而後知此其大夢也。而愚者自以爲覺，竊竊然知之。君乎，牧乎，固哉。丘也與汝，皆夢也；予謂汝夢，亦夢也。是其言也，其名爲弔詭。萬世之後，而一遇大聖知其解者，是旦暮遇之也。

前面就「因是」上發到「以是相蘊」處，却又把前頭死生無變乎己一句就此發明。喪，去鄉里也；弱喪者，弱年而去其鄉也。久留他鄉而忘其故國，恐悦生而惡死者亦似此也。麗姬，晉獻公之姬也，姬得於麗戎之國，故曰麗之姬。艾，麗戎地名；封人，守封疆之人也。始者去戎而來晉，故以爲悲，及其既貴，與王同牀而食，而後以始之泣爲悔，以此爲死生之喻也。夢飲酒者，旦而哭泣，夢哭泣者，旦而田獵，此語占夢書多有之。夢覺之間，變幻如此。方其夢也，不知爲夢，又於夢中自占其夢，既覺而後乃知所夢所占皆夢也，此等處皆曲盡人情之妙。若此處見得到，則知衛玠之問、樂廣之答〔一〕，皆未爲深達，此亦學問中一大事。如樂廣之訴，則高宗夢傅説〔二〕，孔子夢周公〔三〕，果爲何如耶？大覺，見道者也，禪家所謂大悟也。君，貴也；牧圉，賤也。愚人處世，方在夢中，切切自分貴賤，豈非固蔽乎？竊竊然，小見之貌。某與汝所言皆在夢中，我今如此説，謂汝爲夢，亦夢中語耳。此意蓋言人世皆是虛夢，但其文變化得奇特。弔，至；詭，怪也。我爲此言可謂至怪，然至怪之中實存至妙之理，使萬世之後，苟有大聖人出，知我此等見解，與我猶旦暮之遇也。此亦「後世有揚子雲，必知我」之意。解，見解也。

校　注

〔一〕「衛玠之問，樂廣之答」，世説新語文學：「衛玠總角時，問樂令『夢』，樂云：『是想。』衛云：『形神所不接而夢，豈是想邪？』樂云：『因也，未嘗夢乘車入鼠穴、擣齏噉鐵杵，皆無想無因故也。』衛思『因』經日不得，遂成病。樂聞故，命駕爲剖析之，衛既小差。」

〔二〕「高宗夢傅説」，殷高宗武丁夢得傅説，派百工到廣野之地求之，任以爲相。

〔三〕「孔子夢周公」，論語述而：「子曰：『甚矣吾衰也，久矣吾不復夢見周公。』」

既使我與若辯矣，若勝我，我不若勝，若果是也，我果非也邪？我勝若，若不吾勝，我果是也，而果非也邪？其或是也，其或非也邪？其俱是也，其俱非也邪？我與若不能相知也，則人固受其黮闇。吾誰使正之？使同乎若者正之？既與若同矣，惡能正之？使同乎我者正之，既同乎我矣，惡能正之？使異乎我與若者正之，既異乎我與若矣，惡能正之？使同乎我與若者正之，既同乎我與若矣，惡能正之？然則我與若與人俱不能相知也，而待彼也邪？」

此一節又自以是相蘊處生來，亦前所謂利害之端也。勝負不足爲是非，則是我與若辯者，彼此不能相知也。黮闇者，言其見之昏也，二人見既皆昏，則將使誰正之？議論與彼同既不可，議論與我同又不可，若皆與我與彼不同亦不可，若皆與我與彼相同亦不可。我是一箇，若是一箇，此人又是一箇，則是三箇人，皆不能相知，必須別待一箇來，故曰待彼也耶？此彼字便是造化矣，便是天倪矣，天倪即前之天均也。

「何謂和之以天倪？」曰：「是不是，然不然。是若果是也，則是之異乎不是也亦無辯；然若果然也，則然之異乎不然也亦無辯。化聲之相待，若其不相待。和之以天倪，因之以曼衍，所以窮年也。忘年忘義，振於無竟，故寓諸無竟。」

倪，分也。天倪之所以和者，因是而已，是與不是，然與不然，皆兩存之，即前之兩行也。纔以爲是，纔以爲然，則又有箇不是不然起來，便有是非之爭也。聲，言也，化聲者，謂以言語相化服也；相待者，相對相敵也。若以是非之爭，强將言語自相對敵而求以化服之，何似因其所是而不相敵耶？故曰若其不相待。此二字下得最奇特，若其猶言何似也。不相待而尚同，則是和之以天倪，儘可游衍，儘可窮盡歲月，故曰因之以曼衍，所以窮年也。因之，順之也；曼衍，游衍也；

窮年，猶子美所謂「瀟灑送日月」〔一〕也。能如此則不特可以窮年，併與歲月忘之矣；非特忘歲月，併與義理忘之矣。年義既忘，則振動鼓舞於無物之境。此振字，便是逍遥之意。既逍遥於無物之境，則終身皆寄寓於無物之境矣。

校　注

〔一〕「瀟灑送日月」，杜甫自京赴奉先縣詠懷五百字：「非無江海志，瀟灑送日月。生逢堯舜君，不忍便永訣。」

罔兩問景曰：「曩子行，今子止；曩子坐，今子起，何其無特操與？」景曰：「吾有待而然者耶？吾所待又有待而然者耶？吾待蛇蚹蜩翼邪？惡識所以然，惡識所以不然？」

此一段又自待字上生起來。罔兩，影邊之淡薄者。無特操者，言其無定度也。吾有待而然者，言影之動所待者，形也。我雖待形，而形又有所待者，是待造物也。形之爲形，亦猶蛇蚹蜩翼而已，我豈徒待彼邪？蜩蛇既化，而蚹翼猶存，是其蜕也，豈能自動耶？我既待形，形又有待，則惡知所以然與不然哉？此即是非待彼之喻也。

昔者莊周夢爲蝴蝶，栩栩然蝴蝶也，自喻適志與，不知周也。俄然覺，則蘧蘧然周也。不知周之夢爲蝴蝶與？蝴蝶之夢爲周與？周與蝴蝶則必有分矣，此之謂物化。

此一段又自前面説夢處生來。栩栩，蝶飛之貌。自喻者，自樂也；適志者，快意也。言夢中之爲蝴蝶，不勝快意，不復知有我矣，故曰不知周也。蘧蘧，僵直之貌，此形容既覺在牀之時，此等處皆是畫筆。在莊周則以夜來之爲蝴蝶，夢也，恐蝴蝶在彼，又以我今者之覺爲夢，故曰不知周之夢爲蝴蝶與？蝴蝶之夢爲周與？這箇夢覺須有箇分别處，故曰周與蝴蝶必有分矣。此一句似結不結，却不説破，正要人就此參究，便是禪家做話頭〔一〕相似。此之謂物化者，言此謂萬物變化之理也。

此篇立名，主於齊物論，末後却撰出兩箇譬喻，如此其文絶奇，其意又奥妙，人能悟此，則又何是非之可爭？即所謂死生無變於己，而況利害之端之意。首尾照應，若斷而復連，若相因而不相續，全是一片文字。筆勢如此起伏，讀得透徹，自有無窮之味。

校注

〔一〕「禪家做話頭」，宋釋大慧宗杲主張從古人公案中摘取機要語句作「話頭」（題目），來進行參究，人稱這種方法爲「看話禪」。

莊子鬳齋口義卷二

内篇養生主第三

主，猶禪家所謂主人公〔一〕也，養其主此生者，道家所謂丹基〔二〕也。先言逍遥之樂，次言無是無非，到此乃是做自己工夫也。此三篇似有次第，以下却不盡然。

校注

〔一〕「主人公」，禪宗名詞，指真如本性。景德傳燈録卷二十八載趙州從諗曰：「佛法在什麼處？遮裏一千人盡是覓作佛漢子，於中覓一箇道人無。若與空王爲弟子，莫教心病最難醫。未有世間時，早有此性，世界壞時，此性不壞。從一見老僧後，更不是别人，只是一箇主人公，遮箇更用向外覓物作什麼？正恁麼時莫轉頭換腦，若轉頭換腦，即失却去也。」

〔二〕「丹基」，道教内丹家名詞，指修煉内丹之精氣神「三寶」，如三者不足，則尚須經築基階段補充之。翁葆光悟真篇注序：「夫鍊金丹大藥，先明天地未判之前混沌無名之始氣，立爲丹基。」

吾生也有涯，而知也無涯。以有涯隨無涯，殆已；已而爲知者，殆而已矣。

涯，際也。人之生也各有涯際，言有盡處也。知，思也，心思却無窮盡。以有盡之身而隨無盡之思，紛紛擾擾，何時而止？殆已者，言其可畏也。已，語助也。以下已字粘上已字，與前齊物篇同。於其危殆之中，又且用心思筭，自以爲知爲能，吾見其終於危殆而已矣。再以殆字申言之，所以警後世者深矣。此之所謂殆，即書之所謂「惟危」〔一〕也。已而爲知者，猶人言明明而知，故故而作也。

校注

〔一〕「惟危」，書大禹謨：「人心惟危，道心惟微，惟精惟一，允執厥中。」

爲善無近名，爲惡無近刑，緣督以爲經，可以保身，可以全生，可以養親，可以盡年。

此數句正是其養生之學，莊子所以自受用者。爲善無近名者，謂若以爲善，又無近名之事可稱；爲惡無近刑者，謂若以爲惡，又無近刑之事可指。此即駢拇篇所謂「上不敢爲仁義之操，下不敢爲淫僻之行」也。督者，迫也，即所謂迫而後應，不得已而後起也。游心斯世，無善惡可名之迹，但順天理自然，迫而後應，應以無心，以此爲常而已。緣，順也；經，常也。順迫而後起之，意以爲常也。如此，則可以保身，可以全其生生之理，可以孝養其父母，可以盡其天年。即孟子所謂「壽夭不貳，修身以俟之」也。孟子自心性上説來，便如此端莊，此書却就自然上説，便如此快活，其言雖異，其所以教人之意則同也。晦庵以督訓中，又看近名近刑兩句語脉未盡，乃曰：若畏名之累己而不敢盡其爲學之力，則稍入於惡矣。爲惡無近刑，是欲擇其不至於犯刑者而竊爲之，至於刑禍之所在，巧其途以避之。遂以爲莊子乃無忌憚之中。〔一〕若以莊子語脉及駢拇篇參攷之，意實不然。督雖可訓中，然不若訓迫，乃就其本書證之，尤爲的當也。

校注

〔一〕晦庵之語，見朱文公文集卷六十七養生主説。

庖丁爲文惠君解牛，手之所觸，肩之所倚，足之所履，膝之所踦，砉然嚮然，奏刀騞然，莫不中音。合於桑林之舞，乃中經首之會。文惠君曰：「譆，善哉。技蓋至此乎？」

手之所觸，觸，動也。肩之所倚，以手用刀，則肩有斜勢也。足之所履，亦其用力之時，足之所立，自有步武也。膝之所踦，踦，微曲也，以身就牛，則膝微曲也。此四句，畫出一箇宰牛底人。砉，興入音；騞，亨入音。砉然、嚮然、騞然，皆是其用刀之聲，却以奏刀兩字安在中間，文法也。如七月詩：「八月在野，九月在宇，十月蟋蟀入我牀下。」亦是以蟋蟀字安在中間也。奏刀，進刀也，進用其刀曰奏。莫不中音者，言其砉、嚮、騞之音皆合律呂也。桑林、經首，皆樂名也，舞則有樂；會，舞者之聚也。合於桑林，中於經首，亦形容其中律呂之意也。文惠君，梁惠王也。譆，歎也。技蓋至此，言如此其妙也。

庖丁釋刀對曰：「臣之所好者道也，進乎技矣。始臣之解牛之時，所見無非牛者。三年之後，未嘗見全牛也。

釋刀，捨其刀也。捨刀而對，謂其技自學道得之，而後至於技，非徒技也。三年之後未見全牛者，言牛之一身其可解處，全不容力，可一目而見也。

方今之時，臣以神遇而不以目視，官知止而神欲行。依乎天理，批大郤，導大窾，因其固然。技經肯綮之未嘗，而況大軱乎？

以神遇而不以目視者，言心與之會也；遇，會也。官，耳目鼻口也。官知止者，言凝然而立之時，耳目皆無所見聞也。耳目之所知者皆止，而不言之神自行，謂自然而然也。天理者，牛身天然之腠理也；依者，依其自然之腠理而解之。大郤，骨肉交際之處也；批，擊也。窾，空也，骨節之間自有大空缺處也。導者，順而解之也。骨肉之交際，骨節之空窾，皆固然者，我但因而解之。我之爲技，其用刀也，皆未嘗經涉其肯綮之間。綮音頃，肯綮者，骨肉相着處也。肯綮處且不用刀，况大軱乎？軱音孤，大骨也。

良庖歲更刀，割也；族庖月更刀，折也。今臣之刀十九年矣，所解數千牛矣，而刀刃若新發於硎。

良庖，庖之善者也。族庖，衆人之爲庖者也，劣者也。庖之劣者，則其刀一月一更，以其斫〔一〕大骨而有損，刀或折也。庖之善者，一歲一更刀，以其用刀猶於肯綮之間或有割切，故其刀亦易損也。今我之刀，用之十九年矣，解牛雖多，而其刃皆若新磨然，言其無所損也。硎，砥石也。

彼節者有間，而刀刃者無厚，以無厚入有間，恢恢乎其於遊刃必有餘地矣。是以十九年而刀刃若新發於硎。

彼節者有間，言牛之骨節自有間縫處，我之刀又甚薄，以甚薄之刀隨其間縫而解之，可以游刃於其間。恢恢有餘地者，言其無滯礙也。此事蓋言世事之難易，皆有自然之理，我但順而行之，無所攖拂，其心泰然，故物皆不能傷其生，此所以爲養生之法也。

校注

〔一〕「斫」，原作「研」，據宋本、道藏本改。

雖然，每至於族，吾見其難爲，怵然爲戒，視爲止，行爲遲，動刀甚微，謋然已解，如土委地。提刀而立，爲之四顧，爲之躊躇滿志，善刀而藏之。」文惠君曰：「善哉，吾聞庖丁之言，得養生焉。」

此雖然一轉，甚有意味，蓋言人之處世，豈得皆爲順境，亦有逆境當前之時，又當委曲順以處之。人行順境甚易，到境逆處，多是手脚忙亂，自至喪失，安有不動其心者乎？所以添此一轉。族，聚也，言牛身筋骨聚會之地也。我之解牛，雖曰目無全牛矣，雖用刀皆在於大郤大窾之間，而至於筋骨盤結處，亦見其難，遂把作箇難事做。怵然者，變動之意也；戒者，加儆戒也。視爲止者，言以目視之，未免少停止，而後遲遲焉行其刀，此但言加子細之意也。我既加意子細爲之，則其動刀也甚微，言輕輕然，亦不敢甚着力也。謋音應，解音蟹。謋，忽然之意；解，散也。言其用力甚輕，而其骨肉忽然自已解散。如土之委地然，言其多而易也。解牛既了，則提起其刀而立，從容四顧。躊躇者，從容也，即自得意也。滿志者，如意也，非曰其志自滿也，言此乃滿我之意也。何以如意？不用力而解牛，雖解而刀無傷，所以如意也。善刀者，言好好收拾其刀而藏之也。此意蓋喻人處逆境，自能順以應之，不動其心，事過而化，其身安於無爲之中，一似全無事時也。爲善無近名以下，正説養生之方，庖丁一段，乃其譬喻，到此末後，遂輕輕結以得養生焉四字，便是文勢操縱省力處，須子細看。

公文軒見右師而驚曰：「是何人也？惡乎介也？天與，其人與？」曰：「天也，非人也。天之生是使獨也，人之貌有與也。以是知其天也，非人也。」

公文，姓；軒，名也。右師者，已刖之人爲右師之官也。介，獨也，刖而存一足也。天與人與者，言天生之始已如此耶？人刖之邪？刖足分明是人，却曰天也，非人。天之生是使獨者，言天生他時，只要他獨有一足也。何以知之？凡人之形貌者，有兩足相並而行，此於衆人之中獨異，如此便是天使之，非人使之也。有與，相並也。此意蓋謂人世有餘不足，皆是造物，雖是人做得底，也是造物爲之，蓋欲人處患難之中，亦當順受之也。

澤雉十步一啄，百步一飲，不蘄畜乎樊中。神雖王，不善也。

前說患難順受之意，便是庖丁「每至其族，吾見其難處」意思，却於此數句借澤雉而喻，乃言人生處世，逆境常多，便是「履虎尾」〔一〕、「遊於羿彀〔二〕」中之意。澤中之雉，十步方得一啄，百步方得一飲，言其飲啄之難也。若養於籠中，則飲啄之物皆足，而爲雉者不願如此，故曰不蘄畜乎樊中。蘄，願也；樊，籠也。何以不願？蓋籠中之飲啄雖飽，雉之精神雖若暢旺，而終不樂，故曰神雖王，不善也。王音旺〔三〕。不善，不樂也。此意蓋謂人能自愛其身，不入世俗汩没之中，更自好也。

校注

〔一〕「履虎尾」，見易履。

〔二〕「彀」，原作「㱿」，據宋本、道藏本改。

〔三〕「王音旺」，原作「工意細」，宋本空三格，據道藏本改。

老聃死，秦失弔之，三號而出。弟子曰：「非夫子之友邪？」曰：「然。」「然則弔焉若此，可乎？」曰：「然。始也吾以爲其人也，而今非也。向吾入而弔焉，有老者哭之，如哭其子；少者哭之，如哭其母。彼其所以會之，必有不蘄言而言，不蘄哭而哭者。是遁天倍情，忘其所受，古者謂之遁天之刑。」

莊子之學本於老子，此處先把老子貶剥，便是爲貶剥堯、舜、夫子張本，道我於老子亦無所私，而況他人乎？三號而出，言不用情也。弟子之問，謂老子於秦失，本朋友也，何其弔之如此不用情乎。夫子，指秦失也。始者吾以爲其人者，言吾始以老子爲非常之人也，今因弔之，乃知其不爲非常人也。何者？老子之死，其弟子之哭，無老無少皆如此其悲哀，此必老子未能去其形迹，而有以感會門弟子之心，故其言其哭哀且慕者，有不期然而然也。天之所受，本無物也，猶以有情相感，則是忘其始者之所受，而遁逃其天理，背棄其情實，如此皆得罪於天者，故曰遁天之刑。倍與背同。

適來，夫子時也；適去，夫子順也。安時而處順，哀樂不能入也。古者謂是帝之縣解。

上面既説了秦失一段，就此却發明盡死生之理，以結一篇。蓋欲人知其自然而然者，於死生無所動其心，而後可以養生也。夫子，有道者尊稱之辭也。言天地之間有道之士，其來也，亦適然而來，其去也，亦適然而去，但當隨其時而順之。既知其來去之適然，則來亦不足爲樂，去亦不足爲哀。不能入者，言不能動其心也。縣者，心有係着也；帝者，天也。知天理之自然，則天帝不能以死生係着我矣，言雖天亦無奈我何也，故曰帝之縣解。

指窮於爲薪，火傳也，不知其盡也。

此死生之喻也，謂如以薪熾火，指其薪而觀之，則薪有窮盡之時，而世間之火，自古及今，傳而不絶，未嘗見其盡。此三句，奇文也，死生之理，固非可以言語盡。且論其文，前面講理，到此却把箇譬喻結末，豈非文字絶妙處？

内篇人間世第四

前言養生，此言人間世，蓋謂既有此身，而處此世，豈能盡絶人事？但要人處得好耳。看這般意思，莊子何嘗迂闊，何嘗不理會事？便是外篇所謂「物莫足爲也，而不可以不爲」一段意思。

顏回見仲尼，請行。曰：「奚之？」曰：「將之衛。」曰：「奚爲焉？」曰：「回聞衛君，其年壯，其行獨，輕用其國，而不見其過，輕用民死，死者以國量乎澤若蕉，民其無如矣。

其年壯，其行獨者，言少年自用，不恤衆議也。輕用其國，而不自知其過失，輕民之生而戕賊之，量其國中前後見殺者，若澤中之蕉然，謂輕民如草芥也。荀子富國篇有曰「以澤量」，與此意同。本是若澤蕉，却倒一字曰澤若蕉，此是作文奇處。雲，澤也；夢，亦澤也。雲夢昔皆爲水，今有土可耕，不曰雲夢土作乂，而曰「雲土夢作乂」〔一〕。玄亦纖，縞〔二〕亦纖，不曰玄縞纖，而曰「玄纖縞」〔三〕，此文法也。如，往也，民其無如者，言其無所歸也。

校注

〔一〕「雲土夢作乂」，見書禹貢。

〔二〕「縞」，原作「纊」，據宋本改。下「不曰玄縞纖」同。

〔三〕「玄纖縞」，見書禹貢。

回嘗聞之夫子曰：『治國去之，亂國就之，醫門多疾。』願以所聞思其則，庶幾其國有瘳乎。」仲尼曰：「譆，若殆往而刑耳。夫道不欲雜，雜則多，多則擾，擾則憂，憂而不救。古之至人，先存諸己而後存諸人，所存於己者未定，何暇至於暴人之所行？且若亦知夫德之所蕩而知之所爲出乎哉？德蕩乎名，知出乎爭。名也者，相軋也；知也者，爭之器也。二者凶器，非所以盡行也。且德厚信矼，未達人氣，名聞不爭，未達人心。而强以仁義繩墨之言術暴人之前者，是以人惡有其美也，命之曰菑人。菑人者，人必反菑之，若殆爲人菑。

邦有道則見，邦無道則隱，〔一〕此聖賢之言也。莊子却反其説曰：治國去之，亂國就之，謂如人能醫，必其門多疾之時，方可行其術。若是已治之國，又何用我？願以所聞思其則，言欲以所聞於夫子者，而告之衛君，使之思其法則而知改悔，庶幾其國可安也。若殆往而刑耳。若，汝也；殆，將也。汝如此而往，將爲彼所刑戮而已，謂不可往也。道不欲雜者，言此心不雜，則純一虚明。苟有所容心，謂彼既如何，我又如何救之，便是容心，則在我已雜矣。我既不純一，何能救之？雜則多者，言多端也。擾者，亂也。憂者，自苦也。言汝且自苦，何能救人？古之人必先存其在我者，而後可以諫告他人，苟存於我者未定，何暇及他人乎？彼之所行雖爲暴惡，我方自苦，何暇及他？德，自然也；知，私智也。纔有求名之心，則在我自然之德已蕩失矣，纔有用知之私，則爭競所由起矣，故曰德蕩乎名，知出乎爭。相軋者，相傾奪也。爭之器者，言我以私智用，彼亦以私智用，彼此用智，其爭愈不已。器，用也。曰名曰知，皆天下之凶事，此事不可以盡行，言行之必有禍也。矼，厚也。厚德即實德也；厚信，實有可信之行也。我雖有德有信，而未達彼人之性氣，我雖曰令名令聞，而未達曉彼人之心謂我如何，而强以仁義法度之言陳述於暴惡人之前，人必惡汝，謂汝矜誇，自有其美也。繩墨，法度也；術與述同。菑人者，凶人也。必名汝曰凶人，既有此名，則菑反及汝。汝今此去，殆且爲人所菑而已，豈能化衛君而救其國乎？

校注

〔一〕「邦有道」二句，論語衛靈公：「君子哉蘧伯玉，邦有道則仕，邦無道則可卷而懷之。」

夫且苟爲悦賢而惡不肖，惡用而求有以異？若唯無詔，王公必將乘人而鬭其捷。而目將熒之，而色將平之，口將營之，容將形之，心且成之。是以火救火，以水救水，名之曰益多。順始無窮。若殆以不信厚言，必死於暴人之前矣。

彼若知賢而悦之，知不肖而惡之，則何用我，更別有所求，故曰惡用而求有以異。彼惟其不知賢不肖，所以如此所爲。彼既不知賢，則安知汝爲賢者，而信汝之言乎？詔，召也；若，汝也。衛君不曾召汝，故曰若惟無詔。汝既不召而自往，則彼以王公之貴，必將乘汝言語之間而爭欲求勝。鬭，爭也。捷，勝也。汝到此時爲其所困，則目必將眩然。熒，眩也。而，汝也。而色將平之者，言汝方爲顔色以求平於彼，謂屈服其顔色以求自解也。口將營之者，言自將營救解説也。容將形者，言容貌之間，必見恐懼跽擎之形也。心且成之者，言用心以成順之也。梁武帝辯折賀琛處〔一〕，正合此卦影，蓋言其爭不勝而自屈服也。他本凶暴，又得勝汝，一勝，其氣愈旺，則是水救水，火救火也。益，增也，益多者，言增多其惡也。順此而往，則其爲惡愈無窮極，所爲暴戾益甚矣。厚言者，猶深言也。汝未有以信於人，乃以不信之身而深言於暴人之前，必爲其所殺也。

校注

〔一〕「梁武帝」句，梁書卷三十八賀琛傳：「是時高祖任職者，皆緣飾姦諂，深害時政，琛遂啓陳事條封奏。」「言奏，高祖大怒，召主書於前，口授敕責琛。」「琛奉敕，但謝過而已，不敢復有指斥。」

且昔者桀殺關龍逢，紂殺王子比干，是修其身以下傴拊人之民，以下拂其上者也，故其君因其修以擠之。是好名者也。昔者堯攻叢枝、胥敖，禹攻有扈，國爲虚厲，身爲刑戮，其用兵不止，其求實無已。是皆求名實者也，而獨不聞之乎？名實者，聖人之所不能勝也，而况若乎？

龍逢、比干，皆修其身，以愛民爲諫，不知民自别人之民，汝乃下而傴拊之。傴拊，愛養之意也。桀、紂不愛民，而汝乃愛桀、紂之民，是下拂其上也，所以見殺。修，善也。因其好善，反以擠怒之，謂此皆好名之過也。叢枝、胥敖、有扈，皆是寓言。國爲丘墟，死爲厲鬼。厲，無後無歸之鬼也。叢枝、胥敖、有扈之所以取禍至此者，皆用兵不止，以求名實也。實，利也。不能勝，言不能堪也，言求名自利之人，雖堯、禹且不能堪，至於滅其國，而况汝乎？勝音升。堯、禹無此事，皆寓言也。

雖然，若必有以也，嘗以語我來。」顔回曰：「端而虚，勉而一，則可乎？」曰：「惡，惡可？夫以陽爲充孔揚，采色不定，常人之所不違，因案人之所感，以求容與其心。名之曰日漸之德不成，而况大德乎？將執而不化，外合而內不訾，其庸詎可乎？」

又設一轉，言汝之欲往也，必有所以。以，用也。且試以語我。嘗，試也；來，助語也。端而虛者，端正其身，虛豁其心也。勉而一者，黽勉而謹終如始也。能如此，則可否？惡惡可者，言甚不可也。陽爲充孔揚者，言得志之人陽氣方充滿，其貌甚揚揚自得。孔，甚也。采色不定者，言其驕矜之色不常也。尋常之人，每每不敢違而順之畏之也。彼見人人皆畏己，而汝欲以言語感動之，彼將求欲案服汝心，以快其意，故曰求容與其心。容與，自快之意。日漸，小德也。言汝此等人，名之曰小德，且不能成，况能成大德乎？執而不化者，固執而不能回也。若如此，則外將以端虛而求合於人，內則守其勉而一者，謂我在內無所訾病。伎倆止於如此，詎能自以爲可乎？

「然則我內直而外曲，成而上比。內直者，與天爲徒。與天爲徒者，知天子之與己皆天之所子，而獨以己言蘄乎而人善之，蘄乎而人不善之邪？若然者，人謂之童子，是之謂與天爲徒。外曲者，與人之爲徒也。擎跽曲拳，人臣之禮也，人皆爲之，吾敢不爲邪？爲人之所爲者，人亦無疵焉，是之謂與人爲徒。成而上比者，與古爲徒。其言雖教，讁之實也。古之有也，非吾有也。若然者，雖直不爲病，是之謂與古爲徒，若是則可乎？」

然則而下，又設爲顏子之答，分作三截。內直者，內以此理自守其直〔一〕實也，此直字與真字相似。自天子之貴，下而與我，皆天之所生，則是皆出於自然者。豈敢以己言自私，欲人善其是者，不善其非者？若無此自私之心，則其渾渾若童子然，則與天合矣，故曰與天爲徒。外曲者，外盡擎跽曲拳之禮，人人皆爲之，則我亦爲之，人於我亦無疵病。此因「拜下，禮也。雖違衆，吾從下」處生此等議論，以譏誚聖門。如此則與人合，故曰與人爲徒。成者，自己之成説也；比，合也。以自己之成説而上合於古人言，引古人以爲證也。雖借古人教誨之言，乃是當面陳説是非，而皆有譴謫之實。蓋謂我之所言，非出於我，古人已有之言也。若如此，則雖訐直以暴其所行，而人亦不以爲罪，故曰雖直而不病。與古爲徒者，言其説與古人合也。若是則可者，言如此可以説衛君否也。

校　注

〔一〕「直」，宋本、道藏本作「真」。

仲尼曰：「惡，惡可？太多政法而不諜，雖固亦無罪。雖然，止是耳矣，夫胡可以及化？猶師心者也。」

政，事也；法，方法也。謂女所言事目方法太多，而終是不安諜。諜，音疊，安也。雖能如此三者，固亦無罪，然亦止於自免而已，安可以化人？故曰胡可以及化。此其病在何處？蓋汝三者之説，皆是師其有爲之心，便是容心，便非無迹，便非自然之道。

顔回曰：「吾無以進矣，敢問其方。」仲尼曰：「齋，吾將語若。有而爲之，其易邪？易之者，皞天不宜。」顔回曰：「回之家貧，唯不飲酒不茹葷者數月矣。若此，則可以爲齋乎？」曰：「是祭祀之齋，非心齋也。」回曰：「敢問心齋。」仲尼曰：「若一志，無聽之以耳，而聽之以心，無聽之以心，而聽之以氣。聽止於耳，心止於符。氣也者，虚而待物者也。唯道集虚，虚者，心齋也。」

無以進者，言更無向上着〔一〕也。有而爲之，其易邪，言汝道汝有此伎倆，要爲之甚易邪？纔萌此輕易之心，則皞天之意不相樂矣，故曰易之者，皞天不宜。此兩句最是人生受用切實處。祭祀之齋在外，心齋在内。一志者，一其心而不雜也。聽之以耳，則聽猶在外；聽之以心，則聽猶在我；聽之以氣，則無物矣。聽以耳則止於耳，而不入於心；聽以心，則外物必有與我相符合者，便是物我對立也。氣者，順自然而待物以虚，虚即爲道矣。虚者道之所在，故曰唯道集虚。即此虚字，便是心齋。

校注

〔一〕「向上着」，指禪家的參悟。景德傳燈録卷七載盤山寶積禪師之語：「向上一路，千聖不傳。

學者勞形，如猿捉影。」

顏回曰：「回之未始得使，實自回也；得使之也，未始有回也，可謂虚乎？」夫子曰：「盡矣。

得使，言得教誨也。此爲顏子頓悟之言，謂未得教誨之時，猶自有我，及既得教誨之後，未始有我矣。忘我則虚也。盡矣者，謂汝之所言盡其理矣。

吾語若。若能入遊其樊而無感其名，入則鳴，不入則止。無門無毒，一宅而寓於不得已，則幾矣。

若，汝也。人世如在樊籠之中，汝能入其中而游，不爲虚名所感動。有迹則可名，纔至有迹，則是動其心矣。處世無心〔一〕則無迹，無迹則心無所動，故曰遊其樊而無感其名。自此以下正是教人處世之法。入則鳴，是可與之言而與之言也；不入則止，是不可與之言而不與之言也。意與論語〔二〕同，但文奇耳。有方所則有門，無方所〔三〕則無門矣。有臭味則有毒，無臭味則無毒矣。毒，藥味也。此皆無心無迹之喻。宅，居也，以混然之一爲吾所居，而寓此心於不得已之中，則人間世之道盡矣。幾，盡也。

校注

〔一〕「無心」，佛家謂真心離妄念謂之無心。宗鏡録四十五曰：「大寶積經云：文殊師利言：如人學射，久習則巧，後雖無心，以久習故，箭發皆中。我亦如是，初學不思議三昧，繫心一緣，若久習成就，更無心想，恒與定俱。又先德云：一念妄心纔動，即具世間諸苦。如人在荆棘林，不動即刺不傷。妄心不起，恒處寂滅之樂。一念妄心纔動，即被諸有刺傷。故經云：有心皆苦，無心乃樂。」

〔二〕論語之言，論語衛靈公：「子曰：可與言而不與言，失人；不可與言而與之言，失言。知者不失人，亦不失言。」

〔三〕「無方所」，即無方，無一定之方法。

絶迹易，無行地難。

迹，足迹也。止而不行，則絶無足迹，此爲易事。然人豈能不行哉？必行於地而無行地之迹，則爲難。此意蓋謂人若事事不爲，此却易事，然謂之人生，何者非事，安得不爲？唯無爲而無所不爲，則爲難也。

爲人使易以僞，爲天使難以僞。

爲人使易以僞，言爲人慾所役，則易至於欺僞。唯冥心而聽造物之所使，則無所容僞矣。人使即人欲也，天使即天理之口用者也。難易二字有意。易，易流也；難，無所容其僞也。

聞以有翼飛者矣，未聞以無翼飛者也；聞以有知知者矣，未聞以無知知者也。

聞以有翼飛者矣，言鳥之飛必以翼也；無翼而飛便是不疾而速，不行而至，此所謂神也。此句乃喻下句，蓋以有知爲知，人之常也，惟知其所不知，則爲無知之知，此則造道之妙矣。

瞻彼闋者，虚室生白，吉祥止止。夫且不止，是之謂坐馳。

瞻，視也。此以虚室喻心也，謂視彼密室之中，纔有空缺處，必有光入來，是光自空中出也。以彼之闋喻〔一〕我之虚，則見虚中自然生明。生白即生明也，不曰生明，而曰生白，此莊子之奇文也。即此虚明之地，便是萬物之所由萃。吉祥，福也。止於其所止，下止字是虚處也。唯止則虚，唯虚則明，便是戒生定、定生慧〔二〕之意。若我纔容心，而不能自止，則身雖坐於此，而心馳於外，又安能坐忘乎？此以坐馳二字，反説坐忘也。

校　注

〔一〕「喻」，原作「俞」，據宋本、道藏本改。

〔二〕「戒生定，定生慧」，楞嚴經卷六：「佛告阿難：汝常聞我毗奈耶中，宣説修行三決定義，所謂攝心爲戒，因戒生定，因定發慧，是則名爲三無漏學。」三藏法數卷九：「如來立教，其法有三：一曰戒律，二曰禪定，三曰智慧。然非戒無以生定，非定無以生慧，三法相資，不可缺。」

夫徇耳目内通而外於心知，鬼神將來舍，而況人乎？是萬物之化也。禹、舜之所紐也，伏羲、几蘧之所行終，而況散焉者乎？」

耳目之聞見皆内通於心，我若無所容心，則順耳目之聞見，雖通於内，而實外於心知。何以謂外於心知？蓋言心不動而外物不能入也，雖聞其所聞，見其所見，而無心於聞見也。如此則此心之虚與鬼神通，何況人乎？謂到此方能感化人也。鬼神來舍，即是至誠如神，此心之中自有鬼神與造物通，故曰來舍。上既説了，却結以一句，曰此是萬物之化也，言此乃造化之理，萬物之所由出也。舜、禹之所見，其大樞紐止如此，伏羲、几蘧以此行而終其身，何況其下者乎？几蘧，或謂古帝王之名，然無所考，必竟寓言也。散者，言尋常之人也。自絶迹而下又别發明，不可粘上段説。

葉公子高將使於齊，問於仲尼曰：「王使諸梁也甚重，齊之待使者，蓋將甚敬而不急。匹夫猶未可動也，而況諸侯乎？吾甚慄之。子嘗語諸梁也，曰：『凡事若小若大，寡不道以懽成，事若不成，則必有人道之患；事若成，則必有陰陽之患。若成若不成而後無患者，唯有德者能之。』吾食也執粗而不臧，爨無欲清之人。今吾朝受命而夕飲冰，我其内熱與？吾未至乎事之情，而既有陰陽之患矣；事若不成，必有人道之患。是兩也，爲人臣者不足以任之，子其有以語我來。」

諸梁，葉公之名也；子高，其字也。使諸梁者甚重，言使齊之行甚重難也。甚敬而不急者，言待汝雖有禮，而所叩之事其應常緩。匹夫之相與，叩應之不酬，且無如之何，况諸侯乎？所以慄而懼也。子指夫子也，言夫子嘗有教我之言曰：事無大小，鮮不言以懽洽，方得事成也。寡，鮮也；不道，不言也。爲國謀事，若不成，則必有刑責，故曰人道之患。若勞心計較，雖得成事，而多以憂思致疾，故曰有陰陽之患。若欲成與不成其後皆無患者，惟有德之人方可。自此以上，皆曰孔子之語也。今我自受使命以來，飲食之間，不知其味，粗者不知爲粗，臧者不知爲臧。臧，美也，言粗食亦猶美食也。常時多有飲食之事，則厨爨之間，竈常不冷，故厨者欲清而不能。今既憂思，飲食寡少，則竈常清矣。且我朝方受命，而胸中焦勞，夕已飲冰矣。情者，實也，我方受命，未曾實理會事，已成此病，萬一不成，則又有刑責，是兩受患也。爲人之臣，至於如此，實不可當。任，當也。子其有以語我，謂何以教我也。來，助語也。

仲尼曰：「天下有大戒二：其一，命也；其一，義也。子之愛親，命也，不可解於心；臣之事君，義也，無適而非君也，無所逃於天地之間。是之謂大戒。是以夫事其親者，不擇地而安之，孝之至也；夫事其君者，不擇事而安之，忠之盛也；自事其心者，哀樂不易施乎前，知其不可奈何而安之若命，德之至也。爲人臣子者，固有所不得已。行事之情而忘其身，何暇至於悦生而惡死？夫子其行可矣。

此一段却是十分正當説話，其論人間世至有此語，豈得謂莊子爲迂闊大言者？大戒者，大法也。命，得於天者，子之事親，與生俱生，此心豈得一日去？故曰不可解。義，人世之當爲者也，臣之事君，世間第一件當爲之事，名曰君臣，則「率土之濱，莫非王臣」，故曰何適非君。莫非臣子，何處而可逃？故曰無所逃於天地之間。事親而盡其孝，則東西南北，惟父母之命，豈擇地之安而後爲之？此心纔主於忠，則哀樂之境雖施於前而不能變易，蓋事有難易，或有禍福，既出君命，則是自家合做底事，此便是天命，又可奈何？止得安而順之。若命，順命也，能如此則爲至德之士。爲人臣子亦看所遇如何，不幸而遇其難，亦所不得已，但得行其事之實而已。情，實也。言但得朴實頭做前去，豈得復顧其身？雖其禍至於死生之異，亦無可奈何。夫子其行可矣者，言汝只得去也。夫子指葉公也。

丘請復以所聞：凡交近則必相靡以信，遠則必忠之以言，言必或傳之。夫傳兩喜兩怒之言，天下之難者也。夫兩喜必多溢美之言，兩怒必多溢惡之言。凡溢之類也妄，妄則其信之也莫，莫則傳言者殃。故法言曰：『傳其常情，無傳其溢言，則幾乎全。』

此下又轉一轉，説盡人世情狀。信，有物以爲信驗也，如符節之類是也；相靡，相順也。近處之交接則如此，若其交者遠，則必以言語盡其情。忠，盡情也。然其言何自而達？必有人傳道之，然傳言之間，其兩喜兩怒者最難。彼以喜而來，此以喜而應，則其説好處多有過當，故曰溢美。溢，過當也。若彼此皆怒，則其説不好處又多過當，故曰溢惡。纔是一等過當説話，必是不實，故曰凡溢之類妄。既不實，則其聽之者，必皆莫然而疑，未能盡信。莫，致疑貌也。纔至致疑，則兩邊之惡皆歸於傳言之人，必加之罪，故曰莫則傳言者殃。因其奉使，故以此爲戒。法言者，古有此書也，故舉以爲證。傳其常情，謂傳言之人但傳其平常朴實頭説話，其言語過當處則不可傳，故曰無傳其溢言。傳言能如此，則庶幾可以自全。

且以巧鬭力者，始乎陽，常卒乎陰，太至則多奇巧；以禮飲酒者，始乎治，常卒乎亂，太至則多奇樂。凡事亦然。始乎諒，常卒乎鄙；其作始也簡，其將畢也必巨。言者，風波也；行者，實喪也。夫風波易以動，實喪易以危。故忿設無由，巧言偏辭。獸死不擇音，氣息茀然，於是並生心厲。剋核太至，則必有不肖之心應之，而不知其然也。苟爲不知其然也，孰知其所終？

既説了傳言，却又引喻世間此類之事，句句皆是世情，此皆莊子妙處。以巧鬭力，今之戲相搏者。陽，喜也；陰，惡也。其始等閑格手，只是戲劇〔二〕，其終常至於實實爭打，蓋其戲太甚，則多有過當用巧處。奇，異也；泰至，過當也。相招而飲，皆以禮也。治，「初筵」、「秩秩」之時也；亂，「載號載呶」之時也。〔二〕蓋飲酒至於過當，則其爲樂也多異常，故或成爭競也。凡事亦然者，言人世他事亦常如此也。諒，信也，始者之相與同爲一事，未嘗不誠實相信，及至其後，鄙詐生焉，此又一事也。始者之有所作爲，止爲苟簡之謀，弄到末後，却成一件大事。此以上只泛説世間，又拈〔三〕起箇言行來，蓋人世之相與，涉言語則風波之所由起。風行波上，虚而紛亂之意。纔説箇行字，便有名有迹，有名則喪實矣。風波易以動者，言其易至於紛紛而不已也；實喪易以危者，言實不副名，或成患害也。無由，無端也，忿怒之言多是造設，初無端由，故曰忿設無由。偏辭，一偏之見也，花巧言語，只是説得一偏，故曰巧言偏辭。獸死不擇音，言獸死之時，其聲音又何所擇？此譬喻忿設巧言之人，纔至於爭競，則言語之出，皆不暇簡擇，今諺所謂相罵無好語是也。氣息茀然者，怒也；厲，狠戾也。怒氣既起，則狠戾之心並生。我既如此，則其應我者，以我之剋核大至，必生不肖之心，或時至於相戕相賊，亦皆爲怒所使，而不知其然矣。既爲怒所使而不自知，又何暇計其終？自此以上，皆言世情或因好成惡，故牽引説至此爾。

校注

〔一〕「戲劇」，原作「則劇」，宋本、道藏本同，據日本靜嘉堂文庫藏南宋刊莊子鬳齋口義劉辰翁評點本改。

〔二〕「初筵秩秩」二句，詩賓之初筵：「賓之初筵，左右秩秩。」「賓既醉止，載號載呶。」

〔三〕「拈」，原作「粘」，據宋本、道藏本改。

故法言曰：『無遷令，無勸成，過度益也。』遷令勸成殆事。美成在久，惡成不及改，可不慎與？且夫乘物以遊心，託不得已以養中，至矣。何作爲報也？莫若爲致命，此其難者。」

到此又引古書之言，就奉使事上結。令，君命也，無遷移其令，即所謂傳其常情也。若受其命令，而私欲圖成，或至遷改其説，則不可。事之成不成，亦聽其自然，不可强欲其成，故曰無勸成。益，求多也，纔於平常心上起箇過當之念，便是有求益之心，此便不可。過度者，過其常度，即過當也。遷令勸成皆是過度之念，則其謀事也必危，故曰殆事。人之相與，要好極難，初非一日可成，必須悠久而後定，故曰美成在久。一言之不相投，一事之不相順，有不轉步而便成惡者，故曰惡成不及改。此意蓋謂要相惡甚易，要相好甚難，所以尤當慎也。我若乘事物之自然而游其心於自然，托不得已而應之意以養其中心，則此爲極至矣，又何必有所作爲而後歸報邪？報，反命也；作爲，過度以求益也。致命者，言以真實而致君命於衛也。言汝之行也，莫若只以真實致其君之命而已，不可過爲思慮論其成與不成也。即此真實致命，便是難能之事，汝須要能盡此方可。就此又着一難字，蓋謂處此亦難矣，所謂游於彀中，中央者，中地也。此篇名以人間世者，正言處世之難也。看這一段曲盡世情，非莊子性地通融，何以盡此曲折？說者以莊、老只見得「道心惟微」一截，無「人心惟危」一截，〔一〕此等議論果爲如何？但讀其書未子細爾。

校注

〔一〕說者二句，見前四九頁注〔一〕。

顏闔將傅衛靈公太子，而問於蘧伯玉曰：「有人於此，其德天殺。與之爲無方，則危吾國；與之爲有方，則危吾身。其知適足以知人之過，而不知其所以過。若然者，吾奈之何？」蘧伯玉曰：「善哉問乎。戒之，慎之，正汝身哉。形莫若就，心莫若和。雖然，之二者有患。就不欲入，和不欲出。形就而入，且爲顛爲滅，爲崩爲蹷。心和而出，且爲聲爲名，爲妖爲孽。彼且爲嬰兒，亦與之爲嬰兒；彼且爲無町畦，亦與之爲無町畦；彼且爲無崖，亦與之爲無崖。達之，入於無疵。

顏闔將爲太子之傅，而求教於伯玉。有人於此者，指太子也。其德天殺，猶言天奪其鑒也，殺猶銷鑠也，隕霜殺草之殺[一]，言其德性爲造物所銷鑠也。無方，無法度也。言彼爲敗度敗德之事，縱而不問，則將來必危吾國。若欲救正之，則其禍必先及我。太子之智，能知人之過，而自爲過惡則不知改。奈之何者，吾無如之何也。正汝身者，言且就自家身上理會起。就，從也，隨順之也；和，調和也，誘導之也。外爲恭敬隨順之形，而内則盡我調和誘導之心，故曰形莫若就，心莫若和。莫若者，言求其方法，無出於此也。雖然一轉又妙。之二者，和與就二者也。隨順而與之爲一，則是就而入也；有誘導之心，而圭角稍露，則是和而出也。就而至於入，則和自家都放倒了，故曰爲顛爲滅，爲崩爲蹷；和而至於聲名出，則彼必忌害，必成殃禍，故曰爲聲爲名，爲妖爲孽。此處文最奇。嬰兒者，如無知小兒然也；無町畦者，無畔岸也，言其跌蕩而無繩準也；無崖者，無涯際也，言爲事不思到盡處如何也。嬰兒、無町畦、無崖，皆是形容無知妄爲之人。彼方如此無知，如此妄爲，我且順之，故曰亦與之。到其有可覺悟處，就加點化，使之躍然醒悟，或可以入無疵之地。達之者，覺悟之也；無疵者，無過也。昔艾軒於此嘗言，莆中舊有人，父死不葬，蕩其田業以恣所欲。田且盡，親戚憫之，斂錢以給其葬，彼陽相許，又以其錢行前所爲，衆親皆忿之。有族人焉，出而與之遊，任其所爲，一夕酣飲，至于極歡，撫其背曰：「人不堪其憂，回也不改其樂。」[二]其人翻然而悟，慟哭而歸，遂葬其父，卒爲善人。正此處道理。

校注

〔一〕「隕霜」句，春秋僖公三十三年：「隕霜不殺草。」

〔二〕「人不堪其憂」二句，見論語雍也。

汝不知夫螳蜋乎？怒其臂以當車轍，不知其不勝任也，是其才之美者也。戒之，慎之。積伐而美者以犯之，幾矣。汝不知夫養虎者乎？不敢以生物與之，爲其殺之之怒也；不敢以全物與之，爲其決之之怒也；時其饑飽，達其怒心。虎之與人異類而媚養己者，順也；故其殺者，逆也。夫愛馬者，以筐盛矢，以蜄盛溺。適有蚊虻僕緣，而拊之不時，則缺銜、毁首、碎胸。意有所至而愛有所亡，可不慎邪？」

此下又説幾箇譬喻。螳蜋恃其才之美，欲以其臂當車轍，此喻小才自矜以當大事，鮮不敗者。積，屢也；伐，誇也；幾，危也。屢誇其才美以犯世之忌者，必危其身，故曰積伐而美者以犯之，幾矣。虎之性易怒，故養之者必調和去其怒心，以虎而於養己者亦有媚愛之意，此無他，只是順之而已。若逆之，則必爲所傷矣，故曰其殺者，逆也。筐，竹器也；蜄，灰泥之器也。以此盛其屎溺，可謂愛之。忽有蚊虻聚於其身，不能隨時搏拊而去之，則其馬必至決去銜勒，毁碎其身首上轡絡月題之類。此其中心之怒忽然而至，則前日之愛皆忘之矣。僕緣者，僕僕然緣聚也。亡與忘同。此蓋「美成在久，惡成不及改」之意。人之相處，有終身從遊而一語至於爲仇者，此言處世之難也。看葉公子高與顏闔二段，便見此篇名作人間世分曉。

匠石之齊，至乎曲轅，見櫟社樹。其大蔽牛，絜之百圍，其高臨山十仞而後有枝，其可以爲舟者旁十數。觀者如市，匠伯不顧，遂行不輟。弟子厭觀之，走及匠石曰：「自吾執斧斤以隨夫子，未嘗見材如此其美也。先生不肯視，行不輟，何耶？」曰：「已矣，勿言之矣。散木也，以爲舟則沈，以爲棺槨則速腐，以爲器則速毁，以爲門户則液樠，以爲樹則蠹。是不材之木也，無所可用，故能若是之壽。」匠石歸，櫟社見夢曰：「汝將惡乎比予哉？若將比予於文木邪？夫柤、梨、橘、柚、果、蓏之屬，實熟則剥，則辱；大枝折，小枝泄。此其以能苦其生者也，故不終其天年而中道夭，自掊擊於世俗者也。物莫不若是。且予求無所可用久矣，幾死，乃今得之，爲予大用。使予也而有用，且得有此大也耶？且也若與予也皆物也，奈何哉其相物也？而幾死之散人，又惡知散木？」

曲轅，山名也。櫟，木名也，社之中有此櫟木也。論語曰：「夏后氏以松」，「周人以栗」。古者社中皆必以大木爲主。絜之，以手量之也；兩手合而圍之爲一圍，百圍，大也。十仞，高也。枝可爲舟，則其身可知矣。厭觀者，言觀至於厭足而後已也。散木者，言無用散棄之木也。液樠，其液出而樠樠然也。樹，柱也，立木以爲柱，故曰樹。文木者，言木之可觀而可爲用者也。櫟社見於匠石之夢曰：汝以我爲散木，則是以文木而比量我也。柤、梨、橘、柚、果、蓏皆文木之可食者，故爲人摧折，是以其能而害其生。能者，可用之才也。吾之求無所用久矣，而汝乃今知之。幾死，罵匠石之言也，猶今人罵人以半死漢也。爲予大用者，言我之無用，乃我之大用，所以全其生也。我若有用，則人伐之久矣，又安能至此大乎？且也，只是且字之意，添箇也字。若與予皆物者，匠石雖人，我雖櫟樹，皆天地間一物，汝何獨以物相譏？故曰若與予也皆物也，奈何哉其相物也。一句之中四箇也字，一箇哉字，此皆莊子文奇處。汝亦無用之人，何譏我無用之木？故曰幾死之散人，又惡知散木？

匠石覺而診其夢。弟子曰：「趣取無用，則爲社何邪？」曰：「密，若無言。彼亦直寄焉，以爲不知己者詬厲也。不爲社者，且幾有翦乎？且也彼其所保與衆異，而以義譽之，不亦遠乎？」

診，占也。弟子聞其夢中之言，乃曰：此木之志趣若取於無用，則何必用而爲社？密者，猶言汝閉口勿言也。彼指櫟也，其所以爲社者，亦直寄寓而已，豈料今日又爲汝不知己之人以爲社而詬厲之？詬，罵；厲，責辱也。使其縱不爲社，亦豈有人翦伐之？彼之所保自與衆人不同，而汝乃以義理求其毀譽，相去遠矣。所保，猶言所守也。且幾有翦乎，此幾字與殆字同意。

南伯子綦游乎商之丘，見大木焉有異，結駟千乘，隱將芘其所藾。子綦曰：「此何木也哉？此必有異材矣〔一〕。」仰而視其細枝，則拳曲而不可以爲棟梁；俯而視其大根，則軸解而不可以爲棺槨；咶其葉，則口爛而爲傷；嗅之，則使人狂酲，三日而不已。子綦曰：「此果不材之木也，以至如〔二〕此其大也。嗟乎，神人以此不材。」宋有荆氏者，宜楸、柏、桑。其拱把而上者，求狙猴之杙者斬之；三圍四圍，求高名之麗者斬之；七圍八圍，貴人富商之家求樿傍者斬之。故未終其天年，而中道夭於斧斤，此材之患也。故解之以牛之白顙者，與豚之亢鼻者，與人有痔病者不可以適河。此皆巫祝以知之矣，所以爲不祥也。此乃神人之所以爲大祥也。

此段與前段同，但就中又紬繹數句別説話。見大木焉有異者，言其大有異於尋常也。雖有千乘之駟馬隱於此樹之下，而求其所蔭藾，亦能芘之，故曰隱將芘其所藾。芘，自我芘物也；藾，彼求蔭於我也。軸解，不實也，如今芋莖然。咶，食紙反。以舌咶之，則爛人之口。以鼻嗅之，則着人如醉，言其臭也。此木惟其不才，所以能全其生，至於如此其大。古之神人所以全其生者，亦以此不才而已，故曰神人以此不才。嗟乎，嘆美而言之也。荆氏，地名也。楸、柏、桑三者，可用之木也，前言可食之木，此言可用之木。宜，地氣所宜也。杙，樁也。麗，屋棟也。高名，大家也，「高明之家，鬼瞰其室」〔三〕，二字本同，但明字音同而字異耳。樿傍，爲棺用也。言此地所宜之木，或拱把而見伐，或三圍四圍而見伐，或八圍七圍而見伐，言不可得而留，惟其有可用，所以自禍如此。

解，古巫祝者書名也。解之中有曰：牛白顙者，豚額折而鼻高者，皆不可以祭河。古者或以人祭河，如西門豹之事〔四〕，故添痔病一句。莊子好奇，專要添此等説話。適者，往也，言不可以之往祭於河也。此三者之不可用，巫祝之人皆以爲不祥，而不知惟其不祥，所以免殺身之禍，其在神人觀之，則此不祥乃大祥也。凡此二段，皆言處世之難，若求以自見於世，必招禍患，故以此譬之。

校注

〔一〕「矣」，宋本、道藏本作「夫」。
〔二〕「如」，宋本、道藏本作「於」。
〔三〕「高明」二句，見漢書卷八十七揚雄傳所載揚雄解嘲。
〔四〕西門豹之事，見史記卷一百二十六滑稽列傳。

支離疏者，頤隱於齊，肩高於頂，會撮指天，五管在上，兩髀爲脅。挫鍼治繲，足以糊口；鼓筴播精，足以食十人。上徵武士，則支離攘臂於其間；上有大役，則支離以有常疾不受功；上與病者粟，則受三鍾與十束薪。夫支離其形者，猶足以養其身，終其天年，又況支離其德者乎。」

支離，身體無收拾之貌；疏，其名也。頤下而至臍，其身曲也，肩反出於頂上。會撮，椎髻也。五臟之管皆屬於背，背曲則管向上也。兩髀，腿兩邊也，背曲身下，則髀似其脅也。此形容一廢疾之人爾。挫鍼，縫衣也；治繲，浣衣也。以此爲糊口之計。鼓筴，以箕簸米也，播去其粗，而得精米，故曰播精足以食十人，言其速也。徵召武士，選戰者也；攘臂於其間，言選擇不及己也。大役，工役也；不受功，不以此事責之也。功如左氏晉人城杞，賦功於諸侯。戰役之事，既皆得免，而又以病得粟與薪，此亦以不才自全之意。支離其德，言至人之德亦如此支離者，以無用爲大用也，此與不材之木亦同意。

孔子適楚，楚狂接輿遊其門曰：「鳳兮鳳兮，何如德之衰也？來世不可待，往世不可追也。天下有道，聖人成焉；天下無道，聖人生焉。方今之時，僅免刑焉。福輕乎羽，莫之知載；禍重乎地，莫之知避。已乎已乎，臨人以德。殆乎殆乎，畫地而趨。迷陽迷陽，無傷吾行。吾行郤曲，無傷吾足。」山木自寇也，膏火自煎也。桂可食，故伐之；漆可用，故割之。人皆知有用之用，而莫知無用之用也。

此段因論語所有借以譏侮聖門也〔一〕。來世既不可待，已往之世又不可追，既生斯世而爲斯人，時既不可爲，則當自晦而已。於此而强懷救世之意，非知時者也，故曰德衰。天下有道，則聖人可以成其功；天下無道，則聖人全其生而已。方今之時，亂世也，但以苟免於刑爲幸耳，又何敢他求乎？故曰方今之時，僅免刑焉。處亂世而僅免刑以全其生，此特一羽之福，而汝亦不知有之。載，受而有之也。亂世之禍，苟及其身，常至殺戮，是重於地也，而汝亦不知避之。韓詩曰：「榮華不滿眼，殃禍大如屋。」〔二〕即此意也。已乎已乎，猶言休休也。以德自尊，而下臨他人，取禍之道也。殆乎，危乎也。畫地而趨，言其自拘束以自苦，如畫地而行焉。陽，明也，人之本性本來光明，汝迷而失之，則必至行於世而有傷。郤曲者，言回護避就也，不能任真直道而行，如此回護避就，則必至於傷吾足。傷吾足者，言其不可行也。山木以有用而招斤斧之禍，是自取寇傷也；膏火以明而可用，自取煎熬；桂因可食，而後人伐之；漆因可用，而後人割之。此皆不能自隱，求名於世，以招禍患者之譬也。故曰人知有用之用，不知無用之用。

校　注

〔一〕「因論語所有」句，指論語微子中「楚狂接輿歌而過孔子」章。

〔二〕「韓詩」二句，韓愈寄崔二十六立之：「歡華不滿眼，咎責塞兩儀。」

内篇德充符第五

符，應也，有諸己則可以應諸外。充，足也，德足於己，則隨所應而應也。

魯有兀者王駘，從之遊者與仲尼相若。常季問於仲尼曰：「王駘，兀者也，從之遊者與夫子中分魯。立不教，坐不議，虚而往，實而歸。固有不言之教，無形而心成者邪？是何人也？」仲尼曰：「夫子，聖人也，丘直後而未往耳。丘將以爲師，而况不若丘者乎？奚假魯國？丘將引天下而與從之。」常季曰：「彼兀者也而王先生，其與庸亦遠矣。若然者，其用心獨若之何？」

常季，孔子弟子也。中分魯者，言魯人之從夫子者半，而從駘者半也。立不教，與弟子立而無所教；坐不議，與弟子坐而無所言。而往從之者皆空虚未有所見，一見而歸，即充然而有得矣。無形，無所見也；心成，心感之而自化成也。常季見其如此，故疑以爲問。仲尼曰夫子，指王駘也。直後而未往，言我欲往見之，特尚遲耳。如某者且將師之，况他人乎？奚假，豈特也。引天下，言欲率天下之人皆師之也。彼兀者也而王先生，是一句。王，勝也，言其如此猶勝於先生，則與常人亦遠矣。先生，指孔子也；庸，常人也。

仲尼曰：「死生亦大矣，而不得與之變。

死生亦大矣，此五字乃莊子中一大條貫。釋氏一大藏經，只從此五字中出，所謂「死生事大，如救頭然」〔一〕是也。不得與之變者，言死生之變雖大，而此心不動，亦不能使我與之變也。不得，不能也；與之變者，隨之而變也。此語謂出於孔子，乃莊子之寓言。儒家闢以爲異端者，謂其於他事皆不講明，而終身只學此一件，〔二〕其說甚正。然釋氏之學，正以下愚之人貪着昏沉而不可化，故以此恐懼之，而使之爲善耳。其教雖非，其救世之心亦切，爲吾儒者，不容不闢其說，而亦不可不知其心也。彼以人無貴賤，所畏者死耳，故欲以此脅持之，使入於道。或謂釋氏畏死而爲此學，失其心矣。

校注

〔一〕「死生事大，如救頭然」，壇經行由品第一：「大師（弘忍）言：世人生死事大，欲得傳付衣法，令門人作偈來看。」又壇經機緣品第七：永嘉玄覺禪師曰：「生死事大，無常迅速。」如救頭然即如救頭燃，喻危急之義。當來變經曰：「三途之難，不可稱計。勤修佛法，如救頭然。」

心地觀經卷五：「精勤修習，未嘗暫捨，如去頂石，如救頭然。」

〔二〕「儒家」三句，河南程氏遺書卷十八：「又問：『釋氏臨終，亦先知死，何也？』（伊川）曰：『只是一箇不動心，釋氏平生只學這箇事，將這箇做一件大事。學者不必學他，但燭理明，自能之。』」

雖天地覆墜，亦將不與之遺。審乎無假而不與物遷，命物之化而守其宗也。」

天地覆墜，猶大傳言「乾坤毀」也。遺者，落也，言天地雖墜，而我亦不與之墜落，亦猶前所謂入水不濡，入火不熱。讀莊子之書，與語、孟異，其語常有過當處，是其筆法如此，非真曰天地能覆墜也。審者，明也，見之耑也；無假者，實也。如此等句皆莊子下字造語之妙處，若言明乎實，則拙矣。不與物遷，與不得與之變、不與之遺同。命物之化者，言萬物之變化皆受命於我，此猶禪家所謂「心迷法華轉，心悟轉法華」〔二〕也。宗者，言萬物之始也，守其宗者，言斯人之所守，在於萬物之始，亦猶前所謂「有始也者，有未始有始也者」之意。莊子之書，如宗字只訓始字，求其意，則不止曰始而已，如此讀得，方見其妙處。守其宗者，全體也；遊其和者，大用也。

校　注

〔一〕「心迷法華轉」二句，壇經機緣品第七：（慧能爲法達説偈）：「心迷法華轉，心悟轉法華；誦經久不明，與義作讎家；無念念即正，有念念成邪；有無俱不計，長御白牛車。」

常季曰：「何謂也？」仲尼曰：「自其異者視之，肝膽楚越也；自其同者視之，萬物皆一也。

常人不知萬物之同出於一初，雖其肝膽，亦自分楚越。知其同出於一初，則萬物皆與我爲一也。此兩句看他下語開闔處，前後能文之士，用此機關者不少。蓋莊子之書，非特言理微妙，而其文獨精絶，所以度越諸子。

夫若然者，且不知耳目之所宜，而遊心乎德之和。

耳於聽，宜也；目於視，宜也。彼能如此，則不獨以耳聽，不獨以目視，此禪家所謂六用一原〔二〕也。音豈可觀，而曰觀世音，〔三〕此雖異端之言，而皆有深意。德之和者，與天地四時同也，此和字非若中庸所謂「中節」之和〔三〕而已，讀此書當別具一隻眼。

校注

〔一〕「六用一原」，古尊宿語録卷一：「馬祖道一曰：『一切衆生從無量劫來，不出法性三昧，長在法性三昧中。着衣喫飯，言談祇對，六根運用，一切施爲，盡是法性。不解返源，隨名逐相，迷情妄起，造種種業。』」若能返源，則六根清淨，且能互用。

〔二〕「音豈可觀」二句，法華經普門品：「苦惱衆生，一心稱名。菩薩即時觀其音聲，皆得解脱，以是名觀世音。」楞嚴經卷六亦有類似之説。

〔三〕中庸之語，禮記中庸：「喜怒哀樂之未發，謂之中；發而皆中節，謂之和。」

物視其所一而不見其所喪，視喪其足猶遺土也。」

物視其所一而不見其所喪，言其觀於萬物無欠剩，即讀夔蚿一段，便是此意，此又翻公文軒介與之説也。遺土，猶言如土之自遺墜而不知也。

常季曰：「彼爲己以其知，得其心以其心。得其常心，物何爲最之哉？」

爲己，修身也；以其知，言人有此識知，則能修此身。得其心以其心者，言有此知覺之心，則能得其本然之心。本然之心與知覺之心，非二物也，特如此下語耳。其意蓋謂人皆有知，人皆有心，苟能盡之，則可以爲己，可以得心，亦是常事耳，故曰得其常心。最者，尊之也，不曰尊，而曰最，此莊子之文所以奇也。物，人物也。

仲尼曰：「人莫鑑於流水而鑑於止水，唯止能止衆止。

流水、止水，皆以喻心。流者，不能止者也，能止其心，所以獨賢於人。衆人以欲止之心就其求止焉，惟斯人則能之，故曰惟止能止衆止。此一句蓋言未能安其心之人而求教於彼，彼乃能教之而使之安，却如此下六字，豈不奇哉？禪家所謂「將心來，與汝安」。學者曰：「求心了不可得。」其師曰：「與汝安心竟。」〔一〕便是此一段話。

校注

〔一〕「禪家」三句，景德傳燈録卷三：「光（慧可）曰：『我心未寧，乞師與安。』師（達摩）曰：『將心來，與汝安。』曰：『覓心了不可得。』師曰：『我與汝安心竟。』」以「安心」爲修道第一着，首見于求那跋陀羅（見楞伽師資記），後達摩組織入「二入四行」中，以理入來安心（見續高僧傳卷十六菩提達摩傳）。

受命於地，惟松柏獨也在冬夏青青；受命於天，惟舜獨也正，幸能正生，以正衆生。

以松柏比舜，以舜比王駘，但言其得於天者獨異於衆人，故能正其所生，以正衆人之所生，此生字只是性字。或曰：舜豈可比王駘？若如此讀莊子，是癡人前説夢也。

夫保始之徵，不懼之實。勇士一人，雄入於九軍。將求名而能自要者，而猶若是。

徵，證也，驗也；保，守也。守其始初之一語，而必有證有驗。只一信字，却如此下句。不懼下着一實字，無此實，則不能不懼矣。九軍者，言衆兵也，或戰國之時有爲九陣者，亦未可知，不必拘天子六軍、諸侯三軍之説。自要，自信也。荆軻、聶政之徒，求名而自信者也。彼惟守此一信，且能不變於死生，而況有道者乎？此一段，今觀佛書中有坐蟒岩、守虎穴者，亦只此不懼之實而已。莊子如此等處，皆有所見，非特寓言也。

而況官天地，府萬物，直寓六骸，象耳目，一知之所知，而心未嘗死者乎？

官天地，天覆地載，天生地成，各職其職而已。府者，聚也，萬物隨其所聚而聚。此即天地與我並生，萬物與我爲一之意。孟子曰：「萬物皆備於我。」亦是府萬物之意，但語脉有不同耳。寓六骸者，言六骸者，吾所寄也。象耳目，與不知耳目之所宜同意，目象目而不止於視，耳象耳而不止於聽，故曰象耳目。一知之所知，上音智，下如字，智者得之於性，知者智之用也，以其得於天者而無所不知，故曰一知之所知。心無所見曰死。

彼且擇日而登假？人則從是也。彼且何肯以物爲事乎？」

登，升也；假，至也，注音賈、音遐皆誤。彼豈擇日而至於道乎？言不擇日而升至於道，無時而不在道也，即道不須臾離之意。人之所以從學於王駘者，從是而已，此是字重。以物爲事，物者，人也，言彼豈肯以爲人爲事乎。蓋人自求學於彼，彼何嘗求以教人？

申徒嘉，兀者也，而與鄭子産同師於伯昏無人。子産謂申徒嘉曰：「我先出則子止，子先出則我止。」其明日，又與合堂同席而坐。子産謂申徒嘉曰：「我先出則子止，子先出則我止。今我將出，子可以止乎？其未邪？且子見執政而不違，子齊執政乎？」申徒嘉曰：「先生之門，固有執政焉如此哉？子而悦子之執政而後人者也？聞之曰：『鑑明則塵垢不止，止則不明也。久與賢人處則無過。』今子之所取大者，先生也，而猶出言若是，不亦過乎？」子産曰：「子既若是矣，猶與堯爭善，計子之德不足以自反邪？」

我出子止，子出我止，欲其相避也，申徒嘉又不如其約。不違者，不避也。齊者，同也；執政，自謂也。言子與我同出入，則與執政同矣。後人者，先己也，先己而後人，則是貴我而賤物。有學問則見識廣大，取者，求也，言子學於先生，將求以廣其見識，乃淺狹如此乎？取大兩字佳。與堯爭善四字最奇，言子既兀矣，縱能爲善，得如堯乎？自反，言其不自量也。

申徒嘉曰：「自狀其過以不當亡者衆，不狀其過以不當存者寡。知不可奈何而安之若命，唯有德者能之。遊於羿之彀中，中央者，中地也；然而不中者，命也。人以其全足笑吾不全足者衆矣，我怫然而怒；而適先生之所，則廢然而反。不知先生之洗我以善耶？吾與夫子遊十九年矣，而未嘗知吾兀者也。今子與我遊於形骸之內，而子索我於形骸之外，不亦過乎？」子產蹵然改容更貌曰：「子無乃稱。」

狀，述也。聲述其過，以爲足不當亡者，衆人皆然；不言其過，以爲不當存者，已鮮矣。唯有德者知事事有命，豈人之所能奈何哉？此三句是三等人。若命，順命也。遊彀中數語極奇絶，此易所謂「履虎尾」也。老子曰：「吾有大患，爲吾有身。」人之生世，動是危機。易以虎尾喻，已爲奇矣，而莊子曰羿之彀中。彀中者，張弓而射，箭端所直之地也。善射莫如羿，彀中乃其必中之地，喻世之危如此，況在戰國之時，此語尤切心。幸而不中者，命也。廢然，乃自失之意，言其怒至此盡失去之。反，歸也，言一見先生，而歸皆失其所以怒矣。洗字甚佳，言以善道告我，如洗滌我而不自知也。形骸內外一句最好，此皆前書所未有者。稱者，謂其能言也，如左傳所謂「魯人以爲敏」。

魯有兀者叔山無趾，踵見仲尼。仲尼曰：「子不謹，前既犯患若是矣。雖今來，何及矣？」無趾曰：「吾惟不知務而輕用吾身，吾是以亡足。今吾來也，猶有尊足者存，吾是以務全之也。夫天無不覆，地無不載，吾以夫子爲天地，安知夫子之猶若是也？」孔子曰：「丘則陋矣。夫子胡不入乎？請講以所聞。」無趾出。孔子曰：「弟子勉之。夫無趾，兀者也，猶務學以復補前行之惡，而況全德之人乎？」無趾語老聃曰：「孔丘之於至人，其未邪？彼何賓賓以學子爲？彼且蘄以諔詭幻怪之名聞，不知至人之以是爲己桎梏邪？」老聃曰：「胡不直使彼以死生爲一條，以可不可爲一貫者，解其桎梏，其可乎？」無趾曰：「天刑之，安可解？」

踵見，繼見也。不知務猶言不曉事也。尊足者，性也，尊足二字下得奇，所可貴者，不在形骸之外也。賓賓，司馬云「恭貌」是也。諔詭幻怪，只言好名而已。己桎梏者，言名爲己之累也。天刑之，猶天罰之，不與之以道也。莊子借孔子以爲言，或抑或揚，皆寓言也。但如此段曰無趾，兀者也，猶務學以復補前行之惡，而況全德之人乎？此語亦有益於世教。死生爲一條，可不可爲一貫，即齊物篇可乎可，不可乎不可之意。

魯哀公問於仲尼曰：「衛有惡人焉，曰哀駘它。丈夫與之處者，思而不能去也。婦人見之，請於父母曰『與爲人妻，寧爲夫子妾』者，數十〔二〕而未止也。未嘗有聞其唱者也，常和人而已矣。無君人之位以濟乎人之死，無聚禄以望人之腹。又以惡駭天下，和而不唱，知不出乎四域，且而雌雄合乎前。是必有異乎人者也。寡人召而觀之，果以惡駭天下。與寡人處，不至以月數，而寡人有意乎其爲人也；不至乎期年，而寡人信之。國無宰，寡人傳國焉。悶然而後應，氾而若辭。寡人醜乎，卒授之國。無幾何也，去寡人而行，寡人卹焉若有亡也，若無與樂是國也。是何人者也？」

惡人者，形醜者也。不倡常和，言其無所作爲也。無君人之位者，言其無貴權也。聚祿，富也；望人之腹者，飽也。望，滿也，月盈曰望。看此等下字，莊子之筆端，豈可及哉？知不出乎四域，言其所知，非出於世外也。雌雄合其前，與物狎也，此即鷗鳥不驚〔二〕之意。悶然，無意而答之意。氾者，無繫着之意。寡人醜乎，醜者，愧也。授之國者，授以國政也。卹焉若有亡，即漢王「如失左右手」〔三〕之意。

校注

〔一〕「數十」，宋本、道藏本作「十數」。

〔二〕「鷗鳥不驚」，列子黄帝：「海上之人有好漚鳥者，每旦之海上，從漚鳥游，漚鳥之至者百住而不止。其父曰：吾聞漚鳥皆從汝游，汝取來吾玩之。明日之海上，漚鳥舞而不下也。」

〔三〕「漢王」句，史記卷九十二淮陰侯列傳：「（蕭）何聞（韓）信亡，不及以聞，自追之，人有言上曰：『丞相何亡。』上大怒，如失左右手。」

仲尼曰：「丘也嘗使於楚矣，適見㹠子食於其死母者，少焉，眴若皆棄之而走。不見己焉爾，不得類焉爾。所愛其母者，非愛其形也，愛使其形者也。戰而死者，其人之葬也，不以翣資；刖者之屨，無爲愛之，皆無其本矣。爲天子之諸御，不爪翦，不穿耳；取妻者止於外，不得復使。形全猶足以爲爾，而況全德之人乎？今哀駘它未言而信，無功而親，使人授己國，惟恐其不受也，是必才全而德不形者也。」

狁子之喻，謂人之愛惡不在於形骸之美惡也。眴若，驚貌。不得類者，不似始者也。己，身也，言不見其身得似始者。故如此分下兩句，此皆莊子弄筆處。愛使其形之説，若以名教律之，此語大有罪，豈古人所謂「事死如事生」〔一〕，不忍死其親之意。此皆其形容之文，有〔二〕過當處，不可以此律之，亦不可不知其非也。戰死不用翣，非行禮之喪也；資，用也。刖者於屨而無所愛，外飾無所施也，此亦形容有德在内不在外之意。天子之御，不爪翦，不穿耳，不修飾而全其形之意。新娶者免役，禮記有之。〔三〕不得復使，言官中不得役之也，此借全形以形容全德之義。

校注

〔一〕古人所言，禮記祭義：「事死如事生，思死者如不欲生。」禮記中庸：「事死如事生，事亡如事存，孝之至也。」

〔二〕「有」上，宋本有「時」字。

〔三〕「新娶者」句，禮記禮運：「故仕於公曰臣，仕於家曰僕。三年之喪與新有昏者，期不使。」

哀公曰：「何謂才全？」仲尼曰：「死生、存亡、窮達、貧富、賢與不肖、毁譽、饑渴、寒暑，是事之變，命之行也；日夜相代乎前，而知不能規乎其始者也。故不足以滑和，不可入於靈府。使之和豫通而不失於兑。使日夜無郤而與物爲春，是接而生時於心者也。是之謂才全。」

此段歸結在才全德不形一句。前言死生亦大，而不得與之變，於此又以死生、存亡、窮達、貧富、毁譽、饑渴、寒暑等總言之，此是紬繹發越處。規者，求也，此等事之變，天命之行，日夜相更迭於目前，雖有知者亦不能求其始，不過曰自然而然爾。不足以滑和者，言不能滑亂胸中之和也，只是不得與之變一句。不入於靈府者，不動其心也。和豫通三字一意。豫，悦也；通，流通也。心既不動，則使之自然和順豫悦流通而不失其兑，兑亦悦也。此一句便是莊子之文，和豫通，猶曰周偏咸也，見後篇。日夜無郤者，言日新而不已也，郤，止也。與物爲春者，隨所寓而皆爲樂也，物，事物也，此春字與兑字同。接而生時於心者，即佛經所謂「無所住而生其心」〔一〕也。接猶感也，時猶時中之時也。隨事之所感而應之，不偏不滯，故曰生時於心。才者，質也，如孟子曰「天之降才」也；才全，猶言全其質性也。

校注

〔一〕「無所住而生其心」，金剛經：「是故，須菩提，諸菩薩摩訶薩，應如是生清淨心：不應住色生心，不應住聲香味觸法生心，應無所住而生其心。」六祖慧能聞説至此處而大悟。楞嚴經中亦有相同語。大珠慧海頓悟入道要門論釋曰：「不住一切處者，不住善惡有無内外中間，不住空，亦不住不空，不住定，亦不住不定，即是不住一切處，只箇不住一切處，即是住處也。得如是者，即名無住心也。無住心者是佛心。」

「何謂德不形？」曰：「平者，水停之盛也。其可以爲法也，内保之而外不蕩也。德者，成和之修也。德不形者，物不能離也。」哀公異日以告閔子曰：「始也吾以南面而君天下，執民之紀而憂其死，吾自以爲至通矣。今吾聞至人之言，恐吾無其實，輕用吾身而亡吾國。吾與孔丘，非君臣也，德友而已矣。」

德不形者，言其德無所可見也。水停則平，平則可以爲法。法，準則也。内保，停也；外不蕩，止也。即前所謂鑒於止水者，又如此變下其文。和者，中和之和也，成者，全也，全此性中之和，是其德之修也。德不形，隨事物而見，言其無所往而非德，非一端所可名，故曰德不形者，物不能離也。執民之紀四字佳，即是執國之柄；憂其死者，言能愛民也。哀公安得南面而君天下？此皆莊子下筆過當不照管處。非君臣也，德友而已矣，與孟子「友之云乎」意同，皆是寓言，不可以實求之。

闉跂支離無脤説衛靈公，靈公悦之，而視全人，其脰肩肩。甕盎大癭説齊桓公，桓公悦之，而視全人，其脰肩肩。故德有所長而形有所忘，人不忘其所忘，而忘其所不忘，此謂誠忘。

闉跂，曲背也；支離，傴之貌也；無脤，無脣也。傴曲缺脣，醜之甚也。肩肩者，細長之貌也。甕盎大癭，項瘤者也。此兩句皆喻人之好惡不在於形骸之外，傴瘤之人得意於君，視全人反不如之，故曰德有所長，形有所忘，言愛其德而忘其形。人不忘其忘，而忘其所不忘，此兩句極佳，即孟子一指不若人之喻〔一〕。所可忘者，形也；所不可忘者，德也。誠忘者，真忘也，知有形而不知有德者，真忘也。

校注

〔一〕孟子之喻，孟子告子上：「今有無名之指，屈而不信，非疾痛害事也，如有能信之者，則不遠秦楚之路，爲指之不若人也。指不若人，則知惡之，心不若人，則不知惡，此之謂不知類也。」

故聖人有所遊，而知爲孽，約爲膠，德爲接，工爲商。聖人不謀，惡用知？不斵，惡用膠？無喪，惡用德？不貨，惡用商？四者，天鬻也。天鬻也者，天食也。既受食於天，又惡用人？

聖人有所遊，遊者，即所謂心有天遊是也。知，去聲，以智處事也；約，以禮自檢束；工，藝能也；孽，菑孽也；膠，泥也，固也；接，接於外而忘其内也；商，賈也，如所謂買名於天下也。心有天遊，則知此四者皆吾之累矣。聖人無所謀於世，則不用智矣；不斵削而自合於理，則不用約矣；守其内而無事乎外，則不用德矣；不貨者，不求售也，則不用藝能矣。四者，不謀、不斵、無喪、不貨也。天鬻、天食，天禄也，猶言天爵也。既受食於天，又惡用人，猶言有天爵而不求人爵也。以接而生時於其心、才全而德不形、一智之所知，由前言之，三字皆是好字，到此段，接、德、智又成不好字，此鼓舞其筆，不照前後，所以爲異端之書。

有人之形，無人之情。有人之形，故羣於人；無人之情，故是非不得於身。眇乎小哉，所以屬於人也。謷乎大哉，獨成其天。惠子謂莊子曰：「人故無情乎？」莊子曰：「然。」惠子曰：「人而無情，何以謂之人？」莊子曰：「道與之貌，天與之形，惡得不謂之人？」惠子曰：「既謂之人，惡得無情？」莊子曰：「是非吾所謂情也。吾所謂無情者，言人之不以好惡内傷其身，常因自然而不益生也。」惠子曰：「不益生，何以有其身？」莊子曰：「道與之貌，天與之形，無以好惡内傷其身。今子外乎子之神，勞乎子之精，倚樹而吟，據槁梧而瞑。天選子之形，子以堅白鳴。」

此段乃莊子與惠子問辯之言。有人之形以下，乃莊子尋常有此語，惠子因而問之也。群於人者，言與人同類也。是非不得於身者，言無入而不自得，超出於是非之外。獨成其天，與天爲徒也。言人能外於是非，無入不自得，則與天爲徒，而所造者大矣。天與之形者，有物也；道與之貌者，「物必有則」〔一〕也。吾所謂無情，言人不以好惡之情而内傷其身者，有益則有損，常因自然，則無所益，亦無所損矣。言有餘不足皆爲病，益生者，有餘之病也。好惡出於自然而無所着，則無所損益矣。惠子曰不益生何以有其身，是以益生爲資生，非莊子之意也。莊子與惠子爲至密之友，惠子博學而好辯，故莊子以外神勞精譏之。外神者，神用於外也，猶言神不守舍是也。槁梧，枯木以爲几也；瞑，倦也。堅白，辯之名也。選，授也，言天授子之形，而子乃自苦如此，何也？只一鳴字，韓文公就此抽出成一篇序〔二〕，如許其妙。莊子安得不爲作者？

校注

〔一〕「物必有則」，孟子告子上：「詩曰：『天生蒸民，有物有則，民之秉彝，好是懿德。』孔子曰：『爲此詩者，其知道乎。故有物必有則，民之秉彝也，故好是懿德。』」

〔二〕「韓文公」句，韓愈送孟東野序：「大凡物不得其平則鳴。」

莊子鬳齋口義卷三

内篇大宗師第六

大宗師者，道也，猶言聖法天，天法道，道法自然也。〔一〕

校注

〔一〕「聖法天」三句，老子二十五章：「人法地，地法天，天法道，道法自然。」

知天之所爲，知人之所爲者，至矣。知天之所爲者，天而生也；知人之所爲者，以其知之所知，以養其知之所不知，終其天年而不中道夭者，是知之盛也。雖然，有患。夫知有所待而後當，其所待者特未定也。庸詎知吾所謂天之非人乎？所謂人之非天乎？且有真人而後有真知。

人之生也，凡事皆出於天，故曰天所爲。然身處世間，人事有當盡者，故曰人所爲。人事盡而天理見，是以其智之所知以養其知之所不知也。不役役以傷生，故曰終其天年；既知天又知人，故曰知之盛也。此數語甚正。雖然有患而下，此一轉尤妙。知有所待而後當，知在我，所待者在外，或無所求而自得，或必有求而後得，皆不可得而定。當者，定也，亦當否之當也，事既定而後見其當與不當，此一字下得最工。若以爲出於天，又必求而後得，若以爲出於人，又有求而不得者，此所謂詎知天之非人，人之非天也。譬如「壽夭不貳」〔一〕，莫非命也，而又曰「知命者不立乎巖牆之下」〔二〕，便見天所爲與人所爲不定處。莊子看世事最精，此等處當子細玩味。必有真人而後有真知，此言有道者也。

校注

〔一〕「壽夭不貳」，孟子盡心上：「殀壽不貳，修身以俟之。」

〔二〕「知命者」句，見孟子盡心上。

何謂真人？古之真人，不逆寡，不雄成，不謩士。若然者，過而弗悔，當而不自得也。若然者，登高不慄，入水不濡，入火不熱。是知之能登假於道也若此。

寡，不足也；不逆，順也。當不足之時，即聽順之。功雖成，亦不以爲誇，雄，誇也。士與事同，古字通用，如東山詩曰「勿士行枚」也。謩，謀也，無心而爲之，故曰不謩事。過而弗悔，過，失也，猶今曰蹉過也。當而不自得，當，諦當也，猶今曰恰好也，事成也；自得，自多也。凡事或失或成，皆委之自然，不以失爲悔，不以成爲喜也。登高不慄，入水不濡，入火不熱，即無入而不自得也。知之能登假於道，言其所見深造於道也。兩若然者，此是莊子筆勢。知與智同；假，至也。

古之真人，其寢不夢，其覺無憂，其食不甘，其息深深。真人之息以踵，衆人之息以喉。屈服者，其嗌言若哇。其嗜欲深者，其天機淺。

其寢不夢，神定也，所謂至人無夢是也。其覺無憂者，與接爲構，而不以心鬭也。其食不甘，即無求飽之意，禪家所謂〔一〕「塞飢瘡」〔二〕是也。其息深深，真人以踵，衆人以喉，道書修養之論其原在此。神定，則其出入之息深深，皆自踵而上，至於口鼻，所以有數息之法。神無所養，則其出入之息，止於喉間而已。靜躁不同，體於身者見之。哇，吐也；嗌，咽也。內無真見，言語只在口頭，所以易屈服於人。此一句看參禪問話者，方見得莊子之言有味，如所謂「蝦蟆禪只跳得一跳」〔三〕，便是若哇之易屈服也。嗜慾者，人欲也；天機者，天理也。曰深淺者，即前輩所謂天理人欲隨分數消長也〔四〕。此一段，一句是一條貫，道書佛書皆原於此，足見此老自得處，不可草草讀過。惜不見大慧、張平叔〔五〕與之論此。

校注

〔一〕「謂」，原作「爲」，據宋本、道藏本改。

〔二〕「塞飢瘡」，佛家以兩眼、兩鼻、兩耳、一口、兩便道爲九孔，以常流不淨，故名九瘡（見須彌藏經、行事鈔資持記）。禪家稱喫飯爲療飢瘡（或稱補飢瘡、塞飢瘡），道信曰：「能作三五年，得一口食療飢瘡，即閉門坐。」（敦煌卷子傳法寶記）

〔三〕「蝦蟆禪只跳得一跳」，禪師謂一知半解不能融會貫通之不活脱不自由之死禪爲蝦蟆禪，大慧普覺禪師宗門武庫載真淨嘲劉宜翁曰：「蝦蟆禪祇跳得一跳。」

〔四〕「即前輩所謂」句，朱子語類卷十三：「有箇天理，便有箇人欲。蓋緣這箇天理有箇安頓處，才安頓得不恰好，便有人欲出來。天理人欲分數有多少。天理本多，人欲也便是天理裏面做出來，雖是人欲，人欲中自有天理。」「此勝則彼退，彼勝則此退，無中立不進退之理。」

〔五〕「大慧、張平叔」，宗杲，宋臨濟宗楊岐派名僧，宋孝宗賜號大慧禪師。有語録等傳世，其中多引儒道之論。張伯端，字平叔，北宋道士，道教南宗或紫陽派祖師。著悟真篇，宣揚内丹修煉和道、禪、儒「三教一理」的理論。

古之真人，不知悦生，不知惡死；其出不訢，其入不距〔一〕；翛然而往，翛然而來而已矣。

不忘其所始，不求其所終；受而喜之，忘而復之，是之謂不以心捐道，不以人助天，是之謂真人。

此一段只説生死。出，生也；入，死也。翛然而往，翛然而來，不忘所始，不求所終，受而喜，忘而復，即是生死兩字。不距者，不逆也。翛然，隨之之意也。不忘所始，不求所終，即所謂「原始要終，故知死生之説」〔二〕也。或問趙州曰：「和尚百歲後向那裏去？」州云：「火燒過後，成一株茅葦。」〔三〕是不求其所終也。受，受其形也，得之於天，安得不喜？復，歸也，全而歸之，無所係念，故曰忘而復之。不以心捐道，即心是道〔四〕，心外無道也。不以人助天，壽夭有命，人力無所加也。此十字，當子細讀之。不捐者，不斯須離之意。

校　注

〔一〕「距」，原作「詎」，宋本同，據道藏本改。下同。

〔二〕「原始」二句，易繫辭上：「原始反終，故知死生之説。」

〔三〕「趙州」語，五燈會元卷十三：「僧問：『亡僧遷化向甚麽處去？』師（洞山良价）曰：『火後一莖茆。』」趙州有無此語待考。

〔四〕「即心是道」，景德傳燈録卷七：「（大梅法常）初參大寂（馬祖道一）問：『如何是佛？』大寂云：『即心是佛。』……師（大梅法常）上堂示衆曰：『汝等諸人，各自迴心達本，莫逐其末，但得其本，其末自至。若欲識本，唯了自心，此心原是一切世間、出世間法根本，故心生種種法生，心滅種種法滅，心且不附一切善惡，而生萬法，本自如如。』」

若然者，其心志，其容寂，其顙頯；凄然似秋，煖然似春，喜怒通四時，與物有宜而莫知其極。

志者，有所主而定之意。此書字義，不可以語、孟之法求之。前輩云：佛氏説性，止説得心。〔一〕既曰異端矣，又安得以吾書字義求之。寂，靜也，面壁十九年〔二〕，是其容寂處。頯，大也；顙，額也。頭容直，故見其顙頯然。凄然，怒也；煖然，喜也。無心而喜怒，猶四時之春秋也。極，止處也；物，事物也。隨事而處，各得其宜，而無一定所止之地，即所謂以接而生時乎其心者也。

校注

〔一〕前輩之言，朱子語類卷一百二十六：「徐子融有『枯槁有性無性』之論。先生曰：『性只是理，有是物斯有是理。子融錯處是認心爲性，正與佛氏相似。只是佛氏磨擦得這心極精細，如一塊物事，剥了一重皮，又剥一重皮，至剥到極盡無可剥處，所以磨弄得這心精光，它便認做性，殊不知此正聖人之所謂心』」。

〔二〕「十九年」，疑誤，達摩只面壁九年。

故聖人之用兵也，亡國而不失人心；利澤施乎萬世，不爲愛人。

用兵，毒天下也。施澤，愛天下也。皆以無心行之，則亡國者亦不怨，被其德者亦曰：「帝力於我何有〔一〕？」吾書亦有此意，但莊子之筆，形容處説得多過當，如曰澤及萬世而不爲仁，整萬物而不爲義，皆是此類。

校注

〔一〕「帝力」句，帝王世紀所載堯時老人擊壤歌之句。

故樂通物，非聖人也；有親，非仁也；天時，非賢也；利害不通，非君子也；行名失己，非士也；亡身不真，非役人也。若狐不偕、務光、伯夷、叔齊、箕子、胥餘、紀他、申徒狄，是役人之役，適人之適，而不自適其適者也。

此數句乃是譏誚聖賢，以形容真人之不可及，其意蓋謂世無真人，不知至道，自聖人而下，無大無小，皆爲〔一〕非也。樂通物者，聖人之心，以無一物不得其所爲樂也，通，得所也。不任物之窮通而以此爲樂，不足爲聖人矣。無心則無親踈，有踈有親，有心矣，有心則非仁矣。順時而動，知天時者也，賢者以此爲能，亦非也。就利違害，君子能之，未能通利害而爲一，則君子亦非矣。士必爲名，名者實之賓，爲賓失己也，故曰非士。真，自然也，不知自然而勞苦以喪其身，是役於人者，非役人者也。此皆過當之論，故狐不偕而下，如伯夷、叔齊、箕子皆遭譏訕，以爲役於人而失其己者，故曰不自適其適。其語雖偏，其文亦妙，狐不偕、務光、胥餘、紀他、申徒狄，皆古之賢者。不自適，不自得也。

校　注

〔一〕「爲」，原無此字，道藏本同，據宋本補。

古之真人，其狀義而不朋，若不足而不承；與乎其觚而不堅也，張乎其虛而不華也；邴邴乎其似喜乎。崔乎其不得已乎。滀乎進我色也，與乎止我德也；厲乎其似世乎。警乎其未可制也；連乎其似好閉也，悗乎忘其言也。以刑爲體，以禮爲翼，以知爲時，以德爲循。以刑爲體者，綽乎其殺也；以禮爲翼者，所以行於世也；以知爲時者，不得已於事也；以德爲循者，言其與有足者至於丘也，而人真以爲勤行者也。

此一段形容之語，儘有温粹處，但説得太澒洞，佛書中多有此類狀容也。義而不朋，中立而不倚也。慊然若不足，而不自卑。承者，奉承而自卑之意，左傳使之副者曰承[一]。與乎，容與也；觚，德之隅也；觚而不堅，有德之隅而無圭角也。張乎，舒暢之貌也；虚者，有若無也；不華者，實也。邴邴，喜貌，似喜而不喜。崔，下也，處世應物有不得已之意，亦猶悶然而後應也。滀，聚也，充悦之貌；其生色也，睟然見於面，故曰進我色。止我德者，即所謂虚室，吉祥止止也；與乎，自得之貌。厲，嚴毅之意，望之厲然，亦與世人同也，而其中實有崔乎不得已之意，故曰似世。謷乎，大之意也；無所屈於世，故曰未可制。好閉，不欲開口也；連，合也，密也。方其未言，似不欲言，及其既言，亦若不言，故曰悗乎其忘言也，兩句即一意。悗乎，俯下之貌。體，本也；翼，附也。聖人則曰：「明于五刑，以弼五教。」[二]此則曰以刑爲本，而禮爲附，皆是反説。綽乎其殺者，雖殺之，而綽綽乎毋忤於我心也。行於世，以禮徇俗也。時乎用知，則用知是不得已而應事也。循德者，循天德而自然也，循乎自然而無所容力。譬如人登小山，有足行者皆自至，人以爲勤勞而後至，言不必勤勞其心而行亦自至也，此無容心之喻也。丘，小山也。

校注

〔一〕「左傳」句，左傳哀公十八年：「(子國)帥師而行，請承。」杜注：「承，佐。」

〔二〕「明于五刑」二句，見書大禹謨。

故其好之也一，其弗好之也一。其一也一，其不一也一。其一與天爲徒，其不一與人爲徒。天與人不相勝也，是之謂真人。

一，自然也，造化也。好與弗好，即好惡也。其一，同也；其不一，異也。好惡之有異同，皆不出乎造化之外，故曰其一也一，其不一也一。人能以好惡爲同，則知天者也，故曰其一與天爲徒；若以好惡爲異，則知人而不知天者，故曰其不一與人爲徒。以人勝天，不可也；以天勝人，亦不可也。真人則無好無惡，無異無同，無分於天人，但循自然而已，此釋氏所謂「有無俱遣」〔一〕，老子所謂兩者皆歸之玄〔二〕，故曰天人不相勝。此乃一與不一皆一也，一即大宗師也。

校注

〔一〕「有無俱遣」，圓覺經：「善男子，如來因地修圓覺者，知是空華，即無輪轉，亦無身心受彼生死，非作故無，本性無故。彼知覺者，猶如虛空，知虛空者，即空華相，亦不可説無知覺性。

有無俱遣，是則名爲淨覺隨順。」

〔二〕老子言，老子一章：「常無，欲觀其妙；常有，欲觀其徼。此兩者同出而異名，同謂之玄。玄之又玄，衆妙之門。」

死生，命也，其有夜旦之常，天也。人之有所不得與，皆物之情也。彼特以天爲父，而身猶愛之，而況其卓乎？人特以有君爲愈乎己，而身猶死之，而況其真乎？

死生猶旦夜也，易曰「通乎晝夜之道而知」是也。情，實也，人力所不得而預，此則天地萬物之實理也，曰命曰天，即此實理也。此數語，蓋以死生之天命，發明一與不一之意。曰父曰君，人世之所尊愛，莫大於此，而是道之大，尤出於君父之上，故曰可以爲衆父父，故曰其有真君存焉。卓，高也，不可及也；真，自然也。此語蓋謂人皆知君知父，而不知道之爲大宗師也。

泉涸，魚相與處於陸，相呴以濕，相濡以沫，不如相忘於江湖。與其譽堯而非桀也，不如兩忘而化其道。夫大塊載我以形，勞我以生，佚我以老，息我以死，故善吾生者，乃所以善吾死也。

相呴、相濡，口相向而相濡潤也。處陸之相濡，不如江湖之相忘，喻人處世而有爲，不若體道而無爲也。譽堯非桀一句，雖若不經，此其獨見自得處。無桀亦無堯，無廢亦無興，無善亦無惡，無毁亦無譽，毁譽、廢興、善惡，皆相待而生，與其分别於此，不若兩忘而付之自然。付之自然，是化之以道也。佛家曰：「是法平等，無有高下。」〔一〕又曰：「有無俱遣〔二〕。」又曰：「大道無難，惟嫌揀擇。」〔三〕皆此意也。「兩箇泥牛鬭入海，直到如今無消息」〔四〕一語最佳。大塊，天地也。有形而後有生，生則不能無勞，老而筋力衰，則自然安佚矣。息者，休止也。善吾生者，全吾身也，所謂「朝聞道，夕死可矣」〔五〕是也。

校注

〔一〕「是法平等」二句，金剛經（鳩摩羅什譯本）：「是法平等，無有高下，是名阿耨多羅三藐三菩提，以無我、無人、無衆生、無壽者，修一切善法，即得阿耨多羅三藐三菩提。」阿耨多羅三藐三菩提即無上正等正覺。

〔二〕「有無俱遣」，見一〇九頁注〔一〕。

〔三〕「大道無難」二句，景德傳燈録卷三十載僧璨之信心銘，首二句爲：「至道無難，唯嫌揀擇。」

〔四〕「兩箇泥牛」句，景德傳燈録卷八：「洞山又問：『和尚見箇什麽道理，便住此山？』師（龍山和尚）云：『我見兩箇泥牛鬭入海，直至如今無消息。』師因有頌云：『三間茅屋從來住，一道神光萬境閑。莫作是非來辨我，浮生穿鑿不相關。』」

〔五〕「朝聞道」句，見論語里仁。

夫藏舟於壑，藏山於澤，謂之固矣。然而夜半有力者負之而走，昧者不知也。藏小大有宜，猶有所遯。若夫藏天下於天下而不得所遯，是恒物之大情也。特犯人之形而猶喜之。若人之形者，萬化而未始有極也，其爲樂可勝計邪？故聖人將遊於物之所不得遯而皆存。善夭善老，善始善終，人猶效之，又況萬物之所係，而一化之所待乎？

壑中之舟，澤中之山，可謂藏之固密，而有時乎失之。夜半有力，言造化也；負之而走，失也。言人之爲計雖至深密，而時有不得自由者，所謂「打鐵作門限，鬼見拍手笑」〔二〕，便是昧者不知也。小大，舟壑、山澤也。壑之大可以藏舟，澤之大可以藏山，以大藏小，是有宜也。遯，失也；藏天下於天下，付之自然也。凡在天之下者，皆付之於天，則無所遯矣。萬物之真實處常如此，故曰常物之大情也。人皆以有形自喜，而不知人之一身，千變萬化，安知其所止。苟能知之，則「萬物皆備於我」，天地與我爲一，其樂可勝計哉？聖人游心於自然，則無得無喪，故曰遊於物之所不得遯而皆存。善夭善老，善始善終，造物也，善者，能也，言造物能此，人猶效法之，況道乎？萬物之所繫者，道也，一化之所待者，道也，此所謂大宗師也。説得一節高一節，此是莊子之筆勢，若聖賢之言，則平易而已。

校注

〔一〕「打鐵作門限」二句，唐王梵志詩：「世無百年人，强作千年調。打鐵作門限，鬼見拍手笑。」寒山亦有類似詩句。

夫道，有情有信，無爲無形；可傳而不可受，可得而不可見；自本自根，未有天地，自古以固存；神鬼神帝，生天生地；在太極之先而不爲高，在六極之下而不爲深，先天地生而不爲久，長於上古而不爲老。

前段不説道字，到此方提起一道字，説大宗師也。情，實也；信，亦實也。無爲，無下手處也。無形，無方體也。可傳不可受，可得不可見，此兩句非知道者不知之，關尹子有一章發得傳授字甚好。自本自根，推原其始也，推原此道之始，則自古未有天地之時，此道已存矣，是曰「無極而太極」也。鬼，造化之迹也；帝，猶易曰「帝出乎震」之帝也。鬼之與帝，所以能神者，此道爲之。天地亦因道而後有，故曰生天生地，「易有太極，是生兩儀」是也。不爲高，不爲深，不爲久，不爲老，四句發得越痛快。六極，六合也。

狶韋氏得之，以挈天地；伏戲得之，以襲氣母；維斗得之，終古不忒；日月得之，終古不息；堪坏得之，以襲崑崙；馮夷得之，以游大川；肩吾得之，以處大山；黄帝得之，以登雲天；顓頊得之，以處玄宫；禺强得之，立乎北極；西王母得之，坐乎少廣，莫知其始，莫知其終；彭祖得之，上及有虞，下及五伯；傅説得之，以相武丁，奄有天下，乘東維，騎箕尾，而比於列星。

自狶韋氏而下，有十三箇得字，皆言得此道而後能如此也。狶韋氏，古帝王也。挈天地，猶言整齊乾坤〔一〕也。氣母，元氣也。襲，合陰陽之氣而在我也，此又是修煉家之所祖。堪坏，山神。襲崑崙，有崑崙也。馮夷，水神。肩吾，太山之神。黄帝登雲天，鼎湖之事也。玄宫，猶今太清真境〔二〕。禺强，北方之神也。少廣，神仙之居也，入莫知始終八字，意同而句有長短，此文法也。十三句之中，却以日月斗入其間，又以彭祖、傅説證諸其後，此是其筆端踰越規矩處，不可以聖賢之書律之，當另作一眼看。

校注

〔一〕「整齊乾坤」，杜甫洗兵馬：「二三豪俊爲時出，整頓乾坤濟時了。」

〔二〕「太清真境」，道教名詞。爲三清之一，是爲大赤天，道德天尊（亦稱太上老君）所治，稱太清仙境。

南伯子葵問乎女偊曰：「子之年長矣，而色若孺子，何也？」曰：「吾聞道矣。」南伯子葵曰：「可得學耶？」曰：「惡，惡可？子非其人也。夫卜梁倚〔一〕有聖人之才而無聖人之道，我有聖人之道而無聖人之才，吾欲以教之，庶幾其果爲聖人乎？不然，以聖人之道告聖人之才，亦易矣。吾猶守而告之，參日而後能外天下；已外天下矣，吾又守之，七日而後能外物；已外物矣，吾又守之，九日而後能外生；已外生矣，而後能朝徹；朝徹而後能見獨；見獨而後能無古今；無古今而後能入於不死不生。殺生者不死，生生者不生。其爲物，無不將也，無不迎也；無不毁也，無不成也。其名爲攖寧。攖寧也者，攖而後成者也。」南伯子葵曰：「子獨惡乎聞之？」曰：「聞諸副墨之子，副墨之子聞諸洛誦之孫，洛誦之孫聞之瞻明，瞻明聞之聶許，聶許聞之需役，需役聞之於謳，於謳聞之玄冥，玄冥聞之參寥，參寥聞之疑始。」

子葵、女偊〔二〕，皆是寓言。年長而有孺子之色，此今修煉家之説。聖人之才，聖人之道，如此分别，兩句極佳，非莊子不能道，前此未有也。道與才俱全，五帝三王之外，伊尹、周公、孔子而已。三日、七日、九日，不必强分解，不過謂一節高一節耳。外生者，遺其身也。朝徹者，胸中朗然，如在天平旦澄徹之氣也。見獨者，自見而人不見也。無古今，則無死生。又把殺生字説不死，生生字説不生，此其筆端鼓舞之常法，言雖殺之而不爲死，生之而不爲生也。將，送也。無迎送，無成毁，即是自然而然也。攖者，拂也，雖攖擾汩亂之中，而其定者常在。寧，定也，攖擾而後見其寧定，故曰攖寧。攖寧也者，擾而後成此名也。九箇聞字真是奇絶。副墨，文字也，因有言而後書之簡册，故曰副墨，形之言，正也，書之墨，副也。洛誦者，苞絡而誦之也，依文而讀，背文而誦，猶子生孫，故下子孫兩字。瞻者，見也，見徹而曰瞻明。聶與囁同，以言自許，故曰聶許。役者，行使也，需，待也，可以待時而行使也，故曰需役。於謳者，言之不足而咏歌之也，於，嗟嘆也，言其自得之樂也。凡此數句，謂道是讀書而後有得，做出許多名字，也是奇特。到了却歸之造物，玄冥，有氣之始，參寥，無名之始，疑始，又是無始之始，即所謂有始也者，有未始有始也者，有未始有夫未始有始也者。此意蓋言道雖得之於文字，實吾性天之所自有者也。

校注

〔一〕「卜梁倚」，原作「卞梁倚」，據宋本、道藏本改。
〔二〕「女偊」，原作「子綦」，道藏本同，據宋本改。

子祀、子輿、子犂、子來四人相與語曰：「孰能以無爲首，以生爲脊，以死爲尻，孰知死生存亡之一體者，吾與之友矣。」四人相視而笑，莫逆於心，遂相與爲友。俄而子輿有病，子祀往問之。曰：「偉哉夫造物者，將以予爲此拘拘也。曲僂發背，上有五管，頤隱於齊，肩高於頂，句贅指天。」陰陽之氣有沴，其心閒而無事，跰𨇤而鑑于井，曰：「嗟乎，夫造物者又將以予爲此拘拘也。」子祀曰：「女惡之乎？」曰：「亡，予何惡？浸假而化予之左臂以爲雞，予因以求時夜；浸假而化予之右臂以爲彈，予因以求鴞炙；浸假而化予之尻以爲輪，以神爲馬，予因而乘之，豈更駕哉？且夫得者，時也；失者，順也。安時而處順，哀樂不能入也。此古之所謂縣解也，而不能自解者，物有結之。且夫物不勝天久矣，吾又何惡焉？」

首、脊、尻，只是首尾始終之意。無者自無，而後有也，既有有而後有生死也。莫逆於心，心皆自悟而相契相順也。偉哉造物者，言造化之大也。拘拘者，病之狀也。曲僂，曲身貌；發背，瘡也；五管，瘡之發處也。頤下而隱於臍，肩聳而高於頂，皆形容其病傴之狀。句贅，髻也；指天，露頂也。在身陰陽之氣不和而後成病，故曰有沴。其心閒而無事，不以病爲憂也。跰𨇤，扶曳而行之貌。自照于井而見其形，歎曰：使我爲此拘拘者，造物也。汝惡之乎，此子祀戲問之也。假，使也；浸，漸也。此一段最奇，只浸假二字便自奇特，言假使造物漸漸以予之身化而爲他物，吾亦將因而用之，此即順造化而無好惡之意。是雖寓言，亦自有理。得者時，失者順，即前所謂「適來，夫子時也，適去，夫子順也」，亦是說死生之理。縣解者，言其心無所繫着也。苟爲物所着，則不能自釋，故曰不能自解，物有結之。萬物豈能勝天？此皆安於自然之意。自然之天，即大宗師也。樂軒嘗云：莊子三十三篇，只是自然兩字。

俄而子來有病，喘喘然將死，其妻子環而泣之。犁往問之，曰：「叱，避。无怛化。」倚其户與之語曰：「偉哉造化。又將奚以汝爲？將奚以汝適？以汝爲鼠肝乎？以汝爲蟲臂乎？」子來曰：「父母於子，東西南北，唯命之從。陰陽於人，不翅於父母，彼近吾死而我不聽，我則捍矣，彼何罪焉？夫大塊載我以形，勞我以生，佚我以老，息我以死。故善吾生者，乃所以善吾死也。今大冶鑄金，金踊躍曰『我且必爲鏌鋣』，大冶必以爲不祥之金。今一犯人之形，而曰『人耳人耳』，夫造化者必以爲不祥之人。今一以天地爲大鑪，以造化爲大冶，惡乎往而不可哉？成然寐，蘧然覺。」

曾子之易簀，其言如許，[一]聖賢之學也，莊子爲此論，又自豪傑。叱者，呵止之聲；避者，使其妻子遠去也。怛，驚也，謂其無以哭泣而驚怛將化之人。鼠肝、蟲臂，言至小之物也，便是趙州「火燒過後，成一株茅葦」[二]之論，但其文奇。唯命之從，我不聽，則爲捍逆，亦前段物不能勝天之意。鑄金之喻，亦自奇絕，賈誼曰：「陰陽爲炭，萬物爲銅。」皆自此中抽繹出。金若能言，人則必以爲怪，造物之視人，亦猶大冶之視金。此等譬喻非莊子孰能之？成，安也，成然，寐之狀也；蘧然，覺之狀也。以生爲寐，以死爲覺。却下六字如此結上一段，真文之奇處。

校注

〔一〕曾子易簀之言，禮記檀弓上記曾子言曰：「君子之愛人也以德，細人之愛人也以姑息。吾何求哉？吾得正而斃焉，斯已矣。」

〔二〕趙州之言，見一〇四頁注〔三〕。

子桑户、孟子反、子琴張三人相與友，曰：「孰能相與於無相與，相爲於無相爲？孰能登天遊霧，撓挑無極，相忘以生，無所終窮？」三人相視而笑，莫逆於心，遂相與友。莫然有間而子桑户死，未葬。孔子聞之，使子貢往待事焉。或編曲，或鼓琴，相和而歌曰：「嗟來桑户乎，嗟來桑户乎。而已反其真，而我猶爲人猗。」子貢趨而進曰：「敢問臨尸而歌，禮乎？」二人相視而笑曰：「是惡知禮意？」

相與於無相與，相與以無心也；相爲於無相爲，無爲而爲也。撓挑，踴躍之意；無極，無止也。登天遊霧，遊於物之外也。相忘以生，無所終窮，即所謂不忘其所始，不求其所終也。彼言不忘，此言相忘，則此八字只是不求其所終五字也。莫然，冲漠無有之貌；有間，有頃也。往待事，猶助原壤沐椁〔一〕也。編曲，織箔也。或編曲，或鼓琴，指孟子反、子琴張而言也。猗，助語也；嗟來，歌者發聲之詞也。反其真，猶言復其初也。我猶爲人猗，便是「忽聽上方鐘鼓動，又添一日在浮生」。此等皆其文之奇處。禮意，猶言禮之本也。莊子雖爲寓言，而禮記所載原壤貍首之歌，則知天地之間，自古以來，有此一等離世絶俗之學。今人但云：佛至明帝時始入中國〔二〕，不知此等人不待學佛而後〔三〕有也。

校注

〔一〕「原壤沐椁」，禮記檀弓下：「孔子之故人曰原壤，其母死，夫子助之沐椁。原壤登木曰：『久矣，予之不託於音也。』歌曰：『貍首之斑然，執女手之卷然。』夫子爲弗聞也者而過之。」下「原壤貍首之歌」亦説此事。

〔二〕「佛至明帝時始入中國」，東漢末牟子理惑論第二十章曰：「昔孝明皇帝夢見神人，身有日光，飛在殿前，欣然悦之。明日，博問羣臣：『此爲何神？』有通人傅毅曰：『臣聞天竺有得道者，號之曰佛，飛行虚空，身有日光，殆將其神也。』於是上悟，遣使者張騫、羽林郎中秦景、博士弟子王遵等十二人，于大月支寫佛經四十二章，藏在蘭臺石室第十四間。時於洛陽城西雍門外起佛寺。」他書亦有類似記載，然於求法年代、使者姓名及傳譯佛典之事説法不一。

〔三〕「後」，道藏本同，宋本作「自」。

子貢反，以告孔子，曰：「彼何人者邪？修行無有，而外其形骸，臨尸而歌，顔色不變，無以命之。彼何人者邪？」孔子曰：「彼，遊方之外者也；而丘，遊方之内者也。外内不相及，而丘使女往弔之，丘則陋矣。彼方且與造物者爲人，而遊乎天地之一氣。彼以生爲附贅縣疣，以死爲決疣潰癰，夫若然者，又惡知死生先後之所在？假於異物，託於同體；忘其肝膽，遺其耳目；反覆終始，不知端倪；芒然彷徨乎塵垢之外，逍遥乎無爲之業。彼又惡能憒憒然爲世俗之禮，以觀衆人之耳目哉？」

修行無有，言無德行也。無以命之，猶言喚作何人始得。方外、方内，猶今釋氏所謂世間法、出世間法〔一〕也。意趣既不同，而使汝弔之，我則失矣，故曰外内不相及，而丘使汝往吊之，丘則陋矣。與造物者爲人，只是與造物爲友。遊乎天地之一氣，言遊於造物之初。附贅縣疣，喻此身爲天地間長物，必決之潰之而後快，即勞我以生，息我以死之意。假於異物，便是圓覺地水火風之論，四大合而爲身，〔二〕故曰託於同體。雖肝膽耳目，亦不自知，即忘身之意也。反覆終始，不知端倪，謂原始要終，而不見其初也。彷徨，浮遊之意；芒然，無所見知之貌。塵垢之外，即方之外也。無爲之業，即自然也。憒憒然，自昏之貌。爲世俗之耳目而行禮，徒自昏勞，此老子禮以强世之意〔三〕。觀者，示也，音貫。

校注

〔一〕「世間法、出世間法」，世有遷流、破壞、覆真之義，間爲中之義，合指世俗世界。出世間指超出三界、六道生死輪迴世界。苦集二諦爲世間法，滅道二諦爲出世間法。

〔二〕「圓覺」句，圓覺經：「我今此身，四大和合，所謂髮毛爪齒，皮肉筋骨，髓腦垢色，皆歸於地，唾涕膿血，津液涎沫，痰淚精氣，大小便利，皆歸於水。暖氣歸火，動轉歸風。四大各離，今者妄身，當在何處？即知此身，畢竟無體，和合爲相，實同幻化。」

〔三〕「老子禮以强世之意」，老子三十八章：「上禮爲之而莫之應，則攘臂而扔之。」

子貢曰：「然則夫子何方之依？」曰：「丘，天之戮民也。雖然，吾與汝共之。」子貢曰：「敢問其方。」孔子曰：「魚相造乎水，人相造乎道。相造乎水者，穿池而養給；相造乎道者，無事而生定。故曰，魚相忘乎江湖，人相忘乎道術。」子貢曰：「敢問畸人。」曰：「畸人者，畸於人而侔於天。故曰，天之小人，人之君子；人之君子，天之小人也。」

何方之依者，夫子所依行者，方外耶，方内耶？天之戮民，即前所謂天刑之而安可解也，謂我不得爲方外之人也。吾與汝共之者，欲與之言方外之樂也。敢問其方，猶問其故也。魚相造乎水，即相濡以沫，不若相忘於江湖之意。穿池而養，亦自以爲給足，言得水不拘多少也。得道則隨其分量以爲生，無事而生〔一〕定，無事，無爲也。畸人，畸者，獨也，言獨異之人也。侔，合也，畸則不偶於人而合於天，天以爲君子，則人以爲小人，人以爲君子，則天以爲小人矣。莊子之所謂君子者，有譏侮聖賢之意在於其間，蓋以禮樂法度皆非出於自然，必剖斗折衡，使民不爭，而後爲天之君子也。此亦憤世疾邪而有此過高之論。

校　注

〔一〕「生」，原作「自」，道藏本同，據宋本改。

顔回問仲尼曰：「孟孫才，其母死，哭泣无涕，中心不慼，居喪不哀。无是三者，以善喪蓋魯國。固有无其實而得其名者乎？回壹怪之。」仲尼曰：「夫孟孫氏盡之矣，進於知矣。唯簡之而不得，夫已有所簡矣。孟孫氏不知所以生，不知所以死；不知就先，不知就後；若化爲物，以待其所不知之化已乎。且方將化，惡知不化哉？方將不化，惡知已化哉？吾特與汝，其夢未始覺者邪？

蓋魯國者，以善喪之名，高於一國也。壹，猶常也，言某常怪之也，言怪訝之久矣。進於知者，言其進進而知道也。簡之而不得，謂居喪之禮，如哭泣之事，猶欲簡去而不得也。雖欲簡不得，而其所爲已爲甚簡，故曰夫已有所簡矣。不知所以生，不知所以死，即反覆終始，不知端倪之意。就先，即始也；就後，即終也。順造化而爲萬物，故曰若化爲物。以待其所不知之化，言聽其自然也。已乎，助語也。既聽其自然，則安知將化、已化與不化哉？此類皆其鼓舞發越之語。彼既知道，能聽其自然，而我乃怪之，是我之夢未覺也。

且彼有駭形而無損心，有旦宅而無情死。孟孫氏特覺，人哭亦哭，是自其所以乃。

駭形者，形有老少之變也。老少之變，雖可駭異，而其心閒而無事，故曰無損心。宅，居也；旦，生也；死生，旦夜也。知生之所居者暫，則雖死而非實死也，故曰無情死，情，實也。特覺，人哭亦哭，言隨衆也，此是其欲簡而不得之處。是自其所以乃，此六字最奇，言其自得之妙，所以欲簡不得簡，而乃隨衆以哭也。此句最難解，故數本以上句「乃」字，與下句「且」字，合爲「宜也」兩字，良可笑也。

且也相與吾之耳矣，庸詎知吾所謂吾之乎？

且也，只是且字添一也字，前篇中屢有之矣。吾者，我也，且今之相與，既以我而怪之，又安知我之所謂我，果如何耶？故曰且也相與吾之耳矣，庸詎知吾所謂吾之乎？莊子大抵如此鼓舞其文，若非别具一隻眼者，亦難讀也。

且汝夢爲鳥而厲乎天，夢爲魚而没於淵。不識今之言者，其覺者乎，其夢者乎？造適不及笑，獻笑不及排，安排而去化，乃入於寥天一。」

夢鳥、夢魚，只是前篇化蝶之意。今之言者，其覺乎，其夢乎，即所謂蝶夢爲周乎，周夢爲蝶乎。意有所適，有時而不及笑者，言適之甚也。亦猶杜詩所謂「驚定乃拭淚」，欒軒先生亦曰：「及我能哭，驚已定矣。」此言驚也。造適，言喜也，驚喜雖異，而不及之意同。排，安排也，因物而笑，是物獻笑於我，此笑出於自然，何待安排？故曰獻笑不及排。此排字與下句排字雖同，而文勢異，不可聯上字説。造物之間，事事皆排定，死生窮達，得喪禍福，皆已定矣，我但安其所排，隨造化而去，乃可以入於造化之妙矣。寥天一，只是造化字，寥，遠也。寥天之一，即前所謂其好也一，其不好也一之一也，又做成名字如此，皆莊子弄筆處。

意而子見許由。許由曰：「堯何以資汝？」意而子曰：「堯謂我：『汝必躬服仁義而明言是非。』」許由曰：「而奚來爲軹？夫堯既已黥汝以仁義，而劓汝以是非矣，汝將何以遊夫遥蕩恣睢轉徙之塗乎？」意而子曰：「雖然，吾願遊其藩。」許由曰：「不然。夫盲者無以與乎眉目顔色之好，瞽者無以與乎青黄黼黻之觀。」意而子曰：「夫无莊之失其美，據梁之失其力，黄帝之亡其知，皆在鑪錘之間耳。庸詎知夫造物者之不息我黥而補我劓，使我乘成以隨先生邪？」許由曰：「噫，未可知也。我爲汝言其大畧。吾師乎，吾師乎。 整萬物而不爲義，澤及萬世而不爲仁，長於上古而不爲老，覆載天地、刻彫衆形而不爲巧。此所遊已。」

資汝者，教汝也。明言是非，辨别是非也。爲，助語也；軹，亦助語也。奚來爲，何必來也。黥、劓，點污汝也，猶言汝被他教壞了。遥蕩恣睢轉徙，猶前所謂撓挑無極，彷徨塵垢之外之意。遥蕩，放蕩也；恣睢，縱横也；轉徙，變動也。藩者，藩籬也，言我不敢求其堂奥，且願至於藩籬，即是願聞其畧。如此翻下盲者瞽者之喻，謂汝無資質，不足以聞道也。无莊，古之美者也；據梁，古之勇者也。言汝能有道而化我，使美者不知其美，勇者不知其勇，知者不知其知，去故習而自悟，在汝轉移之間，故曰皆在鑪錘。乘，行也；成，自然之理也。去我前日之習，而行乎自然，以事先生，故曰息我黥，補我劓，使我乘成以隨先生也。噫，嘆也；未可知者，言未見得汝便能如此也。吾師乎以下數句，方是説出箇篇名大宗師字。整粉萬物而不可名以義，澤及萬世而不可名以仁，蓋言無爲而爲，自然而然，我無容心，故不得以此名之。易曰「鼓萬物而不與聖人同憂」，亦是此意。長於上古，言在天地之先也，千古萬古常如此，安得以老少名之？上而天之所覆日月星辰，下而地之所載山川丘陵，多少是巧。且如天左旋，經星〔二〕貼天而不動，日月五星乃右轉，或遲或速，或流或伏，川岩水石，多少奇怪，皆造物爲之，衆形之間，如百卉羣木，多少奇異，非巧而何？但喚做巧不得。凡此數句，皆是形容自然之道。遊心於自然，則見天地與我並生，萬物與我爲一，故曰此所遊已，言吾之所遊者如此也。

校注

〔一〕「經星」，即恒星。穀梁傳莊公七年：「恒星者，經星也。」范寧注：「經，常也。謂常列宿。」

顏回曰：「回益矣。」仲尼曰：「何謂也？」曰：「回忘仁義矣。」曰：「可矣，猶未也。」他日復見，曰：「回益矣。」曰：「何謂也？」曰：「回忘禮樂矣。」曰：「可矣，猶未也。」它日復見，曰：「回益矣。」曰：「何謂也？」曰：「回坐忘矣。」仲尼蹵然曰：「何謂坐忘？」顏回曰：「墮枝體，黜聰明，離形去知，同於大通，此謂坐忘。」仲尼曰：「同則無好也，化則無常也。而果其賢乎，丘也請從而後也。」

此一段借顏子之名以形容造道之妙，畢竟莊子在當時亦知顏子之爲亞聖也。坐忘之說，乃莊子之說，以此求顏子，則誤矣。益者，言有所得也。先仁義而後禮樂，是以禮樂爲高於仁義一節，蓋莊子仁義二字只爲愛惡。凡此字義，皆與聖賢不同。先忘仁義，而又至於忘禮樂，亦猶所謂外天下而後萬物也。至於坐忘，則盡忘之矣，此「有無俱遣」之時，所謂今者吾喪我，亦是此意。四肢耳目皆不自知，故曰墮枝體，黜聰明。離形，墮枝體也；去知，黜聰明也。大通，即大道也。所謂聖者無所不通，「睿作聖」〔一〕，睿即通也。觀此坐忘二字，便是禪家面壁〔二〕一段公案。同者，與道爲一也，與道爲一，則無好惡矣，無好惡則化矣，化則「無所住而生其心」矣，故曰同則無好，化則無常。請從而後者，言汝更勝於我，我反不及，而在汝後矣。賢者，勝也，此賢於人之賢也。

校注

〔一〕「睿作聖」，書洪範：「睿作聖。」僞孔傳：「於事無不通謂之聖。」

〔二〕「禪家面壁」，景德傳燈録卷三載：禪宗初祖達摩寓止于嵩山少林寺，面壁而坐，終日默然，人莫之測，謂之壁觀婆羅門。據其入道四行觀，可知「凝住壁觀」之内容，即所謂「理入」也。

子輿與子桑友，而淋雨十日。子輿曰：「子桑殆病矣。」裹飯而往食之。至子桑之門，則若歌若哭，鼓琴曰：「父邪，母邪？天乎，人乎？」有不任其聲而趨舉其詩焉。子輿入，曰：「子之歌詩，何故若是？」曰：「吾思夫使我至此極者而弗得也。父母豈欲吾貧哉？天無私覆，地無私載，天地豈私貧我哉？求其爲之者而不得也。然而至此極者，命也夫。」

此段只言窮達有命，撰出這般説話，也是奇絶。恐其以飢而病，故曰殆病矣。古人彈琴必有歌，如舜鼓琴而歌南風〔二〕是也。若歌若哭者，力弱而其聲微也。不任其聲者，言無力，聲不出也。趨舉其詩，所謂情隘而其詞蹙是也，歌得不成頭緒，故曰趨舉。父母豈欲貧我，天地豈欲貧我，此數語最精絶。求其爲之不得，言既非天非地，非父非母，則孰爲之？然則使我至此極甚者，命也。此意蓋謂自然之理在於天地之上，命者，自然之理也，是所謂大宗師也。看莊子此篇，便見列子力命篇不及多矣。

校注

〔一〕「舜鼓琴」句，禮記樂記：「昔者舜作五弦之琴以歌南風。」

内篇應帝王第七

言帝王之道合應如此也。

齧缺問於王倪，四問而四不知。齧缺因躍而大喜，行以告蒲衣子。蒲衣子曰：「而乃今知之乎？有虞氏不及泰氏。有虞氏其猶藏仁以要人，亦得人矣，而未始出於非人。泰氏，其卧徐徐，其覺于于；一以己爲馬，一以己爲牛；其知情信，其德甚真，而非始入於非人。」

四問而四以不知答之，即維摩經以不言爲不二法門〔一〕之意。蒲衣，或曰即被衣也。〔二〕莊子所言人物名字多是虚言，即烏有、亡是公〔三〕之類，不必致辯。齧缺悟其不言之意，故喜以告蒲衣。蒲衣曰而乃今知之者，言汝于今方悟也，而，汝也。泰氏，古帝王也，即大庭氏〔四〕之類。藏，懷也；要，結也。以仁而結人之心，亦可以得人，不出於如天而已，謂其但能與天爲徒也。非人即天也，故曰未始出於非人。未始出，猶曰不過如此也。不曰天，而曰非人，皆是其弄奇筆處。其卧徐徐，安也；其覺于于，自得也。或以己爲馬，或以己爲牛，皆置之不問，言聽人誰何也。其所知皆實理，情信，皆實也。其德在己，皆天真也。到此處，天字又不足以名之，是其任自然而然，又出於造化之上，故曰未始入於非人。前曰出，後曰入，看他下字處。帝王之道，任自然而已，其名篇以應帝王，意正在此。

校注

〔一〕「維摩經」句，維摩詰所説經入不二法門品第九：「於是文殊師利問維摩詰，我等各自説已，仁者當説，何等是菩薩入不二法門。時維摩詰默然無言。文殊師利歎曰：善哉善哉，乃至無有文字語言，是真入不二法門。」

〔二〕「蒲衣，或曰即被衣」，成玄英南華真經注疏：「蒲衣子，堯時賢人，年八歲，舜師之，讓位不受，即被衣子也。」

〔三〕「烏有、亡是公」，見司馬相如子虛賦。

〔四〕「大庭氏」，左傳昭公十八年：「宋、衛、陳、鄭皆火，梓慎登大庭氏之庫以望之。」杜注：「大庭氏，古國名，在魯城内。」

肩吾見狂接輿。狂接輿曰：「日中始何以語汝？」肩吾曰：「告我君人者以己出經式義度人，孰敢不聽而化諸？」狂接輿曰：「是欺德也，其於治天下也，猶涉海鑿河而使蚉負山也。夫聖人之治也，治外乎？正而後行，確乎能其事者而已矣。且鳥高飛以避矰弋之害，鼷鼠深穴乎神丘之下以避熏鑿之患，而曾二蟲之無知。」

肩吾先見日中始，後見狂接輿，故接輿以此問之。經，常也；式，法也；義，處事之宜也。以經式義皆出於己，言以身爲天下法也。度人者，化人也，以身法而化天下，故曰以己出經式義度人。經式義句法便與和豫通同。度音渡。孰敢不聽而化，言民皆聽順而化之也。欺德者，言自欺也，非實德也。欲以此治天下，難於涉海鑿河而使蚉蟲負山也。鑿河即是疏九河〔一〕之類。治外者，言化之以心則無迹，化之以身則有迹也。正而後行者，順性命之理而行也。能其事者，盡此自然之事也；確乎，斷乎也，言其爲治斷斷乎如此。莊子之意主於無爲，故其説如此，所以異於吾儒。鳥高飛而避繒繳，鼠深穴而避熏鑿，言有迹者必自累，今不能行無爲之化，而至於有迹，是其無知之愚，猶不若二蟲也。二蟲，鳥、鼠也。神丘，猶曰神皋也。

校　注

〔一〕「疏九河」，書禹貢：「九河既道。」

天根遊於殷陽，至蓼水之上，適遭無名人而問焉，曰：「請問爲天下。」無名人曰：「去，汝鄙人也，何問之不豫也？予方將與造物者爲人，厭，則又乘夫莽眇之鳥，以出六極之外，而遊無何有之鄉，以處壙埌之野。汝又何帠〔二〕以治天下感予之心爲？」又復問。無名人曰：「汝遊心於淡，合氣於漠，順物自然而無容私焉，而天下治矣。」

以爲天下爲問，便非無爲而爲之道，故以爲鄙人之問，而使我不豫。不豫者，不樂也。與造物爲人者，言處於人世而順造物之自然也。厭，足也，飽也。言遊於人世，既已飽足，則將遊於造物之外。莽眇之鳥，虚無之氣也。無何有之鄉，壙埌之野，皆言太虚無極之地也。何帠，猶何故也，注訓法字〔二〕，法亦故也。以治天下之問而感觸予之心，所以不豫，此感字，猶言激觸我也。帠字，崔氏作爲，亦是何故之意。淡者，恬淡也；漠，冲漠無形之地也。氣猶性也，以此心此性皆合於自然，故曰遊心於淡，合氣於漠。前言無聽之以心而聽之以氣，看此氣字便合作性字說。順造物之自然而無容心，則天下自治矣，何必爲天下乎？有心則私矣。此天根再問，而無名人又以其真實語告之。其名曰無名人，便見前後所稱人名，皆是子虛、烏有之類，所以後篇有寓言、重言之說。如稱黄帝、孔子、顏子、狂接輿，則是借重於其名以實己之說，寓言則是無名人、天根、蒲衣子之類。

校注

〔一〕「帛」下原有「音藝」二小字，據宋本、道藏本删。

〔二〕「注訓法字」，司馬彪訓帛爲法。

陽子居見老聃曰：「有人於此，嚮疾彊梁，物徹疏明，學道不勌。如是者，可比明王乎？」老聃曰：「是於聖人也，胥易技係，勞形怵心者也。且也虎豹之文來田，猨狙之便、執斄之狗來藉。如是者，可比明王乎？」陽子居蹙然曰：「敢問明王之治。」老聃曰：「明王之治：功蓋天下而似不自己，化貸萬物而民弗恃；有莫舉名，使物自喜；立乎不測，而遊於无有者也。」

有人於此，言有箇人如此也，此數句是不指名而譏侮孔子。嚮疾，趨走捷疾也；强梁，剛健也。言敏於學而能力行也。物，事也；徹，通也。言事事通徹而所見虚明也。疏，虚也。以此而學道不勌，可以比明王否，言用〔二〕之爲王者事，如此可否。胥，刑徒也；易，更也，猶言卒更也。胥易之名，必古有此語，如漢所謂鬼薪是也。技係者，以工巧而係累技術之人也。此二等人，胥易則勞其形，技係則怵其心，言如此爲學，身心俱勞，是猶胥易技係而已。怵心，言其心恐恐然也。虎豹以皮有文，故招來田獵之人。藉，繩也，所以束縛者也。斄合作狸，狗能執狸，與猨狙之便捷可觀，皆以招來束縛之禍，言有能必自累也。執狸字又見天地篇。若以有爲之學可以爲王者事，則是虎豹之類亦可比於明王矣，此貶之之甚之辭也。此三句文自奇。功蓋天下而似不自己，即功成而不有之意；化貸萬物而民弗恃，此朝野不知而帝力何加之意。貸，施也，言施化於民也。凡字訓釋亦就平仄處呼，施字便與施字同義，「天施地生」、「雲行雨施」〔二〕，「天施」、「雨施」此二字平仄雖殊，其義則一。有莫舉名者，言其所有，人莫得而舉名之，民無得稱之意。使物自喜，言我雖無功可名，而物自得其樂，猶韓文所謂人自得於江湖之外也〔三〕。不測者，不可測識也，只是无有字，立乎不測只是游於无有。筆端鼓舞，大率如此。以上數段，皆是説其名篇應帝王之意。

校注

〔一〕「用」，原作「學」，道藏本同，據宋本改。

〔二〕「天施地生」、「雲行雨施」，易益之彖辭：「天施地生，其益無方。」易乾之彖辭：「大哉乾元，萬物資始，乃統天，雲行雨施，品物流行。」

〔三〕韓文句，見韓愈新修滕王閣記，原文作「人自得於湖山千里之外」。

鄭有神巫曰季咸，知人之死生存亡，禍福壽夭，期以歲月旬日，若神。鄭人見之，皆棄而走。列子見之而心醉，歸以告壺子曰：「始吾以夫子之道爲至矣，則又有至焉者矣。」壺子曰：「吾與汝既其文，未既其實，而固得道與？衆雌而無雄，而又奚卵焉？而以道與世亢，必信夫，故使人得而相汝。

歲月旬日，或遠或近。神巫，相者也，其言皆驗若神。棄之而走者，畏其言之驗也。心醉者，心服也。既其文，盡其外也；未既其實，未盡其内也。而，汝也，汝未嘗盡見其實，固以爲能得道乎？固字有未得謂得之意，當以語勢思之。有雌雄而後有所生，卵，生也。無雄又奚卵，言無心則無迹也。此一句是喻其心未能化，故可以形見之意。亢，高也，自以其道爲高於世，而欲人必信之，此便是有迹處，便是未化處，故神巫得以相汝。

嘗試與來，以予示之。」明日，列子與之見壺子。出而謂列子曰：「嘻，子之先生死矣，弗活矣。不以旬數矣。吾見怪焉，見濕灰焉。」列子入，泣涕沾襟以告壺子。壺子曰：「鄉吾示之以地文，萌乎不震不正。是殆見吾杜德機也。

濕灰者，言其生氣將盡，如灰已濕而欲滅也。地文者，此猶禪家修觀〔一〕之名。萌乎，若生而不生之意；不震者，不動也；不正者，不可指定言也，此不正字便與孟子「必有事焉而勿正」同。惟有若萌動而又不動，故神巫以爲濕灰。灰，活火也，濕灰則是活火欲滅之意。杜德機，亦是修觀之名。德機，生意也；杜，閉也。閉其機而不動，故有生意欲滅之狀，季咸遂以爲弗活矣。

校注

〔一〕「修觀」，佛家謂於禪定之中觀念真理，即爲禪觀。按對治之煩惱、希望獲得之功德及成就智慧之不同，所修觀法各有不同，觀名各異。

嘗又與來。」明日，又與之見壺子。出而謂列子曰：「幸矣子之先生遇我也。有瘳矣，全然有生矣。吾見其杜權矣。」列子入，以告壺子。壺子曰：「鄉吾示之以天壤，名實不入，而機發於踵。是殆見吾善者機也。

杜權，不動之動也，權與機同，但機微而權則露矣，於杜閉之中而動機已露，故季咸以爲全然有生意也。天壤，亦是觀名，天田也，天上之田，非壤之壤，即自然之壤也，猶今修養家以舌間爲天津，以頂上爲泥丸之類，此是生意萌動而上之意。名實不入，即是「有無俱遣」。機發於踵，言其氣自下而上，微而不可見，故曰機。善者機，猶言性之動處也。

嘗又與來。」明日，又與之見壺子。出而謂列子曰：「子之先生不齊，吾無得而相焉。試齊，且復相之。」列子入，以告壺子。壺子曰：「吾鄉示以太冲莫勝。是殆見吾衡氣機也。

太冲莫勝，亦觀名也。太冲，太虚也；莫勝，不可捉摸也。衡者，平也，半也，氣機之動至於衡平一半之地而止，則是半動半靜也。神巫以爲不齊，言其半動半靜而不定也。

鯢桓之審爲淵，止水之審爲淵，流水之審爲淵。淵有九名，此處三焉。

鯢桓、止水、流水，皆是觀名，今佛家以爲觀，而古人以爲淵，淵有九名，猶今觀音十二觀〔一〕也。審，信也，言鯢桓信乎爲一觀，止水信乎爲一觀，流水信乎爲一觀。壺子到此方説出向者所以示神巫者，皆此淵也，我有九淵而方示其三，言我之妙處猶有未盡者。審字作蟠，非。列子九淵之名皆全，洪野處謂列子勝於莊子，恐未爲的論。若此九淵皆説盡，則不得爲奇文矣，可盡不盡，正是莊子之奇處，精論文者方知之。此章本有四節，就此説淵九名一項，却入第四節，文章伸縮之法也。

校注

〔一〕「觀音十二觀」，五燈會元卷二載寶誌禪師曾「以指剺面門，分披出十二面觀音」。史稱寶誌爲觀音應化者。

嘗又與來。」明日，又與之見壺子。立未定，自失而走。壺子曰：「追之。」列子追之不及，反，以報壺子曰：「已滅矣，已失矣，吾弗及已。」壺子曰：「鄉吾示之以未始出吾宗。吾與之虛而委蛇，不知其誰何，因以爲弟〔二〕靡，因以爲波流，故逃也。」

已滅已失，言不可見也。未始出吾宗，亦是觀名。虚，虚無也；委蛇，順也。若無物，若有物，不知其如何，故曰不知其誰何也。弟音頹。弟靡者，拉扱也。波流者，莽蕩也。言其看我不出，但見拉扱莽蕩，故自失而走也。

校注

〔一〕「弟」，原作「茅」，道藏本同，據宋本改。下「弟靡者」同。

然後列子自以爲未始學而歸，三年不出。爲其妻爨，食豕如食人。於事無與親，彫琢復朴，塊然獨以其形立。紛而封哉，一以是終。

爲其妻爨，代其妻執爨於鼎竈之間而不出也。食豕如食人，言集神於内而不見其外也。於事無與親者，言其雖爲事，而不自知，若不親爲之也。彫琢其聰明而歸復於朴，即前所謂墮枝體，黜聰明也。塊然獨以其形立，猶木偶人也。封，有廉隅也；紛，多也。其形已如木偶，安有封畛廉隅之多乎。一以是終者，言其終身常如此也，一常如此之意。

無爲名尸，無爲謀府，無爲事任，無爲知主。體盡無窮，而遊無朕，盡其所受乎天，而無見得，亦虚而已。至人之用心若鏡，不將不迎，應而不藏，故能勝物而不傷。

莊子於此又説盡無爲而爲之事。尸，主也，不以名爲主，是爲善無近名也。府，聚也，前言不謩事，不謀焉用智，即是此意。有意於謀，則是謀聚於此，可謀則謀，無所用心，故曰無爲謀府。事雖不可不爲，而不以事自任，故曰無爲事任。人雖不能無智，而不以智爲主，故曰無爲知主，心有所主，則私矣。此四箇無字，是教人禁止之意，與論語四勿字〔一〕同。體，察也，見也，見道至於盡而無窮極，而心遊於無物之始，故曰體盡無窮，而遊無朕。朕，兆也，始也，無朕即無始也。天之授〔二〕我以是理，吾能盡之，又不自以爲有得，故曰盡其所受於天，而無見得。見其有得，則近於迹矣。佛經所謂「依幻説覺」，「亦復如是」，〔三〕便是此意。鋪説至此，以一虚字結之，此一句甚有力，虚即自然也，無所着也。鏡之於物，妍媸去來，照者自照，何嘗將之，何嘗迎之？將，送也。照形而見形，照物而見物，謂之應，鏡中何嘗留之？故曰應而不藏。至人之心如此，所以於物皆無所忤，故曰勝物而不傷，「天道不爭而善勝」〔四〕，便是此勝字。若鏡數句，分明是解上面一虚字，文勢起伏，豈不奇哉？平淡之中自有神巧，此等文字也。

校注

〔一〕「論語四勿字」，論語顏淵：「非禮勿視，非禮勿聽，非禮勿言，非禮勿動。」

〔二〕「授」，原作「受」，道藏本同，據宋本改。

〔三〕「依幻説覺」二句，圓覺經：「善男子，一切衆生，種種幻化，皆生如來圓覺妙心，猶如空花，從空而有。幻華雖滅，空性不壞，衆生幻心，還依幻滅，諸幻盡滅，覺心不動，依幻説覺，亦名爲幻，若説有覺，猶未離幻，説無覺者，亦復如是，是故幻滅，名爲不動。」

〔四〕「天道」句，老子七十三章：「天之道，不爭而善勝。」

南海之帝爲儵，北海之帝爲忽，中央之帝爲渾沌。儵與忽時相與遇於渾沌之地，渾沌待之甚善。儵與忽謀報渾沌之德，曰：「人皆有七竅以視聽食息，此獨無有，嘗試鑿之。」日鑿一竅，七日而渾沌死。

此段只言聰明能爲身累，故如此形容，墮枝體，黜聰明，則爲渾沌矣。本是平常説話，粧出日鑿一竅之説，皆奇筆也。儵、忽、渾沌，皆是寓言，不可泥着，泥着則爲癡人前説夢矣。渾沌即元氣也，人身皆有七竅，如赤子之初，耳目鼻舌雖具，而未有知識，是渾沌之全也。知識稍萌，則有喜怒好惡，是竅鑿矣。孟子曰「大人不失赤子之心」，便是渾沌不鑿也。莊子翻説得來，便如此詭怪，但文亦奇矣。

莊子三十三篇，分爲内外，内篇有七，皆以三字名之，自駢拇而下則只掇篇頭兩字或三字爲名，如學而、爲政之例。其書本無精粗，内篇、外篇皆是一樣説話，特地如此，亦是鼓舞萬世之意。但外篇文字，間有長枝大葉處。或以爲内篇文精，外篇文粗，不然也。又有以七篇之名，次第而説，如曰先能逍遥遊，而後可以齊物論；既能齊物，又當自養其身，故以養生主繼之；既盡養生之事，而後遊於世間，故以人間世繼之；遊於世間，使人皆歸向於我，故以德充符繼之；内德既充，而符應於外也，人師於我，而我自以道爲師，故以大宗師繼之；既有此道，則可以爲帝王之師，故以應帝王繼之。雖其説亦通，但如此拘牽，無甚義理，却與易之序卦不同。善讀莊子却不在此，但看得中間文字筆勢出，自無窮快活。

文字最看歸結處，如上七篇，篇篇結得别。逍遥遊之有用無用，齊物論之夢蝶物化，養生主之火傳也，德充符之以堅白鳴，大宗師[二]之命也夫，自是箇箇有意。到七篇都盡，却粧撰儵、忽、渾沌一段，乃結之曰「七日而渾沌死」。看他如此機軸，豈不奇特？中庸一篇，起以「天命之謂性」三句，結以「上天之載，無聲無臭，至矣」。此亦是文字機軸，但人不如此看得破耳。向侍先師講春秋，至西狩獲麟，先師曰：「及其至也，聖人有所不知，所以絶筆於此。」是夜散行西軒廊間，忽問曰：「今日獲麟處，看得如何？」希逸應曰：「以中庸『聖人所不知』之語[三]斷之，諸家所未有也。

但經始於王正月，終於西狩獲麟，當時下面若更有一句，夫子亦必不書矣。」先師曰：「如何？」希逸曰：「如此歸結，一句更如何添得？」先師不答而出，已夜深矣，即扣伯巳丘丈之門曰：「肅翁春秋讀得甚好，某與朋友讀春秋許多年，未有如此見解者。」言之喜甚，至半夜方歸。後兩日，伯巳丘丈與希逸言之。

校注

〔一〕「大宗師」，原作「人間世」，道藏本同，據宋本改。

〔二〕「語」，原作「結」，據宋本、道藏本改。

外篇駢拇第八

駢拇枝指，出乎性哉，而侈於德。附贅縣疣，出乎形哉，而侈於性。多方乎仁義而用之者，列於五藏哉，而非道德之正也。是故駢於足者，連無用之肉也；枝於手者，樹無用之指也；多方駢枝於五藏之情者，淫僻於仁義之行，而多方於聰明之用也。

拇，足大指也；指，手指也；駢，合也；枝，旁生也。與生俱生曰性，人所同得曰德。駢拇枝指皆病也，本出於自然，比人所同得者則爲侈矣。侈，剩也。似此性德字義，皆與聖賢稍異。附贅縣疣，亦病也，駢枝則生而有之，贅疣生於有形之後，故曰出於形而侈於性。多方，多端也；用之，用之於外也。列於五藏哉，言非出於内也。非道之自然，故曰非道德之正。告子言「義外」〔一〕，莊子則併以仁爲外矣。以仁義爲淫僻，而與聰明並言，皆以爲非務内之學，故但見其多事，多方猶多事也。

校注

〔一〕告子言，孟子告子上：「告子曰：『食色，性也。仁，内也，非外也。義，外也，非内也。』」

是故駢於明者，亂五色，淫文章，青黄黼黻之煌煌非乎？而離朱是已。多於聰者，亂五聲，淫六律，金石絲竹、黄鐘大吕之聲非乎？而師曠是已。枝於仁者，擢德塞性以收名聲，使天下簧鼓以奉不及之法非乎？而曾、史是已。駢於辯者，纍瓦結繩竄句，遊心於堅白同異之間，而敝跬譽無用之言非乎？而楊、墨是已。故此皆多駢旁枝之道，非天下之至正也。

五色、文章、青黄黼黻，古者以養目，而莊子以爲亂淫，故曰駢於明，即老子「五色令人目盲」之意。離朱，明者也。若以爲非乎，而用明之人則以爲是矣，故曰非乎，而離朱是已。多於聰，意亦然，蓋以禮樂爲外物也。擢，抽也；塞，猶言茅塞也。德性本静，而强於爲仁，是擢德而塞性也。法，禮法也；不及者，人所難及也。使人行難行之法，故曰使天下簧鼓以奉不及之法，簧鼓，以言語簧惑鼓動之也。以瓦而纍，以繩而結，事之無益者，辯者之多言，連牽不已，纍疊無窮而無意味，故以纍瓦結繩比之。竄定，猶言修改也，修改其言句以爲辯，故曰竄句，遊心於堅白同異之間。敝，勞也；跬音企，蹻跂也。其言皆無用，而稱譽自喜，徒自勞苦，故曰敝跬以譽無用之言。若以爲非乎，而楊、墨之徒，則以爲是矣。 多駢旁枝，猶言餘剩也，自然之道本無多端，此皆餘剩之事，非至正也。 至正者，本然之理也。

彼正正者，不失其性命之情。 故合者不爲駢，而枝者不爲跂；長者不爲有餘，短者不爲不足。 是故鳧脛雖短，續之則憂；鶴脛雖長，斷之則悲。 故性長非所斷，性短非所續，無所去憂也。 意，仁義其非人情乎，彼仁人〔一〕何其多憂也。

正正者，猶言自然而然也，自然而然，則不失其性命之實理。 雖合而不爲駢，雖枝而不爲跂，雖長而不爲有餘，雖短而不爲不足。 此數句極有味，即前所謂天下莫大於秋毫之末，而泰山爲小也。 跂，起也，有所跂，則不平貼，不平貼則不自在。 看他這般下字，豈苟然哉？性長性短，言長短出於本然之性也，長短性所安，無憂可去也，鳧鶴之喻最佳。 意與噫同，歎也。 以鳧鶴二端言之，則仁義多端，非人情矣，故嘆而言之。 使仁義出於自然，則不如是其多憂矣，多憂者，言爲仁義者，多憂勞也。 莊子之爲此言，自孔、孟而上，以至堯、舜、禹、湯，皆在譏侮之數。

校注

〔一〕「人」，原作「義」，道藏本同，據宋本改。

且夫駢於拇者，決之則泣；枝於手者，齕之則啼。二者，或有餘於數，或不足於數，其於憂一也。今世之仁人，蒿目而憂世之患；不仁之人，決性命之情而饕貴富。故意仁義其非人情乎。自三代以下者，天下何其囂囂也。

手足之駢枝，雖皆爲病，而不可强去之，去之則爲憂苦矣。枝，多一指也，故曰有餘於數；駢，合二指而不可分，故曰不足於數。蒿目者，半閉其目也，欲閉而不閉，則其睫蒙茸然，故曰蒿目。蒿者，蓬蒿之蒿也。蒿目有獨坐憂愁之意，此莊子下字處。憂世之患而自勞，仁人也。貪饕貴富而破壞其性情，不仁之人也。二者皆爲自苦，故並言之，又嘆曰仁義非人情乎，言如此看來，仁義信非出於本然也。囂囂，嘈雜也，三代而下，此説盛行，何其嘈雜也。

且夫待鉤繩規矩而正者，是削其性也；待繩約膠漆而固者，是侵其德也。屈折禮樂，呴俞仁義，以慰天下之心者，此失其常然也。

性，自然也；德，自得於天也。皆非人力所爲，若必待修爲而後正，則是自戕賊矣。鉤繩、繩約、膠漆，皆修爲之喻也；侵、削，戕賊也；固，定也。屈折其身以爲禮樂，呴俞其言以爲仁義，欲以此慰天下之心，皆是失其本然之理，故曰失其常然。呴俞，猶嫗撫也。

天下有常然。常然者，曲者不以鉤，直者不以繩，圓者不以規，方者不以矩，附離不以膠漆，約束不以纆索。故天下誘然皆生而不知其所以生，同焉皆得而不知其所以得。

故古今不二，不可虧也。則仁義又奚連連如膠漆纆索而遊乎道德之間爲哉？使天下惑也。

常然以下數語，與合者不爲駢，枝者不爲跂以下意同。曲直方圓，或附，或離，或加約束，皆當出於自然，而不用人力，則爲正理。誘與莠同，莠然而生者，孰生之？物之所同者，孰與之？皆自然也，故曰不知其所生，不知其所得。古今不二者，一也。不可虧者，亘古窮今，不加損也。連連，不已也；膠漆，自固泥也；纆索，自拘束也。離性以爲仁義，爲之不已，則固泥拘束，何以遊於道德之門？徒以惑天下也。莊子與孟子同時，孟子專言仁義，莊子專言道德，故其書專抑仁義而談自然，亦有高妙處，但言語多過當。大抵莊子之所言仁義，其字義本與孟子不同，讀者當知，自分別可也。

夫小惑易方，大惑易性。何以知其然邪？自虞氏招仁義以撓天下也，天下莫不奔命於仁義，是非以仁義易其性與？故嘗試論之，自三代以下者，天下莫不以物易其性矣。小人則以身殉利，士則以身殉名，大夫則以身殉家，聖人則以身殉天下。故此數子者，事業不同，名聲異號，其於傷性以身爲殉，一也。

惑，迷也；方，四方也。小迷則東西南北易位矣，大迷則失天地之性矣，借上句以形下句。招，猶今人言招牌也，立仁義之名，以撓亂天下，使天下之人皆趨於仁義。奔命，爲其所使而奔趨也。

知仁義而不知道德，是以外物易其性也。在小人則殉利，在君子則殉名，卿大夫則殉其家，人主則殉天下。殉，從也，忘其身以從之曰殉。若莊子之意，則天下、國家、名利均爲外物也，以天下、國家與名利並言，以小抑大，以下抑高，此書之中，大抵如此。數子者，指上言聖人、大夫、士、小人也，事業名聲雖不同，而其忘身傷性則一，此皆殉物之失也。

臧與穀二人相與牧羊而俱亡其羊。問臧奚事，則挾筴讀書；問穀奚事，則博塞以遊。二人者，事業不同，其於亡羊均也。伯夷死名於首陽之下，盜跖死利於東陵之上，二人者，所死不同，其於殘生傷性均也。奚必伯夷之是而盜跖之非乎？天下盡殉也。彼其所殉仁義也，則俗謂之君子；其所殉貨財也，則俗謂之小人。其殉一也，則有君子焉，有小人焉；若其殘生損性，則盜跖亦伯夷已，又惡取君子小人於其間哉？

博塞、讀書，二事之美惡不同，而亡羊則均，此喻最佳。挾筴即執卷也。投瓊曰博，不投瓊曰塞，瓊猶今骰子也，亦曰齒，亦曰目，塞與賽同。伯夷、盜跖，莊子豈不知其賢否？特借此以立言，此皆是其過當處。君子小人雖異，而殘生損性則一，其意主於譏君子，故借小人以形之，是皆以小抑大，以下抑高之意也。

且夫屬其性乎仁義者，雖通如曾、史，非吾所謂臧也；屬其性於五味，雖通如俞兒，非吾所謂臧也；屬其性乎五聲，雖通如師曠，非吾所謂聰也；屬其性乎五色，雖通如離朱，非吾所謂明也。吾所謂臧，非仁義之謂也，臧於其德而已矣；吾所謂臧者，非所謂仁義之謂也，任其性命之情而已矣；吾所謂聰者，非謂其聞彼也，自聞而已矣；吾所謂明者，非謂其見彼也，自見而已矣。夫不自見而見彼，不自得而得彼者，是得人之得而不自得其得者也，適人之適而不自適其適者也。夫適人之適而不自適其適，雖盜跖與伯夷，是同爲淫僻也。余愧乎道德，是以上不敢爲仁義之操，而下不敢爲淫僻之行也。

屬性，猶言留意也。曾，曾子也，諱參；史，子魚也，名鰌。以俞兒、師曠、離朱而比曾、史，亦是以下抑高之意。臧，善也，言雖如此，非吾所善也。善於其德，任其性命之情，即順自然也。此數語之中，如所謂聰者，非謂其聞彼也，自聞而已矣，所謂明者，非謂其見彼也，自見而已矣。一大藏經不過此意，安得此語？若此等語，皆其獨到不可及處。這一彼字，不是輕可下得，禪家所謂狂犬逐塊〔一〕，所謂幻花又生幻果〔二〕，便是這箇彼字。自得其得，自適其適，即自見自悟也。大抵分別本心與外物耳，不得其本心而馳騖於外，則皆爲淫僻矣。自聞自見，若在吾書，即論語所謂「默而識之」，易所謂「默而成之，不言而信」，孟子所謂「施於四體，不言而喻」〔三〕，伊川春秋傳序曰「優游涵泳，默識心通」，皆是此意，但說得平易爾。晦翁懲象山之學，謂江西學者，皆揚眉瞬目，自說悟道，深詆而力闢之。〔四〕故論語集解以識音志，曰默而記之爾；孟子「不言而喻」，亦曰不待人言而自喻，不肯說到頓悟處，蓋有所懲而然，非語、孟二書之本旨也。若以伊川「默識心通」之語觀之，豈得音志乎？然學道者，若用功之時，常有等待通悟之心，此尤不可，所謂執迷待悟，則隔須彌山矣。頓漸自有二機，不可謂有漸而無頓，亦不必人人皆自頓悟得之。仲弓之持敬〔五〕，漸也；顏子之克己復禮〔六〕，頓也。不然，何以曰：「一日克己復禮，天下歸仁焉。」仁，何物也？一日而得之，非頓悟而何？看此數語，先提〔七〕起一句，曰「克己復禮爲仁」，乃曰「一日克己復禮，天下歸仁焉」，又曰「爲仁由己，由人乎哉」，語勢起伏便與禪家答話一同。子細吟玩，方見其味。顏子既於言下領略，乃曰「請問其目」，此即禪家所謂如何保任〔八〕之時。四非四勿，便是盡心、知性、知天之下，繼以存心、養性、事天、修身俟命之事也。〔九〕其曰「爲仁由己」即禪家所謂此事別人着力不得也〔一〇〕。先師嘗曰：「佛書最好證吾書。」證則易曉也。上不敢爲仁義之操，是爲善無近名也；下不敢爲淫僻之行，是爲惡無近刑也。道德，自然也，余恐有愧於道德，雖不爲近刑之事，亦不爲近名之事，近名則非自然矣，故曰余愧乎道德，是以上不敢爲仁義之操，而下不敢爲淫僻之行也。觀莊子此語，何嘗不正心修身？其戲侮堯、舜、夫子、曾、史、伯夷，初非實論，特鼓舞其筆端而已。塘東劉叔平〔一一〕向作莊騷同工異曲論曰：「莊周，憤悱之雄也。」樂軒先生甚取此語。看來莊子亦是憤世疾邪而後著此書，其見既高，其筆又奇，所以有過當處。太史公謂其：「善屬書離辭，指事類情，用剽剝儒、墨，雖當世宿學不能自解免也。其言洸洋自恣以適己。」此數句真道着莊子。

校注

〔一〕「狂犬逐塊」，涅槃經二十五：「一切凡夫，惟觀於果，不觀因緣，如犬逐塊，不逐於人。」宗鏡録第九十八：「太原和尚云：『夫欲發心入道，先須識自本心，若不識自本心，如狗逐塊，非師子王也。』」

〔二〕「幻花又生幻果」，圓覺經：「善男子，有作思惟，從有心起，皆是六塵妄想緣氣，非實心體，已如空華。用此思惟，辨於佛境，猶如空華，復結空果，展轉妄想，無有是處。」禪家常以此語批評不悟本心者。

〔三〕「不言而喻」，道藏本同，宋本作「四體不言而喻」。

〔四〕晦翁之言，朱子語類卷一百二十：「江西學者自以爲得陸删定之學，便高談大論，略無忌憚。忽一日自以爲悟道，明日與人飲酒，如法罵人。某謂賈誼云秦二世今日即位而明日射人，今江西學者乃今日悟道而明日罵人，不知所修者果何道哉。」

〔五〕「仲弓之持敬」，論語雍也：「仲弓曰：『居敬而行簡，以臨其民，不亦可乎？』」

〔六〕「顔子之克己復禮」，論語顔淵：「顔淵問仁。子曰：『克己復禮爲仁。一日克己復禮，天下歸仁焉。爲仁由己，而由人乎哉？』顔淵曰：『請問其目。』子曰：『非禮勿視，非禮勿聽，非禮勿言，非禮勿動。』顔淵曰：『回雖不敏，請事斯語矣。』」

〔七〕「提」，道藏本同，宋本作「振」。

〔八〕「保任」，妙法蓮華經譬喻品：「汝等莫得樂住三界火宅，勿貪麤弊色聲香味觸也，若貪着生愛，則爲所燒。汝速出三界，當得三乘：聲聞、辟支佛、佛乘。我今爲汝保任此事，終不虛也。」一切經音義卷二十七注「保任」曰：「上補道反，當也。下如林反，保也。言可保信，或保證任安信持也。」五燈會元卷四：「師（長慶大安禪師）即造百丈，禮而問曰：『學人欲求識佛，何者即是？』丈曰：『大似騎牛覓牛。』師曰：『識得後如何？』丈曰：『如人騎牛至家。』師曰：『未審始終如何保任？』丈曰：『如牧牛人執杖視之，不令犯人苗稼。』」此謂心地理性豁然徹悟後，而習氣淨盡却要逐事去體驗。

〔九〕「便是盡心」等二句，孟子盡心上：「孟子曰：『盡其心者，知其性也，知其性則知天矣。存其心，養其性，所以事天也。殀壽不貳，修身以俟之，所以立命也。』」

〔一〇〕「此事」句，五燈會元卷十五：（雲門文偃）曰：「此事無汝替代處，莫非各在當人分上。」

〔一一〕「塘東劉叔平」，據樂軒集之寄叔嘉叔平、中元連宿竹園劉叔嘉宅、除夜憶福清塘東諸友諸詩及送劉叔嘉赴太學試序，可知劉叔平係陳藻（樂軒）之門生後輩，與林希逸爲同門學友。

外篇馬蹄第九

馬，蹄可以踐霜雪，毛可以禦風寒，齕草飲水，翹足而陸，此馬之真性也。雖有義臺路寢，無所用之。及至伯樂，曰：「我善治馬。」燒之，剔之，刻之，雒之，連之以羈馽，編之以皁棧，馬之死者十二三矣。饑之，渴之，馳之，驟之，整之，齊之，前有橛飾之患，而後有鞭筴之威，而馬之死者已過半矣。

此段言外物能爲身累之意。翹足而陸者，凡馬立時其蹄必有跂起者也，此是下句處。義臺路寢，即是王者之宮室也，義者，養也，「居移氣，養移體」〔一〕之地，必當時有此二字。燒剔，治馬蹄也；刻，削也，亦削其蹄也；雒之，籠絡也；羈，絡其頭也；馽，絆其足也，今所謂前鞦後鞦也；連，列之也；皁棧，槽櫪也，衆馬列於其間也，整齊排布行列也。橛，銜也；飾，鑣纓，在頷下，故曰前有橛飾之患。馬制於人而不得自樂其樂，所以死者多矣，即元龜與其曳尾於泥中意同。但其間下數箇之字，與前言二三，後言過半，文字華密，如美錦然。古今多少筆法，自此萌芽而出。或曰外篇文粗，誤矣。

校注

〔一〕「居移氣」二句，見孟子盡心上。

陶者曰：「我善治埴，圓者中規，方者中矩。」匠人曰：「我善治木，曲者中鉤，直者應繩。」夫埴木之性，豈欲中規矩鉤繩哉？然且世世稱之曰：「伯樂善治馬而陶、匠善治埴木。」此亦治天下者之過也。

陶，泥匠也；匠，木作也。泥之與木，皆人造之而成器，亦猶馬之被燒、剔、刻、雒、馳、驟、整、齊也，豈不失土木之性？人皆以伯樂、陶、匠爲能，亦猶泰氏而下，以治天下爲能也，即前篇仁義非人情之意。此三數行之文，其意不過如此，但文字精好。

吾意善治天下者不然。彼民有常性，織而衣，耕而食，是謂同德；一而不黨，命曰天放。故至德之世，其行填填，其視顛顛。當是時也，山無蹊隧，澤無舟梁；萬物羣生，連屬其鄉；禽獸成羣，草木遂長。是故禽獸可係羈而遊，鳥鵲之巢可攀援而闚。夫至德之世，同與禽獸居，族與萬物並，惡乎知君子小人哉？同于〔二〕無知，其德不離；同乎無欲，是謂素樸，素樸而民性得矣。

同德者，得之於天者同然也。人之生也，各業其生，或耕或織，皆是自然天機，故曰常性。常性者，即前篇所謂常然也。黨，偏也，倚也，純一而無所偏倚，放肆自樂於自然之中，故曰一而不黨。命曰天放，命曰，猶言謂之也。齊物論之天行、天鈞、天遊與此天放，皆是莊子做此名字，以形容自然之樂。至德之世，言上古也。填填，滿足之貌；顛顛，直視之貌，形容其人樸拙無心之意。又就「其卧徐徐，其覺于于」，應帝王中翻出此語。山無蹊隧，路未通也；澤無舟梁，水路未通也。人各隨其鄉而居，自爲連屬，一鄉之中，自有長幼上下相連屬也。禽獸羣居深山，去人尚遠，無害之者；草木各遂其生長，未有斧斤之禍也。羈係禽獸而遊，攀引鵲巢而闚，人與物相忘也。東坡雜説有少時所居書室，鳥雀〔二〕巢於低枝，桐花鳳四五日一至，頗與此處相似，見詩集二十八卷異鵲詩注。以此觀之，上古之時必是如此，禽獸可與同居，萬物可與同聚，又安有君子小人之分？族，聚也；並，同也。無知，不識不知也。無欲，純乎天理也，舉世皆然，故曰同乎無欲，不離渾全也。素樸，純質也，當此之時，各得其自然之樂，故曰素樸而民性得矣。其德不離，是謂素樸，兩句相因，而下句只用素樸二字接過，古文法也，今人之文更無此等法度。

校注

〔一〕「于」，宋本、道藏本作「乎」。

〔二〕「雀」，道藏本同，宋本作「鵲」。

及至聖人，蹩躠爲仁，踶跂爲義，而天下始疑矣；澶漫爲樂，摘僻爲禮，而天下始分矣。故純樸不殘，孰爲犧樽？白玉不毁，孰爲珪璋？道德不廢，安取仁義？性情不離，安用禮樂？五色不亂，孰爲文采？五聲不亂，孰應六律？夫殘樸以爲器，工匠之罪也；毁道德以爲仁義，聖人之過也。

前言及至伯樂，此言及至聖人，以下段應上段也。蹩躠，勉强而行之貌；踶跂，行立不安之貌；澶漫，即汗漫也，流蕩之意；摘僻，用手足之貌，僻合作擗，向音檗，是也。此又是自「屈折禮樂，呴俞仁義」中翻出，言雖不經，其文亦奇。始分者，言其心迹始分矣，分則不純一矣。如此分字，皆是下得好處。樽，刻木而爲之，故曰純樸不殘，孰爲犧樽。玉不琢不成器，故曰白玉不毁，孰爲珪璋。道德，自然也，莊子以仁義爲外，故曰道德不廢，安取仁義。性情，固有也，莊子以禮樂爲强世，故曰情性不離，安用禮樂。若孟子曰「節文斯二者」，「樂斯二者」，聖賢之言也。此書禮樂仁義，字義不同，並以爲外物矣。文采亂五色，六律亂五聲，皆是用人力，非自然之喻。工匠之罪，聖人之過兩句，此上文結語也。

夫馬，陸居則食草飲水，喜則交頸相靡，怒則分背相踶。馬知已此矣。夫加之以衡扼，齊之以月題，而馬知介倪闉扼鷙曼，詭銜竊轡，故馬之知而能至盜者，伯樂之罪也。夫赫胥氏之時，民居不知所爲，行不知所之，含哺而熙，鼓腹而遊，民能已此矣。及至聖人，屈折禮樂以匡天下之形，縣跂仁義以慰天下之心，而民乃始踶跂好知，爭歸於利，不可止也。此亦聖人之過也。

此一段又是把前頭許多説話，翻做數行，中間添得幾句，愈是奇特。喜則交頸相靡，怒則分背相踶，分明是一箇畫馬圖也。相靡，相摩擦也。看他交頸分背字下得如何。衡扼，車上之物，扼，軥也；月題，今所謂額鏡也。介倪，介，獨也，獨立而睥睨，怒之狀也；闉扼，曲頸而扼拒也，不受銜絡之意；鷙，猛也，曼，突也，不受羈勒，而相抵突之狀。詭，設計也；竊，潛地也。詭計以入銜，潛竊以加轡，皆是悍鷙不受調服，故銜轡之時，如此費計較也。與人抗敵者曰盜，馬之知至於抗敵人，伯樂使之也。若無衡扼銜轡之事，則馬自馬，人自人，豈見其介倪闉扼之態哉。民能已此者，言民之所爲止於如此也。匡，正也，以禮樂而正人之形，以仁義而慰人之心，皆〔一〕聖人作而後有此，上古本無之。縣跂，高揭而提起之意；踶跂，不自安也；好知爭利，比馬之詭銜竊轡也。內篇、外篇正與左傳、國語相似，皆出一手，做了左傳，又成國語，其文却與左傳不同。如莊子此篇，便是箇長枝大葉處，故或者以爲非莊子所作，却不然。

校注

〔一〕「皆」，原作「此」，據宋本、道藏本改。

莊子鬳齋口義卷四

外篇胠篋第十

將爲胠篋探囊發匱之盜而爲守備，則必攝緘縢，固扃鐍，此世俗之所謂知也。然而巨盜至，則負匱揭篋擔囊而趨，唯恐緘縢扃鐍之不固也。然則向之所謂知者，不乃爲大盜積者也？故嘗試論之，世俗所謂知者，有不爲大盜積者乎？所謂聖者，有不爲大盜守者乎？何以知其然邪？昔者齊國，鄰邑相望，雞狗之音相聞，罔罟之所布，耒耨之所刺，方二千餘里。闔四竟之内，所以立宗廟社稷，治邑屋州閭鄉曲者，曷嘗不法聖人哉？然而田成子一旦殺齊君而盜其國，所盜者豈獨其國邪？并與其聖智之法而盜之。故田成子有乎盜賊之名，而身處堯、舜之安，小國不敢非，大國不敢誅，十二世有齊國。則是不乃竊齊國，并與其聖知之法，以守其盜賊之身乎？

看此篇便見得憤悱之雄處，粧撰一段譬喻，自爲奇特。胠，開也，探手取之也；發，亦開也。鼠竊之盜却下此六字，非文乎？緘縢，繩結也；攝，纏繞也。扃，管鑰也；鐍，鎖也。世俗之知，本爲鼠竊之備，大盜至，則併挈而去矣。田氏簒齊，以私量貸，公量入，看左傳所言，便是借聖人之法，以濟其盜賊之謀。戰國之時，大抵如此，故莊子以此喻之。

嘗試論之，世俗之所謂至知者，有不爲大盜積者乎？所謂至聖者，有不爲大盜守者乎？何以知其然邪？昔者龍逢斬，比干剖，萇弘胣，子胥靡，故四子之賢而身不免乎戮。故跖之徒問於跖曰：「盜亦有道乎？」跖曰：「何適而無有道邪？夫妄意室中之藏，聖也；入先，勇也；出後，義也；知可否，知也；分均，仁也。五者不備而能成大盜者，天下未之有也。」由是觀之，善人不得聖人之道不立，跖不得聖人之道不行；天下之善人少而不善人多，則聖人之利天下也少而害天下也多。

胣，裂也；靡，爛也。皆得罪而喪其軀也。四子雖賢，而身皆得罪，盜跖反以自免，此言賢者不足自恃，而竊聖道之名者，或以自利。爲盜之聖、勇、義、知、仁，此是莊子撰出這般名字，以譏侮儒者，其言雖怪，而以世故觀之，實有此理。說到不善人多善人少，利天下少而害天下多處，亦是精絶。

故曰：「脣竭則齒寒，魯酒薄而邯鄲圍，聖人生而大盜起。」掊擊聖人，縱舍盜賊，而天下始治矣。夫川竭而谷虛，丘夷而淵實。聖人已死，則大盜不起，天下平而無故矣。聖人不死，大盜不止。雖重聖人而治天下，則是重利盜跖也。

楚方伐魯，以其酒薄也，而梁乃伐趙，以魯不得而援也。脣與齒，似不相關，脣竭而齒自寒；川與谷不相干，川竭而谷自虚；丘與淵不相干，丘夷而淵自實。即今人所謂張公喫酒李公醉〔一〕也，以喻聖人之法不爲盜設，而反爲盜賊之資，故曰聖人生而大盜起，聖人不生而大盜不起。掊擊聖人，縱舍盜賊，言亦無聖人亦無盜賊，而後天下治也。川水滿則山谷之中皆有水，川竭則谷自虚矣，川與谷雖不相通，而春夏之盈，秋冬之涸，却同也。丘夷，山頹而夷平也，猶曰「山附于地，剥」〔二〕也。山夷則土實之於淵，是不相關而相因也。無故，即無事也。重聖人而治，言聖人復出也。聖人復出，而制法愈密，欺詐者得之，益可以欺世，故曰重利盜跖也。〔三〕

校注

〔一〕「張公喫酒李公醉」，唐張鷟朝野僉載卷一：「天后時，謡言曰：『張公喫酒李公醉。』張公者，斥易之兄弟也；李公者，言李氏大盛也。」後遂成俗語。

〔二〕「山附於地，剥」，見易剥之象辭。

〔三〕「故曰重利盜跖也」下，宋本有「魯酒薄而邯鄲圍，又見淮南子，其文稍異，意亦同」十九字。道藏本較宋本少「而」字，且作雙行小字。

爲之斗斛以量之，則并與斗斛而竊之；爲之權衡以稱之，則并與權衡而竊之；爲之符璽以信之，則并與符璽而竊之；爲之仁義以矯之，則并與仁義而竊之。何以知其然邪？彼竊鉤者誅，竊國者爲諸侯，諸侯之門而仁義存焉，則是非竊仁義聖知邪？

斗斛、權衡、符璽、仁義四者並言，以下抑高之意。竊鉤，小盜也，鉤，腰帶環也；戰國之諸侯，篡奪而得，皆大盜也。小者誅，而大者乃如此，憤世之言也。既爲諸侯，則其立國亦以愛民利物爲事，是不特竊國，併竊聖人之仁義聖知也。

故逐於大盜，揭諸侯，竊仁義并斗斛權衡符璽之利者，雖有軒冕之賞弗能勸，斧鉞之威弗能禁。此重利盜跖而使不可禁者，是乃聖人之過也。故曰：「魚不可脱於淵，國之利器不可以示人。」彼聖人者，天下之利器也，非所以明天下也。

名爲大盜者，人皆欲逐之，今之諸侯皆竊國者，立於人上，人誰不見？故曰揭。如此大盜，昭昭於世，併仁義、斗斛、權衡、符璽以竊之，而世未有立賞以求捕，用刑以禁止者，是皆憤世而爲此言。魚不可脱於淵，言不可離水也，聖人之法只可自用，不可使人人皆知之，故曰非所以明天下也，明者，天下皆知之也。

故絶聖棄知，大盜乃止；擿玉毁珠，小盜不起；焚符破璽，而民朴鄙；掊斗折衡，而民不爭；殫殘天下之聖法，而民始可與論議。

擿玉毁珠、焚符破璽、剖斗折衡，皆是激説，以結絶聖棄知之意，非實論也。殫殘者，毁削也，盡去聖人之法，民始純一，可與言道也，故曰民始可與論議。此皆憤世之辭，故人每以剖斗折衡、焚符破璽之事譏議之，其實即老子「不貴難得之貨，則民不爲盜」之意，但説得過當耳。東坡曰：「人生識字憂患始。」豈欲天下人全不識字耶？

擢亂六律，鑠絶竽瑟，塞瞽曠之耳，而天下始人含其聰矣；滅文章，散五采，膠離朱之目，而天下始人含其明矣；毀絶鉤繩而棄規矩，攦工倕之指，而天下始人有其巧矣。故曰：「大巧若拙。」削曾、史之行，鉗楊、墨之口，攘棄仁義，而天下之德始玄同矣。彼人含其明，則天下不鑠矣；人含其聰，則天下不累矣；人含其知，則天下不惑矣；人含其德，則天下不僻矣。彼曾、史、楊、墨、師曠、工倕、離朱者，皆外立其德而以爚亂天下者也，法之所無用也。

擢亂者，抽擢而紊亂也，六律有長短之敘，抽而亂之，使其不可用也。鑠絶，焚棄之也。有瞽曠之耳，而後能爲律樂之事，塞其耳，則人之聽皆合乎自然，無此等造作也。明巧兩句，其意亦同。因巧字却舉老子「大巧若拙」一語以證之，亦是文法處。曾、史有忠孝之名，楊、墨有仁義之言，攘除而棄擲之，使仁義之説不行，則天下之人同得此德，始歸於玄妙矣。不鑠，不消散也；不累，無係累也；不惑，不相誑惑也；不僻，無偏陂也。以曾、史、楊、墨與師曠、工倕、離朱並言，亦以小抑大也。外立其德者，重外物而失本心也，爚亂者，言熏灼而撓亂之也。以正法言之，此等人皆無所用，言皆當去也，故曰法之所無用也。此一句結得極有力，文字絶好處。

子獨不知至德之世乎？昔者容成氏、大庭氏、伯皇氏、中央氏、栗陸氏、驪畜氏、軒轅氏、赫胥氏、尊盧氏、祝融氏、伏羲氏、神農氏。

十二箇氏，只軒轅、伏羲、神農見於經，自此以上，吾書中無之，或得於上古之傳，或出於莊子自撰，亦未可知，亦由佛言我於過去某刧〔一〕也。雖若大言，然以天地間觀之，自伏羲以來，載籍所可考者，三千餘年，豈有許大天地，方有三千餘年？伏羲以前，必有六籍所不傳者，但言之則近於怪妄，然亦不可不〔二〕知。且如吾閩，自無諸〔三〕以來，方見於漢，至唐而後漸有文物，無諸之前，當猶草昧可也。近時囊山寺前，耕於野者，忽得一穴，其間金玉之器、鼎彝之屬甚多，人皆竊而去之。最後既虚，鄉人皆相率而就觀，其塼無大小，皆雕人物龍虎，不勝精巧，此前穴也。其後一壁，以鋤斧擊之，鞺鞳然有聲，但堅固不可動，必〔四〕是銅鐵所灌，意非有國者之墳不然。書籍所載，閩之士〔五〕無聞焉，必有之而不傳者，然則容成、大庭之類，不可謂無之。

校注

〔一〕「我於過去某刧」，佛經中説過去因緣常用語，如法華經提婆達多品：「爾時佛告諸菩薩及天人四衆，吾於過去無量劫中，求法華經無有懈惓，於多劫中常作國王，發願求於無上菩提。」

〔二〕「不可不」，原作「必不可」，據宋本、道藏本改。

〔三〕「無諸」，漢書卷九十五閩粵王傳：「閩粵王無諸及粵東海王搖，其先皆粵王句踐之後也，姓騶氏。」

〔四〕「必」，原作「不」，據宋本、道藏本改。

〔五〕「士」，宋本、道藏本作「上」。

當是時也，民結繩而用之，甘其食，美其服，樂其俗，安其居，鄰國相望，雞狗之音相聞，民至老死而不相往來。若此之時，則至治已。今遂至使民延頸舉踵曰「某所有賢者」，贏糧而趣之，則内棄其親而外去其主之事，足跡接乎〔一〕諸侯之境，車軌結乎千里之外。則是上好知之過也。上誠好知而無道，則天下大亂矣。何以知其然邪？

甘食而下，又是山無蹊隧處抽繹出來。某所有賢者，贏糧而趨之，便是暗説孟子、荀子，推而上之，孔子亦在其間矣，觀齊稷下與蘇、張之徒，便見莊子因當時之風俗故有此論。好知則非自然之道矣，故曰好知而無道。

校注

〔一〕「乎」，原無此字，據宋本、道藏本補。

夫弓弩、畢弋、機變之知多，則鳥亂於上矣；鉤餌、罔罟、罾笱之知多，則魚亂於水矣；削格、羅落、罝罘之知多，則獸亂於澤矣；知詐、漸毒、頡滑、堅白、解垢、同異之變多，則俗惑於辯矣。故天下每每大亂，罪在於好知。

畢，有柄之網也；弋，繳射也；機變，變詐也。削格，猶漢書曰儲胥也，猶今之木柵也，捕兔鹿者亦有之。罝罘，亦網也。知詐，以智而相詐也；漸毒，相漸染而爲毒亂也；頡，桀頡也；滑，汩亂也；解垢，隔角也。堅白、解垢、異同，皆當時辯者之名。以取魚取鳥取獸之事，與辯者並言之，亦是以曾、史與斗斛、權衡並譏之意。每每，常常也，常常如此，而至於大亂，皆好智之罪也。

故天下皆知求其所不知，而莫知求其所已知者，皆知非其所不善，而莫知非其所已善者，是以大亂。

不知者，務外求異者也；已知者，曉然而易見者也，自然之理也。不善，在人者也；已善，在我者也。即齊物所謂是其所是，而非其所非，言但知他人之非，而不知己之所是者亦非也。

故上悖日月之明，下爍山川之精，中墮四時之施；惴耎之蟲，肖翹之物，莫不失其性。

甚矣夫好知之亂天下也。自三代以下者是已，舍夫種種之民而悦夫役役之佞，釋夫恬淡無爲而悦夫啍啍之意，啍啍已亂天下矣。

上而日月，下而山川，中而寒暑四時，微而至於惴耎、肖翹之物，皆失其自然之理，故曰莫不失其性。甚矣夫好知之亂天下也，此嘆息一句而結之也。惴耎，微息而動之物，附地者也，蝸蜒之類。肖，小也。翹，輕也，飛物也，蜂蝶之類，肖音蕭。種種，慤實之貌；役役，務外作爲之貌。啍啍，囁囁也。上句既結了，却以三代實之，謂三代以下，便是如此，故曰自三代以下是已。啍啍、役役兩句對説，下面只拈啍啍字結，便與前篇「素樸而民性得矣」處同。逍遥遊曰，湯之問棘也是已，起語也；此曰三代以下是已，結語也。起結雖異，同一機軸也。

外篇在宥第十一

聞在宥天下，不聞治天下也。在之也者，恐天下之淫其性也；宥之也者，恐天下之遷其德也。天下不淫其性，不遷其德，有治天下者哉？昔堯之治天下也，使天下欣欣焉人樂其性，是不恬也；桀之治天下也，使天下瘁瘁焉人苦其性，是不愉也。夫不恬不愉，非德也。非德也而可長久者，天下無之。

聞在宥天下，不聞治天下也，此篇又做一句破題，又是一體。在者，優游自在之意。淫，亂也，靜定則不淫矣。宥者，寬容自得之意。遷，爲外物所遷移也。使天下之人，性皆不亂，德皆不移於外物，又何用治之乎？不恬，不靜也；不愉，不樂也。以堯對桀言之，曾、史、盜跖之類也，全書意勢皆如此，其理皆未正，然筆力豈易及哉？以不恬比不愉，便無輕重矣。

人大喜邪？毗於陽；大怒邪？毗於陰。陰陽并毗，四時不至，寒暑之和不成，其反傷人之形乎。使人喜怒失位，居處無常，思慮不自得，中道不成章，於是乎天下始喬詰卓鷙，而後有盜跖、曾、史之行。故舉天下以賞其善者不足，舉天下以罰其惡者不給，故天下之大不足以賞罰。自三代以下者，匈匈焉終以賞罰爲事，彼何暇安其性命之情哉？

喜屬陽，怒屬陰，毗，益也，醫書所謂有餘之病也。致中和則天地位，失其中和，則有四時不至、寒暑不和之事。氣序既逆，則人亦病矣。使人者，言因堯、桀在上，致人如此也。喜怒失位，居處無常，謂妄爲妄動也。「憧憧往來，朋從爾思」〔一〕，是思慮不自得也。成章，有條理也，不成章，則失中道矣。喬，好高而過當也；詰，議論相詰責也；卓，孤立也；鷙，猛厲也。此四字皆形容不和之意。盜跖、曾、史，只是替換賢不肖字，用心既不和，則賢不肖皆非矣。爲天下者，於其賢者而賞之，於其不肖者而罰之，賢非真賢，出於好僞，舉世皆然，故欲賞而不足，不給亦不足也，言世間此等人多矣。其意皆是譏賢者，乃與爲惡者對説，所以重抑賢者也。人人皆慕賞避罰，以僞相與，則豈能安其性情自然之理哉？

校注

〔一〕「憧憧往來」二句，見易咸卦九四爻辭。

而且説明邪？是淫於色也；説聰耶？是淫於聲也；説仁耶？是亂於德也；説義耶？是悖於理也；説禮邪？是相於技也；説樂邪？是相於淫也；説聖邪？是相於藝也；

說知邪？是相於疵也。天下將安其性命之情，之八者，存可也，亡可也；天下將不安其性命之情，之八者，乃始臠卷傖囊而亂天下也。而天下乃始尊之惜之，甚矣天下之惑也。豈直過也而去之邪？乃齊戒以言之，跪坐以進之，鼓歌以儛之，吾若是何哉？

爲明而好五色，爲聰而好五聲，皆亂其真矣，故曰淫。德與理，自然者，仁與義，有心以爲之，故以爲亂於德而悖於理。技，能也，淫，樂也，彼以禮樂爲外物，故曰相於技，相於淫。相，助也，助益之而愈甚也。藝，業也；疵，病也。業能自勞，病乃自苦，以聖知之名而説之，則愈勞愈苦矣，故曰相於業，相於疵。此聖字止近似能字，猶今言草聖之聖也，故於盜亦曰妄意室中之藏，聖也。此皆字義不同處，讀者當自分別，不可與語、孟中字義相紊亂。八者，明、聰、仁、義、禮、樂、聖、知也，安其自然，則八者雖有亦不能爲累，故曰存可也，亡可也。不安其自然，則八者能爲害矣。臠卷，局束之貌；傖囊，多事之貌。豈直過也而去之，言不特獵涉一過，隨即休止。齊戒以言，謂鄭重而誇説之；跪坐以進，謂致恭盡禮而相傳授；鼓歌以儛之，謂言之不足，手舞足蹈也。此皆譏一時之學者。吾若是何哉，言汝輩如此，果何爲哉？吾非自言，指他人而言也，猶詩曰「我姑酌彼金罍」，婦稱其夫也，書曰「我用沉酗于酒」，微子稱紂也，此是文法。

故君子不得已而臨蒞天下，莫若無爲。無爲也而後安其性命之情。故貴以身於爲天下，則可以托天下；愛以身於爲天下，則可以寄天下。故君子苟能無解其五藏，無擢其聰明，尸居而龍見，淵默而雷聲，神動而天隨，從容無爲而萬物炊累焉。吾又何暇治天下哉？

此段直説無爲自然之治，不得已三字，便有有天下而不與之意。以其身之可貴，猶貴於爲天下，而後可以天下托之；以其身之可愛，猶愛於爲天下，而後可以天下寄之。此兩句，文亦奇，理亦正，讀莊子之書，於此等句，又當子細玩味。禮記曰：「筋骸之束。」解其五藏，便是不束矣。擢，抽也，過用其聰明也。尸居者，其居如尸然，即曲禮所謂「坐如尸」〔一〕也；龍，文采也。尸居無爲而威儀可則，自然有文，故曰尸居而龍見。淵，深也，靜也；默，不言也；雷聲，感動人也。雖不言而德動人也，禪家所謂是雖不言，其聲如雷也，〔二〕故曰淵默而雷聲。神，精神也；天，天理也。動容周旋，無非天理，故曰神動而天隨。如此三句，亦可以莊子爲異端之書乎？理到而文又奇，所以度越諸子。炊累即是野馬塵埃，生物以息相吹之意。炊，動也；累，微細而累多也。虛室之中，漏日如卵處，看日影中微塵，便見此兩字下得奇特，若動而又不動，若多而不見其多，故曰炊累。言我若無爲於上，而天下之人日出而作，日入而息，自得自樂，如萬物之炊累然，又何用我容心以治之？

校注

〔一〕「坐如尸」，見禮記曲禮上、玉藻二篇。

〔二〕「是雖不言，其聲如雷」，景德傳燈録卷八：五臺隱峯訪潙山去後，潙山問侍者：「去時有什麽言語？」對云：「無言語。」潙山云：「莫道無言語，其聲如雷。」宗杲大慧普覺禪師語録第十七曰：「這箇道理與神忽然撞着，不覺到説不得處，雖然不語，其聲如雷。」「到得恁麽田地，方始是放身捨命處，這般境界，須是當人自證自悟始得。」

崔瞿問於老聃曰：「不治天下，安臧人心？」老聃曰：「汝慎無攖人心，人心排下而進上，上下囚殺，淖約柔乎剛强，廉劌彫琢，其熱焦火，其寒凝冰。其疾俛仰之間而再撫四海之外，其居也淵而靜，其動也縣而天。僨驕而不可係者，其唯人心乎。

此一段把孟子「出入無時，莫知其鄉」合而觀之，便見奇特。無攖者，無撓亂，攖，拂之也。排下者，不得志之時，愈見頹塌，得志之時，則好進不已。上，此心向上也；下，心趨下也。向上向下，皆爲囚殺，乃自累自苦之意。淖約，儇美也，剛强之人，或爲淖約所柔，以項羽而泣涕於虞美人是也。廉劌，圭角也；彫琢，磨礱也。諺云：「入太學者，菱角入去，雞頭出來。」即此意也。少年得意之人，多少圭角，更涉憂患世故，皆消磨了，故曰廉劌彫琢。其内熱時，如焦火然；其凛凛時，如凝冰然。此皆形容人心燥怒憂恐之時。一俯仰之間，而其心中往來，如再臨四海之外，其急疾也如此。撫，臨撫也，猶言行一過也。其居也淵而靜，言心不動之時；其動也縣而天，言此念一起之時，如縣係於天。僨與憤同，僨驕，亢戾之狀；不可係，即不可制也。佛經云「如何降伏其心」〔一〕，看他降伏字，便見得僨驕不可係之意。此一段模寫人心，最爲奇妙，非莊子之筆，亦未易能也。

校注

〔一〕「如何降伏其心」，金剛經：「云何降伏其心。」謂當依何法降伏妄念煩惱。其他經中亦常見類似之語。

昔者黄帝始以仁義攖人之心，堯、舜於是乎股無胈，脛無毛，以養天下之形，愁其五藏以爲仁義，矜其血氣以規法度。然猶有不勝也，堯於是放讙兜於崇山，投三苗於三峗，流共工於幽都，此不勝天下也。夫施及三王而天下大駭矣。下有桀、跖，上有曾、史，而儒、墨畢起。於是乎喜怒相疑，愚知相欺，善否相非，誕信相譏，而天下衰矣；大德不同，而性命爛漫矣；天下好知，而百姓求竭矣。

股無胈，猶髀肉不生之意；脛無毛，言勞其足也。矜音勤，與殣同，矛柄也，項籍傳「鉏耰棘矜」〔一〕。

此言矜梗其血氣也，猶曰柴其内也。規，爲也。言其爲仁義法度，勞苦如此。雖如此勞苦，而猶有無奈何處，故有放流之刑。不勝天下者，言其無如天下何也。四罪而天下咸服，本舜事也，而莊子唤作堯，所以曰其辭雖參差而諔詭可觀，見天下篇。此便是參差處，是實供吐了。堯、舜且如此，延及三王尤大可駭矣。施，延也。三王既如此，所以下而小人，則爲桀、跖之行，上而君子，則慕曾、史之名，而起儒、墨之爭。於是自喜於我而加怒於人，自以爲知而以人爲愚，自以爲善而以人爲否，自以爲信而以人爲誕。彼此皆然，故有相疑、相欺、相非、相譏之事，即齊物篇中，彼亦一是非、此亦一是非之意。爛漫字下得好，性命之理，到此都狼籍了。求竭者，言下無以應之也。

校　注

〔一〕「鋤耰棘矜」，漢書卷三十項籍傳：「鉏耰棘矜，不敵於鉤戟長鎩。」

於是乎釿鋸制焉，繩墨殺焉，椎鑿決焉。天下脊脊大亂，罪在攖人心。故賢者伏處大山嵁巖之下，而萬乘之君憂慄乎廟堂之上。今世殊死者相枕也，桁楊者相推也，刑戮者相望也，而儒、墨乃始離跂攘臂乎桎梏之間。意，甚矣哉。其無愧而不知耻也甚矣。吾未知聖知之不爲桁楊椄槢也，仁義之不爲桎梏鑿枘〔二〕也，焉知曾、史之不爲桀、跖嚆矢也？故曰『絶聖棄知而天下大治』。」

此段言其不勝天下，遂至於用刑。釿鋸、繩墨、椎鑿，皆用刑之具也。繩，束縛者也；墨，黥淄也。脊脊者，猶籍籍也。罪在攖人心者，言自黄帝始也。賢者隱遁不出，而其君自勞，天下之被罪者甚衆。氣象如許，而儒、墨於此時，猶且高自標置於舉世罪人之中，故曰乃始離跂攘臂乎桎梏之間。離跂，支離翹跂也；攘臂，奮手言談也，乃自許自高之貌。意，歎也；甚矣哉，言其所爲已甚也。儒、墨於此，可謂甚不知耻也。上下兩甚矣，字意却不同，皆是奇筆處。桁楊，械也；相推，言行者相挨拶也。桁楊椄槢，因聖知而有，桎梏鑿枘，因仁義而有。桀、跖借曾、史之説得以自文而爲害，是曾、史爲桀、跖之嚆矢也。椄槢，今枷中横木，亦楔也。嚆矢，今之響箭也。

校注

〔一〕「枘」，原作「柄」，據宋本、道藏本改。下「桎梏鑿枘」同。

黄帝立爲天子十九年，令行天下，聞廣成子在於空同之上，故往見之，曰：「我聞吾子達於至道，敢問至道之精。吾欲取天地之精，以佐五穀，以養民人，吾又欲官陰陽，以遂羣生，爲之奈何？」廣成子曰：「而所欲問者，物之質也；而所欲官者，物之殘也。自而治天下，雲氣不待族而雨，草木不待黄而落，日月之光益以荒矣。而佞人之心翦翦者，又奚足以語至道？」

取天地之精以佐五穀，是致和而使萬物育也。官陰陽，以遂羣生，是燮調陰陽，以順萬物也。官，各任其職也，陰陽不相戾，各當其職曰官。物之本然者曰質，即前言至道也。物之殘者，言害物之事也。天地陰陽，皆自然之理，五穀羣生，亦自生自遂之物，有心以官之，則反爲物之害矣。而，汝也，指黄帝而言也。族，聚也，雲不族而有雨，是此有而彼無也。不待黄而落，失時也；荒者，日月有薄蝕，廢其光也，荒，廢也。翦翦，猶淺淺也。

黄帝退，捐天下，築特室，席白茅，閒居三月，復往邀之。廣成子南首而卧，黄帝順下風膝行而進，再拜稽首而問曰：「聞吾子達於至道，敢問治身奈何而可以長久？」廣成子蹷然而起曰：「善哉問乎。來，吾語汝至道。至道之精，窈窈冥冥；至道之極，昏昏默默。無視無聽，抱神以静，形將自正。必静必清，無勞汝形，無摇汝精，乃可以長生。目無所見，耳無所聞，心無所知，汝神將守形，形乃長生。

不曰治天下，而曰治身，故以爲善問。窈窈冥冥，遠而不可窮也；昏昏默默，微而不可見也；無視無聽，耳目俱忘也。神存於心曰抱，静而無爲，形則自正。神必清静，形不勞役，氣無摇動，則可以長生。今修煉之學，皆原於此。如仙如佛，自古以來，必皆有之，亦不是莊子方爲此説也。

無勞、無摇，此無字與勿字同，有禁止之意。目無見，耳無聞，心無知，又解「無視無聽，抱神以静」兩句。神守其形，則可以長生，此神字，今修養家所謂嬰兒〔一〕是也。

慎汝内，閉汝外，多知爲敗。我爲汝遂於大明之上矣，至彼至陽之原也；爲汝入於窈冥之門矣，至彼至陰之原也。天地有官，陰陽有藏，慎守汝身，物將自壯。我守其一，以處其和，故我修身千二百歲矣，吾形未常衰。」

慎汝内，不動其心也；閉汝外，不使外物得以動吾心也。纔多知，則爲累矣，不識不知，而後德全，故曰多知爲敗。至陽之初，大明也；至陰之初，窈冥也。原，初也。大明之上，太虚之上也；窈冥之門，無極之始也。易言「一陰一陽之謂道」，亦是此等説話，但其説涵畜，莊子要説得暢快，故其辭如此。爲汝者，教汝也；遂，從也，猶往也；入，窮也，言欲教汝極至於此也。官，職；藏，府也。此言人身自有天地陰陽也，我之天地，各官其官，我之陰陽，各居其所，則此身可以慎守，物物皆自堅固。物者，我身所有之物也，故曰物將自壯。所守者一而不雜，所處者無不和順，此所以形雖千二百歲之久而不衰也。處者，處事處物也，感而應之者也，天地即吾身之健順也。

校注

〔一〕「嬰兒」，道教名詞。内丹家以己身之精、氣、神凝聚鍊成金丹，或稱聖胎，亦稱嬰兒。

黄帝再拜稽首曰：「廣成子之謂天矣。」廣成子曰：「來，余語汝。彼其物無窮，而人皆以爲終；彼其物無測，而人皆以爲極。得吾道者，上爲皇而下爲王；失吾道者，上見光而下爲土。今夫百昌皆生於土而反於土，故余將去汝，入無窮之門，以遊無極〔一〕之野。吾與日月參光，吾與天地爲常。當我，緡乎；遠我，昏乎。人其盡死，而我獨存乎。」

廣成子之謂天者，言其可與天合一也。物安有窮？而人必求其所終，物豈可測？而人必求其所極，是以有涯而隨無涯也。此兩句極有味，以粗言之，則「打鐵作門限，鬼見拍手笑」〔二〕，亦此意。易不終於既濟，而終於未濟，是知物無窮而物無測也。子在川上而曰「逝者如斯夫」，亦指其無窮無測者言之。上可以爲皇，下可以爲王，此皇、王字如聖盡倫、王盡制〔三〕，如天下篇所謂内聖外王也。皇是無爲者也，王是有爲者也，非三皇與三代之王也。上見光者，日月也，下爲土者，地也，言居天地之間，瞶然無知，舉頭但見日月，低頭但見地下而已。百昌，百物也，生於土而反於土，葉落歸根，臭腐化神奇，神奇化臭腐之意。去汝者，離去人間之意。無窮之門，無極之野，猶言天地之外也。可與日月天地相爲長久，故曰與日月參光，與天地爲常。緡與冥同。昏，暗也。當我者，迎我而來也，遠我者，背我而去也。物之來去，我皆泯然而不知，故曰當我者，緡乎；遠我者，昏乎。人盡死者，以其心死而不知道也。〔四〕

校注

〔一〕「極」，原作「窮」，據宋本、道藏本改。

〔二〕「打鐵作門限」二句，見前一一三頁注〔一〕。

〔三〕「聖盡倫、王盡制」，荀子解蔽：「故學也者，固學止之也。惡乎止之？曰：止諸至足。曷謂至足？曰：聖也。聖也者，盡倫者也。王也者，盡制者也。兩盡者，足以爲天下極矣。」

〔四〕「人盡死者，以其心死而不知道也」，原無此十三字，據宋本補。

雲將東遊，過扶搖之枝而適遭鴻蒙。鴻蒙方將拊髀雀躍而遊。雲將見之，儻然止，贄然立，曰：「叟何人邪？叟何爲此？」鴻蒙拊髀雀躍不輟，對雲將曰：「遊。」雲將曰：「朕願有問也。」鴻蒙仰而視雲將曰：「吁。」雲將曰：「天氣不和，地氣鬱結，六氣不調，四時不節。今我願合六氣之精以育羣生，爲之奈何？」鴻蒙拊髀雀躍，掉頭曰：「吾弗知，吾弗知。」雲將不得問。又三年，東遊，過有宋之野而適遭鴻蒙。雲將大喜，行趨而進曰：「天忘朕邪？天忘朕邪？」再拜稽首，願問於鴻蒙。鴻蒙曰：「浮遊不知所求，猖狂不知所往；遊者鞅掌，以觀無妄。朕又何知？」雲將曰：「朕也自以爲猖狂，而民隨予所往；朕也不得已於民，今則民之放也。願聞一言。」鴻蒙曰：「亂天之經，逆物之情，玄天弗成；解獸之羣，而鳥皆夜鳴；災及草木，禍及昆蟲。噫，治人之過也。」

扶搖之枝，即扶桑日出之地也。拊髀雀躍，形容其跳躍自樂之意。儻然，自失之貌；贄然，屹立之貌。叟，指鴻蒙也。趙州見投子買油而歸，州云：「久聞投子，今見買油翁。」投子曰：「油，油。」〔一〕看禪宗此事，便見雲將曰遊，乃是莊子形容鼓舞處。油字與遊字不同，非以油爲遊也。不輟而對曰遊，仰而視曰吁，畫得自妙。育羣生之問，便與前黃帝之問同。掉頭，摇頭也。天忘朕邪，朕，我也，呼鴻蒙爲天，言前日曾一見，尚記得否？豈已忘之邪？浮遊，周遊也；猖狂，軼蕩也；不知所求，無所求也；不知所往，無所往也。鞅掌，紛汩也，無妄，真也，遊於舉世紛汩之中而自觀其真。不得已於民，言欲謝絶之而不可也。放，効也，民以我爲法也。天之經常，物之情實，皆自然而已，今既以有心爲之，則是亂逆其自然矣，豈得成自然之化？故曰玄天弗成。玄，虚也，猶言先天也。獸羣而不爭，則無異類同類之别，今各解其羣而去，則是有爾我同異也。鳥皆夜鳴，驚也。不能輔物之自然而使失其性，則草木昆蟲皆被禍矣。此皆自有心以治人始，亦猶前曰罪在攖人心也。

校注

〔一〕「趙州見投子」句，景德傳燈録卷十五：「趙州即先到庵中坐，師（投子大同）後攜一瓶油歸庵。趙州曰：『久嚮投子，到來衹見箇賣油翁。』師曰：『汝衹見賣油翁，且不識投子。』曰：『如何是投子？』師曰：『油，油。』」

雲將曰：「然則吾奈何？」鴻蒙曰：「噫，毒哉。僊僊乎歸矣。」雲將曰：「吾遇天難，願聞一言。」鴻蒙曰：「噫，心養。汝徒處無爲，而物自化。墮爾形體，吐爾聰明，倫與物忘，大同乎涬溟，解心釋神，莫然無魂。萬物云云，各復其根，各復其根而不知；渾渾沌沌，終身不離；若彼知之，乃是離之。無問其名，無闚其情，物固自生。」雲將曰：「天降朕以德，示朕以默；躬身求之，乃今也得。」再拜稽首，起辭而行。

然則吾奈何者，言今既如此，如之何而可也。毒哉，猶石頭所謂苦哉苦哉是也。僊僊乎，急去之貌，言汝已自毒自苦，可急急歸去，不必問我。這一段粧撰問答處，便似傳燈録〔一〕上說話。心養者，言止汝此心自養得便是，不曰養心，而曰心養，當子細分別。徒，但也，言汝但處於無爲之中，而物自〔二〕化。自化者，往來不息，自生自化之意也。將從前許多聰明，皆吐去而莫留之。倫與淪同，淪，没也，泯没而與物相忘，則與涬溟大同矣。涬溟，無形無朕，未有氣之始也。解心，解去其有心之心；釋神，釋去其有知之神。莫然，定也；無魂者，無知也。精曰魄，神曰魂，無魂者，猶前言塊然以其形立也。解心之心與心養之心自異，解神之神與抱神以靜之神自異，此等字又當子細體認。云云，衆多也。各復其根，生者必滅也，雖滅而不滅，滅者又生，故曰各復其根而不知。渾渾沌沌，無知無覺之貌，渾沌則終身不離乎道矣。纔有知覺，則與道爲二，故曰若彼知之，乃是離之，此一句甚精微，當着眼看。凡有分別之謂名，凡有好惡之謂情，闚者，見也，無問無闚，則無所分別，無所好惡矣，此即無爲自然也。我能無爲自然，則物物各遂其生，是其固然者也，故曰物固自生，固者，固有也。降，猶言賜我也，默者，不言也，賜我以自然之德，示我以不言之理。反身而求之，已得此道。躬，親也，自也，言自於吾身求之，乃得其所得矣，遂拜謝而去。

校注

〔一〕「傳燈録」，即景德傳燈録，宋釋道原撰。記述天竺佛祖以迄中國禪宗歷代傳法機緣。

〔二〕「自」，原作「者」，道藏本同，據宋本改。

世俗之人，皆喜人之同乎己而惡人之異於己也。同於己而欲之，異於己而不欲者，以出乎衆爲心也。夫以出乎衆爲心者，曷嘗出乎衆哉？因衆以寧所聞，不如衆技衆矣。而欲爲人之國者，此攬乎三王之利而不見其患者也。此以人之國僥倖也，幾何僥倖而不喪人之國乎？其存人之國也，無萬分之一；而喪人之國也，一不成而萬有餘喪矣。悲夫，有土者之不知也。

自此以下至篇末，乃是莊子自鋪説一段。欲人同己而不欲其異己，是以我皆出乎衆人之上也。以己之所聞，必欲衆人皆歸向而後安，則我何嘗異乎衆人？雖欲出衆，而何由出衆？若謂之獨見，則必衆人皆不知而後可。既欲人人同我，則是我不如衆人之技多矣。老子曰：「知我希，則我貴矣。」莊子又如此翻騰出，韓退之論文所謂「猶有人之説在」〔一〕，亦是此意。其心如此，而欲爲人之國，是欲攬取三王之利而不知其必爲害患也。以此謀人之國，是圖僥倖也。僥倖爲心，但見有喪，安得有成？但有國者未知其人，而爲其所惑也。有土者，有國也，指當時諸侯而言也，此意分明是譏當時歷聘遊説之士。

校　注

〔一〕「韓退之論文」句，韓愈答李翊書：「當其取於心而注於手也，汩汩然來矣。其觀於人也，笑之則以爲喜，譽之則以爲憂，以其猶有人之説者存也。」

夫有土者，有大物也。有大物者，不可以物物，而不物故能物物。明夫物物者之非物也，豈獨治天下百姓而已哉？出入六合，遊乎九州，獨往獨來，是謂獨有。獨有之人，是之謂至貴。

物物者，有心有迹也，不物者，無爲而爲，自然而然也，無爲則無所不爲，故曰不物故能物物。若知物物之不〔一〕物，則豈特治天下而已，故曰出入六合，遊乎九州，言道超乎萬物之表也。操縱闔闢於造化之間而與天爲一，非人可得而二之，故曰獨往獨來，是謂獨有。如此，則至貴矣。

校注

〔一〕「不」，原脱，道藏本同，據宋本補。

大人之教，若形之於影，聲之於響。有問而應之，盡其所懷，爲天下配。處乎無響，行乎無方。挈汝適復之撓撓，以遊無端；出入無旁，與日無始；頌論形軀，合乎大同，大同而無己。無己，惡乎得有有？覩有者，昔之君子；覩無者，天地之友。

大人，至人也，即獨有之人也。形必有影，聲必有響，自然而然也。有問於我，則盡吾之所懷而應之，以此對乎天下，是以一身而獨當天下之大也，我爲主，配爲賓。無響，無聲無臭也；無方，無迹也。撓撓，羣動不已之貌；適，往也；挈，提也；汝，指舉世之人也；復，歸也。挈舉世之人而往歸之於撓撓之中，言雖出世而不外於世間者，是出世、世間非二法〔二〕也。無端，無始也；無旁，四面皆無極也。出入而遊乎其間，日日如是，不見其所終，安知其所始，故曰與日無始。以形軀而論贊之，合乎天地之間，皆同此身也，故曰合乎大同。頌，贊也。我身既與萬物皆同，則不得而自私，是無己矣。既已無己，則何者爲有？即龐居士所謂「空諸所有，勿實諸所無」〔二〕也。昔之君子，但見其有；與天地爲友者，方見其無。其曰昔之君子者，自堯、舜而下，皆在其中。

校注

〔一〕「出世、世間非二法」，宗鏡録七十九曰：「世、出世間皆從心起。」景德傳燈録卷七：大梅山法常禪師曰：「若欲識本，唯了自心，此心元是一切世間、出世間法根本。」敦煌本壇經無相頌：「法元在世間，於世出世間。勿離世間上，外求出世間。」大慧普覺禪師語録第二十示真如道人：「雖示隨順一切世間，而常行一切出世間法，此乃火宅塵勞中真方便也。」蘇軾南華長老題名記：「明公告東坡居士曰：『宰官行世間法，沙門行出世間法，世間即出世間，等無有二。』」

〔二〕龐居士語，景德傳燈録卷八：「州牧于公問疾次，居士(龐蘊)謂曰：『但願空諸所有，慎勿實諸所無。好住世間，皆如影響。』」

賤而不可不任者，物也；卑而不可不因者，民也；匿而不可不爲者，事也；粗而不可不陳者，法也；遠而不可不居者，義也；親而不可不廣者，仁也；節而不可不積者，禮也；中而不可不高者，德也；一而不可不易者，道也；神而不可不爲者，天也。

觀此一段，莊子依舊是理會事底人，非止談説虚無而已。伊川言釋氏「有上達而無下學」〔一〕，此語極好，但如此數語中，又有近於下學處，又有精粗不相離之意。以道爲貴，則物爲賤矣，人豈能遺物哉？故曰賤而不可不任者，物也。任，用也。以道爲尊，則在人者卑矣，然豈能離人而獨立哉？故曰卑而不可不因者，民也。因，相依也。匿，隱也，晦昧也；明白者，道也。以事對道，事則晦昧矣，然豈能盡遺世事哉？故曰匿而不可不爲者，事也。道者，精也，法者，粗也，法豈能盡棄哉？故曰粗而不可不陳者，法也。言義則去道遠矣，而義豈可去哉？故曰遠而不可不居者，義也。道無親疎，仁則有愛，雖非至道，而豈能遺仁哉？必推廣之，故曰親而不可不廣者，仁也。禮有節文，似於强世，而不可不爲，故曰節而不可不積者，禮也。「禮儀三百，威儀三千」〔二〕，豈一日一人之力可爲？故曰積。德，人所同得也，雖與世和同，而有當自立處，豈得與人同？故曰中而不可不高者，德也。中，和同也。一於自然者，道也，然而有當變易處，豈容執一而不變？故曰一而不可不易者，道也。不可知之謂神，天之所爲皆不可知，人事不可以不盡，豈可盡委之不可知哉？故曰神而不可不爲者，天也。

校注

〔一〕「伊川言」，河南程氏粹言論道篇：「佛氏之道，一務上達而無下學，本末間斷，非道也。」

〔二〕「禮儀」二句，見禮記中庸。

故聖人觀於天而不助，成於德而不累，出於道而不謀，會於仁而不恃，薄於義而不積，應於禮而不諱，接於事而不讓，齊於法而不亂，恃於民而不輕，因於物而不去。物者莫足爲也，而不可不爲。不明於天者，不純於德；不通於道者，無自而可；不明於道者，悲夫。

不助者，不容力也，在於人者，不容不爲，而以道眼觀之，則雖爲之而不容力，故曰觀於天而不助。此助字，與助長字同。不累者，不累積以高也，累積以爲高，則是容心不自然矣，累音壘。不謀者，無計度之心也。不恃者，不自以爲恩也；會，聚也。積，不化也，不積則化矣。薄，逼也，近也，所行雖近義，而不白以爲有，曰集義則不化矣。不諱者，不拘忌也；應，應接也。拘於禮文，則有所諱避，可行則行，隨事而應接之，故曰應於禮而不諱。讓，退縮之意也，接事之間，直情徑行，無所退縮，故曰接於事而不讓。以法齊物，雖紛雜之中，而有簡直之意，故曰不亂。民雖可恃而不輕，我以倚重之。物雖可因，而不去本以就末。斡轉從上數句，到此已盡，却又提起一物字，曰物莫足爲也，而不可不爲。此物字即是精者爲道，粗者爲物，事事物物皆在其中矣。若以道心觀之，皆不足爲，然而有不可以不爲，此便是人心處。觀此一句，則莊子豈不知精粗爲一之理者？又曰不明於天者，不純於德，言世間之事，雖不可不爲，而必知自然之理則可，不明於天理之自然，則在我之德不純一矣。不通於道，即不明於天也；無自而可者，言無往而不窒礙也。上言不明於天，不通於道，到此結處，又曰不明於道，則知不明於天，不通於道，兩句只是一意。

何謂道？有天道，有人道。無爲而尊者，天道也；有爲而累者，人道也。主者，天道也；臣者，人道也。天道之與人道也，相去遠矣，不可不察也。

此兩行最妙，最親切於學問，但讀者忽而不深求之。無爲而尊者，天道之自然也；有爲而累者，人道之不容不爲者也。上句便屬道心，下句便屬人心，此一累字，便與危字相近。〔一〕主者，天道，是以道心爲主也；臣者，人道，是使人心聽命也。此臣、主字，不是朝廷君臣，從來讀者只作君臣説，誤矣。此是一身中之君臣，齊物論曰：「其遞相爲君臣乎，其有真君存焉。」當如此看，可也。莊子之書，大抵貴無爲而賤有爲，前兩轉既説有爲者不可不爲，又恐人把有爲、無爲作一例看，故於此又曰天道與人道相去遠矣，不可不察也。開闔抑揚，前後照應，若看得出，自是活潑潑地，但其言語錯雜，鼓舞變化，故人有不能盡知之者。兼其間如遠而不可不居者義，親而不可不廣者仁，此語不入聖賢條貫，所以流於異端，須莫作語、孟讀方可。自賤而不可不任以下，至不可不察也，此莊子中大綱領處，與天下篇同。東坡以爲莊子未嘗譏孔子，於天下篇得之，〔二〕今曰莊子未嘗不知精粗本末爲一之理，於此篇得之。更有一說，聖賢之言，萬世無弊，諸子百家亦有說得痛快處。且如易曰：「形而上者謂之道，形而下者謂之器，化而裁之謂之變，推而行之謂之通，舉而措天下之民謂之事業。」又曰：「見乃謂之象，形乃謂之器，制而用之謂之法，利用出入，民咸用之，謂之神。」何嘗不說精底？何嘗不說粗底？說得如此渾成，便自無弊。樂軒云：「儒者悟道，則其心愈細；禪家悟道，則其心愈粗。」此看得儒釋骨髓出，前此所未有也。如莊子此段，把許多世間事，喚做卑、喚做粗，中間又着箇不可不三字，似此手脚更粗了，便無「惟精惟一，允執厥中」〔三〕氣象。若分別得這粗細氣象出，方知樂軒是悟道來，是具大眼目者。他人闢佛，只說得皮毛，他既名作出世法，又以絶人類、去倫紀之説闢之，〔四〕何由得他服？

校注

〔一〕「下句」等三句，書大禹謨：「人心惟危。」

〔二〕「東坡」三句，蘇軾莊子祠堂記：「莊子之言，皆實予而文不予，陽擠而陰助之，其正言蓋無幾，至於詆訾孔子，未嘗不微見其意。其論天下道術，自墨翟、禽滑釐、彭蒙、慎到、田駢、關尹、老聃之徒，以至於其身，皆爲一家。而孔子不與，其尊之也至矣。」按：東坡之意並非以爲莊子未嘗譏孔子，不過「陽擠而陰助」耳。

〔三〕「惟精惟一」二句，見四九頁注〔一〕。

〔四〕「他人闢佛」等四句：朱子語類卷一百二十六：「莊老絶滅義理未盡，至佛則人倫滅盡，至禪則義理滅盡。」二程亦有類似闢佛之言。

外篇天地第十二

天地雖大，其化均也；萬物雖多，其治一也；人卒雖衆，其主君也。君原於德而成於天，故曰玄古之君天下，無爲也，天德而已矣。

其化均者，言皆是元氣也。治，主也，萬物雖多，主之者一，造化而已。人卒雖衆，其主君也，猶言天無二日，民無二王也。天之與我者爲德，我能推原其德之初，皆自天而成之，則人力無所加矣。爲人君者，能知乎此，則無爲而順自然矣，無爲自然，便是天德玄遠也。玄古，猶邃古也。

以道觀言而天下之君正，以道觀分而君臣之義明，以道觀能而天下之官治，以道汎觀而萬物之應備。故通於天地者，德也；行於萬物者，道也；上治人者，事也；能有所藝者，技也。技兼於事，事兼於義，義兼於德，德兼於道，道兼於天。

天地之間，有氣則有聲，有聲而後有名，名之爲君，則天下之分定矣，此自天地之初，纔有聲時，便自定了，此是自然底，故曰以道觀言而天下之君定。言，聲也；道，自然也。既有此分，則自有君臣之義，便是「卑高以陳，貴賤位矣」〔一〕之意，故曰以道觀分而君臣之義明。天下之事，非一人所能用於世者，多隨其能而盡其職，其所以能者，亦天與之，蓋天生許多人出而做許多事，故曰以道觀能而天下之官治。萬物之間，未有無對者，有寒則有熱，有雌則有雄，有上則有下，有前則有後，有左則有右，箇箇相應，皆出自然，故曰以道汎觀而萬物之應備。此四句最妙，其語亦純粹。天能覆能生，地能載能成，同此德也。通，同也。萬物之間，各有自然之理，行乎其中，故曰行於萬物者，道也。上之所以治者，如禮樂刑政，皆治之事也。事事之中，各有藝業，隨其所能者，人之技也。道德，精者也；事與技，粗者也。無精無粗，皆出於自然，則技即事，事即藝，藝即德，德即道，道即天，故曰技兼於事，事兼於義，義兼於德，德兼於道，道兼於天。兼者，合二爲一之意。義合作藝，因聲同，故傳寫之訛耳。

校注

〔一〕「卑高」二句，見禮記樂記。

故曰：古之畜天下者，無欲而天下足，無爲而萬物化，淵靜而百姓定。記曰：「通於一而萬事畢，無心得而鬼神服。」

畜天下，即孟子所謂以善養天下〔二〕者。我無欲，則天下自然足；我無爲，則天下自然化；我能靜，則百姓自然定，淵靜，澄靜也。萬事不過一理，故曰通一而萬事畢。得於我者，苟能無心，則非特人服之，鬼神亦服之。記曰者，猶傳有之也，此語上世所傳，故莊子舉以自證。此五句極純粹，上三句與老子略同。

校注

〔一〕孟子之言，孟子離婁下：「孟子曰：『以善服人者，未有能服人者也。以善養人，然後能服天下。』」

夫子曰：「夫道，覆載萬物者也，洋洋乎大哉。君子不可以不刳心焉。無爲爲之之謂天，無爲言之之謂德，愛人利物之謂仁，不同同之之謂大，行不崖異之謂寬，有萬不同之謂富。故執德之謂紀，德成之謂立，循於道之謂備，不以物挫志之謂完。君子明於此十者，則韜乎其事，心之大也，沛乎其爲萬物逝也。

夫子，言其師也。刳心者，剔去其知覺之心也，去此知覺之心，而後可以學道。天，自然也，爲之以自然，則謂之天。得於己者，不言而喻，故曰無爲言之之謂德，無爲言者，謂無所容言也。異者亦同，故曰不同同之，如此大矣。崖異，有迹也；寬，綽然也。物物不同，而我皆有之，故曰有萬不同之謂富，即「萬物皆備於我」〔一〕也。紀，條理也，所執之德，小大有序，各有條理，故曰執德謂之紀。卓乎如有所立，德之成也。循其道而行，則無所不備，備道，全美也。完，全也，外物不足以動其心，則在我者全矣，故曰不以物挫志之謂完。十者，天、德、仁、大、寬、富、紀、立、備、完也。韜，藏也，包括萬事而無遺，皆歸於心，此心之大，無外矣，故曰韜乎其事，心之大也。逝者，往也，「逝者如斯」之逝也。萬物往來不窮，而吾與之爲無窮，故曰沛乎其爲萬物逝也。

校注

〔一〕「萬物皆備於我」，見孟子盡心上。

若然者，藏金於山，藏珠於淵，不利貨財，不近貴富；不樂壽，不哀夭；不榮通，不醜窮；不拘一世之利以爲己私分，不以王天下爲己處顯。顯則明，萬物一府，死生同狀。」

藏金於山，藏珠於淵，富藏於天下也。不近者，遠之也。不以壽夭爲哀樂，不以窮通爲榮辱。醜字下得便勝辱字。一世之利與一世共之，不拘以爲我之私分，「人亡弓，人得之」〔一〕之意也。雖王天下，不自以爲尊顯，黃屋非堯心之意也。胸中之明，照乎天地，以此爲顯，故不以王天下爲顯也。聚萬物而歸之一理，故曰一府。死生亦大矣，而無所變於己，視之若一也，故曰同狀。

校注

〔一〕「人亡弓，人得之」，孔子家語好生：「楚王出遊，亡弓，左右請求之。王曰：『止，楚王失弓，楚人得之，又何求之？』孔子聞之：『惜乎其不大也，不曰人遺弓，人得之而已，何必楚也？』」

夫子曰：「夫道，淵乎其居也，漻乎其清也。金石不得，無以鳴。故金石有聲，不考不鳴。萬物孰能定之？

淵乎其居，靜也，居者，不動也，定也。漻乎其清，不混不雜也。金石之鳴，亦自然之天也，故曰金石不得，無以鳴，言鳴底，便是道也。然金石雖有聲，非人考擊之則不鳴，人之考擊，亦是天機也。此兩句，又是一般道理，亦猶前所謂庸詎知吾所謂天者非人乎，所謂人者非天乎，故曰萬物孰能定之。天非人不因，人非天不成，亦是此意，但於此書文字説得奇耳。

夫王德之人，素逝而恥通於事，立之本原而知通於神。故其德廣，其心之出，有物採之。故形非道不生，生非德不明。存形窮生，立德明道，非王德者邪？蕩蕩乎，忽然出，勃然動，而萬物從之乎。此謂王德之人。

王德者，言有王天下之德也。素逝者，以素朴而往，猶易言「素履往」也。事事無不爲，無不能，而不以此爲名，故曰恥通於事。本原，萬物之初也；知通於神，至誠如神也。採，取也，物有取於我，而後其心應之，故曰其心之出，有物採之，採猶感也，出猶應也。萬物皆造化所生，凡有形者，皆同此道也，然非自得於我，則此道不明，言不知也。下句生[一]字，言我受天地之中以生也。存我之形，以窮究其始生之理，立我之德，以明其自然之道，此非聖人不能也。蕩蕩乎，言其大也。忽然出，「首出庶物」[二]之出也。勃然動，不得已而起之意也。萬物從之，是「聖人作而萬物覩」[三]也。

校注

〔一〕「生」，原作「此」字，據宋本、道藏本改。

〔二〕「首出庶物」，見易乾之彖辭。

〔三〕「聖人作」句，見易乾之文言。

視乎冥冥，聽乎無聲。冥冥之中，獨見曉焉；無聲之中，獨聞和焉。故深之又深而能物焉，神之又神而能精焉；故其與萬物接也，至無而供其求，時騁而要其宿，大小，長短，修遠。」

冥冥，無形之地也，視於無形，而其見曉然，即「恍兮惚兮，其中有象」[一]也。人皆以爲無聲，而我之所獨聞，如八音之相和，所謂非見彼也，自見而已矣，非聞彼也，自聞而已矣。深之又深，入玄入妙也，而又能應乎物，言能精能粗也。神，無形也，精，氣也，以無形而見之有氣，形上形下之意也。存於我者虛，而應於物也無已，是以至無而供萬物之求也。時騁，時出而用也，要其所歸宿，不可以一定言。或小或大，或長或短，或遠或近，便是「時中」〔二〕之意。修遠，合作遠近，其意方足，今曰修遠，修即長也，分明是箇近字意。或是上面既曰小大長短，此言修遠，則近亦在其間。不然則是筆快失檢點處。但此兩三段散語，文字精甚，他人如何有此筆法？

校注

〔一〕「恍兮」二句，老子二十一章：「惚兮恍兮，其中有象。」

〔二〕「時中」，見易蒙之彖辭。

黄帝遊乎赤水之北，登乎崑崙之丘而南望，還歸，遺其玄珠。使知索之而不得，使離朱索之而不得，使喫詬索之而不得也。乃使象罔，象罔得之。黄帝曰：「異哉，象罔乃可以得之乎？」

此段言求道不在於聰明，不在於言語，即佛經所謂「以有思惟心求大圓覺，如以螢火燒須彌山」〔一〕。

却粧出一段説話如此。玄珠，道也。知，知覺也；離朱，明也；喫詬，言辯也；象罔，無心也。知覺、聰明、言辯皆不可以得道，必無心而後得之。此等譬諭，也自奇絶。

校注

〔一〕「以有思惟心」二句，圓覺經：「善男子，但諸聲聞所圓境界，身心語言，皆悉斷滅，終不能至彼之親證所現涅槃，何況能以有思惟心測度如來圓覺境界？如取螢火燒須彌山，終不能著。」

堯之師曰許由，許由之師曰齧缺，齧缺之師曰王倪，王倪之師曰被衣。堯問於許由曰：「齧缺可以配天乎？吾藉王倪以要之。」許由曰：「殆哉圾乎天下。齧缺之爲人也，聰明叡知，給數以敏，其性過人，而又乃以人受天。彼審乎禁過，而不知過之所由生。與之配天乎？彼且乘人而無天，方且本身而異形，方且尊知而火馳，方且爲緒使，方且爲物絯，方且四顧而物應，方且應衆宜，方且與物化而未始有恒。夫何足以配天乎？雖然，有族有祖，可以爲衆父，而不可以爲衆父父。治亂之率也，北面之禍也，南面之賊也。」

段段是撰出，愈出而愈奇，若此一段，謂外篇粗於内篇，可乎？配天，猶書云「殷禮陟配天」也，言王天下也。要，邀致之也。圾，危也；殆，亦危也。聰明叡知，性也。給，捷也；數，急也；敏，見快也。應事之間，以其性之敏，故應之捷給，此其過人處也。修人事以應天理，故曰以人受天。審，明也，禁過猶持心而未化也，知過之由生，則不待禁止之矣。乘人而無天，言盡其有爲而不知無爲也。乘，行也，行其在人之事，故曰乘人。身，我也，以我對物，故曰本身而異形。火馳，如火之馳，言其急也，自尊尚其知而急用之，故曰尊知而火馳。緒，末也，爲末事所役而不知其本，故曰緒使，叢脞之意也。物絯，爲事爲物所拘礙也。物隨四方而來，顧視而應之，故曰四顧而物應。事事而應，各度其宜，故曰應衆宜。爲物所汩而失其自然之常者，非能定而應也，故曰與物化而未始有恒。化，爲事物所變動；恒，常也，未始有常，無定也。一箇彼且，七箇方且，古今以來，那得這般文筆？雖然，又轉一轉，言其雖未可以配天，亦有可尊處。一族之聚，必尊其祖，故曰有族有祖。只此等閑四字，下得亦奇。衆父者，出於衆人，而可以爲其父也，謂其高一世也。衆父之父，則高又高矣，衆父之父，天也，自然者也。率，將帥也，言此人之用於世，亦可以致治，亦可以致亂。北面，臣也，南面，君也，言以此爲臣道，以此爲君道，皆有患害，故曰北面之禍也，南面之賊也。

堯觀乎華。華封人曰：「嘻，聖人。請祝聖人。使聖人壽。」堯曰：「辭。」「使聖人富。」堯曰：「辭。」「使聖人多男子。」堯曰：「辭。」封人曰：「壽、富、多男子，人之所欲也。汝獨不欲，何邪？」堯曰：「多男子則多懼，富則多事，壽則多辱。是三者，非所以養德也，故辭。」封人曰：「始也我以汝爲聖人邪，今然君子也。天生萬民，必授之職。多男子而授之職，則何懼之有？富而使人分之，則何事之有？

富、壽、多男，人之所欲也，學道者則以爲不足介意，莊子却如此翻說，越見他高處。天生萬民，必授之職，即是孩兒墮地，便有衣食分劑，山谷所謂「百草愁春雨」是也。富而使人分之，言各付諸人也。

夫聖人，鶉居而鷇食，鳥行而無彰；天下有道，則與物皆昌；天下無道，則修德就閒；千歲厭世，去而上僊；乘彼白雲，至於帝鄉；三患莫至，身常無殃，則何辱之有？」

鶉居，無定所也；鷇，鳥初生者也，其母哺之，雖食而非自求也，言無心於食也。鳥行，飛也；無彰，無迹也，隨所寓而無戀着也。與物皆昌者，物與我各得其生也。修德就閒，「邦無道則隱」〔一〕也。厭世而上仙，解脱之意也。白雲、帝鄉，虛無之上也。三患，少、壯、老也，楞嚴經恒河水之喻〔二〕，便是三患。身常無殃，自樂也。上言壽、富、多男子，下却倒説，壽既在後，其辭又多，此亦文之機軸也。

校注

〔一〕「無道則隱」，見論語泰伯。

〔二〕「恒河水之喻」，楞嚴經卷二：「佛言：大王，汝見變化遷改不停，悟知汝滅，亦於滅時知汝身中有不滅耶？波斯匿王合掌白佛：我實不知。佛言：我今示汝不生滅性。大王，汝年幾時見恒河水？王言：我生三歲，慈母携我謁耆婆天，經過此流，爾時即知是恒河水。佛言：大王，如汝所説，二十之時，衰於十歲，乃至六十，日月歲時，念念遷變，則汝三歲見此河時，至年十三，其水云何？王言：如三歲時，宛然無異，乃至於今，年六十二，亦無有異。佛言：汝今自傷髮白面皺，其面必定皺於童年，則汝今時觀此恒河，與昔童時觀河之見有童耄不？王言：不也，世尊。佛言：大王，汝面雖皺，而此見精性未曾皺，皺者爲變，不皺非變，變者受滅，彼不變者元無生滅，云何於中受汝生死，而猶引彼末伽梨等，都言此身死後全滅？王聞是言，信知身後捨生趣生，與諸大衆踊躍歡喜，得未曾有。」

封人去之。堯隨之，曰：「請問。」封人曰：「退已。」

堯猶欲問，而封人不之答，但曰退已，猶言爾去休。接輿「趨而辟」，荷蓧〔一〕丈人「至則行矣」，〔二〕伊川不得與同舟者言〔三〕，皆此機關也。

校注

〔一〕「蓧」，原作「杖」，道藏本同，據宋本改。

〔二〕「接輿」二句，論語微子：「楚狂接輿歌而過孔子」，「孔子下，欲與之言，趨而辟之，不得與之言」。「子路從而後，遇丈人以杖荷蓧」，「使子路反見之，至則行矣」。

〔三〕「伊川」句，河南程氏外書卷十二：「伊川先生貶涪州，渡漢江，中流船幾覆。舟中人皆號哭，伊川獨正襟安坐如常。已而及岸，同舟有老父問曰：『當船危時，君正坐，色甚莊，何也？』伊川曰：『心存誠敬耳。』老父曰：『心存誠敬固善，然不若無心。』伊川欲與之言，而老父徑去。」關於伊川江行事有兩種記録，朱熹曾加考訂，認爲以上述一則爲是，見朱子語類卷九十七。

堯治天下，伯成子高立爲諸侯。堯授舜，舜授禹，伯成子高辭爲諸侯而耕。禹往見之，則耕在野。禹趨就下風，立而問焉，曰：「昔堯治天下，吾子立爲諸侯。堯授舜，舜授予，而吾子辭爲諸侯而耕，敢問其故何也？」子高曰：「昔堯治天下，不賞而民勸，不罰〔二〕而民畏。今子賞罰而民且不仁，德自此衰，刑自此立，後世之亂自此始矣。夫子闔行邪？無落吾事。」俋俋乎耕而不顧。

此段又言世變愈下，一節不如一節，在禹時便不如堯、舜矣。無落吾事者，落，廢也，言吾不暇與汝言，恐廢吾耕事也。俋俋，低首而耕之狀。堯不賞不罰，今子賞罰而民不仁，其意蓋言賞罰不如無，亦如「必也使無訟」〔二〕之意，却借堯、舜、禹之名以言之。

校注

〔一〕「罰」，原作「怒」，道藏本同，據宋本改。

〔二〕「必也」句，見禮記大學。

泰初有無，無有無名；一之所起，有一而未形。物得以生，謂之德；未形者有分，且然無間，謂之命；留動而生物，物成生理，謂之形；形體保神，各有儀則，謂之性。性修反德，德至同於初。同乃虛，虛乃大。合喙鳴，喙鳴合，與天地爲合。其合緡緡，若愚若昏，是謂玄德，同乎大順。

泰初，造化之始也，所有者只是無而已，未有箇有字也。有猶無之，則安得有名？此乃一之所由起也。此一字便是無字，故曰有一而未形。物得以生，則有有矣。凡物各有其有，皆德也。未形者，言一所起之時也，若有分矣，而又分他不得，故曰且然無間。且然，猶且也，且字下常添一字。

無間便是渾然者，有分便是粲然者。此命字即天命謂性之命。留動而生物，元氣之動，運而不已，生而爲物，則是其動者留於此，故曰留動而生物。留動二字下得極精微，莫草草看過。動，陽也，留動，靜也，靜爲陰，此句便有陽生陰成之意。物得之而生，既成物矣，則生生之理皆具，以元氣之動者，而爲我之生者，此謂之形也。看他形字却如此說，實他書所無。形體保神，各有儀則，謂之性，此一句便是詩「有物有則」，便是左傳所謂「民受天地之中以生，有動作威儀之則」也。形體，氣也，氣中有神，所謂儀則，皆此神爲之，便是性中自有仁義禮智之意。若以吾書論此四句，第一句德字却是性字，此性字却是性之用矣，所以道此書字義當作一眼看。性修反德者，言修此性以復其自然之德。德既至矣，盡矣，則與無物之初同矣。反德猶言復禮也。至，極至也。同與〔一〕無物之初，則虛矣，虛則大矣。既虛而大，則有不言之言。合喙者，不言也，鳴者，言也，以不言之言如此下三字，便是他奇筆處。下面却翻一轉，又曰喙鳴合，此合字又與上合字不同矣，言此喙之鳴，既以不言而言，則與自然者合矣。以此自然之合，則與天地合矣，故曰喙鳴合，與天地爲合。緡緡，猶泯泯也，泯泯然若愚若昏，形容此合字也。此乃謂之玄妙之德，則與大順同矣。大順即太初，自然之理也。

夫子問於老聃曰：「有人治道若相放，可不可，然不然。辯者有言曰：『離堅白若縣寓。』若是則可謂聖人乎？」老聃曰：「是胥易技係，勞形怵心者也。執留〔二〕之狗成思，猨狙之便自山林來。丘，予告若而所不能聞與而所不能言。凡有首有趾、无心无耳者衆，有形者與無形无狀而皆存者盡无。其動止也，其死生也，其廢起也，此又非其所以也。有治在人，忘乎物，忘乎天，其名爲忘己。忘己之人，是之謂入於天。」

若相放，帝王同條共貫之意。以我之可明彼之不可，以我之然明彼之不然。辯者之言，雖曰堅白同異，紛紛多端，而我能分辯之，若懸於天宇之間，謂能曉然揭而示人也。離，分析也。胥易技係，解已見前篇。成思者，爲人所繫縛而成其愁思也。自山林來者，言爲人捕而來也。前曰執虆，此曰執留，虆字誤也。所不能聞，所不能言，即「性與天道，不可得聞」〔三〕之意。有首有趾，言人之頂踵同也；無心無耳，言其無知無見也。無形無狀，自然而然者。於形而下者見形而上者，即有形者與無形無狀而皆存也。此一句下得亦奇。盡無者，言世無此人也。動止，起居也；廢起，窮達也。言起居、死生、窮達之間，皆有自然而然者，人皆知動止、死生、廢起之爲動止、死生、廢起，而不知其所以爲動止、死生、廢起者也。退之送文暢序曰：「江河所以流，人物所以繁。」〔四〕亦有所見之言，但今人等閒讀過了。治者，治事之治也；人者，人事也。因人事而治之，則我無容心，故曰有治在人。非惟忘物，併與天亦忘之，此謂之忘己。忘己者，無我也。入於天者，入於自然也，猶前曰入於非人也。上曰忘乎天，此曰入於天，入則與天爲一矣，惟其忘而後能爲一也。但應帝王曰「未始出於非人」，未能忘乎天也，「未始入於非人」，出乎造化之上也，與此入乎天之語又異。此皆其鼓舞處，不可執着，執着則難讀莊子矣。

校注

〔一〕「與」，宋本、道藏本作「於」。

〔二〕「留」，宋本、道藏本作「狸」。下「此曰執留」同。

〔三〕「性與天道」二句，論語公冶長：「性與天道，不可得而聞也。」

〔四〕退之言，韓愈送浮屠文暢師序：「宜當告之以二帝三王之道，日月星辰之行，天地之所以著，鬼神之所以幽，人物之所以蕃，江河之所以流而語之，不當又爲浮屠之説而瀆告之也。」

蔣閭葂見季徹曰：「魯君謂葂也曰：『請受教。』辭不獲命，既已告矣，未知中否，請嘗薦之。吾謂魯君曰：『必服恭儉，拔出公忠之屬而無阿私，民孰敢不輯？』」季徹局局然笑曰：「若夫子之言，於帝王之德，猶螳蜋之怒臂以當車轍，則必不勝任矣。且若是，則其自爲處危，其觀臺多物將往，投迹者衆。」蔣閭葂覤覤然驚曰：「葂也汒若於夫子之所言矣。雖然，願先生之言其風也。」

薦，陳也，請以所言陳之。拔出公忠之屬，舉賢也；無阿私，無偏黨也。輯，安也。局局，笑之貌也。螳蜋怒其臂以當車轍，言力小不足以任此大事也。曰怒而飛，曰草木怒生，此言怒臂，莊子喜下一箇怒字。其自爲處者，言其自爲所處之地如此，則似危。其觀臺以示於人，人將往而歸之，則投足而來者愈衆矣。多物，人物之多也。意言名聲愈盛，而世之趨者愈衆，則自累矣。覤覤，驚之貌。聞此言而無所知，故曰汒若於夫子所言。風者，遺風之風，亦猶曰言其略也。

季徹曰：「大聖之治天下也，搖蕩民心，使之成教易俗，舉滅其賊心而皆進其獨志，若性之自爲，而民不知其所由然。若然者，豈兄堯、舜之教，民溟涬然弟之哉？欲同乎德而心居矣。」

搖蕩也，轉移也。賊心，有爲之心也；獨志，獨得之志，朝徹見獨之獨也。民既成教而易其習俗，皆滅去私心而進於道，但如生知之性自有，而不知爲上之化，故曰不知其所由然。以堯、舜爲高，而以我次之，故曰兄堯、舜之教而弟之。謂堯、舜豈能勝我，我不在堯、舜之下。却下句如此，也是好奇。溟涬，有低頭甘心之意。民字即是人字。言凡人能如此，則豈肯兄堯、舜之教，而自處其下也？同乎自然之德，則其心安矣。居，安也；欲者，聖人欲其民如此也。

子貢南遊於楚，反於晉，過漢陰，見一丈人方將爲圃畦，鑿隧而入井，抱甕而出灌，搰搰然用力甚多而見功寡。子貢曰：「有械於此，一日浸百畦，用力甚寡而見功多，夫子不欲乎？」爲圃者卬而視之曰：「奈何？」曰：「鑿木爲機，後重前輕，挈水若抽，數如泆湯，其名爲槔。」爲圃者忿然作色而笑曰：「吾聞之吾師，有機械者必有機事，有機事者必有機心。機心存於胸中，則純白不備；純白不備，則神生不定；神生不定者，道之所不載也。吾非不知，羞而不爲也。」子貢瞞然慙，俯而不對。有間，爲圃者曰：「子奚爲者邪？」曰：「孔丘之徒也。」爲圃者曰：「子非夫博學以擬聖，於于以蓋衆，獨弦哀歌以賣名聲於天下者乎？汝方將忘汝神氣，墮汝形骸，而庶幾乎。而身之不能治，而何暇治天下乎？子往矣，無乏吾事。」

畦間鑿隧，爲水溝也。抽，拔也。泆湯，洋溢而湧出也，言取水之易也。此數句，形容得桔槔自好。機械，器也，用之則爲機事，所以用之者，心也，有機心則純白不備，言不純一虛明也。神生不定，不能抱靜主一也。道所不載，言不能載道也。要求學問工夫，這般處皆當子細體認。子奚爲者，猶論語曰「奚自」也。擬聖，言慕聖人也。於于，自大之貌。獨弦哀歌，言人不己知而自誦自說；賣名，沽名也。獨弦哀歌，譬喻說也，比之擊磬於衛〔一〕，則非矣。忘汝神氣，猶曰黜其聰明也；墮汝形體，即忘己也。汝能如此，猶尚庶幾。不然，身且不治，何能治人？此譏吾聖人之言。無乏，即無落也。

校注

〔一〕「擊磬於衛」，論語憲問：「子擊磬於衛。」

子貢卑陬失色，頊頊然不自得，行三十里而後愈。其弟子曰：「向之人何爲者邪？夫子何故見之變容失色，終日不自反邪？」曰：「始吾以爲天下一人耳，不知復有夫人也。吾聞之夫子，事求可，功求成。用力少，見功多者，聖人之道。今徒不然，執道者德全，德全者形全，形全者神全。神全者，聖人之道也。託生與民並行而不知其所之，汒乎淳備哉。功利機巧必忘夫人之心。

卑陬，慙恧之貌；頊頊，自失之貌。不自反，言不復其常也。天下一人，言孔夫子也。事求可，可爲則爲也。力少而功多，便是桔槔之類。徒，獨也，今其人獨不然，言漢陰丈人也。託其生於世，雖所行亦與人同，而不自知其所往，即浮遊而不知所求，猖狂不知所往也，故曰託生與民並行而不知其所之。淳備，純一渾全也；汒乎，無形迹之貌。功利機巧必忘夫人之心，言此人心中必無功利機巧之事也。此忘字與亡同，無也。

若夫人者，非其志不之，非其心不爲。雖以天下譽之，得其所謂，謷然不顧；以天下非之，失其所謂，儻然不受。天下之非譽，無益損焉，是謂全德之人哉。我之謂風波之民。」

夫人者，指漢陰丈人也。不以毁譽爲損益，譽且不顧，而況毁乎？所言行於世，曰得其所謂；所言不行於世，曰失其所謂。風波，言爲世故所役而不自定也。

反於魯，以告孔子。孔子曰：「彼假修渾沌氏之術者也，識其一，不知其二；治其内，而不治其外。夫明白入素，無爲復朴，體性抱神，以遊世俗之間者，汝將固驚耶？且渾沌氏之術，予與汝何足以識之哉？」

假，大也，假修，大修也；渾沌氏，即天地之初也；術，道也。識其一者，所守純一也；不知其二者，言心不分也。内，本心也；外，外物也。明白則可入於素，素者，素朴也。無爲則復歸於自然之朴。體性，全其性也；抱神，一也。汝將固驚邪，固，宜也，言汝未知此道，宜乎驚異也。

諄芒將東之大壑，適遇苑風於東海之濱。苑風曰：「子將奚之？」曰：「將之大壑。」曰：「奚爲焉？」曰：「夫大壑之爲物也，注焉而不滿，酌焉而不竭，吾將遊焉。」苑風曰：「夫子無意于横目之民乎？願聞聖治。」諄芒曰：「聖治乎？官施而不失其宜，拔舉而不失其能，畢見其情事而行其所爲，行言自爲而天下化，手撓顧指，四方之民莫不俱至，此之謂聖治。」

大壑，大海也。横目之民，撰出此等字以形容世人也。遊於大壑者，言世間不足觀，將觀於海。官施不失其宜，隨職而各當其任也；拔舉而不失其能，無遺才也。情事，實事也，盡見事事可爲之實，順其所可爲者而行之，故曰畢見其情事而行其所爲。所行所言皆是自爲，不爲人而爲也，天下自然化之。自爲者，爲己非爲人也。手撓，撓，動也，言舉其手，隨所顧而指之，民莫不應，書曰「惟動丕應徯志」是也。手撓顧指，指麾拱揖之意。聖人之治天下如此，意謂古帝王也。

「願聞德人。」曰：「德人者，居無思，行無慮，不藏是非美惡。四海之内共利之之爲悦，共給之之爲安，怊乎若嬰兒之失其母也，儻乎若行而失其道也。財用有餘而不知其所自來，飲食取足而不知其所從，此謂德人之容。」

居行，動静也，動静無所容心，故曰居無思，行無慮也。不藏是非美惡，佛家所謂「不思善，不思惡」〔一〕也。共利、共給，與人同樂之意。怊乎，悵然之貌。若嬰兒失母，若行失道，皆言其無意人世，有不得已之意。財用飲食皆致之不問，言無心也。德人比之聖治，高一層矣。

校　注

〔一〕「不思善，不思惡」，六祖大師法寶壇經行由品第一：「慧能（爲惠明説法）云：『不思善，不思惡，正與麽時，那個是明上座本來面目？』惠明言下大悟。」

「願聞神人。」曰：「上神乘光，與形滅亡，此謂照曠。致命盡情，天地樂而萬事銷亡，萬物復情，此之謂混冥。」

上神，言其神騰躍而上也，出乎天地之外，日月之光反在其下，故曰乘光。與形滅亡，言雖有身，似無身矣。照曠者，言大昭晰也。致命，極乎天命也；盡情者，盡其性中之情也，此情字與孟子

「乃若其情，則可以爲善」同。以天地之道自樂，而萬事無所累於我，故曰天地樂而萬事銷亡。復情，復於實理也，萬物皆復於實理，則與我爲一矣。混冥，即渾淪也，即所謂渾沌氏也。神人比之德人，又高一層，如此分别，蓋謂古帝王之上，更自有不可及者。

門無鬼與赤張滿稽觀於武王之師。赤張滿稽曰：「不及有虞氏乎，故離此患也。」門無鬼曰：「天下均治而有虞氏治之邪？其亂而後治之與？」赤張滿稽曰：「天下均治之爲願，而何計以有虞氏爲？有虞氏之藥瘍也，禿而施髢，病而求醫。孝子操藥以修慈父，其色燋然，聖人羞之。

滿稽之言，以征伐不及於揖遜。因無鬼之問，又併與有虞氏非之，言天下皆願於治，因有虞氏治之，而反以爲累也。無瘍何以藥？不禿何用髢？不病何用醫？蓋言喚作治天下，便是病了，無爲而治，則無病也。孝子爲父操藥，其色終是不樂，不若父之無病也。故聖人以爲有心於治天下，則可愧矣。其言雖不正，譬喻處亦奇特。修，進也，與羞同，古字通用。羞之，羞恥也。

至德之世，不尚賢，不使能；上如標枝，民如野鹿；端正而不知以爲義，相愛而不知以爲仁，實而不知以爲忠，當而不知以爲信，蠢動而相使，不以爲賜。是故行而無迹，事而無傳。」

舉世淳一，未有賢能之名，故曰不尚賢，不使能。標枝，枯枝也，但見其枝，不見其葉，故曰標枝。

野鹿、標枝，皆是無情無欲之喻。端正，修身也；相愛，相親也。相與以實誠也，由心之謂忠。當，事事得其當也。端正而下四不知，言當時未有仁義忠信之名也。蠢動，有生之民也；相使，相友助也。不以爲賜者，不以爲恩也。行而無迹，事而無傳，是當時未有是非毁譽之事也，此皆形容太古之世。

孝子不諛其親，忠臣不諂其君，臣子之盛也。親之所言而然，所行而善，則世俗謂之不肖子；君之所言而然，所行而善，則世俗謂之不肖臣。而未知此其必然邪？世俗之所謂然而然之，所謂善而善之，則不謂之導諛之人也。然則俗故嚴於親而尊於君邪？謂己導人，則勃然作色；謂己諛人，則怫然作色。而終身導人也，終身諛人也。

不諛、不諂，能諫其君父也。隨其所言以爲然，隨其所行以爲善，不知諫者也。在君親則以諫者爲是，以不諫者爲非，而我之於世，隨其所善者而爲之，隨其所以爲是者而是之，則世俗反嚴於君親乎？此意蓋言今人之所謂道，皆世俗之所同是者，非獨得於己而與造物爲徒者也。導，順也；諛，諂也。我之所謂道，只與世俗同，則是我之所爲亦導諛世俗而已矣。若人加以導諛之名，則我必不悦，而終身所爲，不免導諛，言其不能異於世俗也。聖人以天下通行者爲道，而莊子以爲，道必出於一世之上，故以古之帝王與聖賢皆作下一等看，乃如此發明一段，筆勢瀾翻，信不可及，然其言亦太過矣。

合譬飾辭聚衆也，是終始本末不相坐。垂衣裳，設采色，動容貌，以媚一世，而不自謂導諛，與夫人之爲徒，通是非，而不自謂衆人，愚之至也。

合其譬者，言合天下譬喻以立説也；飾辭者，言修飾其言辭也；聚衆者，言聚天下之學者而歸己也。觀其初心，要高於一世，要其終也，不能離於當世之人，是其終始本末不相照應矣，故曰不相坐，猶不相當也。垂衣裳，設采色，動容貌，言儒者之衣冠也。采色，文章也。循循以誘誨學者，故以爲媚一世，此皆譏吾聖人之意。己之所是，學於我者，皆以爲是；己之所非，學於我者，皆以爲非。學於我者，皆流俗之庸人也，我之是非，與彼通同，則亦流俗之人矣。既與庸人爲徒，而不自謂爲庸人，是至愚而無見者也。莊子之意，蓋以其所獨得者，人皆不知，故己與人異，遂有此憤悱之言，非正論也。

知其愚者，非大愚也；知其惑者，非大惑也。大惑者，終身不解；大愚者，終身不靈。三人行而一人惑，所適者猶可致也，惑者少也；二人惑則勞而不至，惑者勝也。而今也以天下惑，予雖有祈嚮，不可得也。不亦悲乎？大聲不入於里耳，折楊、皇荂，則嗑然而笑。是故高言不止於衆人之心，至言不出，俗言勝也。以二缶鍾惑，而所適不得矣。而今也以天下惑，予雖有祈嚮，其庸可得邪？知其不可得也而强之，又一惑也，故莫若釋之而不推。不推，誰其比憂？

終身不解、不靈，只言其不自知也。祈嚮，趨向也。三人同行，而二人皆惑，猶且勞苦而行不至，今天下皆惑於其說，我雖獨有所趨向，何以回一世哉？此予字，莊子自道也。折楊、皇荂，里巷之曲名也。大聲，古樂也，喻其至高之論也。不止於衆人之心者，與之說，不入也。折楊、皇荂，比俗言也，俗言勝則至言隱矣。垂踵者，垂其足而坐，不肯行也，二垂踵惑者，即前言二人惑也。所適不得，即前言勞不至也。傳寫之誤，以垂爲缶，以踵爲鍾，皆不可解，以前句證後句，合作垂踵分明。知其不可得而強之，又一惑也，此自歎之言，謂我既知其不可告語，而欲強以語之，是我又添一惑也。釋之，舍去也；不推，不必推說也。比，近也，付之不言，則不近於憂矣，此自解之言。

厲之人夜半生子，遽取火而視之，汲汲然唯恐其似己也。

厲人，惡人也，中間添一之字，猶前言驪之姬也，此是其文法也。惡人生子，恐其似己，是自知其惡也。彼且自知，而世之惑者皆不自知，則不如厲人矣。以前面大惑終身不解，大愚終身不靈，又如此譬說兩句而不結斷，此皆是弄筆處。

百年之木，破爲犧樽，青黄而文之，其斷在溝中。比犧樽於溝中之斷，則美惡有間矣，其於失性一也。跖與曾、史，行義有間矣，然其失性均也。且夫失性有五：一曰五色亂目，使目不明；二曰五聲亂耳，使耳不聰；三曰五臭薰鼻，困惾中顙；四曰五味濁口，使口厲爽；五曰趣舍滑心，使性飛揚。此五者，皆生之害也。而楊、墨乃始離跂自以爲得，非吾所謂得也。夫得者困，可以爲得乎？則鳩鴞之在於籠也，亦可以爲得矣。

其斷在溝中者，破爲犧樽之餘者也。同此一木，或爲犧樽，或棄溝中，榮辱雖不同，必竟皆是枯木矣，此與臧、穀亡羊處意同。五色、五聲、五臭、五味，皆人力爲之，故以爲亂性，以此四者與趣舍並言，所以抑之也。困惾，衝逆人也；中顙，自鼻而通於顙也。濁口，汙其口也；厲爽，乖失也。趣舍，是非好惡也，以趣舍而汨亂其心，則自然之性失矣，故曰趣舍滑心，使性飛揚。楊、墨之學，趣舍滑心者也，而乃自以爲能。彼以其説自困，而乃曰自得，以此爲自得，則禽獸在籠中亦爲自得矣，貶之之甚也。〔一〕

校　注

〔一〕此句下，宋本有「濁口，一本作噣，非」七字，道藏本「非」下多一「也」字，且爲雙行小字。

且夫趣舍聲色以柴其内，皮弁、鷸冠、搢笏、紳修以約其外，内支盈於柴柵，外重纆繳，睆睆然在纆繳之中而自以爲得，則是罪人交臂歷指而虎豹在於囊檻，亦可以爲得矣。

以其趣舍形諸言語，見諸顔色，與人爭是非，胸次爲之梗礙，故曰趣舍聲色以柴其内。皮弁、鷸冠、搢笏、紳修，皆儒者之服也。衣服必以禮，强自拘束，故曰以約其外。搢笏，執也；紳修，長帶也。其在於内也，支塞充盈，如柴栅然，言胸中不自在也。外爲禮文束縛，如罪人被束縛然。纆繳，繩縛也；睆睆，目視之貌。人見其自苦，如在束縛之中，而彼自以爲得，是罪囚之人與囊檻之虎，亦以爲自得乎。極口以詆楊、墨，亦已甚矣。交臂，束其手也；歷指，繩縛其手，而指可數也。囊與檻並言，亦猶俗言胡孫入布袋也。

莊子鬳齋口義卷五

外篇天道第十三

天道運而無所積，故萬物成；帝道運而無所積，故天下歸；聖道運而無所積，故海内服。明於天，通於聖，六通四辟於帝王之德者，其自爲也，昧然無不靜者矣。聖人之靜也，非曰靜也善，故靜也；萬物無足以鐃心者，故靜也。水靜則明燭鬚眉，平中准，大匠取法焉。水靜猶明，而况精神？聖人之心靜乎。天地之鑒也，萬物之鏡也。

帝道、聖道本難分别，莊子之意，蓋以帝爲三皇，聖爲五帝也。運而無積，即是「純亦不已」〔一〕，無積字更分曉。此段主意却在靜字上，至靜之中運而無積，何嘗是枯木死灰？但讀者不察之耳。六通四辟，猶言東西南北上下無所障礙也。昧然者，冥然之意也。聖人之靜也，非曰靜也善，故靜也，此一句最精神，言聖人非以靜爲好事，故欲如此靜。萬物不足以撓動其心，故不求靜而自靜也，鐃與撓同。以水以鏡爲靜之喻，即眼前説話，但是文字精到。

校注

〔一〕「純亦不已」，見禮記中庸。

夫虛靜恬淡、寂寞無爲者，天地之平而道德之至，故帝王聖人休焉。休則虛，虛則實，實者倫矣。虛則靜，靜則動，動則得矣。靜則無爲，無爲也則任事者責矣。無爲則俞俞，俞俞者憂患不能處，年壽長矣。夫虛靜恬淡、寂寞無爲者，萬物之本也。明此以南鄉，堯之爲君也；明此以北面，舜之爲臣也。以此處上，帝王天子之德也；以此處下，玄聖素王之道也。以此退居而閒遊，江海山林之士服；以此進爲而撫世，則功大名顯而天下一也。

虛靜恬澹、寂寞無爲，把一靜字演作八字，要得分曉也。平，定也；至，極也。言此乃天地一定之理，道德極至之事也。休，止也，言帝王聖人之心，止於此也，亦猶曰「止於至善」〔二〕也。休則虛，即惟道集虛，吉祥止止也。但此下又言虛則實，實者倫矣，發得又精神。虛則實，即禪家所謂真空而後實有〔三〕也。倫，理也，實理之中，自有條理，便是渾然之中有粲然者。上句發了虛則實，下句又言虛則靜，靜則動，便是一動一靜，互爲其根。動而無不當其宜，故曰動則得矣。任事者責，言各任其事而盡其責，是無爲而無不爲也。俞俞，安樂之貌。憂患不能處，言不入於憂患也，處有陷入之意，憂患不能入，便是「仁者不憂」〔三〕。年壽長久，便是靜者壽也。四句以虛靜無爲字相生成文，此莊子筆法也。到此又提起虛靜恬淡八字，而斷之以萬物之本。本者，初也，言此理出於未有萬物之初。處上，即南鄉之君也；處下，不仕者也。玄聖素王，言有聖人之德無聖人之位也。退居而閒遊，隱者也；進爲而撫世，用於時者也。觀此一句，其意何嘗不欲用世，何嘗不以動靜爲一？

校注

〔一〕「止於至善」，見禮記大學。

〔二〕「真空而後實有」，神會頓悟無生般若頌：「真空爲體，妙有爲用。」「湛然常寂，應用無方。用而常空，空而常用。用而不有，即是真空；空而不無，玄知妙有。妙有則摩訶般若，真空即清淨涅槃。般若通秘微之光，實相達真如之境。」

〔三〕「仁者不憂」，見論語子罕。

靜而聖，動而王，無爲也而尊，樸素而天下莫能與之爭美。夫明白於天地之德者，此之謂大本大宗，與天和者也；所以均調天下，與人和者也。與人和者，謂之人樂；與天和者，謂之天樂。

静則爲聖，動則爲王，即是内聖外王四字。無爲也而尊，尊，貴也，言天下之道，莫貴於無爲也。樸素，無文采也，雖若樸素，而天下之美莫過於此，故曰樸素而天下莫能與之爭美。明白者，言曉然如此也，若知此天地之德，則可以與天爲徒，故曰與天和者也。和，合也。大本大宗，即是贊美自然之德，與自本自根意同。均調天下，則與人合，亦猶堯曰「子，天之合也，我，人之合也」。既曰天和人和，又曰人樂天樂，鼓舞發越，其筆勢大抵如此。

莊子曰：「吾師乎，吾師乎。整萬物而不爲戾，澤及萬世而不爲仁，長於上古而不爲壽，覆載天地、刻彫衆形而不爲巧，此之謂天樂。

此數句與大宗師篇同，却又着莊子曰三字，前曰許由之言，今以爲自言，可見件件寓言，豈可把作實話看。

故曰：『知天樂者，其生也天行，其死也物化。静而與陰同德，動而與陽同波。』故知天樂者，無天怨，無人非，無物累，無鬼責。故曰：『其動也天，其静也地，一心定而王天下；其鬼不祟，其魂不疲，一心定而萬物服。』言以虚静推於天地，通於萬物，此之謂天樂。天樂者，聖人之心，以畜天下也。」

天行，行乎天理之自然也；物化，隨萬物而化也。静則爲陰，動則爲陽。同波，同流也。聖門只曰「不怨天，不尤人」〔一〕，此又添無物累、無鬼責兩句，愈自精神。鬼出而見於人，則曰祟，其鬼不祟，言神藏而不露也；其魂不疲，言精神不倦也。曰鬼曰魂，即精神是也。心定則精神自定，萬物自服。以虛靜之理而行於天地萬物之間，故曰推於天地而通於萬物。以畜天下，即「以善養人者，服天下」〔二〕也。

校注

〔一〕「不怨天，不尤人」，見論語憲問。

〔二〕「以善養人」句，見前一九三頁注〔一〕。

夫帝王之德，以天地爲宗，以道德爲主，以無爲爲常。無爲也，則用天下而有餘；有爲也，則爲天下用而不足。故古之人貴夫無爲也。上無爲也，下亦無爲也，是下與上同德，下與上同德則不臣；下有爲也，上亦有爲也，是上與下同道，上與下同道則不主。上必無爲而用天下，下必有爲爲天下用，此不易之道也。

天地道德，皆無爲之理而已。此段又將無爲與有爲對說，以無爲爲君之道，以有爲爲臣之道。下與上同德則不臣者，言臣當勞也；上與下同道則不主者，言君當佚也。用天下，君也；爲天下用，臣也。如此説臣主，又是一意，不可與在宥篇天道人道同説，若如此拘泥，便讀莊子不得。且如此篇，既言君當無爲，臣當有爲，而前章又曰明此以北面，舜之爲臣也，又曰以此進爲而撫世，則功大名顯，則臣道亦無爲矣，豈其説自相戾乎？所以道若如此拘泥，則讀莊子不得。

故古之王天下者，知雖落天地，不自慮也；辯雖彫萬物，不自説也；能雖窮海内，不自爲也。天不産而萬物化，地不長而萬物育，帝王無爲而天下功。故曰莫神於天，莫富於地，莫大於帝王。故曰帝王之德配天地。此乘天地，馳萬物，而用人羣之道也。

落天地，言籠絡也，落與絡同。彫萬物者，言其巧也。萬物自生，非天生之，萬物自長，非地長之，故曰天不生，地不長。帝王以無爲而成天下之功，亦與天地同也。乘天地者，猶曰「乘六龍以御天」〔一〕也；馳萬物者，役使羣動也。此段只是贊説君道無爲。

校注

〔一〕「乘六龍」句，見易乾之彖辭。

本在於上，末在於下；要在於主，詳在於臣。三軍五兵之運，德之末也；賞罰利害，五刑之辟，教之末也；禮法度數，刑名比詳，治之末也；鐘鼓之音，羽旄之容，樂之末也；哭泣衰絰，隆殺之服，哀之末也。此五末者，須精神之運，心術之動，然後從之者也。末學者，古人有之，而非所以先也。

自此以下，又説有爲，蓋以無爲爲本，而以有爲爲末。要在主，君道無爲也；詳在臣，臣道有爲也。威武，文德之輔助，故曰三軍五兵之運，德之末也。五兵，弓、殳、矛、戈、戟也。明刑以弼教，故曰賞罰利害，五刑之辟，教之末也。度數，等差也；刑名，名物也；比，類例也；詳，纖悉也。禮法度數，鐘鼓羽旄，皆非禮樂之本，猶曰「玉帛鐘鼓云乎哉」〔一〕也。哀之末也，即「與其易也，寧戚」〔二〕之意。此數句甚平正。精神之運，心術之動，然後從之，蓋言皆由内心以生，非由外鑠我也。末學者，古人有之，而非所以先，此一句尤好，看得莊子何嘗欲全不用兵刑禮樂？

校　注

〔一〕「玉帛」句，論語陽貨：「禮云禮云，玉帛云乎哉；樂云樂云，鐘鼓云乎哉。」

〔二〕「與其」二句，見論語八佾。

君先而臣從，父先而子從，兄先而弟從，長先而少從，男先而女從，夫先而婦從。夫尊卑先後，天地之行也，故聖人取象焉。天尊地卑，神明之位也；春夏先，秋冬後，四時之序也。萬物化作，萌區有狀，盛衰之殺，變化之流也。夫天地至神，而有尊卑先後之序，而況人道乎？宗廟尚親，朝廷尚尊，鄉黨尚齒，行事尚賢，大道之序也。語道而非其序者，非道也；語道而非其道者，安取道？

因上面一先字與一從字，又說許多譬喻。蓋言當先者先，當後者後，皆天地自然之理也，故聖人取而法之，故曰尊卑先後，天地之行也，聖人取象焉。天地四時，亦喻說也。化作，化生也，詩言「薇亦作止」是也。萌，萌芽也；區，區別也。言物生而其狀不同也，隨時變化。先盛後衰，亦是譬喻先後之序。殺，等也，盛者非一時而盛，衰者非一時而衰，皆有次第，故曰盛衰之殺。因先後而及尊卑，尊卑亦先後也。行事尚賢，言任職事以賢爲先也。齒爵親賢，亦天下自然之理，故曰大道之序。安取道者，言既不知其序，又安得有道也？宗廟尚親，昭穆世次也。

是故古之明大道者，先明天而道德次之，道德已明而仁義次之，仁義已明而分守次之，分守已明而形名次之，形名已明而因任次之，因任已明而原省次之，原省已明而是非次之，是非已明而賞罰次之。賞罰已明而愚知處宜，貴賤履位；仁賢不肖襲情，必分其能，必由其名。以此事上，以此畜下，以此治物，以此修身，知謀不用，必歸其天，此之謂太平，治之至也。

此段自言爲治之序，凡有九等，以天爲第一，道德爲第二，仁義爲第三，分守爲第四，形名爲第五，因任爲第六，原省爲第七，是非爲第八，賞罰爲第九。分守，職守也。形名，名，稱也，形與刑同。因任，是因其所職而大任之也。原，免也；省，減也。不任其事，則免之，則省去之矣。是非，旌別淑慝也。賞罰，「撻以記」、「車服以彰」〔一〕之類也。莊子其言爲治之序如此，不知「天討有罪」、「天命有德」〔二〕，賞罰何嘗非天，豈九變而後及之？如此議論，便去聖賢遠甚。但言先明天，次道德，其下又有此數節，亦不是捨粗而求精。愚知處宜，言當其任也。履位，亦猶當位也。襲，安也，安其情實，則君子小人各有所處也。必由其名，循名責實也。知謀不用，必歸其天，言事事雖各有處，而無容其心，皆歸於自然而已，此太平之世也。

校　注

〔一〕「撻以記」、「車服以彰」，書益稷：「撻以記之」，「車服以庸」。揚雄法言先知：「聖人，文質者也，車服以彰之。」

〔二〕「天討有罪」二語，見書皋陶謨。

故書曰：「有形有名。」形名者，古人有之，而非所以先也。古之語大道者，五變而形名可舉，九變而賞罰可言也。驟而語形名，不知其本也；驟而語賞罰，不知其始也。倒道而言，迕道而説者，人之所治也，安能治人？驟而語形名賞罰，此有知治之具，非知治之道；可用於天下，不足以用天下；此之謂辯士，一曲之人也。禮法數度，形名比詳，古人有之，此下之所以事上，非上之所以畜下也。

書，古書也。古書之中，雖有形名之説，而未嘗捨本以求末，故曰非所以先。若不知先後，驟然而言之，則失其本始矣。倒，倒置也；迕，逆也。若逆此自然之道，倒置其説，則是治於人者，是爲天下用也，非用天下者也。以刑名賞罰爲治之具，以分守仁義爲治之道，何嘗差錯，但説得衮雜爾。一曲，一偏也。上所以畜下，則是君道；下所以事上，則是臣道。比，例也；詳，目也。〔一〕

校注

〔一〕「比，例也；詳，目也」，原無此六字，據宋本補。

昔者舜問於堯曰：「天王之用心何如？」堯曰：「吾不敖無告，不廢窮民，苦死者，嘉孺子而哀婦人。此吾所以用心已。」舜曰：「美則美矣，而未大也。」堯曰：「然則何如？」舜曰：「天德而出寧，日月照而四時行，若晝夜之有經，雲行而雨施矣。」堯曰：「然則膠膠擾擾乎。子，天之合也；我，人之合也。」夫天地者，古之所大也，而黄帝、堯、舜之所共美也。故古之王天下者，奚爲哉？天地而已矣。

敖，嫚侮也。苦，哀憐之也。嘉，喜之也；婦人，寡婦也。既與孺子對説，雖無寡字，而意自明。天德，自然之德也；出寧者，「首出庶物，萬國咸寧」〔一〕也。日往則月來，寒往則暑來，日月照而四時行也。既晝而夜，夜而復晝，常常如此。經，常也。雲行雨施，隨時自然，此皆形容無爲而爲之意。膠膠擾擾，言撓亂也。堯曰，我之所爲，未及於汝，未免自爲撓亂，所以只合於人，而未合於天也。然則下三句，謂堯自嘆之辭也。天地者，古之所大，言天地自然之理，自古及今，莫大於此也。共美者，共好之也。王天下者，無他爲，但法天地，則可矣。前言堯、舜既有抑揚，此又與黄帝同説，殊無輕重，若泥其名字，則窒礙不通矣。

校注

〔一〕「首出」二句，見易乾之彖辭。

孔子西藏書於周室。子路謀曰：「由聞周之徵藏史有老聃者，免而歸居，夫子欲藏書，則試往因焉。」孔子曰：「善。」往見老聃，而老聃不許，於是繙十二經以説。老聃中其説，曰：「太謾，願聞其要。」孔子曰：「要在仁義。」老聃曰：「請問，仁義，人之性邪？」孔子曰：「然。君子不仁則不成，不義則不生。仁義，真人之性也，又將奚爲矣？」老聃曰：「請問，何謂仁義？」孔子曰：「中心物愷，兼愛無私，此仁義之情也。」老聃曰：「意，幾乎後言。夫兼愛，不亦迂乎？無私焉，乃私也。夫子若欲使天下無失其牧乎？則天地固有常矣，日月固有明矣，星辰固有列矣，禽獸固有羣矣，樹木固有立矣。夫子亦放德而行，循道而趨，已至矣；又何偈偈乎揭仁義，若擊鼓而求亡子焉？意，夫子亂人之性也。」

西藏書於周室，言西至周，而欲觀其藏書也。繙，反覆言之也。中其説者，言方及半，而老子以爲太繁。太謾，言太汗漫也。物愷者，以物爲樂，與物爲一之意也。後言，猶曰淺近之言也；幾乎，危乎也。物之不齊，何由兼愛？此迂曲難行之説也。纔有無私之名，胸中便有箇私字，有此無私字〔一〕，便是有心，故曰無私焉，乃私也。牧，養也，欲使天下無失其所養，則天地之間，物物皆有自然之造化，何可容力？但當依放自然之德，循行自然之道，能如此已爲極矣，故曰已至矣。亡子，逃也；擊鼓而求，言勞苦而驚動世俗也。如此乃是亂人之性，故歎而言之。意，嘆也；夫子，猶吾子也。偈偈，勞力之貌。

校注

〔一〕「有此無私字」，道藏本同，宋本作「謂之無私」。

士成綺見老子而問曰：「吾聞夫子聖人也，吾固不辭遠道而來願見，百舍重趼而不敢息。今吾觀子，非聖人也，鼠壤有餘蔬而棄妹，不仁也，生熟不盡於前，而積斂無崖。」老子漠然不應。士成綺明日復見，曰：「昔者吾有刺於子，今吾心正卻矣，何故也？」老子曰：「夫巧知神聖之人，吾自以爲脱焉。昔者子呼我牛也而謂之牛，呼我馬也而謂之馬。苟有其實，人與之名而弗受，再受其殃。吾服也恒服，吾非以服有服。」

百舍重趼而不敢息，言其勞也。趼，足跟厚皮也。食蔬之餘，棄於鼠壤暗昧不明之地，妹與昧同，暗也，是不愛物也，故以爲不仁。生熟不盡於前，而積斂無崖，言其積畜有餘也。生熟者，生物熟物。在目前者用不盡也，猶且收積不已，故曰積斂無崖。老子漠然不應，是以不答答之也。刺者，譏也；卻，退也。向有所譏，今其心盡，退然無有，謂既見之後，忽然有覺也。巧知神聖，有爲之學也。脱者，離也，言出乎其上也。我既無心，呼馬呼牛，聽汝而已。苟有其實，人與之名而弗受，再受其殃，此一句最純粹，我若實有此事，人以譏我，而我乃拒之，是兩重罪過也，即是「恥過作非」〔二〕，又翻出此語。服，行也，吾之所行，常常如此，非以爲當行而行之，謂不自知也，故曰吾服也恒服。吾非以服有服，即非曰靜也善，故靜之意。却如此下四箇服字，皆是奇筆處。

校注

〔一〕「耻過作非」，書説命中：「無耻過作非。」

士成綺鴈行避影，履行遂進而問：「修身若何？」老子曰：「而容崖然，而目衝然，而顙頯然，而口闞然，而狀義然，似繫馬而止也。動而持，發也機，察而審，知巧而覩於泰，凡以爲不信。邊竟有人焉，其名爲竊。

鴈行避影，形容其側身之貌。履行，一步躡一步也，履行遂進，形容其躡足漸行漸進之貌。崖然，有崖異之狀；衝然，有突視之狀；闞然，口呿之狀；義然，堅固之狀。馬性欲馳，雖繫止而自有奔突之意，即坐馳之意也，形容得最好。動而持，舉動之間，有矜持之貌也。發也機，即所謂其發若機括，其司是非之謂也。察而審者，好用明察而又精審，略不藏畜也。如巧而覩於泰，自恃〔一〕其智巧，而驕泰之意見於外也。凡此十事，皆不誠所致，故曰凡以爲不信。不信，不誠實也，若見實理，則無此病矣。邊竟之間，若有此等人，必指之以爲賊，謂其機心太重，不循乎自然，處世能招禍也。

校　注

〔一〕「恃」，原作「持」，據宋本、道藏本改。

夫子曰：「夫道，於大不終，於小不遺，故萬物備。廣廣乎其無不容也，淵乎其不可測也。形德仁義，神之末也，非至人孰能定之？

夫子，老子也。大而無極曰大不終，細而無餘曰小不遺，即語大莫能載，語小莫能破也。萬物不能外此道，故曰萬物備。廣廣乎，大也；淵乎，深也。形而爲德、爲仁、爲義，皆其妙用之餘也。形，形見也。神，妙用也。定，審定也，非至人孰能定其本末也？

夫至人有世，不亦大乎？而不足以爲之累。天下奮棅而不與之偕，審乎無假而不與利遷，極物之真，能守其本，故外天地，遺萬物，而神未嘗有所困也。通乎道，合乎德，退仁義，賓禮樂，至人之心有所定矣。」

有世，有天下也，雖有天下之大，而不足累其心。棅，權也，雖奮而執天下之棅，此心亦不與之偕往，言心不動也。不爲利遷，言不計利害也。究極萬物真實之理，故能守其本然之靜。外天地，遺萬物，不動於外也。其心不動，神又何所困乎？通，同也；道德，自然也。退仁義，以仁義爲後，而非其所先也。賓禮樂，所主者情性，而禮樂爲賓也。定，靜也，此至人之心所以靜定也。

世之所貴道者書也，書不過語，語有貴也。語之所貴者意也，意有所隨，意之所隨者，不可以言傳也，而世因貴言傳書。世雖貴之哉，猶不足貴也，爲其貴非其貴也。故視而可見者，形與色也；聽而可聞者，名與聲也。悲夫，世人以形色名聲爲足以得彼之情。夫形色名聲果不足以得彼之情，則知者不言，言者不知，而世豈識之哉？

書能載道，世所以貴之，然貴在道，而不在書也。以道爲言，故其言可貴，然所貴者意，而不在言。隨，向也，意之所向，言不得而傳，則言之與書皆不足貴矣。以此爲貴，皆不足貴，故曰爲其貴非其貴也。名，名言也，形色則可見，名聲則可聞，道豈有〔一〕形色名聲哉？以不可見不可聞之道，而世人欲以見聞得其實，可悲也哉。情，實也；果，斷也。見聞斷然不足以得之，故知道者必不言，而有言者必非知道者也。今世之人，其識見豈及此？所以可悲也。

校注

〔一〕「有」，原作「其」，據宋本、道藏本改。

桓公讀書於堂上。輪扁斲輪於堂下，釋椎鑿而上，問桓公曰：「敢問公之所讀者何言邪？」公曰：「聖人之言也。」曰：「聖人在乎？」公曰：「已死矣。」曰：「然則君之所讀者，古人之糟魄已夫。」桓公曰：「寡人讀書，輪人安得議乎？有説則可，無説則死。」輪扁曰：「臣也以臣之事觀之。斲輪，徐則甘而不固，疾則苦而不入。不徐不疾，得之於手而應於心，口不能言，有數存焉於其間。臣不能以喻臣之子，臣之子亦不能受之於臣，是以行年七十而老斲輪。古之人與其不可傳也死矣，然則君之所讀者，古人之糟魄已夫。」

此段只前段之意，謂道不可以言傳，而設喻如此，極爲精妙。甘，滑也；苦，澁也。徐，寬也；疾，緊也。寬則甘滑易入而不堅，緊則澁而難入。要得不寬不緊，自有分數存乎其間。但是説不出，雖父之於子，亦不可傳。書載古人之言耳，其人不存，則其不可傳者，何從得之？糟粕之餔，豈知酒味哉？道而可獻，人莫不以獻諸其君，道而可傳，人莫不以傳於其子，亦此意也。大凡著書所載所言，必非一事，此書翻來覆去，只説一箇自然之理，而撰出許多説話，愈出愈奇，别無第二題目。若如此看，愈見莊子不可及處，讀佛書者亦然。

外篇天運第十四

天其運乎？地其處乎？日月其爭於所乎？孰主張是？孰維綱是？孰居無事推而行是？意者其有機緘而不得已邪？意者其運轉而不能自止邪？雲者爲雨乎？雨者爲雲乎？孰隆施是？孰居無事淫樂而勸是？風起北方，一西一東，有上彷徨，孰噓吸是？孰居無事而披拂是？

此數行句句精絶，五箇乎字，前無古人，後無來者。天行一日一周，天之自運乎？地有四維〔一〕上下，豈一定而處乎？日往月來，却喚作爭其所，言如人相追奪也，此三字誰下得？主張、維綱，但是着力之意。機緘不得已，運轉不能自止，言亦不由他也。天氣下降，地氣上騰，所以爲雲爲雨，但不知雲爲雨乎？雨爲雲乎？如此設問，豈不奇特？隆施，隆，起也，施，止也，與張弛同，言或作或止，孰爲之也。淫樂，淫，放也，樂，戲劇也，勸，助也，言何人爲放意戲樂之事，而助成此雲雨也。四方皆有風，此言起北方者，順天形而言之，天倚於北，則風自北來。或西或東，或上或下。彷徨，往來之貌。言上不言下，文法也。披拂，摇蕩也。

校注

〔一〕「維」，原作「游」，宋本同，據道藏本改。「四維」見前三七頁注〔二〕。

「敢問何故？」巫咸祒曰：「來，吾語汝。天有六極五常，帝王順之則治，逆之則凶。九洛之事，治成德備，監照下土，天下戴〔二〕之，此謂上皇。」

發問不言人名，又是自變〔三〕箇筆法。六極，六氣也，五常，五行也，六氣五行，皆自然之理也。九洛，九州也，洛，聚落也，洛與落同，古字通用。治成德備，言帝王順此自然之理，以治九州，功成而德備。照臨天下，而人皆戴之，此乃三皇向上人也，故曰此謂上皇。

校注

〔二〕「戴」，原作「載」，宋本同，據道藏本改。

〔三〕「變」，道藏本同，宋本作「下」。

商太宰蕩問仁於莊子。莊子曰：「虎狼，仁也。」曰：「何謂也？」莊子曰：「父子相親，何爲不仁？」曰：「請問至仁。」莊子曰：「至仁無親。」太宰曰：「蕩聞之，無親則不愛，不愛則不孝。謂至仁不孝，可乎？」莊子曰：「不然。夫至仁尚矣，孝固不足以言之。此非過孝之言也，不及孝之言也。

以虎狼爲仁，便與盜亦有道意同，此皆排抑儒家之論。但其言雖偏，亦自有理，諺云：「惡虎不食子。」豈非虎狼之仁乎？至仁無親者，言仁主於相親，而不知其所以相親，乃謂仁之至。孝不足言者，非不孝也，蓋至於至仁，則孝不待言矣，至仁則在孝之上，過於孝矣。若太宰所問，乃是不及孝之言也，言汝未能盡仁，則於孝爲不及，我能盡仁，則過之矣。〔一〕

校注

〔一〕「豈非虎狼之仁……則過之矣」，宋本此段語句稍異，作：「知有父子，即爲仁矣。至仁無親者，言相親而不自知，乃仁之至也。孝不足言者，盡仁之至則孝不待言也。至仁過於孝。若太宰所問，乃是不及孝之言，言汝未能盡仁，則於孝爲不及，我既盡仁，則過之矣。」

夫南行者至於郢，北面而不見冥山，是何也？則去之遠也。故曰：以敬孝易，以愛孝難；以愛孝易，而忘親難；忘親易，使親忘我難；使親忘我易，兼忘天下難；兼忘天下易，使天下兼忘我難。夫德遺堯、舜而不爲也，利澤施於萬世，天下莫知也，豈直太息而言仁孝乎哉？夫孝弟仁義，忠信貞廉，此皆自勉以役其德者也，不足多也。故曰：至貴，國爵并焉；至富，國財并焉；至願，名譽并焉。是以道不渝。」

冥山在北，自北而南，行至於郢，則望北山，皆不見矣。此是去之已遠，非不及也。等閑小小譬喻，以發過孝、不及孝之意，亦自奇特。敬孝猶有迹也，愛孝則相忘矣，自此以上，曰忘親，曰忘天下，天下忘我，但要一節高一節，此書筆法例如此，皆以有迹不若無迹，有心不若無心。遺，棄也，蔑視之意。蔑視堯、舜不足以爲德，澤及萬世不足以爲仁，又豈以仁孝自誇美哉？太息而言，嗟歎自夸也。孝弟仁義忠信廉貞八者，世人以爲美德，其實相勸勉以自苦而已，故曰自勉以役其德，不足多也。役，勞也；不足多，不足尚也。我之至貴，何取於國爵？我之至富，何取於國財？我之至願，何取於名譽？并音屏，言皆屏去之也。至貴、至富、至願，無爲之道也。國財，埒國之財也。不渝，不變也，即所謂常然也。八者有爲以自役，而我常無爲也。

北門成問於黄帝曰：「帝張咸池之樂於洞庭之野，吾始聞之懼，復聞之怠，卒聞之而惑，蕩蕩默默，乃不自得。」

此段把樂來粧撰一項説話，又是一般奇特。始而懼，繼而怠，終而惑，言我聞此樂如此三變。蕩蕩，精神散也；默默，口噤也；不自得，不自安也，爲此樂所驚駭也。

帝曰：「汝殆其然哉。吾奏之以人，徽之以天，行之以禮義，建之以太清。夫至樂者，先應之以人事，順之以天理，行之以五德，應之以自然，然後調理四時，太和萬物。〔一〕四時迭起，萬物循生；一盛一衰，文武倫經；一清一濁，陰陽調和，流光其聲；蟄蟲始作，吾驚之以雷霆；其卒無尾，其始無首；一死一生，一僨一起；所常無窮，而一不可待。汝故懼也。

汝殆其然哉，言我之樂而汝聽之，宜其如此三變也。奏，作也。徽，猶琴徽也。行之、建之，動作聳起也。人，人事也；天，天理也；禮義，聲有條理也；太清，合造化也。謂始作之聲，平正如此。自四時迭起以下，又言作用之時，變化驚動，可喜可愕，且作且止，而未見歸宿之地也。發生，文也；肅殺，武也；倫經，次序也。四時生殺，萬物循序而生長，既盛復衰，猶樂聲之有文武倫序也。琴有文武絃，即此文武之類，故曰文武倫經。流光，流暢光華也，調其陰陽清濁之聲，如此流暢光華，若蟄蟲將奮而雷發聲之時，迎之不見其首，隨之不見其終，故曰其卒無尾，其始無首，首尾即終始也。死生僨起，所常無窮，言或作或止，既常且變，故其常者無窮也。求其歸一之地而未得，故曰一不可待。汝之初聞所以懼者如此。

校注

〔一〕「夫至樂者，先應之以人事，順之以天理，行之以五德，應之以自然，然後調理四時，太和萬物」三十五字，宋本、道藏本皆無，口義亦未釋及此數句，當係施氏據他本莊子補入，非林希逸鬳齋口義原貌也。

吾又奏之以陰陽之和，燭之以日月之明；其聲能短能長，能柔能剛；變化齊一，不主故常；在谷滿谷，在阬滿阬；塗郤守神，以物爲量。其聲揮綽，其名高明。是故鬼神守其幽，日月星辰行其紀。吾止之於有窮，流之於無止。子欲慮之而不能知也，望之而不能見也，逐之而不能及也。儻然立於四虛之道，倚於槁梧而吟。目知窮乎所欲見，力屈乎所欲逐，吾既不及已夫。形充空虛，乃至委蛇。汝委蛇，故怠。

陰陽之和，日月之光，亦只是和暢光華之意。長短剛柔，同爲變化，不可指定，故曰變化齊一，不主故常。齊一，同也。故，舊也，不主故常，言愈出愈新也。滿阬滿谷，言塞乎天地之間也。塗郤，塞其聰明也，郤與隙同，言七竅也。黜其聰明而守之以神，隨萬物而爲之劑量，言我之作樂不用智巧，而循自然也。其聲揮動寬綽，自然有高明之名。鬼神守其幽，即其鬼不祟，其魂不疲也。日月星辰行其紀，往來自然也。若有止，而又若無止，故曰止於有窮，流於〔一〕無止。欲慮不知，欲望不見，欲逐不及，皆形容其似有物而非有物之意。四虛即太虛也，我當是時，立於太虛之中，隱几而吟。且欲見而不可窮，欲逐而不可及。其形雖充滿，而自忘其身，若空虛然，乃至於委蛇放弛，而況汝乎？汝惟如此放弛，所以怠也。儻然，無心貌也。

校注

〔一〕「於」，原作「而」，道藏本同，據宋本改。

吾又奏之以無怠之聲，調之以自然之命，故若混逐叢生，林樂而無形；布揮而不曳，幽昏而無聲。動於無方，居於窈冥；或謂之死，或謂之生；或謂之實，或謂之榮；行流散徙，不主常聲。世疑之，稽於聖人。聖也者，達於情而遂於命也。天機不張而五官皆備，此之謂天樂，無言而心説。故有焱氏爲之頌曰：『聽之不聞其聲，視之不見其形，充滿天地，苞裹六極。』汝欲聽之而無接焉，而故惑也。

無怠，不已也。自然之命，即自然之理也。若混逐叢生者，如萬物之叢生而混同相追逐也。林樂，林然而樂，言林林總總，無非樂也，而不見其形。布散揮動而不容力以牽曳，幽昏而不可聞。變動而無方所，其所居乃在於窈窈冥冥、不可窮極、不可窺測之地。非生非死，非華非實。行流散徙，言不定也；不主常聲，即不主故常也。世人至此，疑而不曉，乃以問於聖人。稽，考也，問之意也。達於情者，達於實理也；遂於命者，極於自然也。身之五官皆備而天機不動，謂耳目手足雖具，而見聞動作皆不自知，此則得其自然之樂，故曰天樂。楞嚴經云：「反流全一，六用不行。」〔一〕即天機不張，五官皆備之意也。無言而心悦，謂其悦樂有不容言者。汝於此雖欲聽之，而無所接，所以惑也。到此又撰出一頌，此乃文字紬繹之妙處。充滿天地，苞裹六極，即是塞乎天地。此頌四句，本無別意，添作一轉，便成節奏，此是作文之法。

校注

〔一〕楞嚴經語，楞嚴經卷八：「云何現業？阿難，如是清淨持禁戒人，心無貪婬，於外六塵不多流逸，因不流逸，旋元自歸，塵既不緣，根無所偶，反流全一，六用不行，十方國土，皎然清淨，譬如琉璃，内懸明月，身心快然，妙圓平等，獲大安隱，一切如來密圓淨妙，皆現其中，是人即獲無生法忍。」

樂也者，始於懼，懼故祟；吾又次之以怠，怠故遁；卒之於惑，惑故愚；愚故道，道可載而與之俱也。」

前言懼、怠、惑，未見其意，到歸結處，方説愚而可以入道。這一轉尤妙，蓋言人之求道，須經歷如此境界，方有進步處。祟，森爽之意。怠而遁，是欲罷不能之時；惑而愚，是意識俱亡，「六用不行」之時。看此三節，便似〔二〕禪家作用。其間説樂，雖作三段，亦無大分別，但鼓舞其言而已。

校注

〔一〕「似」，原作「是」，據宋本、道藏本改。

孔子西游於衛。顔淵問師金曰：「以夫子之行爲奚如？」師金曰：「惜乎，而夫子其窮哉。」顔淵曰：「何也？」師金曰：「夫芻狗之未陳也，盛以篋衍，巾以文繡，尸祝齋戒以將之。及其已陳也，行者踐其首脊，蘇者取而爨之而已；將復取而盛以篋衍，巾以文繡，遊居寢卧其下，彼不得夢，必且數眯焉。今而夫子，亦取先王已陳芻狗，取弟子遊居寢卧其下。故伐樹於宋，削迹於衛，窮於商周，是非其夢邪？圍於陳蔡之間，七日不火食，死生相與鄰，是非其眯耶？

此段議吾聖人，在孔子時，已有荷蓧丈人、楚狂接輿、長沮、桀溺，皆是此一種人。芻狗，結草爲狗，以解厭也，祭時所用，已則棄之。篋，筐也；衍，笥也。蘇，取草也。眯，塵入其目也。蓋謂儒者所學，皆古昔陳言，不足用於今世也。

夫水行莫如用舟，而陸行莫如用車，以舟之可行於水也而求推之於陸，則没世不行尋常。古今非水陸與？周、魯非舟車與？今蘄行周於魯，是猶推舟於陸也，勞而無功，身必有殃。彼未知夫無方之傳，應物而不窮者也。

川陸舟車之喻，言時不同也。無方之傳，不執一之道也。自古所傳，自有隨時不執一之道，所以應世而不窮。

且子獨不見夫桔槔者乎？引之則俯，舍之則仰。彼，人之所引，非引人也，故俯仰而不得罪於人。

俯仰隨人而無所容心，即無方應物之喻也。

故夫三皇五帝之禮義法度，不矜於同而矜於治。故譬三皇五帝之禮義法度，其猶柤梨橘柚邪？其味相反而皆可於口。故禮義法度者，應時而變者也。

柤梨橘柚，人皆美之，而其味各不同，此喻三王不同禮，五帝不同樂之意。柤，果屬，似梨而酸。

今取猨狙而衣以周公之服，彼必齕齧挽裂，盡去而後慊。觀古今之異，猶猨狙之異乎周公也。

以古人之禮樂而强今人行之，是强猨狙而衣以人之服也。不曰人之服，而曰周公之服，意在譏侮聖賢，故多如此下字。周公制禮，有冠冕衣裳之制，故曰周公之服。

故西施病心而矉其里，其里之醜人見而美之，歸亦捧心而矉其里。其里之富人見之，堅閉門而不出，貧人見之，挈妻子而去之走。彼知美矉而不知矉之所以美。惜乎，而夫子其窮哉。」

矉，蹙額也，以今人而學古人，猶以里女而學西施之矉。矉之所以美者，必有西施而後可，道之所以行，必見古人而後可。而夫子，言汝夫子也。此段凡六譬喻，節節皆好。爲文莫難於譬喻，王臞軒邁〔一〕嘗云：平生要自做箇譬喻不得，才思量得，皆是前人已用了底。莊子一書，譬喻處件件奇特。

校注

〔一〕王邁，字貫之，號臞軒，南宋仙遊人，有臞軒集。

孔子行年五十有一而不聞道，乃南之沛見老聃。老聃曰：「子來乎？吾聞子，北方之賢者也，子亦得道乎？」孔子曰：「未得也。」老子曰：「子惡乎求之哉？」曰：「吾求之於度數，五年而未得。」老子曰：「子又惡乎求之哉？」曰：「吾求之於陰陽，十有二年而未得。」老子曰：「然。使道而可獻，則人莫不獻之於其君；使道而可進，則人莫不進之於其親；使道而可以告人，則人莫不告其兄弟；使道而可以與人，則人莫不與其子孫。

度數，禮樂也；陰陽，萬物之理也。五年、十二年，初無義理，但曰精粗求之，久而未得爾。自「道而可獻」以下四句，發得極妙，即是道不可傳，乃如此發得這般言語。

然而不可者，無他也，中無主而不止，外無正而不行。由中出者，不受於外，聖人不出；由外入者，無主於中，聖人不隱。

中無主而不止，非自見自悟也，言學道者雖有所聞於外，而其中自無主，非所自得，雖欲留之，不住也。外無正者，無所質正也，今禪家所謂印證〔一〕也。在我既有所自得，而質之有道之人，得其印證，則可以自行；我無所得，則何以印證於人？此兩句雖分中外，其實只要自得也。由中出者，不受於外，此謂教人者。我之言，雖自中出，而汝不能受。「吾與回言終日，不違」〔二〕，能受者也。汝不能受，則聖人不告汝矣，故曰聖人不出。由外入者，無主於中，此言受教者。我言雖自外而入汝之聽，汝未有見，而中無所主，雖聞其言，亦無得也，即禪家所謂「從門而入者，不是家珍」〔三〕。汝既無得，則但以聖人爲隱，聖人實不隱也，「二三子以我爲隱乎，吾無隱乎爾」〔四〕，便是此意。此四句儘自精微，須子細參究。道之不可傳，無他故也，其病在此四句而已，故先曰「然而不可者，無他也」。

校注

〔一〕「印證」，宗師於對方研習所得證明而許可之。古尊宿語録卷二十九舒州龍門佛眼和尚語録：「昔向居士木食澗飲，以所悟布之文字，求二祖大師印證。」「諸仁者，古人悟心，布之文字，實是希有，還見二祖大師與居士所證所得之事麽？」

〔二〕「吾與」二句，論語爲政：「子曰：『吾與回言終日，不違，如愚。』」

〔三〕「禪家」句，景德傳燈録卷十六：「師（黄山月輪禪師）上堂謂衆曰：『祖師西來，特唱此事。自是諸人不薦，向外馳求。投赤水以尋珠，就荆山而覓玉。所以道：從門入者，不是家珍。認影爲頭，豈非大錯？』」

〔四〕「二三子」二句，見論語述而。

名，公器也，不可多取。仁義，先王之蘧廬也，止可以一宿而不可以久處，覯而多責。古之至人，假道於仁〔一〕，託宿於義，以游逍遥之墟，食於苟簡之田，立於不貸之圃。逍遥，無爲也；苟簡，易養也；不貸，無出也。古者謂是采真之遊。

名不可多取，此譏儒者好名也。蘧廬，草屋也。仁義不可久處，言有迹者，不可久也。覯，見也，纔有聲迹可見，則禍患之所由生，故曰覯而多責。假道、託宿，不可久處也，過則化之〔二〕意。苟簡，苟且也，言隨時而不着相也。不貸者，猶今人〔三〕言不折本也。易養，易足也。無出，不費力，無費於我也。采真，采取真實之理也。

校注

〔一〕「仁」，原作「人」，據宋本、道藏本改。

〔二〕「過則化之」，孟子盡心上：「夫君子，所過者化，所存者神。」

〔三〕「人」，原作「生」，道藏本同，據宋本改。

以富爲是者，不能讓禄；以顯爲是者，不能讓名；親權者，不能與人柄。操之則慄，舍之則悲，而一無所鑒，以闚其所不休者，是天之戮民也。

此即是貪夫狗財、烈士狗名、夸者死權之意。操之而患失則恐慄，舍之而迷戀則自悲，三者皆然。無所鑒者，略無所見也。闚，視也；所不休，迷而不知返也。心無明見而不能反視其迷，此天奪其魄之人也。天之戮民，言天罰之以此苦也。

怨、恩、取、與、諫、教、生、殺，八者，正之器也，唯循大變無所湮者爲能用之。故曰：正者，正也。其心以爲不然者，天門弗開矣。」

君臣之間曰諫，師友之間曰教，有此人世，則有此八者之用。器，用也，用所當用曰正，必無心者，方能用之。循大變，順造化也；無所湮，無所汩也。我能循造化而無所汩，則在我者正，而後可以正物。我未能無心，而以自然之理爲不然，則是其胸中之天已昏塞矣，故曰天門不開。詩曰

「天之牖民」，便是天門之意。〔一〕

校注

〔一〕「故曰天門不開。詩曰『天之牖民』，便是天門之意」，原作「故至道之世，各循自然，無所是非，則上下亦相忘矣」。據宋本、道藏本改，宋本、道藏本較貼近莊子本文。

孔子見老聃而語仁義，老聃曰：「夫播穅眯目，則天地四方易位矣；蚊虻噆膚，則通昔不寐矣。夫仁義憯然，乃憤吾心，亂莫大焉。吾子使天下無失其朴，吾子亦放風而動，揔德而立矣，又奚傑然若負建鼓而求亡子者邪？

噆膚、眯目，偏說逆心之喻也。昔即夕也，左傳曰：「居則備一昔之衛。」〔二〕憯然，毒之狀也，言自苦也。憤吾心，逆吾心也。亂莫大焉，言自亂性也。放風，順化也，順化而行，故曰放風而動。揔，執也。若使天下不失其本然之朴，則皆順化而行，執德而立，又何待教之乎？「王建路鼓于寢門」〔三〕，建鼓，言所建之鼓也。招呼天下之人而教之，猶負大鼓而求亡子也。傑然，自高之貌。

校注

〔一〕「左傳」句，左傳僖公三十三年：「居則具一日之積，行則備一夕之衛。」

〔二〕「王建」句，周禮夏官司馬：「建路鼓于大寢之門外。」

夫鵠不日浴而白，烏不日黔而黑，黑白之朴，不足以爲辯；名譽之觀，不足以爲廣。泉涸，魚相與處於陸，相呴以濕，相濡以沫，不若相忘於江湖。」

鵠之白，烏之黑，自然而然，不待浴之黔之，此二喻最佳。黔，染黑也。黑白之朴，言黑白皆有自然之質，無美無惡，不足致辯。以名譽而觀示於天下，便有是非之意，有譽則有毁，此心便不廣大矣。黑白，是非之喻也。魚之呴濡共能幾何？若處之江湖，則相忘於水中矣。至道之世，各循自然，無所是非，則上下亦相忘矣。

孔子見老聃歸，三日不談。弟子問曰：「夫子見老聃，亦將何規哉？」孔子曰：「吾乃今於是乎見龍。龍合而成體，散而成章，乘乎雲氣而養乎陰陽。予口張而不能嗋，予又何規老聃哉？」

規，諫也。合而成體，渾然者也；散而成章，粲然者也。龍在天地之間，可見而不可見，故有散合之喻。乘乎雲氣，在造化之上也；養乎陰陽，言以天地之道自樂也。嗋，合也，張而不合，無所容言也。

子貢曰：「然則人固有尸居而龍見，雷聲而淵默，發動如天地者乎？賜亦可得而觀乎？」遂以孔子聲見老聃。老聃方將倨堂而應微曰：「余年運而往矣，子將何以戒我乎？」子貢曰：「夫三王五帝之治天下不同，其係聲名一也。而先生獨以爲非聖人，如何哉？」老聃曰：「小了少進，子何以謂不同？」對曰：「堯授舜，舜授禹，禹用力而湯用兵，文王順紂而不敢逆，武王逆紂而不肯順，故曰不同。」老聃曰：「小子少進，余語汝三皇五帝之治天下。黄帝之治天下，使民心一，民有其親死不哭而民不非也。堯之治天下，使民心親，民有爲其親殺其殺而民不非也。舜之治天下，使民心競，民孕婦十月生子，子生五月而能言，不至乎孩而始誰，則人始有夭矣。禹之治天下，使民心變，人有心而兵有順，殺盜非殺，人自爲種而天下耳，是以天下大駭，儒墨皆起。其作始有倫，而今乎婦女，何言哉？

以孔子之聲見老聃，稱夫子之門人而修謁也。倨堂，居於堂上而自倨，有傲物之意。應微，言其問答之聲甚微也。黄帝之治，順乎自然，自此以下，一節下一節，前篇亦屢有此意，於此又添出數句，頗奇特。制服以其親之輕重爲降殺，故曰爲其親殺其殺，蓋言古無服，而今制禮也。古人十四月而生，兩歲而後言，十月而生，五月而言，謂早也。誰，問也，未至於孩提而早能問人爲誰矣。

始，早也；誰，謂誰何也。使民心變，變於古也。人有心，人人各有私心也；兵有順，以用兵爲順事也。爲盜之人可殺，則殺不以爲罪，法禁詳矣。當此時也，人皆自分種類，各親其親，各子其子也，特共此天下而居，故曰而天下耳。其作始有倫，言其始如此作爲之時，人倫之道猶在，今其弊也至於亂倫，而以女爲婦，又何可言哉？謂其不容説也。禮記「大道」、「爲公」一段，亦有此意，但莊子説得太甚。

余語汝，三皇五帝之治天下，名曰治之，而亂莫甚焉。三皇之知，上悖日月之明，下睽山川之精，中墮四時之施。其知憯於蠆蠆之尾、鮮規之獸，莫得安其性命之情者，而猶自以爲聖人，不可耻乎？其無耻也。」子貢蹵蹵然立不安。

三皇之知，亦拂天地造化之理，前此多尊三皇而抑五帝，到此又和三皇罵了。蠆蠆，即蜂類也，其尾有毒。鮮，少也；規，求也。小獸之求，不過鮮少，如狐狸之類。言此等智巧，其爲毒也，亦如此小蟲小獸而已，皆譏侮而卑抑之言。憯，毒也。蹵蹵然，不安之貌也。

孔子謂老聃曰：「丘治詩、書、禮、樂、易、春秋六經，自以爲久矣，孰知其故矣；以奸者七十二君，論先王之道而明周、召之迹，一君無所鉤用。甚矣夫，人之難説也，道之難明耶？」老子曰：「幸矣子之不遇治世之君也。夫六經，先王之陳迹也，豈其所以迹哉？今子之所言，猶迹也。夫迹，履之所出，而迹豈履哉？

禮記中亦有老子呼聖人以名處，想問禮於老聃而師之。孰知其故者，孰知其典故也。鉤，取也。幸不遇者，若有上古聖人，更笑汝也。有履則有迹，得其迹而不得其履，亦猶糟粕之喻也。

夫白鶂之相視，眸子不運而風化；蟲，雄鳴於上風，雌應於下風而風化；類自爲雌雄，故風化。性不可易，命不可變，時不可止，道不可壅。苟得於道，無自而不可；失焉者，無自而可。」孔子不出三月，復見曰：「丘得之矣。烏鵲孺，魚傅沫，細要者化，有弟而兄啼。久矣夫丘不與化爲人。不與化爲人，安能化人？」老子曰：「可，丘得之矣。」

此一段，文之極奇者。白鶂之雌雄，不交而生子，但眸子相視而已。凡物皆風氣所生，風字從虫，便有生物之義，故曰風化，言生子也。鳴於上風，應於下風，謂在上在下也。黄帝順下風而行，却與此同，此風字與風化字又別。類自爲雌雄，言其雌雄在萬物之中，自爲一類，故能如此風化。螟蛉之於蜾蠃〔二〕則非類，而以呪化，此則以相視而化也。性、命、時、道，皆言自然之理不可違也。烏鵲孺，孺，交尾也；魚傳沫者，相濡以沫而生子也。細要，蜂也；化，化生也。有弟而兄啼，兄弟同母，必乳絶而後生，兄不得乳而後有弟，故曰兄啼，此句下得尤奇絶。佛經中多有此類，要盡文章之妙，此類皆不可不知。不與化爲人者，言知人而未知天，不能與造化爲一也。此章以造化生生之理喻自然之道，蓋謂儒者所學皆有爲之爲，而非無爲之爲，無爲之爲，則與造化同功也。

佛經所言胎生、卵生、化生、濕生〔二〕，其原必出於此，其意却欲人知此身自無而有，與萬物皆同，所以破世俗自私自戀之心，又與此不同也。

校注

〔一〕「螟蠕之於蜾蠃」，詩小宛：「螟蛉有子，蜾蠃負之。」

〔二〕「胎生、卵生、化生、濕生」，佛家稱做「四生」，據增一阿含經卷十七、俱舍論卷八等載，六道衆生分四種形態：一、卵生，從卵殼而生；二、胎生，從母胎而生；三、濕生（亦名因緣生），從濕氣而生，如腐肉、厠中之蟲；四、化生，無所依託，借業力而出現者，如諸天神、餓鬼及地獄中受苦者。

外篇刻意第十五

刻意尚行，離世異俗，高論怨誹，爲亢而已矣；此山谷之士，非世之人，枯槁赴淵者之所好也。語仁義忠信，恭儉推讓，爲修而已矣；此平世之士，教誨之人，遊居學者之所好也。語大功，立大名，禮君臣，正上下，爲治而已矣；此朝廷之士，尊主强國之人，致功并兼者之所好也。就藪澤，處閒曠，釣魚閒處，無爲而已矣；此江海之士，避世之人，閒暇者之所好也。吹呴呼吸，吐故納新，熊經鳥申，爲壽而已矣；此導引之士，養形之人，彭祖壽考者之所好也。若夫不刻意而高，無仁義而修，無功名而治，無江海而閒，不導引而壽，無不忘也，無不有也，淡然無極而衆美從之，此天地之道，聖人之德也。

刻，雕刻也，工苦用意，以行爲尚也。爲亢，爲高也。怨誹，憤世嫉邪也。非世，議論世事是非也。枯槁，寂寞也；赴淵，投赴淵静也，即「入林恐不密，入山恐不深」之意。爲修，好修潔也。教誨之人，爲師於世也。致功并兼，是莊子當時目擊之語。避世閒暇，隱者也，逃世遠去，超出是非之外，故與爲亢非世者不同。熊經鳥申，即華佗五禽之戲也。無不忘，無不有，即無爲無不爲也。

無極，無定止也。衆美從之，備萬善也。聖人得天地自然之道，故如此也。

故曰：夫恬惔寂漠虚無無爲，此天地之平而道德之質也。故曰：聖人休休焉則平易矣，平易則恬惔矣。平易恬惔，則憂患不能入，邪氣不能襲，故其德全而神不虧。

此篇只是一片文字，自此以下，連下許多「故曰」字，臨末用一譬喻，却以野語有之爲結，須子細看他筆勢波瀾。道德之質，本然者曰質。平易恬淡，即是無爲之意。神不虧，即是德全，着此三字〔一〕，愈見精神。

校　注

〔一〕「字」，原作「事」，據宋本、道藏本改。

故曰：聖人之生也天行，其死也物化，靜而與陰同德，動而與陽同波；不爲福先，不爲禍始；感而後應，迫而後動，不得已而後起。去知與故，循天之理。故無天災，無物累，無人非，無鬼責。其生若浮，其死若休。不思慮，不豫謀。光矣而不耀，信矣而不期。其寢不夢，其覺無憂。其神純粹，其魂不罷。虚無恬惔，乃合天德。

天行，順天理而行也。物化，視身猶蜕也。同波，同流也。隨所感而後應，我無容心，故超出乎禍福之外矣。迫而後動，不得已而後起，無心應物之意也。知，私智也；故，事迹也。去其私智，離於事迹，則循乎自然矣。若浮若休，即泛然無着之意。不思慮，不豫謀，即何思何慮也。光而不耀，自晦也。信而不期，不取必於物也。其神全，故純粹；其魂靜，故不勞，罷與疲同。

故曰：悲樂者，德之邪；喜怒者，道之過；好惡者，德之失。故心不憂樂，德之至也；一而不變，靜之至也；無所於忤，虛之至也；不與物交，淡之至也；無所於逆，粹之至也。

有所悲樂，有所喜怒，有所好惡，則非自然矣。憂樂不係於心，方爲至德。一而不變，便是主一無適也。無所於忤，順自然也。忤，逆也。不與物交，感而後應，雖與物接而不爲物所累也。曰靜、曰虛、曰澹、曰粹，即是一箇自然之德，如此發揮。忤與逆同，但忤深而逆差淺，故作兩句下。粹，無疵也。〔一〕

校注

〔一〕「忤與逆同……無疵也」，宋本作：「忤者，人忤我也，以虛受之則無忤矣。迎者，我不逆物也，逆，迎也。不將不迎則在我者純粹矣。」

故曰：形勞而不休則弊，精用而不已則勞，勞則竭。水之性，不雜則清，莫動則平；鬱閉而不流，亦不能清；天德之象也。故曰：純粹而不雜，靜一而不變，淡而無爲，動而以天行，此養神之道也。

形勞則弊，精用則勞，此養生家切實之語，即前篇不摇其精，乃可長生是也。勞而不已，必至於竭，故曰勞則竭。以水爲喻，雖似尋常之説，但曰鬱閉而不流，亦不能清，則非全然如枯木死灰矣。不雜則清，莫動則平，此無爲也；不流不能清，此無爲之中有爲也。香嚴所謂喚做閒坐又不得也〔一〕。鬱閉而不流，則是禪家所謂「坐在黑山〔二〕下鬼窟裏」，所謂默照邪禪也。〔三〕天之行也，一日一周，非無爲之有爲乎？故曰天德之象也。養神〔四〕即是養生，提起一箇神字便親切了。此便是道家之學，釋氏却不肯説這般神字，如曰「無始以來生死本，癡人喚作本來身」〔五〕，便是罵破這般神字。

校注

〔一〕香嚴語，景德傳燈録卷十四：「一日師（藥山惟儼禪師）坐次，石頭覩之，問曰：『汝在遮裏作麽？』曰：『一切不爲。』石頭曰：『恁麽即閑坐也。』曰：『若閑坐即爲也。』石頭曰：『汝道不爲個什麽？』曰：『千聖亦不識。』石頭以偈讚曰：『從來共住不知名，任運相將只麽行。自古上賢猶不識，造次凡流豈可明？』」香嚴有無類似之語，待考。

〔二〕「黑山」，原作「以此」，道藏本同，據宋本改。

〔三〕「禪家所謂」句，默照禪爲宋代禪師正覺所倡，其默照銘曰：「默默忘言，昭昭現前，鑒時廓尔，體處靈然。」然同時之宗杲力排之稱爲「邪師說默照禪」（大慧普覺禪師語録卷二十六），說其「鬼窟長年打坐」（五燈會元卷十九）。「坐在黑山下鬼窟裏」爲禪師習用語，指不求妙悟、盲目無知的學人境界。

〔四〕「神」，原作「德」，據宋本、道藏本改。

〔五〕「無始以來」二句，景德傳燈録卷十：長沙景岑禪師有偈曰：「學道之人不識真，只爲從來認識神。無始劫來生死本，癡人喚作本來身。」

夫有干越之劍者，柙而藏之，不敢用也，寶之至也。精神四達並流，無所不極，上際於天，下蟠於地，化育萬物，不可爲象，其名爲同帝。純素之道，唯神是守；守而勿失，與神爲一；一之精通，合于天倫。

寶愛其劍，則柙而藏之，劍且如此，況精神乎？此精用則勞之譬也。四達旁流，下蟠上際，言精神之用如此也。並流，同流也。〔一〕化育萬物，亦此神也，然而無迹可見，故曰不可爲象。同帝者，謂功用與天帝同也。爲純素之學者，其始則唯神是守，守而勿失，用〔二〕功久也，久則與神爲一矣，此

「大而化之」〔三〕之時也。守而未化，猶與道爲二也，化則與道爲一也。天倫即天理也，一而至於精通，則與天合，此「聖而不可知之謂神」也。此一章頗與吾書合，但説得鼓舞變動，遂成異端。

校注

〔一〕「並流，同流也」，原無此五字，道藏本同，據宋本補。

〔二〕「用」，原作「因」，道藏本同，據宋本改。

〔三〕「大而化之」，孟子盡心下：「大而化之之謂聖，聖而不可知之之謂神。」

野語有之曰：「衆人重利〔一〕，廉士重名，賢士尚志，聖人貴精。」故素也者，謂其無所與雜也；純也者，謂其不虧其神也。能體純素，謂之真人。

野語，田野之語，猶里語也。聖人貴精，精即神也，以利、名、志三句，形此一句也。素，一色也，故曰無所雜。純，渾全也，故曰不虧。純素即乾之「純粹精也」。真人，至人也。前曰聖人之德，此又曰真人，便如内篇所謂「至人無己，神人無名」，皆只是聖人字，却喚〔二〕許多名字，非曰真人、至人又高於聖人也。刻意言養神，而有天行物化之論，繕性言存身，而有時命行謬之説，以養神、存身分作兩篇，此其分別學問工夫處。讀者不曾子細爲之參究，甚孤莊子千載之意。

校注

〔一〕「利」，原作「刑」，據宋本、道藏本改。

〔二〕「喚」，宋本、道藏本作「換」。

外篇繕性第十六

繕性於俗學〔一〕，以求復其初；滑欲於俗，思以求致其明，謂之蔽蒙之民。

繕性，治性也。繕性以俗學，譏當時儒墨之言性也。初，自然之理性也。滑，汩没也。滑欲於俗，以利欲滑没於世俗之中也。明，虚明之理也。以俗學治性，而求復其理性之初，滑於利欲，而思欲致虚明之地，此至愚而無知者也。蔽蒙之民，以此名俗學之愚者也。文字起語最難，如此喝起三句，方説古之治道者，真是好文字。東坡言因讀莊子而悟作文之法〔二〕，履之而後知也。

校　注

〔一〕「俗學」，宋本、道藏本作「俗俗學」。

〔二〕「東坡言」句，蘇轍東坡先生墓志銘中記載東坡少時讀莊子而言：「吾昔有見於中，口未能言，今見莊子，得吾心矣。」

古之治道者，以恬養知；生而無以知爲也，謂之以知養恬。知與恬交相養，而和理出其性。夫德，和也；道，理也。德無不容，仁也；道無不理，義也；義明而物親，忠也；中純實而反乎情，樂也；信行容體而順乎文，禮也。禮樂偏行，則天下亂矣。彼正而蒙己德，德則不冒，冒則物必失其性也。

恬，靜定也，定能生慧，故曰以恬養知。知吾有生之初，本來無物，何以知爲？如此而後能靜定，故曰以知養恬。二者交相養，而後得其自然之性。理，順也，和理，猶曰和順也，靜定而得其本然和順之性，故曰和理出於性。性字即自然字。恬養知，知養恬，此六字最妙，釋氏有曰「戒生定，定生慧」〔一〕，却未説慧能生定也。如此等處，當子細讀。道德即是和順，故曰德，和也；道，理也。無不容，即無不愛也；無不理，即各得其宜也。義明於中，而後能與物親，便是「盡己之謂忠」〔二〕也。情，發見者也，以中心之真純而見於外，以其發見者而反求之中心，即是「樂則生矣，生則惡可已」〔三〕也，故曰中純實而反乎情，樂也。信其容體之所行而有自然之節文，即是「動容周旋皆中禮」〔四〕也，故曰信行容體而順乎文，禮也。信，任也，信行猶安行也。外求禮樂而不知其本，故曰偏行，猶言只見得一半也。蒙，晦也，德積於己，不自眩露，而彼物自正，故曰彼正而蒙己德。彼正即物正也。不冒者，言我非以德加諸人也。德不自晦而求以加諸人，則失其自然者矣，故曰冒則物必失其性。以善服天下，不若以善養天下，〔五〕便謂此意。

校注

〔一〕「戒生定，定生慧」，見六七頁注〔二〕。

〔二〕「盡己之謂忠」，程頤論語解述而：「盡心之謂忠。」河南程氏遺書卷二十三：「盡己爲忠，盡物爲信。」

〔三〕「樂則生」二句，見孟子離婁上。

〔四〕「動容」句，見孟子盡心下。

〔五〕「善服天下」二句，見一九三頁注〔一〕。

古之人，在混芒之中，與一世而得澹漠焉。當是時也，陰陽和靜，鬼神不擾，四時得節，萬物不傷，羣生不夭，人雖有知，無所用之，此之謂至一。當是時也，莫之爲而常自然。

混芒之中，即晦藏不自露之意。淡然漠然，上下不相求之意。舉世皆純全，而於道無所欠闕，故曰至一。莫之爲者，言無所容力也。鬼神不擾，山川鬼神莫不寧也。四時得節，天地節而四時成也。

逮德下衰，及燧人、伏戲始爲天下，是故順而不一。德又下衰，及神農、黄帝始爲天下，是故安而不順。德又下衰，及唐、虞始爲天下，興治化之流，澆醇散朴，離道以善，險德以行，然後去性而從於心。心與心識，知而不足以定天下，然後附之以文，益之以博。

文滅質，博溺心，然後民始惑亂，無以反其性情而復其初。

三箇下衰，其文自奇。知有理之可順，則其純一者已離矣，故曰順而不一。人各以理爲安，則知有己，知有己則離於道矣，故曰安而不順。作意於爲天下而興其教化，則非無爲自然者，故曰澆醇散朴。澆，漓也。有善之名，則遠於道矣，有行之可見，則德不平易自然矣，故曰離道以善，險德以行。險，不平易也。去其自然之性，而從其有爲之心，故曰去性而從於心。我以有心爲，彼以有心應，故曰心與心識。識，相識察也。似此心字，皆機心也。文者，文華也。博者，名物之多也，禮樂庶事備也。用其知不足，又附益之以禮樂，故曰知而不足以定天下，附之以文，益之以博。博，繁多而寡要也。用心於此，則猶陷溺也。

由是觀之，世喪道矣，道喪世矣。世與道交相喪也，道之人何由興乎世，世亦何由興乎道哉？道無以興乎世，世無以興乎道，雖聖人不在山林之中，其德隱矣，隱故不自隱。

道與世交相喪，言兩不相入也，既不相入，則有道之人何能作興世俗之聞見？世俗之人又何由而知道？舉世皆不知道，則聖人雖在目前，亦不知矣。非聖人自隱也，人不知之，不求隱而自隱矣，故曰隱故不自隱。言其所以隱者，非聖人故意自隱也，在目前而人不識之也。此五字下得亦奇。

古之所謂隱士者，非伏其身而弗見也，非閉其言而不出也，非藏其知而不發也，時命大謬也。當時命而大行乎天下，則反一無迹；不當時命而大窮乎天下，則深根寧極而待，此存身之道也。

因上面隱字，又括起隱士來說。隱士非欲伏身閉言藏知，時不可也。藏知，「邦無道則愚」〔一〕也。時命大謬，言與時命大相戾也。謬，戾也。反一無迹者，言成功而不有也。道雖可行，而付物於無心，在我者一而已矣，故曰反一。根極，即自本自根也，極，止也。深根，猶曰「退藏於密」〔二〕也；寧極，猶曰「安汝止」〔三〕也。存我以待時，故曰深根寧極而待。存身，即存我也。

校注

〔一〕「邦無道」句，見論語公冶長。

〔二〕「退藏於密」，見三七頁注〔三〕。

〔三〕「安汝止」，見書益稷。

古之行身者，不以辯飾知，不以知窮天下，不以知窮德，危然處其所而反其性已，又何爲哉？道固不小行，德固不小識。小識傷德，小行傷道。故曰，正己而已矣，樂全之謂得志。

因存身字又說箇行身。存，不用之時也；行，用之時也。不以辯飾知，有所知見，不飾以文辭也。

不以知窮天下，有餘不敢盡也。不以知窮德，雖用知而不失其自然之性也。危然處其所，所立者高也；而反其性已，即所謂反一無迹也。無爲者，道之大也，有爲則爲小行，小行則害道矣。不識不知者，德之大也，有所識知則爲小識，小識則喪德矣。正己而物自正，初不求於正物，故曰正己而已矣。以此爲樂，則所樂者全矣，其快意者在此，不在外物也。得志，猶快意也。以此二字，生下一段文法也。

古之所謂得志者，非軒冕之謂也，謂其無以益其樂而已矣。今之所謂得志者，軒冕之謂也。軒冕在身，非性命也，物之儻來，寄也。寄之，其來不可圉，其去不可止。故不爲軒冕肆志，不爲窮約趨俗，其樂彼與此同，故無憂而已矣。今寄去則不樂，由是觀之，雖樂，未嘗不荒也。故曰：喪己於物，失性於俗者，謂之倒置之民。

足於內者，無求於外，故曰無以益其樂，便是「萬物皆備於我，反身而誠，樂莫大焉」〔二〕。性命，天爵也，軒冕，外物也。適然而來，故曰儻來，去留在彼，而不在我，故曰寄，此三字下得奇絶。知其去來之不可必，故達亦不肆，窮亦不屈，故曰不爲軒冕肆志，不爲窮約趨俗。趨俗者，屈己以趨時也。彼，道也，其樂道與他人樂軒冕同，故曰樂彼與此同。樂者在我，則無時而能憂；樂者在物，則物去而樂亦去矣。其樂既有去來，則非真樂矣，故曰雖樂，未嘗不荒也。倒置者，言不知本末也。己與性，本也，物與俗，末也，重末而失其本，故曰倒置之民。此篇亦是一片文字，最要看他結上生下，起下接上處。

校　注

〔一〕「萬物」三句，見孟子盡心上。

莊子鬳齋口義卷六

外篇秋水第十七

秋水時至，百川灌河，涇流之大兩涘，渚涯之間，不辨牛馬。於是焉河伯欣然自喜，以天下之美爲盡在己。順流而東行，至於北海，東面而視，不見水端，於是焉河伯始旋其面目，望洋向若而歎曰：「野語有之曰，『聞道百，以爲莫己若者』，我之謂也。且夫我嘗聞少仲尼之聞而輕伯夷之義者，始吾弗信；今吾睹子之難窮也，吾非至於子之門則殆矣，吾長見〔一〕笑於大方之家。」

涇，濁也，黄河之水，驟至而濁，拍滿兩岸，故曰涇流之大兩涘〔二〕，非涇渭之涇也。渚涯，河中洲渚也。渚涯兩字，一般輕重，若以涯訓際，則間字下不得。不辨牛馬，遠而見不明也。不見水端，不知水之自來也。洋，海中也；若，海神名也。世間道理千般萬般，只聞其百，自以爲多，聞道百三字，想古有此語。意在夫子與伯夷，故借河海以言之。大方，大道也。

校注

〔一〕「見」，原脱，據宋本、道藏本補。
〔二〕「涘」，原作「岸」，據宋本、道藏本改。

北海若曰：「井蛙不可以語於海者，拘於虚也；夏蟲不可以語於冰者，篤於時也；曲士不可以語於道者，束於教也。今爾出於涯涘，觀於大海，乃知爾醜，爾將可與語大理矣。天下之水，莫大於海，萬川歸之，不知何時止而不盈；尾閭泄之，不知何時已而不虚；春秋不變，水旱不知。此其過江河之流，不可爲量數。而吾未嘗以此自多者，自以比形於天地而受氣於陰陽，吾在天地之間，猶小石小木之在大山也，方存乎見少，又奚以自多？

拘於虚者，言局於其所居也；篤於時者，言所知止一時也，蟪蛄不知春秋之類。知爾醜者，言知自愧也。尾閭，沃焦也，出山海經，言海水至此，隨沃隨乾。以海比之天地，但見其小，豈知其大？禪家所謂「任大也須從地起，更高猶自有天來」〔二〕，便是此意。

校注

〔一〕「任大也須從地起，更高猶自有天來」，碧巖録第十一則之頌曰：「大中天子曾輕觸。」着語（夾注）曰：「説什麼大中天子。任大也須從地起，更高爭奈有天何。」

計四海之在天地之間也，不似礨空之在大澤乎？計中國之在海内，不似稊米之在太倉乎？號物之數謂之萬，人處一焉；人卒九州，穀食之所生，舟車之所通，人處一焉。此其比萬物也，不似豪末之在於馬體乎？五帝之所連，三王之所爭，仁人之所憂，任士之所勞，盡此矣。伯夷辭之以爲名，仲尼語之以爲博，此其自多也，不似爾向之自多於水乎？」

礨空，小穴也，蜂窠之類。人卒，人衆也。人在萬物之中，只爲一物之數，此合太虛之間凡有名可名者論之也。其在九州之内，又只是一件，此合草木鳥獸論之也。此兩句發得極妙，欒軒云：「乾坤雖大人身小，拳石空中作勝游。」〔二〕便是此意。世界之小如此，五帝三王，萬聖千賢，所知所能不出其内。似此説話，固是曠遠，發得亦自有理。伯夷辭之以爲名，夫子語之以爲博，此語從前誰道得？任士，任事之人，言治世之士也。

校注

〔一〕「樂軒云」句，陳藻樂軒集卷二真仙洞：「乾坤自大人身小，拳石空中作勝遊。」

河伯曰：「然則吾大天地而小豪末，可乎？」北海若曰：「否。夫物，量無窮，時無止，分無常，終始無故。是故大知觀於遠近，故小而不寡，大而不多，知量無窮；證曏今故，故遙而不悶，掇而不跂，知時無止；察乎盈虛，故得而不喜，失而不憂，知分之無常也；明乎坦塗，故生而不説，死而不禍，知終始之不可故也。計人之所知，不若其所不知；其生之時，不若未生之時；以其至小求窮其至大之域，是故迷亂而不能自得也。由此觀之，又何以知豪末之足以定至細〔二〕之倪？又何以知天地之足以窮至大之域？」

這一轉，話又好。前言其大，於此又言無小無大，即所謂天下莫大於秋毫之末而太山爲小也。物量無窮，言物不可得而量度也。時無止，言寒暑晝夜，相尋無已也。分無常，言有無得失，人之分劑，或先或後，初無定也。終始無故，言無終無始，無新無故也。是故大知者，謂有大智之人，而後有下面四知也。觀遠猶近，故不以大小爲多寡，而後知量之無窮也。證曏，考明也；今故，今古也。明於今古之爲一，故迎而未至者，雖遠而不憂；掇而可取者，雖易而不跂，待之而後知時之無定止也。盈，得也；虛，失也。盈虛消長，與時偕行，不以此爲喜慍，而後知分劑之無常也。

明乎坦塗者，猶曰識乎止道也。由乎正道，而死生聽之，即壽夭不貳，修身以俟之意。明乎此，則知終亦猶始，不可以終爲故也，此便是原始要終之説。人之所知者，人也；其所不知者，天也。且如既生之後，我則知之，未生之前，我何由知之？即禪家所謂「父母未生以前道一句子」〔二〕。至小，我也，至大，天也，以我至小欲窮至大之天，宜乎迷亂而不樂。此數語，若在禪家，便是一大公案也，莊子即等閑説了。自「是故大知」而下，是解上面數句，其辭伸縮長短，齊而不齊，此文法也。倪，端也；域，方所也。語其小而無端，窮其大而無所，故曰何以定至細之倪，何以窮至大之域。

校注

〔一〕「細」，原作「大」，據宋本、道藏本改。

〔二〕「父母未生以前道一句子」，五燈會元卷九：香嚴智閑禪師初參溈山靈祐，溈山問：「父母未生時，試道一句看。」景德傳燈録卷十一記此句作：「汝未出胞胎未辨東西時本分事，試道一句來。」又五燈會元卷十一記寶壽沼禪師問寶壽二世：「父母未生前，還我本來面目來。」此語爲禪家啓發學者頓悟自身心性之語，後遂成禪師參究之話頭。

河伯曰：「世之議者皆曰：『至精無形，至大不可圍。』是信情乎？」北海若曰：「夫自細視大者不盡，自大視細者不明。夫精，小之微也；垺，大之殷也，故異便。此勢之有也，夫精粗者，期於有形者也；無形者，數之所不能分也；不可圍者，數之所不能窮也。可以言論者，物之粗也；可以意致者，物之精也；言之所不能論，意之所不能察致者，不期精粗焉。

此一轉又好。至精者無形，精〔一〕，細也。不曰至小，而曰至精，皆是文之活處。信情者，謂信乎此語之實耶。自細視大者不盡，管中窺天之類也。自大視細者不明，鵬鳥下視野馬塵埃之類也。小之微者曰精，言小而又小者也；大之盛者曰垺，言大而又大者也。殷，盛也；異便，異宜也。就小大上又生出此兩句，也是精絶。無形之小，不可以數分，曰毛曰芴，亦不可也。不可圍之大，不可以數盡，曰秭〔二〕曰兆，亦不可也。物無精粗，皆局於形，故可以言論，可以意推。若小者大者皆無形，則言不可論，意不可極。既曰無形，則不可以精粗言矣，故曰不期精粗焉。察致者，察其極至也。

校　注

〔一〕「精」，原脱，道藏本同，據宋本補。

〔二〕「秭」，原作「稊」，道藏本同，據宋本改。

是故大人之行，不出乎害人，不多仁恩；動不爲利，不賤門隸；貨財弗爭，不多辭讓；事焉不借人，不多食乎力，不賤貪汙；行殊乎俗，不多辟異；爲在從衆，不賤佞諂；世之爵禄不足以爲勸，戮耻不足以爲辱；知是非之不可爲分，細大之不可爲倪。聞曰：『道人不聞，至德不得，大人無己。』約分之至也。」

雖不害物，而亦不以愛物爲能，故曰不出乎害人，不多仁恩。門隸，賤役而求利者也。如曰雖執鞭之事，吾亦爲之，我雖不求利，而亦不以賤役而求利者爲非，故曰動不爲利，不賤門隸。纔有賤役貴己之念，則有迹矣。我不爭貨財，而亦不以辭讓爲能，故曰貨財不爭，不多辭讓，以辭讓自多，則近名矣。事事皆自爲之，而無所資於人，然亦不盡用其力以自食，故曰事焉不借人，不多食乎力，言有餘不敢盡也。貪汙之人，亦不鄙賤之，「爾爲爾，我爲我」也，故曰不賤貪汙。其行實異乎人，而不自爲崖異，故曰行殊乎俗，不多辟異也。辟，僻也，辟異，崖異也。爲在從衆，和光同塵〔一〕也。不賤佞諂，「由由然與處，焉能浼我」〔二〕之意也。不賤，不鄙惡之也。若此等人，無分是非，混同細大，此則道人也，至德也，大人也。不聞，無名也。不得，無得無喪也。約分者，言會至理於至約，而盡己分之事也。聞曰，我聞於古有此語也。約分即盡己也，但如此換字耳。

校注

〔一〕「和光同塵」，老子五十六章：「挫其鋭，解其紛，和其光，同其塵，是謂玄同。」

〔二〕「由由然」二句，孟子萬章下：「(柳下惠)與鄉人處，由由然不忍去也。『爾爲爾，我爲我，雖袒裼裸裎於我側，爾焉能浼我哉？』」孟子公孫丑下亦有類似語。

河伯曰：「若物之外，若物之内，惡至而倪貴賤？惡至而倪小大？」北海若曰：「以道觀之，物無貴賤；以物觀之，自貴而相賤；以俗觀之，貴賤不在己。以差觀之，因其所大而大之，則萬物莫不大；因其所小而小之，則萬物莫不小；知天地之爲稊米也，知豪末之爲丘山也，則差數覩矣。以功觀之，因其所有而有之，則萬物莫不有；因其所無而無之，則萬物莫不無；知東西之相反而不可以相無，則功分定矣。以趣觀之，因其所然而然之，則萬物莫不然；因其所非而非之，則萬物莫不非；知堯、桀之自然而相非，則趣操覩矣。

前言不賤門隸，不賤貪汙，所以换此一轉，又添箇貴賤與細大同説。若物之外内者，合物之内外而論之也。至，極也，惡至，何者爲極也。貴賤小大，求其端倪，於何而極盡其理？以物觀之，自貴而相賤，雞壅豨苓，時乎爲帝也。在我則不見，在彼則知之，百骸九竅，賅而存焉，其遞相爲君臣乎？亦此意也。此一句下得最好。貴賤不在己，即軒冕儻來寄之意也。差，等差也。天地只此稊米，豪末可敵太山，則其等差之數不足言，蓋可見矣。功分，功勞分限也，各任一職以爲功，故曰功分。農商工賈，隨分以致其力，而世間少一件不得，亦猶東西南北，雖相反而不可以相無也。趣操者，趨向志操也。以堯爲是，以桀爲非，固趣操之當然，然以「不有廢者，君何以興」〔一〕觀之，則趣操之不可定可見矣。因其大小，因其有無，因其然非，即齊物因是之意〔二〕。

校注

〔一〕「不有廢者」二句，左傳僖公十年：「晉侯殺里克以說。將殺里克，公使謂之曰：『微子則不及此。雖然，子弒二君與一大夫，爲子君者，不亦難乎？』對曰：『不有廢也，君何以興？欲加之罪，其無辭乎？臣聞命矣。』伏劍而死。」

〔二〕「意」，原作「志」，據宋本、道藏本改。

昔者堯、舜讓而帝，之、噲讓而絕；湯、武爭而王，白公爭而滅。由此觀之，爭讓之禮，堯、桀之行，貴賤有時，未可以爲常也。

把堯、舜與之、噲，湯、武與白公相形而言，此皆憤時之激論，中間多有此類，但觀其文勢可也。

梁麗可以衝城，而不可以窒穴，言殊器也；騏驥驊騮，一日而馳千里，捕鼠不如狸狌，言殊技也；鴟鵂夜撮蚤，察豪[二]末，晝出瞋目而不見丘山，言殊性也。故曰：蓋師是而無非，師治而無亂乎？是未明天地之理，萬物之情者也。是猶師天而無地，師陰而無陽，其不可行明矣。然且語而不舍，非愚則誣也。帝王殊禪，三代殊繼。差其時，逆其俗者，謂之篡夫；當其時，順其俗者，謂之義之徒。默默乎河伯，汝惡知貴賤之門、小大之家？」

梁，屋梁也；麗，音禮，屋棟也。大小各有所用，故曰殊器。騏驥、狸狌，各有所能，故曰殊技。鴟鵂，訓狐也，梟也，夜則眼明，見日則暗，性不同也。是非治亂，不能相無，亦人世之所必有者，故以殊器、殊技、殊性者而喻之。天地陰陽，亦喻其不可相無也。篡夫、義徒，即是堯、桀之論。

河伯曰：「然則我何爲乎，何不爲乎？吾辭受趣舍，吾終奈何？」北海若曰：「以道觀之，何貴何賤，是謂反衍；無拘而志，與道大蹇。何少何多，是謂謝施；無一而行，與道參差。嚴乎若國之有君，其無私德；繇繇乎若祭之有社，其無私福；汎汎乎其若四方之無窮，其無所畛域。兼懷萬物，其孰承翼？是謂無方，萬物一齊，孰短孰長？道無終始，物有死生，不恃其成；一虛一滿，不位乎其形。年不可舉，時不可止；消息盈虛，終則有始。是所以語大義之方，論萬物之理也。物之生也，若驟若馳，無動而不變，無時而不移。何爲乎，何不爲乎？夫固將自化。」

這一問又好，言既無貴賤，既無是非，則我之辭受取舍，將何所從？衍，寬裕也；反，反而求之也。以道觀之而無貴賤，則反求於吾身，自綽綽寬裕，故曰反衍。若以貴賤是非自爲拘束，則與道相違矣，故曰無拘而志，與道大蹇。蹇，違礙也。施則有多有少，謝去其施，則無多無少，故曰謝施。若執一而行，拘於多少之施，則與道差池矣，故曰無一而行，與道參差。國之有君，祭之有社，皆諭此心以道爲主也，而無所用其私，故曰無私德，無私福。此心廣大如四方之外，無所極窮，則無私畦町矣，故曰無所畛域。三句三箇其字，下得自別。「萬物皆備於我」，是兼懷也，而無所私愛，故曰其孰承翼。承翼，拱扶之也，此二字形容私愛之意。無方，即無心也，我既無心，則物無長短，亦無生死。不恃其成，即前所謂不雄成也。盈虛隨時，不可一定，故曰一虛一滿，不位乎其形。不位，不定也。無古今，則年不可舉；無去無來，則時不可止矣。大義，即大道也。物之生也，若驟若馳，即所謂「逝者如斯夫」，變動轉移，無時不然。何者爲爲，何者爲不爲，是皆聽造化自然而已，故曰夫固將自化。

河伯曰：「然則何貴於道耶？」北海若曰：「知道者必達於理，達於理者必明於權，明於權者不以物害己。至德者，火弗能熱，水弗能溺，寒暑弗能害，禽獸弗能賊。非謂其薄之也，言察乎安危，寧於禍福，謹於去就，莫之能害也。故曰天在內，人在外，德在乎天。

知天人之行，本乎天，位乎得；，蹢躅而屈伸，反要而語極。」

此一問又好，言既聽造化之所爲，則人亦不必學道矣。朱文公問答書中，廖德明亦曾有此問，文公皆不曾答，想難言也。莊子到這裏説箇權字，自是作家，又有不以物害己一句，愈自分曉，看來莊子見道自是親切，特讀其書者看他不破。道，揔言也；理，事物各有之理也；權，用之在我者。有道之全體，而後有此大用也。明於權者不以物害己，知輕重也。水火寒暑禽獸〔二〕四句，着四弗能字，却以非謂一句結之，看他語脉，極是下得有力。薄，迫近之也。至德之人，固知事事有數，豈物所能害？·然亦不謂恃此可以薄之而不能也，譬如死於水火，固曰有命，自投於水火可乎？·下云謹於去就，其意愈明，亦猶孟子曰「知命者不立巖牆之下」也。察安危，定禍福，謹去就，便是道心中有人心，何嘗皆説聽之自然？·莊子到此處，何嘗鶻突？·寧，定也。天在内，人在外，即前篇所謂主者天道，臣者人道也。德在乎天，此言自然之德也。而必曰知天人之行，這箇知字，便從人心上起來。本乎自然而安於其所得，故曰本乎天，位乎得，此句又屬道心。位，居之安也。蹢躅，進退也，屈伸進退，各循其理，此句又屬人心。發明至此，道之至要也，理之至極也，故曰反要而語極，猶孟子曰「將以反説約」也。

校注

〔一〕「水火寒暑禽獸」，原作「水火禽獸盜賊」，道藏本同，據宋本改補。

曰：「何謂天？何謂人？」北海若曰：「牛馬四足，是謂天；落馬首，穿牛鼻，是謂人。故曰：無以人滅天，無以故滅命，無以得殉名。謹守而勿失，是謂反其真。」

這數句發得人心道心愈分曉。牛馬四足，得於天，自然者；不絡不穿，將無所用，此便是人心一段事。以人滅天，以故滅命，貪得而殉名，則人心到此流於危矣。三言無以，乃禁止之辭，猶四勿也。既知天，又知人，於此謹守而勿失，則天理全矣，故曰是謂反其真。命，天理也；故，人事也。得，得失之得也。

夔憐蚿，蚿憐蛇，蛇憐風，風憐目，目憐心。夔謂蚿曰：「吾以一足趻踔而行，予無如矣。今子之使萬足，獨奈何？」蚿曰：「不然。子不見夫唾者乎？噴則大者如珠，小者如霧，雜而下者不可勝數也。今予動吾天機，而不知其所以然。」蚿謂蛇曰：「吾以衆足行，而不及子之無足，何也？」蛇曰：「夫天機之所動，何可易耶？吾安用足哉？」蛇謂風曰：「予動吾脊脅而行，則有似也。今子蓬蓬然起於北海，蓬蓬然入於南海，而似無有，何也？」風曰：「然。予蓬蓬然起於北海而入於南海也，然而指我則勝我，踰我亦勝我。雖然，夫折大木，蜚大屋者，唯我能也，故以衆小不勝爲大勝也。爲大勝者，唯聖人能之。」

夔無角，一足而行，見山海經；蚿，百足蟲也；蛇，無足者也。自一足説到無足，皆言天機自然之動，可謂世間至奇之文。中間又以人之唾喻蚿之足，此處又妙，其末却歸在風上，而目與心兩項却不説，此皆文字變換奇而又奇者也。跉踔，一足行之貌也。無如矣，無似我者也。何可易耶，不可變易也。有似，有可見之像也。蓬蓬然，風聲也。指我，以手指風也；蹭我，以足蹴風也。就風之中又添説箇小不勝大勝，愈見奇特，即人衆勝天，天定勝人之意，〔一〕小雖不勝而大勝，則萬物孰能出於造化之外哉？自然而然者，物物不可違也。

校注

〔一〕「人衆勝天」二句，劉禹錫天論：「天與人交相勝，還相用。」劉過襄陽歌：「人定兮勝天。」

孔子遊於匡，宋人圍之數匝，而弦歌不輟。子路入見，曰：「何夫子之娱也？」孔子曰：「來，吾語汝。我諱窮久矣，而不免，命也；求通久矣，而不得，時也。當堯、舜而天下無窮人，非知得也；當桀、紂而天下無通人，非知失也，時勢適然。夫水行不避蛟龍者，漁父之勇也；陸行不避兕虎者，獵夫之勇也；白刃交於前，視死若生者，烈士之勇也；知窮之有命，知通之有時，臨大難而不懼者，聖人之勇也。由處矣，吾命有所制矣。」無幾何，將甲者進，辭曰：「以爲陽虎也，故圍之。今非也，請辭而退。」

此段只言時命自然，非人力所預，知道者又何懼焉？中間以漁父、獵夫、烈士比聖人，亦自有理。由處矣，令其止息不必言之意。

公孫龍問於魏牟曰：「龍少學先王之道，長而明仁義之行；合同異，離堅白；然不然，可不可；困百家之知，窮衆口之辯；吾自以爲至達已。今吾聞莊子之言，汒焉異之。不知論之不及與，知之弗若與？今吾無所開吾喙，敢問其方。」公子牟隱机太息，仰天而笑曰：「子獨不聞夫埳井之鼃乎？謂東海之鼈曰：『吾樂與。吾跳梁乎井幹之上，入休乎缺甃之崖；赴水則接腋持頤，蹷泥則没足滅跗；還虷蟹與科斗，莫吾能若也。且夫擅一壑之水，而跨跱埳井之樂，此亦至矣，夫子奚不時來入觀乎？』東海之鼈左足未入，而右膝已縶矣。於是逡巡而却，告之海曰：『夫千里之遠，不足以舉其大；千仞之高，不足以極其深。禹之時十年九潦，而水弗爲加益；湯之時八年七旱，而崖不爲加損。夫不爲頃久推移，不以多少進退者，此亦東海之大樂也。』於是埳井之鼃聞之，適適然驚，規規然自失也。且夫知不知是非之竟，而猶欲觀於莊子之言，是猶使蚉負山，商蚷馳河也，必不勝任矣。且夫知不知論極妙之言而自適一時之利者，是非埳井之鼃與？且彼方跐黃泉而登大皇，無南無北，奭然四解，淪於不測；無東無西，始於玄冥，反於大通。子乃規規然而求之以察，索之以辯，是真用管闚天，用錐指地也，不亦小乎？子往矣。且子獨不聞夫壽陵餘子之學行於邯鄲與？未得國能，又失其故行矣，直匍匐而歸耳。今子不去，將忘子之故，失子之業。」公孫龍口呿而不合，舌舉而不下，乃逸而走。

公孫龍，當時之辯者也，指其名而言之，所以闢之也。井鼃、海鼈之喻，都是撰出，不知這老子胸中如何有許多劣相。虷，井中赤蟲也；蟹，螃蠏也。坎井之地，虷蠏科斗皆周旋其中，故曰還虷蠏與科斗。九年之水，七年之旱，人人如此說，安得水旱如此之久？信然，人類盡矣。莊子添箇十年九潦，八年七旱字，便自別了，這般等閒處，亦看得筆力。適適，猶虩虩也。商蚷，小蟲也。跐，蹈也；大皇，天也。下蹈黃泉，上登于天，言其見趣之高遠也。奭然，即釋然也；四解，四達也。淪於不測，所入者深也。始於玄冥，言在於無極之先也。反於大通，歸於至道也。以察察之小明，而欲窮索之以言辯，不亦小乎？邯鄲失行之喻尤佳，國能，邯鄲國中所能之步也，學未成而故步又失，所以匍匐歸也。列子所言魏牟、公孫龍與此全異。

莊子釣於濮水，楚王使大夫二人往先焉，曰：「願以境內累矣。」莊子持竿不顧，曰：「吾聞楚有神龜，死已三千歲矣，王巾笥而藏之廟堂之上。此龜者，寧其死爲留骨而貴乎？寧其生而曳尾於塗中乎？」二大夫曰：「寧生而曳尾於塗中。」莊子曰：「往矣。吾將曳尾於塗中。」

往先者，往見之，先道此意也。以境内累者，言欲托之以國也。死留骨、生曳尾之喻，真是奇特。

惠子相梁，莊子往見之。或謂惠子曰：「莊子來，欲代子相。」於是惠子恐，搜於國中三日三夜。莊子往見之曰：「南方有鳥，其名鵷鶵，子知之乎？夫鵷鶵，發於南海而飛於北海，非梧桐不止，非練實不食，非醴泉不飲。於是鴟得腐鼠，鵷鶵過之，仰而視之曰：『嚇。』今子欲以子之梁國而嚇我耶？」

嚇，恐奪其食而爲此聲也，以鴟之腐鼠而嚇鳳，比惠子以國相而嚇我。不知此老何處得許多好譬喻。自莊子而下，爲文字者，無非竊其機關，這一部書天地間如何少得。莊子、惠子最相厚善，此事未必有之，戲以相譏爾。練實，竹實也。

莊子與惠子遊於濠梁之上。莊子曰：「鯈魚出遊從容，是魚樂也。」惠子曰：「子非魚，安知魚之樂？」莊子曰：「子非我，安知我不知魚之樂？」惠子曰：「我非子，固不知子矣；子固非魚也，子之不知魚之樂，全矣。」莊子曰：「請循其本。子曰『汝安知魚樂』云者，既已知吾知之而問我，我知之濠上也。」

這一般説話又奇。循其本者，請反其初也，言汝當初問我非魚安知魚之樂，是汝知我之意，方有此問，汝既如此知我，則我於濠上亦如此知魚也。二人最爲相知，想當時對語，亦自可觀。此篇河伯、海若問答，正好與傳燈録忠國師「無情説法」、「無心成佛」問答〔二〕同看。大慧云：「這老子軟頑，撞着這僧又軟頑，黏住了問。」謂其「家活大，門户大，波瀾闊，命根斷」，〔三〕這數語，莊子却當得。〔三〕

校注

〔一〕忠國師問答，景德傳燈録卷二十八：「問：『無情既有心性，還解説法否？』師（南陽慧忠國師）曰：『他熾然常説，無有間歇。』曰：『某甲爲什麽不聞？』師曰：『汝自不聞。』曰：『誰人得聞？』師曰：『諸佛得聞。』曰：『衆生應無分邪？』師曰：『我爲衆生説，不爲聖人説。』曰：『某甲聾瞽，不聞無情説法，師應合聞。』師曰：『我亦不聞。』曰：『師既不聞，爭知無情解説？』師曰：『我若得聞，即齊諸佛，汝即不聞我所説法。』曰：『衆生畢竟得聞否？』師曰：『衆生若聞，即非衆生。』曰：『無情説法，有何典據？』師曰：『不見華嚴云：剎説，衆生説，三世一切説。衆生是有情乎？』」「常州僧靈覺問曰：『發心出家，本擬求佛，未審如何用心即得。』師曰：『無心可用，即得成佛。』曰：『無心可用，阿誰成佛？』師曰：『無心自成，佛亦無心。』」

〔二〕大慧語，大慧普覺禪師語録卷十五普説：「唯楊文公具眼，修傳燈録時，將忠國師、大珠和尚列在馬祖下，諸尊宿之右，將廣語所有言句，盡入其中，六祖下收忠國師語最多，爲他家活大，門户大，法性寬，波瀾闊。」

〔三〕「莊子却當得」句下，宋本、道藏本有小字注：「大慧語録見普説中。」

外篇至樂第十八

天下有至樂無有哉？有可以活身者無有哉？今奚爲奚據？奚避奚處？奚就奚去？奚樂奚惡？夫天下之所尊者，富貴壽善也；所樂者，身安、厚味、美服、好色、音聲也；所下者，貧賤夭惡也；所苦者，身不得安逸，口不得厚味，形不得美服，目不得好色，耳不得音聲；若不得者，則大憂以懼。其爲形也亦愚哉。夫富者，苦身疾作，多積財而不得盡用，其爲形也亦外矣。夫貴者，夜以繼日，思慮善否，其爲形也亦疏矣。人之生也，與憂俱生，壽者惛惛，久憂不死，何之苦也。其爲形也亦遠矣。烈士爲天下見善矣，未足以活身。吾未知善之誠善邪，誠不善邪？若以爲善矣，不足活身；以爲不善矣，足以活人。故曰：「忠諫不聽，蹲循勿爭。」故夫子胥爭之以殘其形，不爭，名亦不成。誠有善無有哉？今俗之所爲與其所樂，吾又未知樂之果樂耶，果不樂耶？吾觀夫俗之所樂，舉羣趣者，誙誙然如將不得已，而皆曰樂者，吾未之樂也，亦未之不樂也。果有樂無有哉？吾以無爲誠樂矣，又俗之所大苦也。故曰「至樂無樂，至譽無譽」。天下是非果未可定也。雖然，無爲可以定是非。至樂活身，唯無爲幾存。

此篇乃是〔一〕以前篇不以物害己一段推廣言之，奚爲奚據以下四句，言若何而可也，便與屈原卜居文勢一同。富貴壽善〔二〕，四等人也。善惡，名譽也。疾作，勤而作之也。思慮善否，爲職事而思其憂也。惛惛，老而不聰明也。烈士，爲名譽者也。四段本同意，皆以物害己者，今既説富、貴、壽三段了，却以烈士一段如此發明，變换語勢，此文法也。蹲循與逡巡同。爭則殘其形，不爭名不成，此兩句説破世故。爲名而至於殘其形，不得謂之善矣。今俗之所爲以下，結前四段也。舉羣趨者，言舉世羣而趨之也。誙誙然，必取之意；可已而不已，故曰如將不得已。吾未之樂，未之不樂者，謂世俗所謂樂不樂，我皆未知如何也，此深鄙之之意。然我以無爲爲樂，而俗人反以爲大苦也。至樂在於無樂，至譽在於無譽，而世俗之人孰知無樂之樂，無譽之譽乎？然則天下是非果未可定也。雖然，惟無爲可以定是非。如此數句，須識他文字抑揚起伏，方見好處。幾存者，言無爲則庶幾存其樂也。

校注

〔一〕「乃是」，道藏本同，宋本作「又」，下空一格。

〔二〕「壽善」，原作「善壽」，據宋本、道藏本乙正。

請嘗試言之。天無爲以之清，地無爲以之寧，故兩無爲相合，萬物皆化。芒乎芴乎，而無從出乎。芴乎芒乎，而無有象乎。萬物職職，皆從無爲殖。故曰天地無爲也而無不爲也，人也孰能得無爲哉？

此數行乃是收結前語。兩無爲相合而後能化生萬物，便是無爲無不爲也。無從出者，不見其所由始也。殖，生也，萬物皆在自然中生，故曰皆從無爲殖。此篇自「天下有至樂」至「無爲哉」，只是一片文字，起伏抑揚，最好玩味。

莊子妻死，惠子弔之。莊子則方箕倨鼓盆而歌。惠子曰：「與人居，長子老身，死不哭亦足矣，又鼓盆而歌，不亦甚乎？」莊子曰：「不然。是其始死也，我獨何能無概然？察其始而本無生，非徒無生也而本無形，非徒無形也而本無氣。雜乎芒芴之間，變而有氣，氣變而有形，形變而有生，今又變而之死，是相與爲春秋冬夏四時行也。人且偃然寢於巨室，而我噭噭然隨而哭之，自以爲不通乎命，故止也。」

形變而有生，言先有形而後有此動轉者也，釋氏曰「動轉歸風」〔一〕，便是此生字。又曰「在眼曰視，在耳曰聽，在手執捉，在足運奔」〔二〕，便是此生字。四時行者，有生必有死之喻也，此一段乃是發明死生一貫之理。鼓盆之説，亦寓言耳，且如原壤之登木而歌〔三〕，豈其親死之際，全無人心乎？若全無人心，是豺狼也，夫子尚肯與之友乎？聖門之學所以盡其孝慕者，豈不知生死之理乎？原壤、莊子之徒，欲指破人心之迷着者，故爲此過當之舉。此便是「道心惟微」，不可以獨行於世，所以有執中之訓。〔四〕莊、列之徒，豈不知此？特矯世厭俗，故爲此論耳。李漢老因哭子而問大慧，以爲不能忘情，恐不近道。大慧答云：「子死不哭，是豺狼也。」〔五〕此老此語極有見識，其他學佛者，若答此問，必是胡説亂道。

校注

〔一〕「動轉歸風」，見一二二頁注〔二〕。

〔二〕「在眼曰視」四句，五燈會元卷一載波羅提偈曰：「在胎爲身，處世爲人。在眼曰見，在耳曰聞。在鼻辨香，在口談論。在手執捉，在足運奔。徧現俱該沙界，收攝在一微塵。識者知是佛性，不識喚作精魂。」

〔三〕原壤事，見一二〇頁注〔一〕。

〔四〕「道心惟微」三句，見四九頁注〔一〕。

〔五〕「李漢老因哭子」等五句：今本大慧普覺禪師語録等著中，未見有關李邴（漢老）哭子的記載，所附李邴信中且有「抱子弄孫」之語。卷二十七有答汪内翰（彦章）一文，就汪子死答云：「要思量但思量，要哭但哭，哭來哭去，思量來思量去，抖擻得藏識中許多恩愛習氣盡時，自然如水歸水，還我箇本來無煩惱，無思量，無憂無喜底去耳。」「若硬止遏，哭時又不敢哭，思量時又不敢思量，是特欲逆天理，滅天性，揚聲止響，潑油救火耳。」

支離叔與滑介叔觀於冥伯之丘，崑崙之虚，黄帝之所休。俄而柳生其左肘，其意蹷蹷然惡之。支離叔曰：「子惡之乎？」滑介叔曰：「亡，予何惡？生者，假借也；假之而生生者，塵垢也。死生爲晝夜。且吾與子觀化而化及我，我又何惡焉？」

滑介即是滑稽之意，這般名字，豈不是撰出？黄帝所休，謂帝嘗休息於此。柳，瘍也，今人謂生癤也，想古時有此名字。蹷蹷然惡之，病中之意也。假借者，言此身乃外物假合而成也。塵垢者，言在造化之中，至微而不足貴也。釋氏所謂「四緣假合」，「今者妄身，當在何處」，〔一〕其意實原於此。觀化者，觀萬物之變也；化及我者，言我將隨造物而變化也。前言蹷蹷惡之，此言又何惡焉，前後之語，似乎相戾，蓋病而惡之，亦人情，思死生之理而知其本原，便是道心爲主處。

校注

〔一〕「釋氏所謂」二句，見一一二二頁注〔一〕。

莊子之楚，見空髑髏，髐然有形，撽以馬捶，因而問之，曰：「夫子貪生失理，而爲此乎？將子有亡國之事，斧鉞之誅，而爲此乎？將子有不善之行，愧遺父母妻子之醜，而爲此乎？將子有凍餒之患，而爲此乎？將子之春秋故及此乎？」於是語卒，援髑髏，枕而卧。夜半髑髏見夢曰：「子之談者似辯士。諸子所言，皆生人之累也，死則無此矣。子欲聞死之説乎？」莊子曰：「然。」髑髏曰：「死，無君於上，無臣於下，亦無四時之事，從然以天地爲春秋，雖南面王樂，不能過也。」莊子不信，曰：「吾使司命復生子形，爲子骨肉肌膚，反子父母妻子閭里知識，子欲之乎？」髑髏深矉蹙頞曰：「吾安能棄南面王樂而復爲人間之勞乎？」

髐然，空虛而堅固之貌。從然，從容自得之意。諸子，凡子所言也。此段只説死生之理而撰出髑髏一段説，也是奇特，讀者當知其意，莫把作實話看，便錯了。

顏淵東之齊，孔子有憂色。子貢下席而問曰：「小子敢問，回東之齊，夫子有憂色，何邪？」孔子曰：「善哉汝問。昔者管子有言，丘甚善之，曰：『褚小者不可以懷大，綆短者不可以汲深。』夫若是者，以爲命有所成而形有所適也，夫不可損益。吾恐回與齊侯言堯、舜、黄帝之道，而重以燧人、神農之言。彼將内求於己而不得，不得則惑，人惑則死。且汝獨不聞耶？昔者海鳥止於魯郊，魯侯御而觴之于廟，奏九韶以爲樂，具太牢以爲膳。鳥乃眩視憂悲，不敢食一臠，不敢飲一杯，三日而死。此以己養養鳥也，非以鳥養養鳥也。夫以鳥養養鳥者，宜棲之深林，遊之壇陸，浮之江湖，食之鰌鰷，隨行列而止，委蛇而處。彼唯人言之惡聞，奚以夫譊譊爲乎？咸池、九韶之樂，張之洞庭之野，鳥聞之而飛，獸聞之而走，魚聞之而下入，人卒聞之，相與還而觀之。魚處水而生，人處水而死，彼必相與異，其好惡故異也。故先聖不一其能，不同其事。名止於實，義設於適，是之謂條達而福持。」

褚，布袋也；綆，汲井之繩也。譬力小不可以任大之意。命與形，得於天者，各有一定之分，不可損益。以古聖人之道，而與齊侯言，我又未能有以感動而化之，則將有罪我之意。此借顏子以譏當世遊説之士。鳥之所食，非人之所食，以人之食而養鳥，違其性矣。此意只是「不可與言而與之言，失言」〔二〕，聖門只是一句，他却撰出許多湏洞説話。御音迓，迎而觴之也，觴，飲也。壇音但，與澶同，水中沙澶之地，故曰澶陸。不一其能者，言人才各不同也。不同其事者，言人各事其所事也。隨其實之所有而得其名，隨其意之所適而得其理，故曰名止於實，義設於適，蓋言人各隨其分也。條達者，直截不費力也；福持者，言福常在也，持，保也。非我所能而不爲過分之事，則不費力而常保其生，無所患害，其意止如此。

校注

〔一〕「不可與言」二句，見論語衛靈公。

列子行食於道，從見百歲髑髏，攓蓬而指之曰：「唯予與汝知而未嘗死，未嘗生也。若果養乎？予果歡乎？種有幾？得水則爲𢇁，得水土之際則爲鼃蠙之衣，生於陵屯則爲陵舄，陵舄得鬱棲則爲烏足，烏足之根爲蠐螬，其葉爲蝴蝶。蝴蝶，胥也，化而爲蟲，生於竈下，其狀若脱，其名爲鴝掇。鴝掇千日爲鳥，其名爲乾餘骨。乾餘骨之沫爲斯彌，斯彌爲食醯。頤輅生乎食醯，黄軦生乎九猷，瞀芮生乎腐蠸。羊奚比乎不箰久竹，生青寧，青寧生程，程生馬，馬生人，人又反入於機。萬物皆出於機，皆入於機。」從見者，因而見也。攓蓬者，彼在蓬草之中，攓其蓬而指之也。生而飲食曰養，死而寂滅者曰歡，却如此倒說，此皆是筆頭弄奇處。汝與若，指髑髏也。這歡字便是「寂滅爲樂」〔二〕也。種有幾者，言天地之間，物之生生者，種各不同。下面把箇至微底說，不是以小喻大，蓋言雖大，無異於小也，便是無細無大，無貴無賤之意。其意固止如此，而文字之妙，絶出千古。整齊中不整齊，不整齊中整齊，如看飛雲斷鴈，如看孤峯斷坂，愈讀愈好，列子於中又添兩句，便不如他省了兩句。𢇁者，水上塵垢，初生苔而未成，亦有絲縷相縈之意，但其爲物甚微耳。鼃蠙之衣，即青苔也；水土之際，水中附岸處也，附岸處例多而厚，故曰衣。此兩句説了箇青苔，却又就陵屯上説來。陵屯，即田野中高處也。陵舄，車錢草也。鬱棲，糞壤也，車錢草生糞壤之中，則變而爲烏足草。烏足之根又化而爲蠐螬，烏足之葉又化爲蝴蝶。蠐螬，蝎蟲也。胥，蝴蝶之别名也，就蝴蝶下添此一句，尤奇。此下又説化生者，竈下之蟲有化生者，名爲鴝掇，軟而無皮無殼，故曰若脱，如今柑蟲然。鴝掇又能化而爲鳥，乾餘骨，鳥名也。斯彌，蟲也，口之流沫又化爲蟲。食醯，蠛蠓也。蠛蠓化而爲頤輅，頤輅化而爲九猷，九猷化而爲黄軦，黄軦化則爲腐蠸，腐蠸化則爲瞀芮，此處以生乎字省了兩句，文法也。黄軦、九猷、腐蠸、瞀芮，皆蟲名也。此意蓋言，萬物變化，生生不窮，無有盡時也。上面一截説了，却把箇至怪底結殺，此是其驚駭世俗處，莫把作實話看。羊奚，草名也。草之似竹而不生筍者曰不筍久竹，筍則可食，此不可食也。青寧，蟲也；程，亦蟲也。馬，亦草名也，如今所謂馬齒菜、馬欄草。人，亦草名也，如今所謂人參也，人面子〔二〕也。分明是用許多草名，却把馬與人字説，故意爲詭怪名字，前後解者皆以爲未詳〔三〕，是千萬世之人爲莊子愚弄，看不破也。萬物之變，如雀化爲蛤，鷹化爲鳩，腐草化螢，鼠化蝙蝠，何所不有？入於機者，言歸於盡也。出機入機，即是出入死生也，便是火傳也，不知其盡也。

校注

〔一〕「寂滅爲樂」，大般涅槃經聖行品：「諸行無常，是生滅法，生滅滅已，寂滅爲樂。」壇經及諸語録中都有討論此偈者。

〔二〕「人面子」，果實名，核似人面。

〔三〕「前後解者」句，成玄英疏於「程生馬，馬生人」曰：「未詳所據。」

外篇達生第十九

達生之情者，不務生之所無以爲；達命之情者，不務知之所無奈何。養形必先之物，物有餘而形不養者有之矣；有生必先無離形，形不離而生亡者有之矣。生之來不能却，其去不能止。悲夫，世之人以爲養形足以存生，而養形果不足以存生，則世奚足爲哉？雖不足爲而不可不爲者，其爲不免矣。夫欲免爲形者，莫如棄世。棄世則無累，無累則正平，正平則與彼更生，更生則幾矣。事奚足棄而生奚足遺？棄事則形不勞，遺生則精不虧。夫形全精復，與天爲一。天地者，萬物之父母也。合則成體，散則成始。形精不虧，是謂能移；精而又精，反以相天。

生之所無以爲者，言身外之物也，如人生幾兩屐〔一〕，一口幾張匙是也。知之所無奈何者，言人力所不及也。養形必以物，有生必全其形，此世人之見也，然物常有餘，而形豈長在，形雖能全，而生者有盡，故曰物有餘而形不養者有之矣，形不離而生亡者有之矣。雖不足爲而不可不爲者，即前所謂物莫足爲而不可以不爲是也。其爲不免者，言爲與不爲之中，皆不免於自累。欲免於自累，非棄世不可也。棄世者，非避世也，處世以無心，感而後應，迫而後動，不得已而後起，則我自我，而世自世矣。正平者，心無高下決擇也，猶佛氏曰「是法平等」〔二〕也。更生者，與之爲無窮也。彼者，造物也，與造物俱化，日新又新，故曰與彼更生。至於此，則盡矣，幾，盡也。能知此意，則身外之事與其生者，不待遺棄而自遺棄矣。精復者，精神不散於外也。合則成體，言四大假合而後成身〔三〕。散則復其初也，初者，無物之始也。形精，即形神也，形神不虧，則能變化，故曰能移，移即變化也。體道至此，精而又精，則可以贊造化矣。相天，贊天也。此兩精字，與形精字不同。反，猶還以事之之還也。

校注

〔一〕「人生幾兩屐」，世説新語雅量：「阮遥集好屐」，「或有詣阮，見自吹火蠟屐，因歎曰：『未知一生當箸幾量屐。』」

〔二〕「是法平等」，見一一一頁注〔一〕。

〔三〕「四大假合而後成身」，見一二二頁注〔二〕。

子列子問關尹曰：「至人潛行不窒，蹈火不熱，行乎萬物之上而不慄。請問何以至於此？」關尹曰：「是純氣之守也，非知巧果敢之列。居，予語汝。凡有貌象聲色者，皆物也，物與物何以相遠？夫奚足以至乎先？是色而已。則物之造乎不形而止乎無所化，夫得是而窮之者，物焉得而止焉？彼將處乎不淫之度，而藏乎無端之紀，遊乎萬物之所終始，壹其性，養其氣，合其德，以通乎物之所造。夫若是者，其天守全，其神無郤，物奚自入焉？夫醉者之墜車，雖疾不死。骨節與人同而犯害與人異，其神全也，乘亦不知也，墜亦不知也，死生驚懼不入乎其胸中，是故遻物而不慴。彼得全於酒而猶若是，而況得全於天乎？聖人藏於天，故莫之能傷也。復讎者不折鏌干，雖有忮心者不怨飄瓦，是以天下平均，故無攻戰之亂，無殺戮之刑者，由此道也。不開人之天，而開天之天，開天者德生，開人者賊生。不厭其天，不忽於人，民幾乎以其真。」

潛行不窒，嘿運而無所障礙也。行乎萬物之上而不慄，如御風而行是也。純氣之守，守元氣而純一不雜也。知巧，容心也，果敢，容力也，言此事非容心容力所可爲也。此語似爲迂闊，而實有此理，看今伏氣道人〔二〕，便可見。貌象聲色，謂有形迹也。萬物之物，皆拘於形，我若有迹，則與物同耳，則何以至乎未有物之先？人之局於一身而不能見乎萬物之始者，皆是以迹自累，故曰是色而已，色即迹也。貌象聲色，上面本有四字，到此即舉其一，文法也。造物者無形，故曰物之造乎不形；無終無始，一而不二，故曰止乎無所化，化，易也，言其無所變易也。得是而窮之者，造化之理也，言得此造化之理而窮盡其妙，則去乎有物之物遠矣，故曰物焉得而止焉。淫，亂也，不定也，不淫之度，一定之法度也。無端之紀，無物之初也，紀即理也。萬物之所終始，造化也。壹其性，純一不雜也；合其德，渾全不離也。與造化〔二〕爲一，故曰通乎物之所造。曰天曰神，即此理之在我者也。無郤，無間也，在内者既全而無間，則外物奚自入焉？遻物而不慴，言雖爲物所遻觸，而其神不動，故不懼也。醉者墜車之喻，極爲精密。藏於天，故莫之能傷，即前篇不以物害己一段，所謂無爲是也。鏌干傷人，飄瓦中人，而人不怒之者，以其物之無心也。此二句，即是無心之喻，其言極有理。天下平均者，言行於天下，無好惡也。爭則有攻戰殺戮之事，我無心矣，無所爭矣，又安有此事哉？人之天，猶有心也；天之天，無心也。開，明之也；德生者，自然之德也。開人之天，心猶未化，心未化則六根皆爲六賊〔三〕，況外物乎？不厭其天，言不棄其天理也。不忽於人者，言人事之有爲者，未嘗忽之而不爲，但爲之而無容心耳。如此，則近於真實之理，幾，近也。

校注

〔一〕「伏氣道人」，伏氣即服氣，亦稱食氣，道教術語。服氣類似吐納。服氣之法有二：一、外服天地之生氣；二、内服自身「太和元氣」，亦即胎息。服氣者亦講究行氣煉氣，運己之氣癒病防身。

〔二〕「化」，宋本、道藏本作「物」。

〔三〕「六根皆爲六賊」，指色聲香味觸法六境，其由眼耳鼻舌身意六根所取，能引人入於迷妄，故稱之六塵或六賊。涅槃經二十三：「六大賊者，即外六塵。菩薩摩訶薩觀此六塵如六大賊。何以故？能劫一切諸善法故。」楞嚴經四：「則汝現前眼耳鼻舌及與身心，六爲賊媒，自劫家寶。」

仲尼適楚，出於林中，見痀僂者承蜩，猶掇之也。仲尼曰：「子巧乎。有道邪？」曰：「我有道也。五六月累丸二而不墜，則失者錙銖；累三而不墜，則失者十一；累五而不墜，猶掇之也。吾處身也，若橛株拘；吾執臂也，若槁木之枝；雖天地之大，萬物之多，而唯蜩翼之知。吾不反不側，不以萬物易蜩之翼，何爲而不得？」孔子顧謂弟子曰：「用志不分，乃凝於神，其痀僂丈人之謂乎？」

承蜩，持竿而粘蟬者也。累丸於竿首，自二至五而不墜，則其凝定入神矣，郭象下兩箇「停審」字，亦自好。橛株拘，今所謂木樁也。橛，樁也；株，木之名也；拘，定也。想古時有此三字。不反不側，止是凝定也。當承蜩之時，其身如木橛而不動，其臂〔一〕如槁木，然其心一主於蜩而不知有他物，純一之至也。用志不分，其志不貳也。凝於神，凝定而神妙也。此雖借喻，以論純氣之守，而世間實有此事，今世亦有之，但以爲技，而不知道實寓焉。痀僂，背曲者也。

顔淵問仲尼曰：「吾嘗濟乎觴深之淵，津人操舟若神。吾問焉，曰：『操舟可學耶？』曰：『可。善游者數能。若乃夫没人，則未嘗見舟而便操之也。』吾問焉而不吾告，敢問何謂也？」仲尼曰：「善游者數能，忘水也。若乃夫没人之未嘗見舟而便操之也，彼視淵若陵，視舟之覆猶其車却也。覆却萬方陳乎前而不得入其舍，惡往而不暇？以瓦注者巧，以鉤注者憚，以黄金注者殙。其巧一也，而有所矜，則重外也。凡外重者内拙。」

觴深，淵名也。游，拍浮者也。没人，泅而入水也，善没之人視水如平地，則不學而能操舟矣。覆却萬端而不動其心，故曰不入其舍。心者，神明之舍也。注，射也，射而賭物曰注，王欽若曰「以陛下爲孤注」〔二〕，即此注字。以瓦爲注，則全無利害輕重之心，以鉤帶爲注，則已有顧惜之意矣，以黄金爲注，則愛心愈重，而易殙矣。矜，憐惜之意也，射者之巧，其心本一，而有所顧惜，則所重在外而内惑矣，惑則雖巧有時而拙矣。既答其問，又以此喻結之，不特二喻皆極天下之至理，看他文勢起結，亦自奇特。

校注

〔一〕「臂」，原作「譬」，據宋本、道藏本改。

〔二〕王欽若語，宋史卷二百八十寇準傳：「欽若曰：『陛下聞博乎？博者輸錢欲盡，乃罄所有出之，謂之孤注。陛下，寇準之孤注也，斯亦危矣。』由是帝顧準寖衰。」博指澶淵之役。

田開之見周威公。威公曰：「吾聞祝腎學生，吾子與祝腎遊，亦何聞焉？」田開之曰：「開之操拔篲以侍門庭，亦何聞於夫子？」威公曰：「田子無讓，寡人願聞之。」開之曰：「聞之夫子曰：『善養生者，若牧羊然，視其後者而鞭之。』」威公曰：「何謂也？」田開之曰：「魯有單豹者，巖居而水飲，不與民共利，行年七十而猶有嬰兒之色，不幸遇餓虎，餓虎殺而食之。有張毅者，高門縣薄，無不走也，行年四十而有内熱之病以死。豹養其内而虎食其外，毅養其外而病攻其内，此二子者，皆不鞭其後者也。」

拔篲，掃箒也，拔猶根拔之拔。操拔篲以侍門庭，供弟子灑掃之職也。牧羊本聽其自然，若行者在後而不逐其羣，則鞭之，此意便謂循天理而行，亦必盡人事也。單豹，隱者，而見殺於虎，張毅往來富貴之家，雖無虎傷之患，而胸中狂燥，以内熱而自殞，皆在人有未盡者，不可委之天。此段於學道者己分上，最爲親切，推此則知莊子前後説天道人道之意。先設喻，後以二事實之，文勢亦奇。

仲尼曰：「無入而藏，無出而陽，柴立其中央。三者若得，其名必極。

無入而藏，不專於主靜也；無出而陽，不一於動也。柴立，無心而立之貌，其形如槁木是也。動靜無常，不倚一偏，故曰立其中央。三者，言上三句也。盡此三句。則可名爲至人矣，故曰三者若得，其名必極。極，至也。

夫畏塗者，十殺一人，則父子兄弟相戒也，必盛卒徒而後敢出焉，不亦知乎？人之所取畏者，衽席之上，飲食之間，而不知爲之戒者，過也。」

以畏塗喻衽席，即「蛾眉伐性之斧」〔一〕之意，此示人窒慾之戒。莊子此語，雖聖賢聞之，亦必爲之首肯，此亦異端之學乎？

校注

〔一〕「蛾眉伐性」句，枚乘七發：「皓齒蛾眉，命曰伐性之斧。」

祝宗人玄端以臨牢筴，説彘曰：「汝奚惡死？吾將三月犧汝，十日戒，三日齊，藉白茅，加汝肩尻〔二〕乎彫俎之上，則汝爲之乎？」爲彘謀，曰不如食以糠糟而錯之牢筴之中。

自爲謀，則苟生有軒冕之尊，死得於腞楯之上、聚僂之中，則爲之。爲彘謀則去之，自爲謀則取之，所異彘者何也？

玄端，冠〔二〕也。豢，芻養之也。尻，猪之後也。腞，猶篆也；楯，机也。机之有文者曰腞楯。僂，曲也，曲而可以聚物者，畚笤之屬也，前篇編薄曰編曲，則知此亦竹器也。左宣公二年：「宰夫胹熊蹯不熟，殺之寘諸〔三〕畚。」即此類也。生有軒冕之貴，或以刑戮而死，置其身於趹蹪之上，畚薄之中，亦甘心焉，即退之所謂「處汙穢而不羞，觸刑辟而誅戮」是也。爲彘謀如彼，而自爲乃如此，此語可謂善喻。

校注

〔一〕「尻」，原作「尻」，道藏本同，據宋本改。下同。

〔二〕「冠」，道藏本同，宋本作「服」。

〔三〕「諸」，原無此字，據宋本補。

桓公田於澤，管仲御，見鬼焉。公撫管仲之手曰：「仲父何見？」對曰：「臣無所見。」公反，誒詒爲病，數日不出。齊士有皇子告敖者曰：「公則自傷，鬼惡能傷公？夫忿滀之氣，散而不反，則爲不足。上而不下，則使人善怒；下而不上，則使人善忘；不上不下，中身當心，則爲病。」桓公曰：「然則有鬼乎？」曰：「有。沈有履，竈有髻。户内之煩壤，雷霆處之；東北方之下者，倍阿鮭蠪躍之；西北方之下者，則泆陽處之。水有罔象，丘有峷，山有夔，野有方皇，澤有委蛇。」公曰：「請問，委蛇之狀何如？」皇子曰：「委蛇，其大如轂，其長如轅，紫衣而朱冠。其爲物也，惡聞雷車之聲，則捧其首而立。見之者殆乎霸。」桓公輾然而笑曰：「此寡人之所見者也。」於是正衣冠與之坐，不終日而不知病之去也。

此一段與杯蛇之説相類，但此説較奇特。誒詒，猶今嘔噦之聲，氣逆之病也。忿滀，即鬱結也，病在身之中而當其心，今人所謂中管之病也。沈，溝泥之中也；履，神名也；髻，亦神名也。煩壤，糞壤也；雷霆，亦鬼名也。倍阿鮭蠪，屋中東北方之鬼名也；泆陽，屋中西北方之鬼名。此以上，言人家中所有鬼物之名。罔象，水中之神名也；峷，小丘垤之神名也；夔，山之神名也；方皇，野中之神名也；委蛇，大澤中之神名也。桓公所見者在澤，故獨問委蛇之狀。桓公始疑爲妖，故懼而爲病，今曰見者必霸，故喜而病自去矣。輾然，笑之貌也。此事之喻，又與「見豕負塗，載鬼一車」〔二〕者不同，然聖人既以此語入之爻辭，則是世間必有此事，亦不足怪也。

校注

〔一〕「見豕」二句，見易睽。

紀渻子爲王養鬪雞。十日而問：「雞已乎？」曰：「未也，方虚憍而恃氣。」十日又問，曰：「未也。猶應嚮景。」十日又問，曰：「未也。猶疾視而盛氣。」十日又問，曰：「幾矣。雞雖有鳴者，已無變矣，望之似木雞矣，其德全矣，異雞無敢應者，反走矣。」

聞響而應，見景而動，則是此心猶爲外物所動也。疾視而盛氣，言其神氣已旺，疾視而不動。初言虚憍而恃氣，則其氣猶在外，此言疾視而盛氣，則氣在内矣。疾字有怒之意，即直視也，却與匹夫「按劍疾視」〔一〕不同。望之似木雞，則神氣俱全矣，此言守氣之學，借雞以爲喻耳。

校注

〔一〕「按劍疾視」，孟子梁惠王下：「夫撫劍疾視曰：『彼惡敢當我哉？』此匹夫之勇，敵一人者也。」

孔子觀於呂梁，縣水三十仞，流沫四十里，黿鼉魚鼈之所不能游也。見一丈夫游之，以爲有苦而欲死也，使弟子並流而拯之。數百步而出，被髮行歌而游於塘下。孔子從而問焉，曰：「吾以子爲鬼，察子則人也。請問，蹈水有道乎？」曰：「亡，吾無道。吾始乎故，長乎性，成乎命。與齊俱入，與汩偕出，從水之道而不爲私焉。此吾所以蹈之也。」孔子曰：「何謂始乎故，長乎性，成乎命？」曰：「吾生於陵而安於陵，故也；長於水而安於水，性也；不知吾所以然而然，命也。」

此段亦與前言操舟意同。並流，沿流也。故，本然也，孟子曰：「言性者，故而已矣。」性、命，自然之理也。齊者，水之旋磨處也；汩，湧汩處也；出入，隨水上下也。從水之道而不爲私，順而不逆之意。生於陵則安於陵，長於水則安於水，皆隨其自然而不知其所以然。故、性、命三字，初無分別，但如此作文耳，若以生長字强求意義〔一〕，則誤矣。

校注

〔一〕「以生長字强求」句，指成玄英疏：「我初始生於陵陸，遂與陵爲故舊也。長大游於水中，習而成性也。」

梓慶削木爲鐻，鐻成，見者驚猶鬼神。魯侯見而問焉，曰：「子何術以爲焉？」對曰：「臣工人，何術之有？雖然，有一焉。臣將爲鐻，未嘗敢以耗氣也，必齊以静心。齊三日，而不敢懷慶賞爵禄；齊五日，不敢懷非譽巧拙；齊七日，輒然忘吾有四枝形體也。當是時也，無公朝，其巧專而外滑消；然後入山林，觀天性；形軀至矣，然後成見鐻，然後加手焉；不然則已。則以天合天，器之所以疑神者，其是與？」

鐻似夾鐘，此雖注家之説〔一〕，然鐘以金爲之，豈削木所能成。愚按大觀類篇曰：「鐻，鐘鼓之柎也。」是乃筍簴之類，所以縣鐘鼓也。筍簴之形，爲鳥爲獸，刻木爲之，極其精巧，考工記中可見。耗氣者，氣不定也，齊以静其心而後定。不懷爵禄，不懷非譽，驚猶鬼神，言精絶非人所能爲也。忘其四枝，謂純氣自守，而外物不入也。無公朝者，亦不知有朝廷矣。唯其如此，故我之巧心專，而外物之可以滑亂吾心者皆消釋而不留。入山林，觀天性，觀木之性也。木之形軀各有成象，皆若見成者，然後取而用之。加手，取也。以我之自然，合其物之自然，故曰以天合天。

校注

〔一〕「注家之説」，此指成玄英疏。

東野稷以御見莊公，進退中繩，左右旋中規。莊公以爲文弗過也，使之鉤百而反。

顔闔遇之，入見曰：「稷之馬將敗。」公密而不應。少焉果敗而反。公曰：「子何以知之？」曰：「其馬力竭矣，而猶求焉，故曰敗。」

六轡如組，織而成文也，御之巧如織然，故曰文弗過。鉤，御馬而打圍也，鉤百而反，言百轉也。馬力竭而馳之不已，御者雖巧必敗，人之自用，又豈可過勞其神乎？此一喻極爲的切，極爲端正。

工倕旋而蓋規矩，指與物化而不以心稽，故其靈臺一而不桎。

到此又散説數句。倕爲共工，故曰工倕。旋，轉也，以手旋轉，畫而爲圓也。言工倕制器之時，旋轉其手，其圓便如蓋然，自中規矩。考工記云：「蓋之圓，以象天也。」蓋乃至圓之物，故取以爲喻，非謂其實爲蓋也。如吴道子畫佛像圓光，只一筆便成，遂入神品，即此類也。器圓不用規，只以手畫之，其技入神矣。指，手指也，指與物化，猶山谷論書法曰「手不知筆，筆不知手」是也。手與物兩忘而略不留心，即所謂官知止，神欲行也，故曰不以心稽。稽，留也。或曰，圓則中規，何以曰矩？殊不知圓之中自有矩，圓而不中矩，非圓矣。今匠者削木爲圓，必先取方，便見規矩不相離之意，所以曰規圓生矩。靈臺，心也；一，純一也；不桎，不拘礙也。

忘足，屨之適也；忘要，帶之適也；知忘是非，心之適也；不内變，不外從事，會之適也。始乎適而未嘗不適者，忘適之適也。

適，安也，足安於屨，要安於帶，若無物然，故曰忘足、忘要。會，猶造也，造道而至於適，則内境純一而無所變，雖與物應接乎外，而亦不知其所從事者矣。始乎適而未嘗不適者，言久則併與適亦忘之。譬如足初躡屨，見其恰好，則知有屨之適，着之既久，不復有初時見其恰好之意，是忘適也。此以人之常情而喻乎道，須自體究，便見得莊子盡物理處。

有孫休者，踵門而詫子扁慶子曰：「休居鄉不見謂不修，臨難不見謂不勇，然而田原不遇歲，事君不遇世，賓於鄉里，逐於州部，則胡罪乎天哉？休惡遇此命也？」扁子曰：「子獨不聞夫至人之自行邪？忘其肝膽，遺其耳目，芒然彷徨乎塵垢之外，逍遥乎無事之業，是謂爲而不恃，長而不宰。今汝飾知以驚愚，修身以明汙，昭昭乎若揭日月而行也。汝得全而形軀，具而九竅，無中道夭於聾盲跛〔一〕蹇而比於人數，亦幸矣，又何暇乎天之怨哉？子往矣。」孫子出。扁子入，坐有間，仰天而嘆。弟子問曰：「先生何爲歎乎？」扁子曰：「向者休來，吾告之以至人之德，吾恐其驚而遂至於惑也。」弟子曰：「不然。孫子之所言是邪？先生之所言非邪？非固不能惑是。孫子所言非邪？先生所言是邪？彼固惑而來矣，又奚罪焉？」扁子曰：「不然。昔者有鳥止於魯郊，魯君説之，爲具太牢以饗之，奏九韶以樂之，鳥乃始憂悲眩視，不敢飲食。此之謂以己養養鳥也。若夫以鳥養養〔二〕鳥者，宜棲之深林，浮之江湖，食之以委蛇，則平陸而已矣。今休，款啓寡聞之民也，吾告以至人之德，譬之若載鼷以車馬，樂鴳以鐘鼓也。彼又惡能無驚乎哉？」

賓於鄉里，擯棄於鄉里也。明汙，自別於汙俗也。飾知驚愚，修身明汙，言其有心求名以自異也。若揭日月，著其名也。彼固惑而來矣，彼之來本自惑，非先生惑之，又何罪於我？歁啓，小孔竅也，言其所見之小也；寡聞，學之淺也。其見本淺，吾語之太高，彼安得不驚疑自惑乎？此意蓋譏當時之學者，以其所見者小而未知大道也。食以委蛇，言使之自得而食也。委蛇，自得也。鳥養之喻，已見至樂篇。

校注

〔一〕「跛」，原作「破」，據宋本、道藏本改。

〔二〕「養」，原脱，道藏本同，據宋本補。

外篇山木第二十

莊子行於山中，見大木，枝葉盛茂，伐木者止其旁而不取也。問其故，曰：「無所可用。」莊子曰：「此木以不材得終其天年。」夫子出於山，舍於故人之家。故人喜，命豎子殺鴈而烹之。豎子請曰：「其一能鳴，其一不能鳴，請奚殺？」主人曰：「殺不能鳴者。」明日，弟子問於莊子曰：「昨日山中之木，以不材得終其天年，今主人之鴈，以不材死，先生將何處？」莊子笑曰：「周將處夫材與不材之間。材與不材之間，似之而非也，故未免乎累。若夫乘道德而浮遊則不然。無譽無訾，一龍一蛇，與時俱化，而無肯專爲；一上一下，以和爲量，浮遊乎萬物之祖；物物而不物於物，則胡可得而累耶？此神農、黄帝之法則也。若夫萬物之情，人倫之傳，則不然。合則離，成則毁，廉則挫，尊則議，有爲則虧，賢則謀，不肖則欺，胡可得而必乎哉？悲夫。弟子志之，其唯道德之鄉乎？」

不材全其天年，前此屢言之矣，今添鴈以不材見殺之説，又自一意，蓋言材與不材，皆猶有形迹，故未免於自累，必至於善惡俱泯，無得而名，斯爲全其天也。乘道德者，順自然也。一龍一蛇，猶東方朔曰「用之則爲虎，不用則爲鼠」也。用舍隨時，我無容心，故無毁亦無譽。專爲則有心矣，無肯專爲，即無心也。上下，進退也；和，順也；量，則也，度也。以順自然爲則，或上或下皆可。萬物之祖，萬物之始也。此神農、黄帝之所能，故曰神農、黄帝之法則也。萬物之情，此私情也。傳，習也，人倫之傳，人類之傳習也。此以下數句，曲盡人情。有合則有離，所謂世間無不散筵席也。有成則有毁，言「不有所廢，君何以興」〔一〕也。露圭角者，必至於自摧挫。居人上者，必爲人所指議。有心於事爲，其名必虧。人之惡其成、樂其敗者衆，賢者於此，將爲全身之計，則必有計度思慮，故曰賢則謀。小人患失，無所不至，則爲奸爲欺而已矣，故曰不肖則欺。處乎世間，事不由人，何可自必，故曰胡可得而必哉。悲夫者，嘆世俗之不美，人事之無常，危機之可畏也。此語切於人身，故囑其弟子識之勿忘。唯順乎自然，則可以自免，故曰其唯道德之鄉乎。

校注

〔一〕「不有所廢，君何以興」，見二七七頁注〔一〕。

市南宜僚見魯侯，魯侯有憂色。市南子曰：「君有憂色，何也？」魯侯曰：「吾學先王之道，修先君之業；吾敬鬼尊賢，親而行之，無須臾離；居然不免於患，吾是以憂。」

市南子曰：「君之除患之術淺矣。夫豐狐文豹，棲於山林，伏於巖穴，靜也；夜行晝居，戒也；雖饑渴隱約，猶且胥疏於江湖之上而求食焉，定也，然且不免於罔羅機辟之患。是何罪之有[一]？其皮爲之災也。今魯國獨非君之皮邪？吾願君刳形去皮，洒心去欲，而遊於無人之野。

居然，安然也，於此用之，有無因而得患之意，謂不應有憂患，而不免於憂患也。隱約，僻處也，居於深僻之中。雖有饑渴，出而求食於江湖之上，猶且避人而與之相疏遠也。胥，相也。此退之所謂「俛而啄，仰而四顧，深居而簡出」者也。以皮自累，言有名有位於世，皆能惹禍也。此言甚切人心，涉世深者方知之。

南越有邑焉，名爲建德之國。其民愚而朴，少私而寡欲；知作而不知藏，與而不求其報；不知義之所適，不知禮之所將；猖狂妄行，乃蹈乎大方；其生可樂，其死可葬。吾願君去國捐俗，與道相輔而行。」

前言無人之野，即無物之始也，此又以建德之國名之。看此一段，今人禮淨土[二]，其源流在此。戰國之時，南越未通中國，故借其地以爲名，初無他義。知作而不知藏，言耕作以自食而無私蓄也。未有禮義之名，故曰不知義之所適，不知禮之所將。將，行也。猖狂妄行，從心所欲，皆合乎道，故曰蹈乎大方。與道相輔而行，謂以慕道之心自相勉勵而欲至於此國也。

校注

〔一〕宋本、道藏本「有」字下有「哉」字。

〔二〕「今人禮淨土」，指佛教淨土宗。此宗由唐善導創立，據無量壽經、觀無量壽經、阿彌陀經及世親往生論，説念佛死後往生阿彌陀西方淨土。

君曰：「彼其道遠而險，又有江山，我無舟車，奈何？」市南子曰：「君無形倨，無留居，以爲君車。」君曰：「彼其道幽遠而無人，吾誰與爲鄰？吾無糧，我無食，安得而至焉？」市南子曰：「少君之費，寡君之欲，雖無糧而乃足。君其涉於江而浮於海，望之而不見其崖，愈往而不知其所窮。送君者皆〔一〕自崖而反，君自此遠矣。」

無形倨，不有其身也；無留居，不有其國也；能辨此心，則可以往，故曰以爲君車。心無所求，則無所不足，故曰少費寡欲，雖無糧而乃足。涉江浮海，望而不見其崖，愈往而不知其所窮，只是遊無窮三字，如此敷演。送君者皆自崖而反，君自此遠矣，此句最爲深妙，言學道之人既悟之後，向之所資以自悟者，如人之餞送登舟，至於海崖，皆已反歸矣。擊竹〔二〕而悟，捲簾而悟，〔三〕皆其送者也，譬如見舞劍而善草書〔四〕，始因劍而悟之，既悟則劍爲送者矣，讀書亦資送者也。

校注

〔一〕「皆」，宋本、道藏本皆無此字。

〔二〕「竹」，原作「足」，據宋本、道藏本改。

〔三〕「擊竹而悟，捲簾而悟」，景德傳燈録卷十一載香嚴智閑禪師「一日因山中芟除草木，以瓦礫擊竹作聲，俄失笑間，廓然省悟」。五燈會元卷七載長慶慧稜禪師「一日捲簾，忽然大悟」。

〔四〕「見舞劍而善草書」，杜甫觀公孫大娘弟子舞劍器行序：「往者吴人張旭善草書帖，數嘗於鄴縣見公孫大娘舞「西河劍器」，自此草書長進，豪蕩感激。」

故有人者累，見有於人者憂。故堯非有人，非見有於人也。吾願去君之累，除君之憂，而獨與道遊於大莫之國。方舟而濟於河，有虚船來觸舟，雖有惼心之人不怒；有一人在其上，則呼張歙之；一呼而不聞，再呼而不聞，於是三呼耶，則必以惡聲隨之。向也不怒而今也怒，向也虚而今也實。人能虚己以遊世，其孰能害之？」

有人者，以我而役物也；見有於人，我爲物所役也。二者皆非自然之道。若堯則不以己役物，亦不爲物所役，故曰堯非有人，非見有於人也。大莫之國，冲漠太虚之地，即無人之野，建德之國也，以此結上章也。語意既足，乃以譬喻繼之。方舟，兩舟相並也。我舟方行，而爲虚舟所觸，舟既虛而無人，故雖觸我而不怒。忽有一人而在虛舟之上，則必呼其人，使之張歙之。張，撑開也；歙，歙退也。呼而不應，至於三度，則必叫罵之。無人，虛也；有人，實也。向也無人，則不怒，今也有人，則不能不怒，人情然也。此喻極佳，蓋言我若無心，則與物自無忤，遊於斯世而虛其心，又何患害之有？既説一大段，却把此譬喻結，便是文字首尾起結之法。列子有同此段。

北宮奢爲衛靈公賦斂以爲鐘，爲壇乎郭門之外，三月而成上下之縣。王子慶忌見而問焉，曰：「子何術之設？」奢曰：「一之間，無敢設也。奢聞之：『既彫既琢，復歸於朴。』侗乎其無識，儻乎其怠疑；萃乎芒乎，其送往而迎來；來者勿禁，往者勿止；從其强梁，隨其曲傅，因其自窮，故朝夕賦斂而毫毛不挫，而況有大塗者乎？」

斂民之財以鑄其鐘，先祭而後鑄，故曰爲壇。三月而成，鐘有架，所以懸鐘也，架有兩層，故曰上下縣，此言編鐘也。何術之設者，言用何術而成此之速。一，純一也，循自然之理，終始循〔二〕一而無所雜於其間，故曰一之間。無敢設，猶言此間別着不得一件也。既彫既琢，復歸於朴，言去圭角而歸於自然也。侗乎，無識之貌；儻乎，若怠若疑，無容心之狀也。或往或來，無將無迎，故曰萃乎芒乎。萃，塊然之意；芒，無物之狀。來者勿禁，往者勿止，言順其自然而無迎無送也。强梁，去而不順者；曲傅，回而附我者。我皆隨之聽之，任其如何也。自窮者，自至〔三〕也，言或順或逆，要終皆不求而自至，故曰因其自窮。我雖賦斂，而於人無一毫之傷，故曰毫毛不挫。大塗者，言此是順事坦然而行，但以無心處之，故能速辨也。

校注

〔一〕「循」，宋本、道藏本作「純」。

〔二〕「至」，原作「信」，據宋本、道藏本改。

孔子圍於陳蔡之間，七日不火食。太公任往弔之曰：「子幾死乎？」曰：「然。」「子惡死乎？」曰：「然。」任曰：「予嘗言不死之道。東海有鳥焉，其名曰意怠。其爲鳥也，翂翂翐翐，而似無能；引援而飛，迫脅而棲；進不敢爲前，退不敢爲後；食不敢先嘗，必取其緒。是故其行列不斥，而外人卒不得害，是以免於患。直木先伐，甘井先竭。子其意者飾知以驚愚，修身以明汙，昭昭乎如揭日月而行，故不免也。昔吾聞之大成之人曰：『自伐者無功，功成者隳，名成者虧。』孰能去功與名而還與衆人？道流而不明，居得行而不名處；純純常常，乃比於狂；削迹捐勢，不爲功名；是故無責於人，人亦無責焉。至人不聞，子何喜哉？」孔子曰：「善哉。」辭其交遊，去其弟子，逃於大澤；衣裘褐，食杼栗；入獸不亂羣，入鳥不亂行，鳥獸不惡，而况人乎？

子惡死乎，言處此瀕死之患難，其心亦厭惡之乎。不死之道，言自得而無禍患也。意怠，今之燕也。翂翂翐翐，飛之貌也。引援，羣飛也。迫脅而棲，近人而爲巢也。進不爲前，退不爲後，言其往來不爭也。緒，棄餘也，取蟲而食，世所棄餘也。不斥，不多也，雖爲行列，而不如烏鴈爲羣之多。各依人家，外人亦不害之。直木、甘井，以聲名自見之喻也。大成之人，大道之士也。自矜伐者，必不能成功，以功名自喜者，終必自損。隳、虧，皆自損也。還與衆人，言退而與衆人同也。順道而行，黯然自晦，故曰道流而不明。所居之時，雖得行其志，而不以聲名自高，故曰居得行而不名處。不處，不有之也。純純常常，一也。比於狂，若無心也。削迹捐勢，不以功名爲意，謂無迹而化也。我不責人，人亦忘我，此至人也。至人則欲無聞於世，子又何以名爲喜乎？末後數語，便與食豕如食人處同，借孔子之名以申其説，此重言也。

孔子問子桑雽曰：「吾再逐於魯，伐樹於宋，削迹於衛，窮於商周，圍於陳蔡之間。吾犯此數患，親交益疏，徒友益散，何與？」子桑雽曰：「子獨不聞假人之亡與？林回棄千金之璧，負赤子而趨。或曰：『爲其布與？赤子之布寡矣。爲其累與？赤子之累多矣。棄千金之璧，負赤子而趨，何也？』林回曰：『彼以利合，此以天屬也。』夫以利合者，迫窮禍患害相棄也；以天屬者，迫窮禍患害相收也。夫相收之與相棄亦遠矣。且君子之交淡若水，小人之交甘如醴；君子淡以親，小人甘以絶。彼無故以合者，則無故以離。」孔子曰：「敬聞命矣。」徐行翔佯而歸，絶學捐書，弟子無挹於前，其愛益加進。

子桑雽，雽即户也。假人，假國之人也。棄璧負子，此喻最佳。天合者必常相收聚，利合者必相棄背。君子之交淡而親，小人之交甘而易絶，皆説盡人世情狀，此語雖入之語、孟亦得。無故以合，則無故以離，氓詩便可見也，〔一〕此一句又是一箇好條貫。無挹於前者，不拘目前揖拜之禮，而其相愛之意愈加進也。

校注

〔一〕「無故以合」三句，詩氓序：「宣公之時，禮義消亡，淫風大行，男女無别，遂相奔誘。華落色衰，復相棄背。」

異日桑雽又曰：「舜之將死，真泠禹曰：『汝戒之哉。形莫若緣，情莫若率。緣則不離，率則不勞；不離不勞，則不求文以待形；不求文以待形，固不待物。』」

泠音零，曉也，以真實之道而告之禹，故曰真泠。緣，因其自然之意；率，循其自然之意。不離，與道爲一也。形，我也；文，身外之物也。不以身外之物而待我，故曰不求文以待形。今人宴客曰待客，此待字之意也。不以身外爲文華，則無所資於物矣，故曰固不待物，此待字又是不用之意。三箇待字自作兩義。

莊子衣大布而補之，正緳係履而過魏王。魏王曰：「何先生之憊邪？」莊子曰：「貧也，非憊也。士有道德不能行，憊也；衣弊履穿，貧也，非憊也；此所謂非遭時也。王獨不見夫騰猿乎？其得柟梓豫章也，攬蔓其枝而王長其間，雖羿、逢蒙不能睥〔一〕睨也。及其得柘棘枳枸之間也，危行側視，振動悼慄，此筋骨非有加急而不柔也，處勢不便，未足以逞其能也。今處昏上亂相之間，而欲無憊，奚可得邪？此比干之見剖心，徵也夫。」

大布，粗者也。緳，帶也，正帶，中結也；係履，履弊而以索穿之也。憊，病也。攬，把之也；蔓，纏繞之也。此兩字狀猿之在木，自是不苟。王長，言其志盛意得也。柘棘枳枸，有刺之木也。振動，恐也。不柔之上着箇加急字，自是好，醫書有頭項强直之證，是加急而不柔也，以之狀猿尤精神。徵也夫，言以比干之事比之，則見其證〔二〕驗，此三字亦奇。

校注

〔一〕「睥」，道藏本同，宋本作「眄」。

〔二〕「證」，道藏本同，宋本作「徵」。

孔子窮於陳蔡之間，七日不火食，左據槁木，右擊槁枝，而歌焱氏之風，有其具而無其數，有其聲而無宮角，木聲與人聲，犁然有當於人之心。顔回端拱還目而窺之。仲尼恐其廣己而造大也，愛己而造哀也，曰：「回，無受天損易，無受人益難。無始而非卒也，人與天一也。夫今之歌者其誰乎？」

槁木，几也；槁枝，策也，齊物篇所謂策枝是也。以槁枝擊槁木，故曰有其具，雖擊而無節奏，故曰無其數。無宮角，言不合五音也。木聲，擊者也；人聲，歌者也。犁然，端的之意。廣己，尊我也，以尊我之意而求之，則所造者無畔岸，故曰恐其廣己而造大也。以愛我之意而思之，則必至於哀傷，故曰愛己而造哀也，造音挫。人與天一也，言在我者皆天理也。今之歌者非我也，故曰其誰乎。

回曰：「敢問無受天損易。」仲尼曰：「饑渴寒暑，窮桎不行，天地之行也，運物之泄也，言與之偕逝之謂也。爲人臣者，不敢去之。執臣之道猶若是，而況乎所以待天乎？」「何謂無受人益難？」仲尼曰：「始用四達，爵禄並至而不窮，物之所利，乃非己也，吾命有在外者也。君子不爲盜，賢人不爲竊。吾若取之，何哉？故曰：鳥莫知〔一〕於鷾鴯，目之所不宜處，不給視，雖落其實，棄之而走。其畏人也，而襲諸人間，社稷存焉爾。」「何謂無始而非卒？」仲尼曰：「化其萬物而不知其禪之者，焉知其所終？焉知其所始？正而待之而已耳。」「何謂人與天一邪？」仲尼曰：「有人，天也；有天，亦天也。人之不能有天，性也，聖人晏然體逝而終矣。」

天損，窮時也；無受者，貧而樂也。人益者，富貴之也；無受者，「富貴而不淫」〔二〕也。尋常之論，則以處富貴而不淫爲易，貧而樂爲難，莊子却如此反說，極有意味。言天損之時，事不由己，雖欲不受，如之何而不受？不容不安貧也，故曰易。人益者，如富之日至，名位之日高，日增月益，我欲辭而不能，所以貴不期驕而自驕，富不期侈而自侈，故曰無受難。窮桎，窮塞也；不行，推不去也。運物，運氣也；泄，發也；運物之泄，氣數之往來，天也。吾亦與之俱行，亦與之俱泄，故曰偕逝，即所謂「與時偕行」、「與時偕極」〔三〕也。君命其臣，且不得違，天之命人，何可違乎？此無受易之意。四達，謂意之所向，無所窒礙也；始用，謂此意纔萌，則事隨以集而無窒礙也。並至而不窮，交至而不已也。我不求物之利而利自至，故曰非己也。爵禄皆自外而至，時命使然，故曰吾命其在外者也。無功而禄，君子耻之，視之如盜竊，吾雖欲不取之，而有推不去者，公孫賀拜相而哭〔四〕，非無受人益難乎？鷾鴯，即意怠也。不給視者，不足視也，非其所宜處之地，雖目有見，亦以不足視而去之。果實之落，必懼而飛，恐害己也，故曰棄之而走。其志雖畏避於人，而乃與人相近而居，故曰襲諸人間。襲，入也。社稷，祭祀之地，雖無可畏，亦無可取，人自敬而存留之。如燕在人家，〔五〕雖無益亦無害，而人亦容之。言處富貴之人若能如鷾鴯之無益亦無害，則亦無譏惡之者。然既曰富貴矣，安能無益而無害？故曰難。無始而非卒者，言不知其始，不知其終也。萬物之變化，更相禪代，孰知其終，孰知其始，但居中以待之而已。正，中也，謂處造化之中也。何謂人與天一邪？人者，天所生，故曰有人，天也。天亦造化爲之，故曰有天，亦天也。性者，天命之性也，此性字與生字同，在人之性，生而有者，皆得於天，豈人所得而預之？聖人惟知人之所不能有，故處之安然，盡吾身而已。孟子曰：「性也，有命焉，君子不謂性也。」即是人之不能有天，性也。晏然，安然也，安時而處順，以終其身，故曰體逝而終矣。

校注

〔一〕「知」，原作「至」，據宋本、道藏本改。

〔二〕「富貴而不淫」，見孟子滕文公下。

〔三〕「與時偕行」二句，見易乾之文言。

〔四〕「公孫賀」句，漢書卷六十六公孫賀傳：「時朝廷多事，督責大臣，自公孫弘後，丞相李蔡、嚴青翟、趙周三人比坐事死，石慶雖以謹得終，然數被譴。初，賀引拜爲丞相，不受印綬，頓首涕泣。」

〔五〕「祭祀之地，雖無可畏，亦無可取，人自敬而存留之。如燕在人家」，宋本作「祭祀祈禳之事，人亦敬而存之，故以爲譬，謂燕在人家」。

莊周遊乎雕陵之樊，覩一異鵲自南方來者，翼廣七尺，目大運寸，感周之顙而集於栗林。莊周曰：「此何鳥哉？翼殷不逝，目大不覩。」蹇裳躩步，執彈而留之。覩一蟬，方得美蔭而忘其身；螳蜋執翳而搏之，見得而忘其形；異鵲從而利之，見利而忘其真。莊周怵然曰：「噫，物固相累，二類相召也。」捐彈而反走，虞人逐而誶之。莊周反入，三月不庭。藺且從而問之：「夫子何爲頃間甚不庭乎？」莊周曰：「吾守形而忘身，觀於濁水而迷於清淵。且吾聞諸夫子曰：『入其俗，從其俗。』今吾遊於雕陵而忘吾身，異鵲感吾顙，遊於栗林而忘真，栗林虞人以吾爲戮，吾所以不庭也。」

雕陵，地名也；樊，園之蕃籬也。感周之顙，飛從額前過也。殷，大也；逝，往也。翼大而不能往，目大而不能覩，逐物而自迷之狀。執彈而留之，將以取之也。螳蜋因蟬，意在一得，而忘其形，異鵲又利螳蜋而忘其真，故有不逝不覩之狀。螳蜋與鵲異類而相召也，皆忘其形，忘其真，相累也。虞人，守園者；誶，罵之也。不庭，不出其居之庭也。守形，養生者也。我爲養生之學，忽因逐鵲而忘其身，是以愁而汨其理也。濁水，喻人欲也；清淵，喻天理也。夫子，老子也。「入國問俗」〔二〕，問禁也，故曰入其俗，從其俗。他人之園，而我誤入，是違禁也。以吾爲戮，言爲虞人所辱也。此段蓋言物無大小，有所逐者，皆有所迷，此乃學者受用之語。

校　注

〔一〕「入國問俗」，見禮記曲禮上。

陽子之宋，宿於逆旅。逆旅人有妾二人，其一人美，其一人惡，惡者貴而美者賤。陽子問其故，逆旅小子對曰：「其美者自美，吾不知其美也；其惡者自惡，吾不知其惡也。」陽子曰：「弟子記之。行賢而去自賢之行，安往而不愛哉？」

美者自美，自矜誇也；惡者自惡，慊然自以爲不足也。行賢而去自賢之行，謂有賢者之德，而無自矜之行，則隨所往而人皆愛樂之。此一節亦是受用親切處。看此數篇，或以外篇爲非莊子所作，果然乎哉？

莊子鬳齋口義卷七

外篇田子方第二十一

田子方侍坐於魏文侯，數稱谿工。文侯曰：「谿工，子之師耶？」子方曰：「非也，無擇之里人也；稱道數當，故無擇稱之。」文侯曰：「然則子無師邪？」子方曰：「有。」曰：「子之師誰邪？」子方曰：「東郭順子。」文侯曰：「然則夫子何故未嘗稱之？」子方曰：「其爲人也真，人貌而天，虛緣而葆真，清而容物。物無道，正容以悟之，使人之意也消。無擇何足以稱之？」子方出，文侯儻然終日不言，召前立臣而語之曰：「遠矣，全德之君子。始吾以聖知之言、仁義之行爲至矣，吾聞子方之師，吾形解而不欲動，口鉗而不欲言。吾所學者真土梗耳，夫魏真爲我累耳。」

稱道數當，言稱誦道理，拍拍皆當也。其爲人也真，純也。人貌而天，貌雖人，而有自然之天德也。虛心而順物，未嘗動其心，故曰葆真。葆，養也。清，自潔也。清則易離於物，而能容之，言其大也。人有非道，未嘗責之以言，但動容貌而使彼自悟，自然消釋其不肖之心，故曰使人之意形也消。谿工之善，猶可容言，順子之美，不可容言，故曰何足以稱之。全德君子，言順子也。夫以有國爲累，故不得以深究無爲自然之道，故曰夫解，言自失也。土梗者，得其粗不得其精也。魏真爲我累耳。

温伯雪子適齊，舍於魯，魯人有請見之者，温伯雪子曰：「不可。吾聞中國之君子，明乎禮義而陋於知人心，吾不欲見也。」至於齊，反舍於魯，是人也又請見。温伯雪子曰：「往也蘄見我，今也又蘄見我，是必有以振我也。」出而見客，入而歎。明日見客，又入而歎。其僕曰：「每見之客也，必入而歎，何耶？」曰：「吾固告子矣：『中國之民，明乎禮義而陋乎知人心。』昔之見我者，進退一成規，一成矩，從容一若龍，一若虎，其諫我也似子，其道我也似父，是以歎也。」仲尼見之而不言。子路曰：「吾子欲見温伯雪子久矣，見之而不言，何耶？」仲尼曰：「若夫人者，目擊而道存矣，亦不可以容聲矣。」

伯，名也；雪子，其字也。禮義，有爲之學也；陋於知人心，陋，劣也，謂其不識本心也。振，振德也，言必有益我也，故曰振我。進退成規矩，從容若龍虎，動容周旋中禮也。規矩，有法度也；龍虎，成文章也，「大人虎變」〔一〕是也。諫我似子，道我似父，謂交淺言深也。目擊而道存，即正容以悟，使人之意消也。容聲，容言也。

校注

〔一〕「大人虎變」，見易革。

顏淵問於仲尼曰：「夫子步亦步，夫子趨亦趨，夫子馳亦馳，夫子奔逸絶塵，而回瞠若乎後矣。」夫子曰：「回，何謂邪？」曰：「夫子步，亦步也；夫子言，亦言也；夫子趨，亦趨也；夫子辯，亦辯也；夫子馳，亦馳也；夫子言道，回亦言道也；及奔逸絶塵而回瞠若乎後者，夫子不言而信，不比而周，無器而民蹈乎前，而不知所以然而已矣。」仲尼曰：「惡可不察與？夫哀莫大於心死，而人死亦次之。日出東方而入於西極，萬物莫不比方。有目有趾者，待是而後成功，是出則存，是入則亡。萬物亦然，有待也而死，有待也而生。吾一受其成形，而不化以待盡，効物而動，日夜無隙，而不知其所終；薰然其成形，知命不能規乎其前，丘以是日徂。吾終身與汝交一臂而失之，可不哀與？汝殆著乎吾所以著也。彼已盡矣，而汝求之以爲有，是求馬於唐肆也。吾服汝也甚忘，汝服吾也亦甚忘。雖然，汝奚患焉？雖忘乎故吾，吾有不忘者存。」

不比而周，言不待親比之，而其情自然周美也。無器者，不可以迹名也，民蹈乎前，言人自來歸也，以此比夫子之不可及也。不知其所以然而已矣者，言我至此，不知其爲如何也。奔逸，飛馳也；絶塵，去速而不見其塵也。瞠，直目以視也。步、趨、馳者，皆以馬爲喻也。惡可不察者，言當更於此精察也。心死者，無所見也，生而無所見，猶甚於死也，故曰哀莫大於心死，而人死亦次之。比方，可數也，日既明時，物之長短小大，皆可盡見，故曰莫不比方。出自東方，入於西極，自朝至暮也。有目有趾，羣動之物也，必見日而後事可爲。待是，待日也，故曰待是而後成功。是出則存，是入則亡，人事之存亡係日之出入，即日出而作，日入而息也。萬物之有待於道，亦猶人事之待乎日也，故曰萬物亦然。生死皆循是道之自然，故曰有待而死，有待而生。生而受其形，則此道在身，無所遷變，以待其終，故曰不化以待盡。不化者，無所遷變也。效，倣也，倣於物而行，不容其心，故曰效物而動。物，事物也。無隙者，無所間斷也。不知其終者，無已時也。渾然此身，無非和順之理，故曰薰然而成形。薰，和也。雖知事物之無非命，而日用之間不以命爲規度，即所謂聖人不言命〔一〕也。日徂者，日日如是，與之俱往，純亦不已也。交一臂者，並立也。終身與汝周旋，而汝未得此道，故曰交一臂而失之。著，可見者也，汝但見吾所可見者，而不知有所不可見者，故曰汝殆著乎吾所以著也。盡，無也，道必至於無而後盡，汝但以有求之，所以見不到盡處也，故曰彼已盡矣，而汝求以爲有。肆，貨馬之地也；唐，無壁之屋也。詩云「中唐有甓」，唐肆，今之過路亭也，貨馬者來去不常，止就其肆求之，刻舟求劍之意也。忘，不可知者也，極其不可知曰甚忘。服，行也。吾與汝之所行，必極其所不可知，汝與吾之所行，亦必極其所不可知，故曰吾服汝也甚忘，汝服吾亦甚忘，意謂此事我與汝説不得，汝亦與我説不得，必至於忘言，而後盡也。雖然，又轉一轉，謂汝今雖未至於此，亦何患焉？蓋汝既知奔逸絶塵者，瞠若乎其後，則是知有此一解未盡矣，若到此能忘其故吾之時，雖與今日所見不同，而在我之所不忘者仍舊在也。釋氏所謂悟後依舊是故時人，意謂見到無處方盡，仍舊即是有時道理也，故曰雖忘乎故吾，而吾有不忘者存。此兩箇吾字，就顔子身上自説，又與上面「吾服汝，汝服吾」吾字不同。

校注

〔一〕「聖人不言命」，論語子罕：「子罕言利與命與仁。」左傳哀公十八年：「志曰：聖人不煩卜筮。」

孔子見老聃，老聃新沐，方將被髮而乾，慹然似非人。孔子便而待之，少焉見，曰：「丘也眩與，其信然與？向者先生形體掘若槁木，似遺物離人而立於獨也。」老聃曰：「吾游心於物之初。」孔子曰：「何謂邪？」曰：「心困焉而不能知，口辟焉而不能言，嘗爲汝議乎其將。至陰肅肅，至陽赫赫；肅肅出乎天，赫赫發乎地；兩者交通成和而物生焉，或爲之紀而莫見其形。消息滿虚，一晦一明，日改月化，日有所爲，而莫見其功。

生有所乎萌，死有所乎歸，始終相反乎無端而莫知其所窮。非是也，且孰爲之宗？」

被髮而乾，即離騷所謂晞髮〔一〕也。慹然，凝定而立之貌；非人，猶木偶人也。掘，兀兀然也。遺物，遺外物也；離人，離人類也；立於獨者，超立乎一世之表也。物之初者，無物之始也。辟，合也。心無所知，口不欲言，故曰困焉，辟焉。將，近也，謂其深妙者難言，且擬議其近似者也，故曰言乎其將。前曰其樊其風，此言其將，即變換爲文也。肅肅，嚴冷之意，赫赫，輝明之意，即是「一陰一陽之謂道」〔二〕，如此下四句。陰陽和而後萬物生，交通，互往來也，獨陰不生，獨陽不成，故曰交通成和。紀者，綱維主張之意也，亦似有物主之而不可見，故曰或爲之紀而莫見其形。爲之紀者，造化也。一晦一明，晝夜也；消息滿虚，四時之氣運；日改月化，日異而月不同也。日有所爲，而莫見其功，日日如是，而造化之功，孰得而名言之？相反，不同也，始終雖不同，而其端不可尋。譬如雀化爲蛤，謂雀之終，則蛤實始焉，謂蛤之始，則雀實終焉，大而帝王之禪代亦如是，如何見得盡？故曰終始相反乎無端而莫知乎其所窮。此分明是説箇造物，但不指其名，却又曰非是也，孰爲之宗。是即造物也，宗亦造物也，言不是這箇，孰爲之主宰？莊子之文，句句生活，便是此等處。

校注

〔一〕離騷晞髮句，離騷無此句。九歌少司命：「與女沐兮咸池，晞女髮兮陽之阿。」

〔二〕「一陰一陽之謂道」，見易繫辭上。

孔子曰：「請問游是？」老聃曰：「夫得是，至美至樂也，得至美而遊乎至樂，謂之至人。」孔子曰：「願聞其方。」曰：「草食之獸不疾易藪，水生之蟲不疾易水，行少變而不失其大常也，喜怒哀樂不入於胸次。夫天下也者，萬物之所一也。得其所一而同焉，則四支百體將爲塵垢，而死生終始將爲晝夜而莫之能滑，而況得喪禍福之所介乎？棄隸者若棄泥塗，知身貴於隸也，貴在於我而不失於變。且萬化而未始有極也，夫孰足以患心？已爲道者解乎此。」

至美至樂，贊道之美也。不疾，不厭也。行少變，言易藪、易水也；不失其大常，所食之水草猶在也。萬物之生，皆在乎天之下，故必聽天之所爲，豈得以自異？故曰天下也者，萬物之所一也。知其一出於天而莫不同，則死生且不能滑其心，而況得喪禍福乎？介，芥蔕也。隸，僕隸也，僕隸去來，棄如泥塗，以我貴而彼賤也。若知道之可貴，實在於我，則外物之變，豈能失我之至美至樂者？天地之間，變化相尋，萬古如此，何有盡時？得喪禍福，無非自然，又何足以爲吾心之患，故曰萬物未始有極也，夫孰足以患心。但世俗之人不能解此，惟身與道一者，方解曉乎此。己，身也，身與道一，故曰己爲道。

孔子曰：「夫子德配天地，而猶假至言以修心，古之君子，孰能説焉？」老聃曰：「不然。夫水之於汋也，無爲而才自然矣。至人之於德也，不修而物不能離焉，若天之自高，地之自厚，日月之自明，夫何修焉？」孔子出，以告顔回曰：「丘之於道也，其猶醯雞與？微夫子之發吾覆也，吾不知天地之大全也。」

假，借也；至言者，指以上許多言語也。謂老子其德如此，猶且不能離言語以修其心，他人孰能免此？脱，免也，謂必不能離言語以求道也。説，與脱同。老聃曰不然者，謂假言語以修心，其説非也。汋，取也，與酌同，江河之水酌之而不竭者，以其本質無爲而自然也。才，質也，水之所以爲水者，自然之質也。至人之德，本乎自然，雖不假修爲，外物亦不得而離間之。天地日月，亦自然而已矣，又何容力乎？故曰夫何修焉。醯雞，醋甕中之蠛蠓也，其包覆於甕中，豈知甕外之大，言所見者小也。

莊子見魯哀公。哀公曰：「魯多儒士，少爲先生方者。」莊子曰：「魯少儒。」哀公曰：「舉魯國而儒服，何謂少乎？」莊子曰：「周聞之，儒者冠圜冠者，知天時；履句〔一〕屨者，知地形；緩佩玦者，事至而斷。君子有其道者，未必爲其服也；爲其服者，未必知其道也。公固以爲不然，何不號於國中曰：『無此道而爲此服者，其罪死。』」於是哀公號之五日，而魯國無敢儒服者，獨有一丈夫儒服而立乎公門。公即召而問以國事，千轉萬變而不窮。莊子曰：「以魯國而儒者一人耳，可謂多乎？」

方，術也，言魯之儒者，學術與先生不同也。緩佩玦者，言其行詳緩而佩玦玉也。玦，取能斷之義。一丈夫，言孔子也，此意蓋言儒服者多，而皆不知道也。

校注

〔一〕「句」，宋本、道藏本作「方」。

百里奚爵禄不入於心，故飯牛而牛肥，使秦穆公忘其賤，與之政也。有虞氏死生不入於心，故足以動人。

方飯牛之時，豈有求爵禄之心？唯其不求，所以見用於穆公。動人者，言感動而化之也；死生不入於心者，無爲而爲，心無所動也。到此又等閑説這兩句。

宋元君將畫圖，衆史皆至，受揖而立，舐筆和墨，在外者半。有一史後至者，儃儃然不趨，受揖不立，因之舍。公使人視之，則解衣般礴臝。君曰：「可矣，是真畫者也。」

儃儃，猶澶漫也，舒遲自得之意。受揖不立者，言與衆史相揖而略不住也。般礴，箕踞之狀；羸，即裸也。此言無心於求知，乃真畫者，東坡形容畫竹與杜詩曰「神閑志定始一掃」亦近此意。

文王觀於臧，見一丈夫釣，而其釣莫釣；非持其釣有釣者也，常釣也。文王欲舉而授之政，而恐大臣父兄之弗安也；欲終而釋之，而不忍百姓之無天也。於是旦而屬之大夫曰：「昔者寡人夢見良人，黑色而頿，乘駁馬而偏朱蹄，號曰：『寓而政於臧丈人，庶幾乎民有瘳乎。』」諸大夫蹵然曰：「先君王也。」文王曰：「然則卜之。」諸大夫曰：「先君之命，王其無他，又何卜焉？」遂迎臧丈人而授之政。典法無更，偏令無出。三年，文王觀於國，則列士壞植散羣，長官者不成德，斔斛不敢入於四境。列士壞植散羣，則尚同也；長官者不成德，則同務也；斔斛不敢入於四境，則諸侯無二心也。文王於是焉以爲太師，北面而問曰：「政可以及天下乎？」臧丈人昧然而不應，泛然而辭，朝令而夜遁，終身無聞。

此一段把太公事却如此粧撰別箇話頭。常釣者，釣常在手也，釣竿雖在手，而無意於釣，故曰非持其釣有釣者也。這般句語，皆是好處。無天者，言無所主也。偏朱蹄者，其蹄只一隻朱也。先君王也，言所夢乃文王之父也。典法無更，不變易法度也。偏令無出，無一事肯出號令也，號令之間，獨言一事，故曰偏令。壞植散羣，言不立朋黨也。不成德，不自有其成功，猶易曰「或從王事，無成」〔一〕也。同務，與衆人同事功而不自異也。鹹，即庾也，外國之鹹斛，大小不同，皆不敢入其境内，則諸侯無不知歸也，故曰無二心。朝令者，朝聞文王之命有及天下之問，故逃去；終身無聞，猶書曰「曁厥終罔顯」也。旦屬之大夫，古本作「夫夫」，司馬云：上夫字作大字讀。夫，一大也，太山石始皇文曰「御史夫夫」，蓋篆字夫與大同，見文鑑〔二〕。

校注

〔一〕「易曰」二句，易坤：「或從王事，無成有終。」

〔二〕「文鑑」，宋史卷二百七藝文志：「沈寥子文鑑四十卷。」

顔淵問於仲尼曰：「文王其猶未邪？又何以夢爲乎？」仲尼曰：「默，汝無言。夫文王盡之也，而又何論刺焉？彼直以循斯須也。」

循斯須者，言苟徇一時之計，欲衆人易從也，又豈可譏刺乎？

列御寇爲伯昏無人射，引之盈貫，措杯水其肘上，發之，適矢復沓，方矢復寓。當是時，猶象人也。伯昏無人曰：「是射之射，非不射之射也。嘗與汝登高山，履危石，臨百仞之淵，若能射乎？」於是無人遂登高山，履危石，臨百仞之淵，背逡巡，足二分垂在外，揖御寇而進之。御寇伏地，汗流至踵。伯昏無人曰：「夫至人者，上闚青天，下潛黄泉，揮斥八極，神氣不變。今汝怵然有恂目之志，爾於中也殆矣夫。」

引之盈貫，開弓而至滿也。前手直而肘平，可以致一盃水於其上，言定也。發，射也。適，去也；沓，重也，又也。矢方去，而矢又在弦上。沓於弦上者纔去，而方來之矢又寓於弦上矣，此言一箭接一箭，如此其神速也。象人，木偶人也。背逡巡者，面向高山，而背臨深淵，退而未已之意，故曰逡巡。三分其足，一分在岸，二分垂於虚處，可謂危之至，而伯昏無人能之者，即所謂純氣之守也。履地而射，射之常也，故曰非不射之射也。神能守一，則雖上闚青天，下至黄泉，揮斥乎八極，其心亦無所變動。若險夷之境界，猶怵然而恂其目，則是未知至人之學也，以此爲射而欲求中的之精義，亦難矣，故曰爾於中也殆矣哉。怵，懼也；恂目，恂動也。

肩吾問於孫叔敖曰：「子三爲令尹而不榮華，三去之而無憂色。吾始也疑子，今視子之鼻間栩栩然，子之用心獨奈何？」孫叔敖曰：「吾何以過人哉？吾以其來不可却也，其去不可止也，吾以爲得失之非我也，而無憂色而已矣。我何以過人哉？且不知其在彼乎，其在我乎？其在彼耶？亡乎我。在我耶？亡乎彼。方將躊躇，方將四顧，何暇知[二]乎人貴人賤哉？」

鼻間栩栩然，息不在外，而在内，有自養之意也。令尹之貴，若在於令尹，則與我無預，我之可貴，若在於我，則與令尹無預，故曰其在彼耶，亡乎我，其在我耶，亡乎彼，此數句發得精神。躊躇四顧者，高視遐想於天地之間，安知人之所謂貴者賤者？

校注

〔一〕「知」，宋本、道藏本作「至」。

仲尼聞之，曰：「古之真人，知者不得説，美人不得濫，盜人不得劫，伏戲、黄帝不得友。死生亦大矣，而無變乎己，況爵禄乎？若然者，其神經乎大山而無介，入乎淵泉而不濡，處卑細而不憊，充滿天地，既以與人，己愈有。」

知者不得説，非言辭所可窮也。美人不得濫，非聲色所能淫也。盜人不得劫，非凶威所能屈也。伏戲、黄帝不得友，遁世而輕天下也。介，間也，石雖無間，可以穿而過也，故曰經乎太山而無介。處貧賤之地而不以爲病，故曰處卑細而不憊。充滿天地者，道也。道在己者既塞天地，推以化人，用之無盡，故曰既以與人，己愈有。

楚王與凡君坐，少焉，楚王左右曰「凡亡」者三。凡君曰：「凡之亡也，不足以喪吾存。夫凡之亡不足以喪吾存，則楚之存不足以存存。由是觀之，則凡未始亡而楚未始存。

存也。」

此意即刖者喪足而尊足者存，又如此換箇話頭，謂道之在己，不問有國與無國也，凡不爲亡，楚不爲存，則世之得喪禍福皆外物矣。然其意猶在楚不足以存存一句，失者既不足以自歉，則得者亦不足以自矜。自歉，愧也；自矜，誇也。此語尤有味，此學問切身受用之語。

外篇知北遊第二十二

知北遊於玄水之上，登隱弅之丘，而適遭無爲謂焉。知謂無爲謂曰：「予欲有問乎若：何思何慮則知道？何處何服則安道？何從何道則得道？」三問而無爲謂不答也，非不答，不知答也。知不得問，反於白水之南，登狐闋〔一〕之上，而睹狂屈焉。知以之言也問乎狂屈。狂屈曰：「唉，予知之，將語若。」中欲言而忘其所欲言。知不得問，反於帝宫，見黄帝而問焉。黄帝曰：「無思無慮始知道，無處無服始安道，無從無道始得道。」知問黄帝曰：「我與若知之，彼與彼不知也，其孰是耶？」黄帝曰：「彼無爲謂真是也，狂屈似之，我與汝終不近也。

前後人名，皆是寓言，如此三名，却有分别。知，有思惟心者也；無爲謂，自然者也；狂，猖狂也，屈者，掘然如槁木之枝也。此書猖狂字，便與逍遥遊浮游字同，猖狂而屈然，無知之貌也。此段只謂知者不言，言者不知，故粧出許多説話。問而不知答，是「此中無老僧，面前無闍梨」〔二〕也。欲答而忘其言，是猶知有問者也，故曰無爲真是，狂屈似之。似，近也。

校注

〔一〕「狐闋」，原作「孤闋」，據宋本、道藏本改。

〔二〕「此中無老僧」二句，景德傳燈録卷十六「師（洛浦元安）問曰：『自遠趨風，請師一接。』夾山（善會）曰：『目前無闍梨，夾山無老僧。』」

夫知者不言，言者不知，故聖人行不言之教。道不可致，德不可至。仁可爲也，義可虧也，禮相僞也。故曰：『失道而後德，失德而後仁，失仁而後義，失義而後禮。禮者，道之華而亂之首也。』故曰：『爲道者日損，損之又損之，以至於無爲，無爲而無不爲也。』今已爲物也，欲復歸根，不亦難乎？其易也，其唯大人乎？

知者不言，此是達磨西來，不立文字，直指人心，見性成佛。〔一〕不言之教，即維摩不二法門〔二〕也。道不可致，不可以言致也；德不可至，不可以迹求也。仁義禮皆爲有迹，有迹則於道隳矣。莊子以禮爲强世，故比之仁義，其迹又甚，故曰道之華，亂之首。華，外飾而無其實也，外飾之僞，欺詐之所由生也，故曰亂之首。黜聰明，墮枝體，此爲道之日損者也，損之又損，以至於無爲，則是忘其故吾之時。能無爲，則循天理之自然，無所不可爲矣。物，迹也，求道而又有迹，則是已猶與物同，而欲見自本自根之地，宜其難矣。復歸根者，言收斂而返於無物之初也。大人，無爲者也，大人則易之。其易也三字，莊子文法，若他人，則曰惟大人則易之矣。

校注

〔一〕「達磨西來」四句，禪宗稱菩提達磨「直指人心，見性成佛，教外別傳，不立文字」，有人懷疑此說至南泉普願始唱之（見宗鑒釋門正統）。

〔二〕「維摩不二法門」，見一三一頁注〔一〕。

生者，死之徒，死者，生之始，孰知其紀？人之生，氣之聚也，聚則爲生，散則爲死。若死生爲徒，吾又何患？故萬物一也，是其所美者爲神奇，其所惡者爲臭腐；臭腐復化爲神奇，神奇復化爲臭腐。故曰：『通天下一氣耳。』聖人故貴一。」

生者，死之徒，死者，生之始，下一句易說，上一句難說。且如花木之發，爲枝爲葉，是其生者也，然此已發者，終無不盡之理，則是其生者猶死矣。伊川曰：「復入之息，非已出之息。」〔二〕此語極好，便是此意。「碩果不食」〔三〕，剥者，復之萌也，謂之碩果，死者矣，種之再生，非死爲生之始乎？死生往來，萬物皆然，孰知其所以爲之者？紀，綱紀也，主張而爲之者也。氣之聚散爲生爲死，人皆知之，若知死生只是一理，則吾又何患爲徒者？死生爲一也。死生本一理，萬物皆然，而人自分美惡好惡。如花卉之方盛，則以爲神奇，落而在地則以爲臭腐，殊不知葉落糞根，生者又自是而始，則是臭腐復化爲神奇也，既生而落，則神奇又化爲臭腐矣。亙古窮今，來來往往，只此一氣而已。聖人知此，故不以死生、窮達、禍福爲分別，故曰聖人故貴一。一者，無分別也。

校注

〔一〕伊川語，河南程氏遺書卷十五入關語録：「若謂既返之氣，復將爲方伸之氣，必資於此，則殊與天地之化不相似。天地之化，自然生生不窮，更何復資於既斃之形、既返之氣以爲造化？近取諸身，其開闔往來，見之鼻息，然不必須假吸復入以爲呼，氣則自然生。人氣之生，生於真元。天地之氣，亦自然生生不窮。」

〔二〕「碩果不食」，見易剝。

知謂黄帝曰：「吾問無爲謂，無爲謂不應我，非不我應，不知應我也。吾問狂屈，狂屈中欲告我而不我告，非不我告，中欲告而忘之也。今予問乎若，若知之，奚故不近？」黄帝曰：「彼其真是也，以其不知也；此其似之也，以其忘之也；予與若終不近也，以其知之也。」狂屈聞之，以黄帝爲知言。

此數行解得前意甚明。

天地有大美而不言，四時有明法而不議，萬物有成理而不説。聖人者，原天地之美而達萬物之理，是故至人無爲，大聖不作，觀於天地之謂也。今彼神明至精，與彼百化，物已死生方圓，莫知其根也，扁然而萬物自古以固存。六合爲巨，未離其内；秋毫爲小，待之成體。天下莫不沉浮，終身不故；陰陽四時運行，各得其序。惛然若亡而存，油然不形而神，萬物畜而不知。此之謂本根，可以觀於天矣。

天地有大美而不言，即「乾以美利利天下，不言所利，大矣哉」。明法者，寒暑往來，盈虚消長，皆有曉然一定之法，則何嘗犯商量？故曰不議。鳧短鶴長，麥垂黍仰，或寒或熱，或苦或甘，皆是自然之理，而其所以長短甘苦者，如何説得？故曰有成理而不説。不作，即無爲也，無爲不作，皆順自然也。聖人之所以順自然者，亦得諸天地而已矣，故曰觀於天地之謂也。神明至精，言妙理也；百化，百物之化也。上彼字在天底，下彼字在物底。物之或生或死，其生也或方或圓，皆神明至精者爲之，既已有矣，孰能究其根極之地？故曰物已死生方圓，莫知其根。扁然，即翩然也，有去而不已之意，便是「逝者如斯」。萬物之化，相尋而去，無所窮已，而其造化常存。東坡所謂「逝者如斯，而未嘗往也」，若非有所見，亦不能道及此。六合爲巨，未離其内，言天地雖大，不出造化之内也。秋毫爲小，待之成體，若無此秋毫之體，則無秋毫之名，即天下莫大於秋毫之末而太山爲小也。沉浮，往來也；不故，常新也。萬物往來而不窮，日日如此，故曰天下莫不沉浮，終身不故。惟其不故，所以四時運行而得其序也。惛然，不可見也；油然，生意也；若亡而存，死者生之徒也；不形而神，不恃形而立，不隨生而亡也。畜，養也。養萬物者，道也，而人不知之，此造化本根之地也。觀於天者，不過此理，故曰可以觀於天矣。

齧缺問道乎被衣，被衣曰：「若正汝形，一汝視，天和將至；攝汝知，一汝度，神將來舍。德將爲汝美，道將爲汝居，汝瞳焉如新生之犢而無求其故。」言未卒，齧缺睡寐。被衣大説，行歌而去之，曰：「形若槁骸，心若死灰，真其實知，不以故自持。媒媒晦晦，無心而不可與謀。彼何人哉？」

此一段又撰出兩箇知道之人相與語，釋氏所謂「好手手中呈好手，紅心心裏中紅心」。正汝形，一汝視，是忘其形體耳目也。攝汝知，一汝度，是去其思慮意識也。度，意度也。天和者，元氣也，忘其形體耳目，則元氣全矣。神者，釋氏所謂主人公〔一〕也，出入無時，莫知其鄉，則非來舍矣。德將汝美，「德潤身」〔二〕也；道將汝居，「居天下之廣居」〔三〕也。瞳，無知而直視之貌。犢之初生，未嘗不視，而何嘗有所視，赤子亦然；無求其故，謂人不知其所以視者如何也，此即形容無心之貌。言未卒而睡寐者，言答之未已而自睡也，語意相契，不容於言，故如此狀出。真其實知者，言其實見此理之真也。事物不入其心，故曰不以故自持。故，事也。媒媒晦晦，芒忽無見也。彼既無心，而我有不容言者，故曰無心而不可與謀。穹壤之間有此人物，故曰彼何人哉，深美之也。

校注

〔一〕「主人公」，見四八頁注〔一〕。

〔二〕「德潤身」，見禮記大學。

〔三〕「居天下之廣居」，見孟子滕文公下。

舜問乎丞曰：「道可得而有乎？」曰：「汝身非汝有也，汝何得有夫道？」舜曰：「吾身非吾有也，孰有之哉？」曰：「是天地之委形也；生非汝有，是天地之委和也；性命非汝有，是天地之委順也；孫子非汝有，是天地之委蛻也。故行不知所往，處不知所持，食不知所味。天地之彊陽氣也，又胡可得而有耶？」

委，聚也，四大假合而爲此身，故曰委形。陰陽成和而後物生，故曰生者，委和也。順，理也，性命在我，即造物之理，故曰委順。人世相代，如蟬蛻然，故曰子孫，委蛻也。彊陽氣，即生氣也，動者爲陽，人之行處飲食，皆此氣之動爲之，皆非我有也，圓覺所謂「今者妄〔一〕身，當在何處」，便是此意。此一段亦自奇特。不知所持，無執着也。

校注

〔一〕「妄」，原作「安」，據宋本、道藏本改。

孔子問於老聃曰：「今日晏閒，敢問至道。」老聃曰：「汝齋戒，疏瀹而心，澡雪而精神，掊擊而知。夫道，窅然難言哉。將爲汝言其崖略。夫昭昭生於冥冥，有倫生於無形，精神生於道，形本生於精，而萬物以形相生，故九竅者胎生，八竅者卵生。

疏瀹，通導之也；澡雪，洗滌之也；掊擊，屏去之也。窅然，深奥之貌；崖，邊際也，崖略者，謂深妙者難言，只言其邊際粗略而已。昭昭，可見者也；冥冥，不可見者也。見而可得分别者，謂之有倫，有倫，萬物也；無形，造化也。精神，在人者也。形，可見者；精，不可見者。九竅，人類也；八竅，禽類也。以人與禽並言，故抑之也。佛經所謂胎生、卵生、濕生〔一〕，皆原於此。此意蓋謂人雖貴於物，而其生也實同，故欲其捨色身而求法身〔二〕，莊子之意亦如此。

校注

〔一〕「胎生、卵生、濕生」，見二五四頁注〔二〕。

〔二〕「捨色身而求法身」，六祖大師法寶壇經懺悔品：「善知識，既歸依自三寶竟，各各志心，吾與說一體三身自性佛，令汝等見三身，了然自悟自性，總隨我道，於自色身歸依清淨法身佛，於自色身歸依圓滿報身佛，於自色身歸依千百億化身佛。」楚圓慈明禪師語録：「五陰浮雲空去來，三毒水泡虚出没。若如是者，爲度一切苦厄，乃至無量無邊煩惱知解，悉皆清淨，是爲清淨法身，若到這個田地，便能出此入彼，捨身受身。」

其來無迹，其往無崖，無門無房，四達之皇皇也。邀於此者，四枝彊，思慮恂達，耳目聰明，其用心不勞，其應物無方。天不得不高，地不得不廣，日月不得不行，萬物不得不昌，此其道與。

其來無迹，其往無崖，言造化之間，去者來者，無地可尋逐也。四達皇皇，言太虚之間。人之室居，則有門有房，太虚之間，但見其皇皇之大，豈知其所從入從出者乎？邀於此者，言邀索而見此道也。四枝彊，即圓覺所謂身體輕安〔一〕也。恂達，通達也。不勞，順自然也。無方，不定也，即是以接而時生〔二〕於其心者也。天地日月萬物，若非此道，誰實爲之？此四句只形容徹上徹下，無非此道而已。

校注

〔一〕「圓覺所謂身體輕安」，按圓覺經並無「身體輕安」一語，有「得心輕安」近之，楞嚴經中有「身心輕安」之語。

〔二〕「時生」，諸本同，按內篇德充符云「使日夜無卻而與物爲春，是接而生時於心者也」，知「時生」爲「生時」之倒。

且夫博之不必知，辯之不必慧，聖人以斷之矣。若夫益之而不加益，損之而不加損者，聖人之所保也。淵淵乎其若海，魏魏乎其終則復始也。運量萬物而不匱，則君子之道，彼其外與。萬物皆往資焉而不匱，此其道與。中國有人焉，非陰非陽，處於天地之間，直且爲人，將反於宗。自本觀之，生者，喑醷物也。雖有壽夭，相去幾何？須臾之說也。奚足以爲堯、桀之是非？

博之，無所不知也，人之辯博，皆誇以爲己能，而不必出於汝之知慧。其所以知慧者，造物也，故聖人只以造物斷之。不以益爲益，不以損爲損，所保者在我，而外物不得而加焉，此聖人之事也。終則復始，「純亦不已」〔二〕也。運量萬物而不匱，應物而不窮也，運用而量度之，故曰運量。此未免於有心，只爲君子之道，蓋言其有迹也。以我而應物，則爲運量萬物，物至而我應之，則爲萬物皆往資焉，便是感而後應，迫而後動，如此而不匱，則謂之道。道者，無心無迹也。中國有人焉，謂天地之中有至人焉。非陰非陽，言其不可以物指名也。有人之形而其心遊於物之初，直寓形於天地之間耳，故曰直且爲人。將反於宗，宗者，萬物之初也。暗醷，氣之不順者也。人身之氣有所不順，則爲疣爲贅，造物之氣，生而爲人，則亦其不順者也，故曰自本觀之，言反於天地之初而觀之也。此意蓋是貶剥人身，便是釋氏所謂皮囊包血之論〔二〕。子細看來，大藏經中許多説話，多出於此。堯、桀是非，言人世是非之論，因有此身，而後有之。百年之間，縱有長短，比之天地，須臾而已，此數語亦好。

校注

〔一〕「純亦不已」，禮記中庸：「蓋曰：文王之所以爲文也，純亦不已。」

〔二〕「皮囊包血之論」，漢襄楷上桓帝書：「天神遺以好女。浮屠曰：此但革囊盛血。遂不眄之。」是説本之於四十二章經。此類「貶剥人身」之論，在佛家稱之爲不淨觀。

果蓏有理，人倫雖難，所以相齒。聖人遭之而不違，過之而不守。調而應之，德也；偶而應之，道也。帝之所興，王之所起也。人生天地之間，若白駒之過郤，忽然而已。注然勃然，莫不出焉；油然漻然，莫不入焉。

果蓏，物之至微者也，其生也有時，其種也有種，自古及今，其類不雜，非有自然之理乎？舉其微者言之，則大者可知矣。人倫之中，雖有許多厄難，如上下之相制，强弱之相凌，壽夭之爲悲喜，此皆厄難也，然而同處宇宙之間，相爲齒列，君臣父子，中國夷狄，亦皆造物中之一物也。聖人則曰「方以類聚，物以羣分」〔一〕，此則無分精粗彼我，皆曰相齒，亦高論也。遭之而不違者，遭時有逆順，順之而已。過之而不守者，所過者化也。調，和也；偶，合也。隨感隨應，相與和合，道德之自然者也。帝王興起，亦不越此理而已。忽然者，即須臾之意。出，生也，伸也，來也。入，死也，屈也，往也。注然勃然，推擁而出之狀；油然漻然，活熟也。此即往者伸也，來者屈也，〔二〕易之所謂「窮神知化」者也。

校　注

〔一〕聖人語，見易繫辭上。

〔二〕「往者伸也，來者屈也」，當作「往者屈也，來者信也」。見易繫辭下。

已化而生，又化而死，生物哀之，人類悲之。解其天弢，墮其天袠，紛乎宛乎，魂魄將往，乃身從之，乃大歸乎。

物之初生本無而有，又化而死，則是既有而無。同乎一理，而人物之類，自以爲悲哀，愚惑也。弢，藏弓之物也；袠，囊也。愚惑之人，猶有所包裹而不明也，能自知覺，則解其弢而墮其袠矣。墮，落也，棄之也。紛乎宛乎，宛轉也，言變化也。魂魄，精神也，精神將散，則軀殼從之，故曰大歸，即返其真宅之意也。

不形之形，形之不形，是人之所同知也，非將至之所務也，此衆人之所同論也。彼至則不論，論則不至。

不形之形，不可見者也；形之不形，於形體之中而有不可見之形也，即佛所謂唯有法身常住不滅〔一〕也。然此事人皆知之，而未能離形以求之，故不得而至焉。務，事也，學而將極乎至，則其所從事者不止如斯而已，故曰非將至之所務也。衆人之論皆如此，而未有至之者，故曰此衆人之所同論也。又就此語演説，謂能至者則不論，纔有此論，則爲不至矣，故曰彼至則不論，論則不至。蓋謂不形之形，此本易知，不待言也，若以此爲論，乃是未造其至妙之地。此又説高一層話。

校注

〔一〕「法身常住不滅」，斷除煩惱，顯現真如，是爲法身。法身佛本性常住，無生無滅。説詳佛地經論七。

明見無值，辯不若默。道不可聞，聞不若塞，此之謂大得。」

見而有所遇曰值，此有迹之見也，道不可以形迹見，則無值矣，故曰明見無值。辯不若默，纔有辯則非矣。默，不言也。所謂道者，非聞彼也，自聞而已矣，謂之聞，則非道矣，有聞不如不聞，塞，塞其耳而無聞也，故曰道不可聞，聞不若塞。大得，猶言深造也。

東郭子問於莊子曰：「所謂道，惡乎在？」莊子曰：「無所不在。」東郭子曰：「期而後可。」莊子曰：「在螻蟻。」曰：「何其下邪？」曰：「在稊稗。」曰：「何其愈下邪？」曰：「在瓦甓。」曰：「何其愈甚耶？」曰：「在屎溺。」東郭子不應。莊子曰：「夫子之問也，固不及質。正獲之問於監市履狶也，每下愈況。

此段撰得又好，雖似矯激之言，然物無精粗，同出此理，亦是一件説話。釋氏所謂「無情説法」，「瓦爍熾然常説」，〔一〕即此意也。期而後可者，言指定其所而後可。質，本也，汝問不及其本，故吾所言愈下也。監市，猶今之賣肉行頭也；履狶者，以足躡豕，則知其斤兩輕重也。況，比也；下，監市之賤者也。正獲之官，欲知狶之肥瘠，若問其卑賤者，則其比況説得愈明，故曰每下愈況。正，市令司也；獲，人名也。此以喻問道者也。

校注

〔一〕「無情説法，熾然常説」，見二八六頁注〔一〕。

汝唯莫必，無乎逃物。至道若是，大言亦然。周、徧、咸三者，異名同實，其指一也。嘗相與遊乎無何有之宫，同合而論，無所終窮乎。嘗相與無爲乎，淡而靜乎，漠而清乎，調而閒乎。寥已吾志，無往焉而不知其所至，去而來不知其所止；吾已往來焉而不知其所終，彷徨乎馮閎，大知入焉而不知其所窮。

莫必者，無固必之意也。汝若無固必之心，則物之至理皆無所逃，又豈疑於吾言？故曰至道若是，大言亦然。周、徧、咸三字同訓，故曰異名同實，此一句蓋喻物無精粗，其理一也。無何有之宫，志已見而無固必之意也。同合而論，言無精無粗，合而同論，安有終窮？調閒，和安也。淡靜、漠清、調閒，皆形容無爲之妙而已。寥，虚也，已與矣字同，言能講究至此虚一之妙，則吾之志順足矣，故曰寥已吾志，此四字下得簡而有力。既無往矣，安有所至？雖有去來，而無所止宿之地。上兩句既言往來不可知之意，又結云我既往來而不知其所終，則但見其彷徨馮閎，入於大知之中而不知其所窮極矣。彷徨，徜徉也；馮閎，虚曠也。大知，至道也。

物物者與物無際，而物有際者，所謂物際者也；不際之際，際之不際者也。謂盈虚衰殺，彼爲盈虛非盈虛，彼爲衰殺非衰殺，彼爲本末非本末，彼爲積散非積散也。」

與物無邊際，是與物俱化者也，與物俱化，則可以物物，即所謂不物者，乃能物物也。與物未化，則有崖際矣，既有崖際，則窮於其所際，有際則有窮矣，故曰物有際者，所謂物際者也。極而至於無極，窮而至於無窮，則爲不際，於物之際而得其不際者，則際之不際者也，謂於崖際之地而見其無崖際也。不形之形，形之不形，不際之際，際之不際，此等句法，皆是莊子之文奇處。衰，盛衰也；殺，隆殺也。舉其一，則知其二也。盈虛、盛衰、本末、聚散，皆若有迹而實不可窮，此則不際之際，際之不際者也。

妸荷甘與神農同學於老龍吉。神農隱几闔户晝瞑，妸荷甘日中奓户而入曰：「老龍死矣。」神農隱几擁杖而起，嚗然放杖而笑，曰：「天知予僻陋慢訑，故棄予而死。已矣夫子，無所發予之狂言而死矣夫。」弇堈弔，聞之曰：「夫體道者，天下之君子所繫焉。今於道，秋毫之端萬分未得處一焉，而猶知藏其狂言而死，又況夫體道者乎？視之無形，聽之無聲，於人之論者，謂之冥冥，所以論道，而非道也。」

奓，開也，推開其户而入。嚗然，放杖之聲也。天知予，以天呼老龍吉也。夫子在，則有啓發予之大言，今既死，則無啓發予之言，蓋謂老龍吉死而無言矣。弇，姓也，堈，名也，因弔老龍而聞神農之言。體道者，與道爲一也。繫，歸而宗之也，有體道之人，則天下之君子皆歸而宗之。今神農於道，未有所見，而亦知老龍之死爲藏其狂言，况其體道與老龍同者乎？狂言，即大言也。其意蓋謂道在不言，藏其言而死，所以爲道，神農未造此境，而亦爲此言，况高神農者乎？秋毫之端，至小矣，於此而未有萬分之一，少之又少可知矣，佛經筭數譬喻，亦有此語勢。道本無聲形，不可視聽，若論説於人，以冥冥而名其道，是特强名而已，實非道也，故曰所以論道，而非道也，即言者不知之意。形聲，有也；冥冥，無也。知有之爲無，不若并與無無之，蓋謂神農之爲此言，亦未爲知道也。

於是泰清問乎無窮曰：「子知道乎？」無窮曰：「吾不知。」又問乎無爲。無爲曰：「吾知道。」曰：「子之知道，亦有數乎？」曰：「有。」曰：「其數若何？」無爲曰：「吾知道之可以貴，可以賤，可以約，可以散，此吾所以知道之數也。」泰清以之言也問乎無始曰：「若是，則無窮之弗知與無爲之知，孰是而孰非乎？」無始曰：「不知深矣，知之淺矣；弗知内矣，知之外矣。」於是泰清中而歎曰：「弗知乃知乎，知乃不知乎。孰知不知之知？」無始曰：「道不可聞，聞而非也；道不可見，見而非也；道不可言，言而非也。知形形之不形乎？道不當名。」無始曰：「有問道而應之者，不知道也。雖問道者，亦未聞道。道無問，問無應。無問問之，是問窮也；無應應之，是無内也。以無内待問窮，若是者，外不觀乎宇宙，内不知乎太初，是以不過乎崑崙，不遊乎太虚。」

發語之端，着於是兩字，即是佛經「我聞一時」之上，着「如是」兩字也。〔一〕道之有數，謂可歷歷而言也。貴、賤、合、散，皆道之可以歷數者，約，合也。内，自得也；外，與道爲二也。不知之知，乃不可名言之妙也。形形之不形，即不物乃能物物也。當，對也，有道之名，則名與道對立，即離其本然之真矣，故曰道不當名。道本無問，問之而答，我已離道，彼之問者，所聞亦非道矣。問窮者，言其所見至於問而窮，蓋謂泥言語求知見之非也。無内者，中心未得此道也，得此道，則不應答之矣。宇宙，可見者也，故曰外；太初，不可見者也，故曰内。崑崙在於宇宙之外，太虛又在崑崙之外。崑崙且未過，安得至太虛乎？

校注

〔一〕「如是」、「我聞」、「一時」，佛經開卷語。「如是」指經中佛語，「我聞」指説經者自言，「一時」指説法之時期。相傳釋迦逝後，佛弟子結集經、律，由阿難誦經，諸經開頭都有「如是我聞，一時佛在」一語，乃經典序文六種成就之一。

光曜問乎無有曰：「夫子有乎？其無有乎？」光曜不得問，而孰視其狀貌，窅然空然，終日視之而不見，聽之而不聞，搏之而不得也。光曜曰：「至矣，其孰能至此乎？予能有無矣，而未能無無也；及爲無有矣，何從至此哉？」

熟視其狀數語，只形容道之不可見也。予能有無，未能無無，此言妙之又妙也。未能無無，則我猶在無字之内，爲無字所有矣，何從至於窅然空然者乎？圓覺曰：「説無覺者，亦復如是。」〔一〕覺而至於無覺，可謂妙矣，而猶以無覺爲未盡，即此未能無無，爲無所有之意。前之知、無爲、泰清、無始，此之光曜、無有，似此等名字，其寓意却甚明，非其他王倪、被衣等之比。

校注

〔一〕圓覺語，見一四一頁注〔三〕。

大馬之捶鉤者，年八十矣，而不失豪芒。大馬曰：「子巧與？有道與？」曰：「臣有守也。臣之年二十而好捶鉤，於物無視也，非鉤無察也。是用之者，假不用者也以長得其用，而況乎無不用者乎？物孰不資焉？」

鉤，帶也；大馬，大司馬也；捶，鍛也。大司馬之屬有鍛鉤者，老而精絶，至於無毫釐之差，言其巧也。非鉤無察，即前所謂唯蜩翼之知也，用心專於一，鉤之外無所見也。用者，巧也；不用者，道之自然者也；無不用者，道之無爲而無不爲者也。言我以不用自然之妙而用之於巧，且長得其用而至於老，況道之無爲無不爲者？天下之物，孰不資賴之乎？

冉求問於仲尼曰：「未有天地可知耶？」仲尼曰：「可。古猶今也。」冉求失問而退。明日復見，曰：「昔者吾問：『未有天地可知乎？』夫子曰：『可。古猶今也。』昔日吾昭然，今日吾昧然，敢問何謂也？」仲尼曰：「昔之昭然也，神者先受之；今之昧然也，且又爲不神者求邪？無古無今，無始無終。未有子孫而有子孫，可乎？」冉求未對。仲尼曰：「已矣，未應矣。不以生生死，不以死死生。死生有待邪？皆有所一體。有先天地生者物耶？物物者非物。物出不得先物也，猶其有物也。猶其有物也，無已。聖人之愛人也終無已者，亦乃取於是者也。」

太極之初，陰陽判而爲天地，天地之運行，陰陽之往來，循環而無已，古亦如是，今亦如是也，以古猶今而答未有天地之問，意蓋如此。昭昭，見之甚明也。神者，在我之知覺者也；不神者，知覺之靈爲氣所昏也。昔日之昭昭，虛靈知覺者在也，故能受之；今之昧然者，虛靈知覺者不在，故又有所求而未知也。無今古，無始終，言太極之理，一動一靜，無時不然也。造化之理，生生不窮，如人之有子孫，不待其有而後知之也，有此人類，則有此子孫，有此宇宙，則有此陰陽，無一息之可間斷也。已矣，未應矣，言汝到此不必更形於言矣。纔有生字，則有死字，是因生而後生一死字也；纔有死字，則有生字，是因死之名而後死其生者也。此即無生無死四字，又如此變換言句。死生之有待，一體而已，一體猶一本也，即一理也，即造化之自然也。物物者非物，則有非物者，必生於天地之先，豈可以物名之？故曰有先天地生者物邪。言非物之物，不可以物名也。既名爲物，則不得爲在天地之先者矣，如此便是有物也，故曰物出不得先物也，猶其有物也，此是一句。既曰有物，則物之相物，無窮已矣，故曰猶其有物也，無已。如此等處，皆其文字之妙者。聖人之愛人，則有迹可見矣，形迹之相求，至於無時而已者，蓋其所取在於有物，而不知物物者之非物也。

顏淵問乎仲尼曰：「回常聞諸夫子曰：『無有所將，無有所迎。』回敢問其遊。」仲尼曰：「古之人，外化而內不化，今之人，內化而外不化。與物化者，一不化者也，安化安不化。安與之相靡？必與之莫多。狶韋氏之囿，黄帝之圃，有虞氏之宫，湯、武之室，君子之人，若儒墨者師，故以是非相𩐁也，而況今之人乎？聖人處物不傷物。不傷物者，物亦不能傷也。唯無所傷者，爲能與人相將迎。」

無將無迎，即無心於物者也。應物而不累於物，則爲外化，因感而應，不動其心，則爲內不化，故曰古之人，外化而內不化。與接爲構，日以心鬭，則爲內化，與物相劘相刃，而見役於內，則爲外不化，故曰今之人，內化而外不化。以我之內不化者而外應乎物，所過者化而無將迎，則化亦不知，不化亦不知，故曰與物化者，一不化者也，安化安不化。一不化者，無心之心也。安猶豈也。相靡，言相磨也，靡與劘同；安與，豈與也。多，求多也，求多，相勝也，莫多，則不求相勝也。必與之莫多，言至道之人，必與物不求多以相勝也。狶韋、黄帝、有虞、湯、武、儒、墨之師，皆未能盡內不化之道，故至於以是非相鳌，言其猶有是非之爭也。五味相奪而後可以爲鳌，故曰相鳌。以狶韋而下與儒墨對説，是以小抑大之意。囿、圃、宫、室者，謂其以此爲窠臼也。不傷物，即與物化也，既與物化，則物亦不能傷，謂其無所累也。惟其心無所累，所以能與人相將迎。前言無將迎，此言與人相將迎，即無爲無不爲，不物乃物物之意。

山林與，皋壤與，使我欣欣然而樂與。樂未畢也，哀又繼之。哀樂之來，吾不能禦，其去弗能止。悲夫，世人直爲物逆旅耳。夫知遇而不知所不遇，知能能而不能所不能。無知無能者，固人之所不免也。夫務免乎人之所不免者，豈不亦悲哉？·至言去言，至爲去爲。齊知之所知，則淺矣。

凡人游於山林皋壤之間，其始也必樂，既樂則必有所感，感則哀矣，蘭亭記中正用此意。因物而樂，因物而哀，去來於我，皆不自由，則我之此心，是哀樂之旅舍也，此言自無主人公〔一〕，爲物所動也。遇，可見者也；不遇，不可見者也。可見者，人也；不可見者，天也。能其所能，人也；其所不能，天也。舉世之人，皆有不自知不自能者，既謂之人，皆不免此，故曰無知無能者，固人所不免也。唯其知人而不知天，故嘗用心用智，欲以免其所不可免者，豈不可悲也哉？·至言則無言矣，故曰至言去言；至爲則無爲矣，故曰至爲去爲。不知其所不可知，而皆以其所可知者爲知，其所見淺矣，故曰齊知之所知。齊，同也，猶皆字也。

校注

〔一〕「主人公」，見四八頁注〔一〕。

雜篇庚桑楚第二十三

老聃之役有庚桑楚者，偏得老聃之道，以北居畏壘之山，其臣之畫然知者去之，其妾之絜然仁者遠之；擁腫之與居，鞅掌之爲使。居三年，畏壘大穰。畏壘之民相與言曰：「庚桑子之始來，吾灑然異之。今吾日計之而不足，歲計之而有餘。庶幾其聖人乎？子胡不相與尸而祝之，社而稷之乎？」庚桑子聞之，南面而不釋然。弟子異之。庚桑子曰：「弟子何異於予？夫春氣發而百草生，正得秋而萬寶成。夫春與秋，豈無得而然哉？大道已行矣。吾聞至人，尸居環堵之室，而百姓猖狂不知所如往。今以畏壘之細民而竊竊焉欲俎豆予于賢人之間，我其杓之人邪？吾是以不釋於老聃之言。」

役，徒也，門人弟子也。偏得，獨得也。臣，僕也；畫然，分明之意。絜然，慈柔之意。擁腫，鈍朴也。鞅掌，猶支離也。灑然異之者，言見其瀟灑有異於人也。歲計有餘者，久而有益也。尸祝、社稷，只是敬祀之意，四字輕重一般，如此下語，皆是其筆端鼓舞處。南面者，必其所居向南；不釋然，不樂也。春秋之所以得而然者，天爲之也，故曰豈無得而然哉。大道已行矣，大道，自然也，此蓋自然無心之喻。尸居環堵之室而自託於猖狂，與百姓爲一，人皆不知其所行爲何如，故曰百姓猖狂不知所如往。如，亦往也。言與世相忘也。俎豆，猶言位置也。杓，小器也。必我淺而易見，故人得以知之，如釋氏言「我修行無力，爲鬼神覷破」〔一〕是也。不釋然於老聃之言者，恐負吾師之誨而不樂也。

校注

〔一〕「釋氏言」，景德傳燈録卷八：「師（南泉普願）擬取明日遊莊舍，其夜土地神先報莊主，莊主乃預爲備。師到，問莊主：『爭知老僧來？排辦如此。』莊主云：『昨夜土地報道和尚今日來。』師云：『王老師修行無力，被鬼神覷見。』」

弟子曰：「不然。夫尋常之溝，巨魚無所還其體，而鯢鰌爲之制；步仞之丘陵，巨獸無所隱其軀，而蘖狐爲之祥。且夫尊賢授能，先善與利，自古堯、舜以然，而况畏壘之民乎？夫子亦聽矣。」庚桑子曰：「小子來。夫函車之獸，介而離山，則不免于罔罟之患；吞舟之魚，碭而失水，則蟻能苦之。故鳥獸不厭高，魚鼈不厭深。夫全其形生之人，藏其身也，不厭深眇而已矣。且夫二子者，又何足以稱揚哉？是於其辯也，將妄鑿垣墻而殖蓬蒿也。簡髮而櫛，數米而炊，竊竊乎又何足以濟世哉？舉賢則民相軋，任知則民相盜。之數物者，不足以厚民。民之於利甚勤，子有殺父，臣有殺君，正晝爲盜，日中穴阫。吾語汝，大亂之本，必生于堯、舜之間，其末存乎千世之後。千世之後，其必有人與人相食者也。」

鯢鰌雖小，可以主尋常之溝，蘷狐雖小，而可以主步仞之山，此言地無細大，皆有所尊也。先善與利，言名出則利入也。堯、舜之時，其於賢能亦然，言人有賢能之善，則人必尊敬之，今畏壘之地雖小，而其敬賢之心亦與古同，謂夫子當聽從之也。函車、吞舟，函亦吞也；介，獨也；碭，流蕩也。此喻名見於世，能害其身也。全其形生，長生久視者也。藏身不厭深眇，欲遯世而無名也。二子，指堯、舜也。以堯、舜爲辯，猶垣墻之上將欲種草，無此理也，謂引證失其宜也。簡髮而櫛，數米而炊，形容其屑屑容心之意。舉賢則民必爭，以知爲任則民愈詐。之數物者，言以上數事也。民於利甚勤者，言爲生甚苦也。阫，牆也，日中穴牆，即晝爲盜也。千世之後必有人與人相食者，謂天下之患自堯、舜始也。

南榮趎蹵然正坐曰：「若趎之年者已長矣，將惡乎託業以及此言耶？」庚桑子曰：「全汝形，抱汝生，無使汝思慮營營。若此三年，則可以及此言也。」南榮趎曰：「目之與形，吾不知其異也，而盲者不能自見；耳之與形，吾不知其異也，而聾者不能自聞；心之與形，吾不知其異也，而狂者不能自得。形之與形亦辟矣，而物或間之邪，欲相求而不能相得。今謂趎曰：『全汝形，抱汝生，勿使汝思慮營營。』趎勉聞道達耳矣。」庚桑子曰：「辭盡矣。曰奔蜂不能化藿蠋，越雞不能伏鵠卵，魯雞固能矣。雞之與雞，其德非不同也，有能與不能者，其才固有巨小也。今吾才小，不足以〔一〕化子。子胡不南見老子？」

託業，言受學也；及此言者，欲及庚桑子之所誨也。具人之形，其心耳目皆同，故曰吾不知其異也。人人有此心，而狂者不自得，亦猶盲聾者之無所見聞也。辟，開也，我之形與人之形亦皆開明而無所蔽，而我乃爲物欲所間，我欲以心求心，愈不可得，故曰欲相求不能相得。我方求心，了不可得，而夫子謂我勿使思慮營營，若於此黽勉以求聞道，亦庶幾其能達乎？趎爲此言，未有脱離處。庚桑子更欲點化之，而未盡其言，欲指其往見老子，故曰辭盡矣，蓋託爲謙言，非果辭窮也。奔蜂，小蜂也；藿蠋，豆中大蟲也。越雞小，魯雞大，鵠亦大鳥也。小蜂〔二〕不能呪大蟲，小雞不能覆大卵，此喻其力量尚小，不能點化汝也，遂使之往見老子。

校注

〔一〕「足以」，原作「以足」，據宋本、道藏本乙正。

〔二〕「蜂」，原作「將」，據宋本、道藏本改。

南榮趎贏糧，七日七夜至老子之所。老子曰：「子自楚之所來乎？」南榮趎曰：「唯。」老子曰：「子何與人偕來之衆也？」南榮趎懼然顧其後。老子曰：「子不知吾所謂乎？」南榮趎俯而慙，仰而歎曰：「今者吾忘吾答，因失吾問。」老子曰：「何謂也？」南榮趎曰：「不知乎，人謂我朱愚。知乎，反愁我軀。不仁則害人，仁則反愁我身；不義則傷彼，義則反愁我己。安逃此而可？此三言者，趎之所患也，願因楚而問之。」老子曰：「向吾見若眉睫之間，吾因以得汝矣，今汝又言而信之。若規規然若喪父母，揭竿而求諸海也。汝亡人哉，惘惘乎。汝欲反汝情性而無由入，可憐哉。」

趎方獨見，而老子以爲與衆人偕來，正釋氏所謂「汝胸中正鬧」〔一〕也。忘吾答因失吾問者，言其心茫然，失所問答也。去其知而不知，則人以我爲愚矣。朱，專也，朱愚，猶顓蒙也。若有心乎用知，則反爲我身之累，此意蓋謂無心既不可，有心又不可，即釋氏所謂「恁麼也不得，不恁麼也不得。」〔二〕其言仁義處亦同，三言之患，其疑即一也。若，汝也，見汝眉睫，已知汝爲未知道。今觀汝言果然，故曰又言而信之。規規，蹇淺之貌。揭竿而求諸海，言求無於有，茫乎而無歸着也。亡人者，失其本心之人也。惘惘，憂愁不自得也。欲反情性而無由入，言欲見自然之道而不可得，亦可憐憫也。

校注

〔一〕釋氏所言，五燈會元卷三載無業國師問馬祖道一：「如何是祖師西來密傳心印？」祖曰：「大德正鬧在，且去，别時來。」

〔二〕「恁麽也不得」三句，五燈會元卷五：「（藥山惟儼）首造石頭（希遷）之室，便問：『三乘十二分教，某甲粗知，嘗聞南方直指人心，見性成佛，實未明了，伏望和尚慈悲指示。』頭曰：『恁麽也不得，不恁麽也不得，恁麽不恁麽總不得。子作麽生？』」

南榮趎請入就舍，召其所好，去其所惡，十日自愁，復見老子。老子曰：「汝自灑濯，孰哉，鬱鬱乎。然而其中津津乎猶有惡也。夫外韄者不可繁而捉，將内揵；内韄者不可繆而捉，將外揵。外内韄者，道德不能持，而況放道而行者乎。」

召其所好，欲求其是也，去其所惡，欲離其非也，有好有惡，其中自惑，故十日自愁。孰哉，孰與熟同，言用功亦久矣。鬱鬱乎，未寧一之意也。纔有所惡，則心有所着，故津津然而可見。韄，以皮束物也，揵，閉門之牡也，二者皆執捉歛束之喻。應物於外，欲自檢柅，則繁多而不可執捉，外既不定，則將反而求之於内，故曰將内揵。心中之擾擾，欲自檢柅，則綢繆纏繞而不可執捉，内既不定，則又將求之於外。此言學道而不得其要，或欲制之於外，或欲制之於内，皆無下手處。若此者，其在身所有之道德且不能自持守，況欲行道乎？放道而行，言循自然之理而行之也，能循自然而行，此至人之事也。

南榮趎曰：「里人有病，里人問之，病者能言其病，然其病病者猶未病也。若趎之聞大道，譬猶飲藥以加病也，趎願聞衛生之經而已矣。」老子曰：「衛生之經，能抱一乎？能勿失乎？能無卜筮而知吉凶乎？能止乎？能已乎？能舍諸人而求諸己乎？能翛然乎？能侗然乎？能兒子乎？兒子終日嗥而嗌不嗄，和之至也；終日握而手不掜，共其德也；終日視而目不瞚，偏不在外也。行不知所之，居不知所爲，與物委蛇，而同其波，是衛生之經已。」

病者方病，人有問之，能自言其病之狀，則是其病猶未甚也，病至於甚，則不能言矣。我今欲聞大道，而不自知其受病之處，言蔽惑之甚也。雖有教誨之言，使我愈見惑亂，故曰猶飲藥以加病。今皆不敢請教，只願學衛生之道而已。抱一者，全其純一也。勿失者，得於天者，無所喪失也。無卜筮而知吉凶者，至誠之道可以前知也。能止，能定也。能已，即釋氏所謂大休歇〔二〕也。舍諸人而求己，不務外而務內也。翛然，無所累之貌。侗然，無所知之貌。能兒子乎，不失赤子之心也。嗥，哭也；嗌，喉也；嗄，聲乾也。赤子嗥啼而聲不乾，無容心而不傷其和也。掜，屈不可伸也，人之手久握而不伸，則伸時必有窒礙，小兒則不然者，其自然之性，箇箇如此。共，同也；德，性也。目視而不瞚，雖視而無所視也，未知外物也，知有外物，則爲偏矣。瞚與瞬同。行不知所之，居不知所爲，即言無心也。委蛇，隨順也，或行或居，動而與物隨順。波，流也，同波，即與物偕往之意。如此則可以爲衛生之常，故曰是衛生之經已。

校注

〔一〕「大休歇」，如言大死底，言拂盡一切妄想，心智俱盡也，當此之時，則真智忽現，直契本心矣。景德傳燈録卷二十八載大達無業國師曰：「大丈夫兒，如今直下，便休歇去，頓息萬緣，越生死流，迥出常格，靈光獨照，物累不拘。」古尊宿語録卷三十七投子和尚語録：「大事未辨，宗脉不通，切忌記持言句，意識裏作活計。不見道，意爲賊，識爲浪，盡被漂淪没溺去，無自由分。諸和尚必若人事未通，不如休去，大歇去，身心純靜去好，時中莫駐着事，却易得露。」

南榮趎曰：「然則是至人之德已乎？」曰：「非也，是乃所謂冰解凍釋者。夫至人者，相與交食乎地而交樂乎天，不以人物利害相攖，不相與爲怪，不相與爲謀，不相與爲事，翛然而往，侗然而來，是謂衛生之經已。」曰：「然則是至乎？」曰：「未也。吾固告汝曰：『能兒子乎？』兒子動不知所爲，行不知所之，身若槁木之枝而心若死灰。若是者，禍亦不至，福亦不來。禍福無有，惡有人災也？」

趎問衛生之經，求其次者也，及聞老子之言如此之妙，故有至人之德之問。此問自是，而老子又曰非也，蓋恐其住着於此，又成窠臼，即釋氏所謂立處非真是也。冰解凍釋，即脱洒自悟之意。相與交食於地，與人同也；交樂於天，自同乎天也。交，俱也，同也。相攖，相觸也；爲怪，爲異也；不爲謀，無計度之心也；不爲事，無事事之迹也。又曰是衛生之經已，上言夫至人者，此曰衛生，則所言衛生之道，即至人事矣。以此而觀，則前面非也兩字，分明不是實話。趎既聞此，又曰然則是至乎，意謂此道即至道矣。而老子又曰未也，既曰未也，則當别有話頭，却又提起前頭能兒子乎之語，則所謂未也，亦非實話。禍福無有者，言超出禍福之外也。人災者，世情之患害也。我〔二〕既超出禍福之外，則去世遠矣，又何有世間之患害乎？曰非也，曰未也，蓋不欲與之盡言，使之自悟也，禪宗多用此一解。

宇泰定者，發乎天光。發乎天光者，人見其人。人有修者，乃今有恒；有恒者，人舍之，天助之。人之所舍，謂之天民；天之所助，謂之天子。學者，學其所不能學也；行者，行其所不能行也；辯者，辯其所不能辯也。知止乎其所不能知，至矣；若有不即是者，天鈞敗之。

自此以下，莊子泛言至理也。宇，胸中也，泰然而定，則天光發見，即誠而明〔二〕也，故曰宇泰定者，發乎天光。天光既發，則人雖見其爲人，而已自同於天矣。人有修者，修真之人也，修真之人至於天光既發，則有恒矣，恒，久也，便是至誠悠久也。至誠而至於悠久，則天亦助之，人亦歸之。舍，止也，歸也。天民，大人也，言非常人也。天子者，天愛之如子也。學、行、辯，皆有迹者也，所不能學，所不能行，所不能辯，自然者也。人之所知，至其所不能知而止，則爲所造之極，故曰至矣。天鈞，即造化也。有不即是者，不就是也，即，就也。不就是，反是也，反是則失造化自然之理矣。敗，失也。

校注

〔一〕「我」，原作「言」，據宋本、道藏本改。

〔二〕「誠而明」，禮記中庸：「自誠明，謂之性；自明誠，謂之教。誠則明矣，明則誠矣。」

備物以將形，藏不虞以生心，敬中以達彼，若是而萬惡至者，皆天也，而非人也，不足以滑成，不可内於靈臺。

備物者，備萬物之理也，「萬物皆備於我」〔一〕也；將形者，順其生之自然也。不虞，不計度，不思慮也。退藏於不思慮之地，而其心之應物，隨時而生，即佛家所謂「無所住而生其心」〔二〕也。存於中者敬，則應於外者無不通，即「敬以直內，義以方外」〔三〕也。達，通也；彼，在外者也。萬惡者，不如意之事也。吾之所造既至於是，而猶有萬惡至者，則是天實爲之，非人事之失有以致之，又何足以滑我胸中渾成之德？故曰皆天也，而非人也，不足以滑成。靈臺，心也，不納於靈臺，外物不入其心也，外物不入其心，所以不滑其成也。有持者，言有所主也，不知其所持者，雖有所主而不知其所主，「大而化」〔四〕也。不可持者，言有所持守，則未化矣。此一句三持字，最説得精微，不可草草看過。

校　注

〔一〕「萬物皆備於我」，見一九四頁注〔一〕。

〔二〕「無所住而生其心」，見九六頁注〔一〕。

〔三〕「敬以直內」二句，見易坤之文言。

〔四〕「大而化」，見二六〇頁注〔三〕。

不見其誠己而發，每發而不當，業入而不舍，每更爲失。爲不善乎顯明之中者，人得而誅之；爲不善乎幽間之中者，鬼得而誅之。明乎人，明乎鬼者，然後能獨行。

此數句又説不善之人，未能誠己，而有所作爲，妄發也。妄發則每事皆不當，業已入於其間，雖知之而不能自舍，此耻過作非者也。更，換也，耻過而作非，每有所更改，轉見差錯，故曰每更爲失。業亦〔一〕訓事，今人曰業已成行，業已如此，便是此業字。如此之人，所爲既不善矣，非有人誅，則有鬼責，言幽明之間有不可得而逃者。人能知幽明之可畏，則能謹獨矣，故曰明乎人，明乎鬼，然後能獨行。此即「莫見乎隱，莫顯乎微，是以君子慎其獨也」〔二〕。獨行，即慎獨也。似此數語，入之經書亦得。

校注

〔一〕「亦」，原作「不」，宋本同，據道藏本改。

〔二〕「莫見乎隱」三句，見禮記中庸。

券内者，行乎無名；券外者，志乎期費。行乎無名者，唯庸有光；志乎期費者，唯賈人也，人見其跂，猶之魁然。與物窮者，物入焉；與物且者，其身之不能容，焉能容人？不能容人者無親，無親者盡人。

券内者，所求在我之分内也，即孟子所謂「求則得之」，求在内者也。無名者，人無得而名也。券外，求在外者也，務外之人，志之所期，不過爲費用之資耳，言求以自利也。惟庸有光，充實而有輝光也，庸，常也，光常在也。舍己而求外，志在得利，商賈者之用心也，故曰唯賈人也。跂，高而自立之貌，人見其外，或富或貴，有過於人，則以爲魁然而可尊。而不知其與〔一〕物欲相爲終始，至於窮盡而後已，是其一身皆没入於物欲之内矣，故曰與物窮，物入焉。且，苟也，逐逐於物，苟且以求得，有至於喪身而不悔者，故曰與物且者，其身之不能容。身且不能容，於人何有？以其不能容人之心，及其甚者，則親戚骨肉皆踈棄矣，故曰不能容人者無親。人而無親，則人道絶矣，故曰無親者盡人。盡，絶也。看此數句，莊子如何不理會世法？

校注

〔一〕「與」，原脱，據宋本、道藏本補。

兵莫憯于志，鏌鎁爲下；寇莫大於陰陽，無所逃於天地之間。非陰陽賊之，心則使之也。

志者，心有所着也。心有所着，皆能自傷，人之自害，莫憯於此，志尤甚於兵之鏌鎁，故曰兵莫憯于志，鏌鎁爲下。陰陽之氣，皆能傷人，猶寇也。然此心若平和，則陰陽豈能爲害？故曰非陰陽賊之，心則使之，即所謂其熱焦火，其寒凝冰是也。此兩句極佳，在心學工夫，此語最切。

道通其分也，其成也毀也。所惡乎分者，其分也以備；所以惡乎備者，其有以備。

成毀二事，分而爲二，以道觀之，一而已矣，故曰道通其分也。人心既分彼我，則於其私也必求備，故曰其分也以備。凡有皆歸於無，而私於求備者，但求其有，知道者惡之，故曰所惡乎備者，其有以備也。

故出而不反，見其鬼；出而得是，謂得死。

應於外者，能反於内，則爲德，爲德則能神，能天。逐乎外而不知反，則淪於鬼趣矣，故曰出而不反，見其鬼，釋氏曰「鬼窟裏活計」〔一〕，即此是也。無是無非，則此心常生，執是非而不化，則此心爲死。出而得是，言役於外而得自是之見者也。齊物曰近死之心，不可復陽，即此意也。

校注

〔一〕「鬼窟裏活計」，幽鬼所棲之處，闇黑之處，以譬陷於俗情妄念，盲昧無所見之學人境界。坐禪儀：「法雲圓通禪師亦呵人閉目坐禪，以謂黑山鬼窟。」碧巖録第一則：「向鬼窟裏作活計。」

滅而有實，鬼之一也。以有形者象無形者而定矣。

實者，天地之間實理也。無心則虛，虛則實，若以私心滅之，而以有者爲實，則其人與鬼同矣，故曰滅而有實，鬼之一也。鬼趣淪没，皆私心滅理，貪着諸有，而不知真空實有者也。人能於有形之中而視之似無形，則見理定矣，象，似也，釋氏云「但可空諸所有，不可實諸所無」〔一〕，便是此意。

校注

〔一〕「釋氏」句，見一八五頁注〔一〕。

出無本，入無竅。有實而無乎處。

出，生也，萬物之所由始也，未嘗無本，而不可知，故曰無本。入，死也，萬物之所由終也，雖知其所終，而不見其所入之處，故曰無竅。實理雖有，而無方所之可求，故曰無乎處。

有長而無乎本剽，有所出而無竅者有實。有實而無乎處者，宇也；有長而無本剽者，宙也。有乎生，有乎死，有乎出，有乎入，入出而無見其形，是謂天門。

自此以下，解上三句也。理在今古，千萬年如是，故曰有長，然而不見其始終，故曰無乎本剽。本，始也；剽，末也，終也。老子曰：「虚而不屈，動而愈出。」雖出者不窮，而不可屈，其竅虚也，虚乃所以爲實，故曰有所出而無竅者有實。出入一也，此解入字，却曰所出，可見其意。宇，四方上下也，道無定所，四方上下皆是也，故曰宇，即「『鳶飛于天，魚躍于淵』，言其上下察也」〔一〕。古往今來曰宙，道之往來，千萬年而常如是者，即宙也。生，出也；死，入也。生死出入，皆有所自而無形可見，此造化之妙也。天門即造化也，自然也，因言出入，故下門字。

校　注

〔一〕「鳶飛于天」三句，見禮記中庸。詩旱麓：「鳶飛戾天，魚躍于淵。」

天門者，無有也，萬物出乎無有。有不能以有爲有，必出乎無有。而無有一無有，聖人藏乎是。

有不生於有，而生於無，故曰有不能以有爲有，必出於無有。而此無有者，又一無有也，故曰無有一無有。齊物曰有無也者，有未始有無也者，即是此意。藏者，「退藏於密」〔一〕也，聖人之心藏於無有，故曰藏乎是。

校　注

〔一〕「退藏於密」，見三七頁注〔三〕。

古之人其知有所至矣，惡乎至？有以爲未始有物者，至矣，盡矣，弗可以加矣。其次以爲有物矣，將以生爲喪也，以死爲反也，是以分已。其次曰始無有，既而有生，生俄而死；以無有爲首，以生爲體，以死爲尻。孰知有無死生之一守者，吾與之爲友。是三者雖異，公族也，昭、景也，著戴也，甲氏也，著封也，非一也。

無物之始，死生始終無分。其次則有死生之名矣。喪，旅寓也，齊物言弱喪而不知歸，以生爲喪，即寓形宇内之意。以死爲反，言歸真也。以生爲寄，以死爲樂，纔有生死之分，便是有物，故曰是以分已。上焉者無物，太極之初也，次焉者有物，陰陽既分也。又其次者曰有生，有生則有我矣，雖知有我，猶以死生有無爲一，是知其分而又知其不分者也。三者雖有次第，而皆未離於道，譬如公族，分而爲三，姓則同也。昭氏、景氏，以有職任而著也，甲氏以有封邑而著也。戴，任也；任，職也。昭、景、甲，雖非一氏，而皆楚國之公族也。上言三者雖異，同乎公族，却於四也字之下，以非一也結之，就上生下，絶而不絶之體，此皆文字妙處。

有生，黬也，披然曰移是。嘗言移是，非所言也。雖然，不可知者也。

黬，黶也，釜底黑也，亦疵病也，喻氣之凝聚也，天地之氣聚而爲人，元氣之病也。前言生者，喑噫氣也，與此意同。人之生也，同是此氣，而强自分别，故曰披然。披者，分也。既有分别，則各私其私，既私其私，則各是其是，而所謂是者移矣。移，不定也。彼亦一是非，此亦一是非，移也。

其意只與齊物論同，而又撰出移是兩字。非所言者，謂不當言也，謂移是之説，在人皆不當言，言之皆爲私也。人雖各有一是，而其所是者不定，故曰雖然，不可知者也。

臘者之有膍胲，可散而不可散也。

臘，祭也；膍，牛百葉也；胲，足指也，牲之一體也。方祭之時，既殺此牲，其四體與五臟皆散而置列俎之間。謂之散則所祭之牲本只是一物，謂之不可散，則五臟四體已分於鼎俎矣，譬猶人之所謂是者，移而無定也。五臟只舉百葉，四體只舉胲，文法也。

觀室者周於寢廟，又適其偃焉，爲是舉移是。

一室之中，有寢有廟，又有偃息之所，在在不同。謂之寢，謂之廟，謂之偃，則同乎一室，謂之室，則又有寢、廟、偃之異名，亦猶移是之不可定也。此兩句即移是之喻也。舉，皆也。以臘祭與室而觀，則其所爲是者皆移易而不可定之是也，故曰爲是舉移是。

請嘗言移是，是以生爲本，以知爲師，因以乘是非；果有名實，因以己爲質，使人以爲己節，因以死償節。若然者，以用爲知，以不用爲愚，以徹爲名，以窮爲辱。移是，今之人也，是蜩與鷽鳩同於同也。

上面既結一結，又提起移是字再説。是以生爲本，言既有是字，則以生者爲本，以其所知之智爲師，因此而後以是非相乘。孰爲名乎？孰爲實乎？故曰果有名實。曰果有者，言其非必有也。質，本也，因吾一己之師，以此爲本，而欲人皆聽己之節度，故曰因以爲己質，使人以爲己節。惟其因此自私是非之爭，雖以死償之，而亦甘心焉，故曰因以死償節，下節字因上節字而生也。唯其如此，故於用舍窮通之際，有知愚榮辱之分。今世之人皆移是者也，故曰移是，今之人也。徹，通也。蜩與鷽鳩皆同譏大鵬，亦猶移是之人不知至道之士而非笑之，其見識與蜩、鳩同矣。蜩與鳩同，人又與蜩、鳩同，故曰同於同也。此鼓舞之文。

蹍市人之足，則辭以放驁，兄則以嫗，大親則已矣。故曰：至禮有不人，至義不物，至知不謀，至仁無親，至信辟金。

此數行又别一項説話。與市人行而蹍踏其足，則必以放傲自責而辭謝之，恐其怒也。若兄蹍弟之足，則嫗詡之而已，必無所辭謝，蓋其情親，不待謝也。大親，父母也，若父母而踏其子之足，則併與嫗詡亦無之矣，情親之至，自相孚也。至禮有不人，謂禮之至者，無人己之分，忘其揖遜也。至義不物，謂義之至者，不待物物而度其宜也。至知不謀，無容於謀度也。至仁無親者，言不見其相愛之跡也。至信辟金者，言不待以金寶爲質也。辟，音屏，除也。蹍足之喻爲下面〔一〕禮義五者設也。

校注

〔一〕「面」，原脱，據宋本、道藏本補。

徹志之勃，解心之謬，去德之累，達道之塞。富、貴、顯、嚴、名、利六者，勃志也；容、動、色、理、氣、意六者，謬心也。惡、欲、喜、怒、哀、樂六者，累德也；去、就、取、與、知、能六者，塞道也。此四六者不盪胸中則正，正則靜，靜則明，明則虚，虚則無爲而無不爲也。

徹，與撤同。解，釋也。顯，華顯也；嚴，威嚴也。勃志，言六者能悖亂其志也。動，舉動也；理，辭理也。謬心者，言六者能綢繆牽繫其心也。累德者，情勝則累其自得之真也。知，心知也；能，才能也。塞道，障道也。盪，蕩亂也。去此勃志、謬心、累德、塞道四者之六害，則胸中不爲之蕩亂。此教人下工夫處也。

道者，德之欽也；生者，德之光也；性者，生之質也。性之動，謂之爲；爲之僞，謂之失。知者，接也；知者，謨也；知者之所不知，猶睨也。動以不得已之謂德，動無非我之謂治，名相反而實相順也。

欽，持守而恭敬也。生，德之發見者也，發見則有光華矣。性，在我者也；質，本然也。性之動而後有爲，有爲而流於人僞，則爲性之失。接，應也；謨，謀也。應接而至於有謀慮，皆性中之知也。此處字義，與語、孟不同，以莊子讀莊子可也，不可自拘泥。嬰兒之視而無所視曰睨，知者以其所不知而爲知，亦猶嬰兒之睨也，此即「智者行其所無事」〔一〕之意。凡所動用，皆以不得已爲之，則謂之德，即忘我也。於忘我之中而又無非我，此即形中之不形，不形中之形也。治，安也，物不能亂，謂之治。曰德，曰治，曰不得已，曰無非我，名雖相反，而其實未嘗不相順，此又是一般説話。

校注

〔一〕「智者行其所無事」，見孟子離婁下。

羿工乎中微而拙乎使人無己譽，聖人工乎天而拙乎人。夫工乎天而俍乎人者，唯全人能之。唯蟲能蟲，唯蟲能天。全人惡天，惡人之天，而况吾天乎人乎？

微，妙也，射之中，至於微妙，故曰中微。羿之不能使人無譽己，亦猶聖人不能逃天下之名也。工乎天者，盡天道也。俍乎人，能自晦於人也。俍，音良，善也，能也。全人者，全德之人也。蟲，鳥獸百物之總名也。物物雖微，皆有得諸天者，如能飛，能走，能蹄，能嚙，能鳴，能躍，皆能遂其天性，故曰能蟲、能天。謂之全人，則不以天自名矣，有天之名則有人之名，故曰全人惡天。惡者，不樂有其名也。在人而有天人之分，吾已惡之，而況我自分別天人乎？故曰惡人之天，而況吾天乎人乎？唯蟲能蟲，唯蟲能天，此八字極妙。

一雀適羿，羿必得之，威也；以天下爲之籠，則雀無所逃。是故湯以庖人籠伊尹，秦穆公以五羊之皮籠百里奚。是故非以其所好籠之而可得者，無有也。介者拸畫，外非譽也；胥靡登高而不懼，遺死生也。

羿之射，見雀必得，雀亦畏之，猿見養由基，抱樹而啼，〔一〕即此意也。以天下爲籠，則雀皆在籠之中，不待射之矣。主意不在羿，只引生下句而已，此意蓋謂人有所好惡，則必爲好惡所迷，伊尹、百里奚亦因其所好而爲人所籠耳。我若無所好，則超出乎萬物之外，誰得而籠之？介者，兀者也；畫，華飾之服也；拸，擔去之也。其足既兀，華飾何足爲美？蓋其心於毁譽棄外之矣，故曰外非譽也。非，毁也。胥靡，城旦舂之人也，彼爲罪人，不愛其身，故登高而不懼，此心無所愛，則無所著之喻。

校注

〔一〕「猿見養由基」二句，淮南子説山訓：「楚王有白蝯，王自射之，則搏矢而熙。使養由基射之，始調弓矯矢，未發而蝯擁柱號矣。」

夫復謵不餽而忘人，忘人，因以爲天人矣。

復，反復也，猶易之「反復道也」；謵，習熟也；不餽者，不以遺予於人也。言此道在己不是賣貨，但知爲己而無爲人之心，則忘人矣。忘人則在我者純乎天矣，故曰天人。謵，與習同。徐無鬼篇有曰我必賣之，彼故鬻之，觀此可知不餽之意。

故敬之而不喜，侮之而不怒者，唯同乎天和者爲然。出怒不怒，則怒出於不怒矣；出爲無爲，則爲出於無爲矣。欲靜則平氣，欲神則順心。有爲也，欲當則緣於不得已，不得已之類，聖人之道。

敬我亦不以爲喜，侮我亦不以爲怒，即所謂舉世譽之而不加勸，舉世非之而不加沮也。天和，造物之和氣也，同乎天和，與之爲一也。怒雖出而不怒，則是其怒者本自不怒而出，自然之怒，非有心之怒也，以此一句喻下一句。至人出而有爲於世，無所容心，雖爲亦無爲也，是其所以爲者，本自無爲而出，即是無爲無不爲，又如是變換言句。欲靜則必平其氣，氣不平，則不能靜矣。欲全其神，則必順其心而無所拂，少動其心，則神不全矣。凡有爲而欲得其當，則必緣順不得已而後起之意。不得已者，無心之應也，應事而無心，則爲聖人之道，故曰不得已之類，聖人之道。此篇文字，何異於内篇？或曰外篇文粗，内篇文精，誤矣。

莊子鬳齋口義卷八

雜篇徐無鬼第二十四

徐無鬼因女商見魏武侯，武侯勞之曰：「先生病矣。苦於山林之勞，故乃肯見於寡人。」徐無鬼曰：「我則勞於君，君有何勞於我？君將盈嗜欲，長好惡，則性命之情病矣；君將黜嗜欲，掔好惡，則耳目病矣。我將勞君，君有何勞於我？」武侯超然不對。少焉，徐無鬼曰：「嘗語君，吾相狗也。下之質執飽而止，是狸德也；中之質若視日；上之質若亡其一。

盈嗜欲，長好惡，則失其性命之理；去其嗜欲好惡，則頓失耳目之常，皆病也。掔音攀，引却也。狸德，言其資質與狸同，狗之下品者也，狸德字下得好。視日者，凝然上視而目不眴也。一，生之性也，其生也如死狗然，故曰若亡其一，猶雞之似木雞也，此上品也。

吾相狗，又不若吾相馬也。吾相馬，直者中繩，曲者中鉤，方者中矩，圓者中規，是國馬也，而未若天下馬也。天下馬有成材，若卹若失，若喪其一，若是者，超軼絶塵，不知其所。」武侯大説而笑。

馬之中規矩繩墨，言其身件件合法，故借方圓曲直以言之，不必就馬身上泥而求之。成材者，言天成之材也。若卹若失，即悶然之意。喪其一，即亡其一也。不知其所，去而不知其所止也。此皆借喻之言，武侯悟其無心自然之意，故大悦而笑。

徐無鬼出，女商曰：「先生獨何以説吾君乎？吾所以説吾君者，横説之則以詩、書、禮樂，從説之則以金版六弢，奉事而大有功者不可爲數，而吾君未嘗啓齒。今先生何以説吾君，使吾君説若此乎？」徐無鬼曰：「吾直告之吾相狗馬耳。」女商曰：「若是乎？」曰：「子不聞夫越之流人乎？去國數日，見其所知而喜；去國旬月，見所嘗見於國中者喜；及期年也，見似人者而喜矣；不亦去人滋久，思人滋深乎？夫逃虛空者，藜藋柱乎鼪鼬之逕，踉位其空，聞人足音跫然而喜矣，又況乎昆弟親戚之謦欬其側者乎？久矣夫莫以真人之言謦欬吾君之側乎。」

金版六弢，即太公兵法也，此書藏於朝廷，故曰金版，猶曰金匱石室之書也。從横，反覆鋪説之意也，不可泥詩、書爲横，六弢爲從也。奉事，從王事也，以詩、書、六弢之説見之行事，皆有效驗，故曰奉事而大有功。啓齒，笑也。流人，去國流落之人也。所知，舊知識也；所嘗見，僅識面也；似人者，似其鄉人也。山間之蹊曰鼪鼬之逕；柱，塞也。踉，音郎，類篇云「欲行貌也」〔一〕；位，居也，止也。言其困倦欲行而又止伏於谷中也，空，谷也。聞足音而喜，但是人，則喜之矣，不必其知識鄉人也。此意蓋言武侯本然之真，離失已久，略聞此語，如逃空谷而聞足音，所以喜也，禪家所謂久客還家〔二〕是也。謦欬，喉中之聲也。

校注

〔一〕「類篇云」句，類篇卷六：「踉，吕張切，踉蹡，欲行也；又盧當切，踉蹡，行貌。」

〔二〕「久客還家」，五燈會元卷四載長沙景岑禪師之投機偈曰：「今日還鄉入大門，南泉親道遍乾坤。法法分明皆祖父，回頭慚愧好兒孫。」南泉答曰：「今日投機事莫論，南泉不道遍乾坤。還鄉盡是兒孫事，祖父從來不出門。」投機謂大悟徹合於佛祖心機也。

徐無鬼見武侯，武侯曰：「先生居山林，食芧栗，厭葱韭，以賓寡人，久矣夫。今老邪？其欲干酒肉之味邪？其寡人亦有社稷之福邪？」徐無鬼曰：「無鬼生於貧賤，未嘗敢飲食君之酒肉，將來勞君也。」君曰：「何哉，奚勞寡人？」曰：「勞君之神與形。」武侯曰：「何謂邪？」徐無鬼曰：「天地之養也一，登高不可以爲長，居下不可以爲短。君獨爲萬乘之主，以苦一國之民，以養耳目鼻口，夫神者不自許也。夫神者，好和而惡姦；夫姦，病也，故勞之。唯君所病之，何也？」武侯曰：「欲見先生久矣。吾欲愛民而爲義偃兵，其可乎？」徐無鬼曰：「不可，愛民，害民之始也；爲義偃兵，造兵之本也；君自此爲之，則殆不成。凡成美惡，器也；君雖爲仁義，幾且僞哉。形固造形，成固有伐，變固外戰。君亦必無盛鶴列於麗譙之間，無徒驥於錙壇之宫，無藏逆於得，無以巧勝人，無以謀勝人，無以戰勝人。夫殺人之士民，兼人之土地，以養吾私與吾神者，其戰不知孰善？勝之惡乎在？君若勿已矣，修胸中之誠，以應天地之情而勿攖。夫民死已脱矣，君將惡乎用夫偃兵哉？」

賓與擯同，棄也。養者，生也，生於天地之間，皆此人也，故曰天地之養也一。一者，同也。登高不爲長，居下不爲短，無貴賤之喻也。外物之養者形，而於心中不自得，故曰神者不自許也。和，與物和同而爲一也；姦，自私也。在我之神，得於天者，本與萬物爲一，情慾自私所以害之，則是其所惡也，惡其自私則神者病矣。君有此病，而不自知其爲何病，我欲勞之，故曰故勞之，唯君所病之，何也。有意於愛民，乃害民之所由始；有意於偃兵，乃用兵之所由造。殆，危也。以此心爲之，但見危而無所成也。美惡之成，皆爲有迹，故曰器也。以有爲之心，而爲有迹之事，則非所過者化矣，故曰形固造形。成，定也，執其心一定而不化也，此心不化，則克伐怨慾行焉〔一〕，傷其内也，故曰成固有伐。變，爲外物所變亂也，心與物鬭，故曰外戰。鶴列猶魚麗之類，兵陣之名也。徒，步兵也；驥，騎卒也；麗譙，宮樓之門也；錙壇，祭祀之地也。古人祭祀必於路寢，此言宮之內也。其意蓋曰君之用心，若與物鬪，則一室之內，皆若步兵騎卒列陣於前，無非爭奪之境界也，釋氏所謂一切由心造是〔二〕也。有得則有失。得，順境也；失，逆境也。無得則無失，故曰無藏逆於得，此一句卜得亦好。巧，機心也，智謀自機巧而出也，戰爭又自智謀而出也。以此而求勝於人，雖殺其人民，兼并其土地，以快吾耳目之私，是若勝矣，而不知吾之胸次爲物所撓，是形與神戰，外雖勝而神者勞矣，勝於人而自勞其神，孰爲得失？故曰不知孰善，言那箇是也。如此而爲勝，何以爲勝？故曰勝之惡乎在。勿已者，言君莫如此也。但修吾本然之誠，以應天地自然之實而與物無所攖拂，此不爭而善勝也。我能不爭而善勝，則民脱於死，各得其生，又何偃兵之求哉？

校注

〔一〕「克伐怨慾行焉」，論語憲問：「『克、伐、怨、欲不行焉，可以爲仁矣？』子曰：『可以爲難矣，仁則吾不知也。』」

〔二〕「一切由心造」，舊譯華嚴經十地品：「三界虚妄，但是一心作。」古尊宿語録卷一：（南嶽懷讓）示徒云：「一切萬法，皆從心生，心無所生，法無能住。」

黄帝將見大隗乎具茨之山，方明爲御，昌寓驂乘，張若、謵朋前馬，昆閽、滑稽後車。至於襄城之野，七聖皆迷，無所問塗。適遇牧馬童子，問塗焉，曰：「若知具茨之山乎？」曰：「然。」「若知大隗之所存乎？」曰：「然。」黄帝曰：「異哉小童。非徒知具茨之山，又知大隗之所存。請問爲天下。」小童曰：「夫爲天下者，亦若此而已矣，又奚事焉？予少而自遊於六合之内，予適有瞀病，有長者教予曰：『若乘日之車而遊於襄城之野。』今予病少痊，予又且復游於六合之外。夫爲天下亦若此而已。予又奚事焉？」黄帝曰：「夫爲天下者，則誠非吾子之事。雖然，請問爲天下。」小童辭。黄帝又問。小童曰：「夫爲天下者，亦奚以異乎牧馬者哉？亦去其害馬者而已矣。」黄帝再拜稽首，稱天師而退。

七聖，黄帝與方明、昌寓、張若、謵朋、昆閽、滑稽也，此等人名皆是寓言。若以大隗爲大道之隗然者，亦鑿説也。〔二〕瞀，目眩也。乘日者，與日俱往，即日新也。言六合之内，未離於物，則有目昏之病。能離此病，遊於自然，則爲六合之外。意謂爲天下者亦然，無累於有物之内而已。非吾子之事者，言汝物外之人，雖不預此，亦須與我説破也。馬成羣而牧之，各隨水草，但順其性而使之無所害，則牧馬之道盡矣，亦牧羊而鞭其後者之意。天師者，言天人可以爲我之師也。

校注

〔一〕「若以」二句，此指成玄英疏。

知士無思慮之變則不樂，辯士無談説之序則不樂，察士無淩誶之事則不樂，皆囿於物者也。

思慮之變，百種變換思量也。談説之序，説得成條理也。淩，陵轢也；誶，訊也。好察之士則與人爭分爭毫。三者皆隨其所長而自以爲喜，故一日無之則不樂，此爲物慾所籠罩者也，故曰囿於物。

招世之士興朝，中民之士榮官，筋力之士矜難，勇敢之士奮患，兵革之士樂戰，枯槁之士宿名，法律之士廣治，禮教之士敬容，仁義之士貴際。

興朝，興起而立於朝廷之上也；招世者，立招子〔二〕而爲名於世，即好名者也。中民者，庸人也；榮官，但以爵禄爲榮也。筋力，有才力者也；矜難，以濟患難爲矜誇也。勇敢，武士也；奮患，見患難而喜也。枯槁，隱士也；宿名，留意於聲名也。法律，法家者流也；廣治，多求治事也。敬容，矜持容貌而爲外飾也。貴際，以交際爲重也。

校注

〔一〕「招子」，宋人口語，指招牌之類。

農夫無草萊之事則不比，商賈無市井之事則不比。庶人有旦暮之業則勸，百工有〔一〕器械之巧則壯。

草萊，耕種之事也；市井，商販之事也；比，和樂也。旦暮之業，日積月累其赢餘也；勸，喜而自力之意也。工藝之人以其能自壯，即自誇也。

校注

〔一〕「有」，原脱，據宋本、道藏本補。

錢財不積則貪者憂，權勢不尤則夸者悲，勢物之徒樂變。

夸誕之人趨附權勢，一日退失，則悲矣。尤，甚也，欲愈盛之意；不尤，不甚盛也。有倚恃者曰勢，有積聚者曰物，徒，趨附者也，勢物之徒，即依附富貴之門者。樂變，以變詐爲樂也。依附小人，好動而不好静，多是從臾主家，使其有所作爲而後可以得志，故曰勢物之徒樂變。自此以上與不樂三句，皆是一意，但長短變換，如此下語，文法也。

遭時有所用，不能無爲也。此皆順比於歲，不物於易者也，馳其形性，潛之萬物，終身不反，悲夫。

遭時有所用，言時使之然，雖其身亦不自由，雖欲無爲，亦不可得也。譬如一歲之間，百物生成，皆順比其序，其所變易者，皆非物之所自由，故曰順比於歲，不物於易。此一句乃上句之喻也，不物於易，猶言非物自爲變易也。馳其形性，言役其身心也。潛之萬物，潛，没也，汩没於萬物之中。終其身而不知反，反者，猶釋氏言回光自照〔一〕也。

校注

〔一〕「回光自照」，即回光返照。典原出淮南子覽冥訓：「魯陽公與韓搆難，戰酣日暮，援戈而撝之，日爲之反三舍。」禪家宗師借此表其反躬把握自己真性的修行方法。古尊宿語録卷四鎮州臨濟慧照禪師語録：「你言下便自迴光返照，更不別求，知身心與祖佛不別，當下無事，方名得法。」

莊子曰：「射者非前期而中，謂之善射，天下皆羿也，可乎？」惠子曰：「可。」莊子曰：「天下非有公是也，而各是其所是，天下皆堯也，可乎？」惠子曰：「可。」莊子曰：「然則儒、墨、楊、秉四，與夫子爲五，果孰是邪？或者若魯遽者邪？其弟子曰：『我得夫子之道矣，吾能冬爨鼎而夏造冰矣。』魯遽曰：『是直以陽召陽，以陰召陰，非吾所謂道也。吾示子乎吾道。』於是爲之調瑟，廢一於堂，廢一於室，鼓宮宮動，鼓角角動，音律同矣。夫或改調一絃，於五音無當也，鼓之二十五絃皆動，未始異於聲，而音之君已。且若是者邪？」

前期而中，言有所指的之地也，有的而後見其精，若舍的而射，則中者皆爲羿矣。此句喻下句也，其文極妙。天下既無歸一之是，人人各持其説，則人皆爲堯矣。楊，楊朱也；秉，公孫龍也。儒、墨〔一〕、楊、秉與惠子爲伍，其學既不同，則孰爲真是？冬寒之時，不以火而爨鼎，夏熱之時，能以水而爲冰，其違時也若難矣。然冬至之日，陽氣已生，夏至之日，陰氣已生，以陽召陽，則冬不寒矣，以陰召陰，則夏不熱矣，雖似違時，而有可召之理，故曰非吾所謂道，言其術未高也。廢，置也，置一瑟於堂上，一瑟於室，相去雖遠，而鼓此則彼動，宮之應宮，角之應角，以其音同，猶曰易也。只調一絃，而於五音之中，不定其一，言〔二〕鼓宮亦得，鼓徵亦得，故曰五音無當。纔鼓其一於此，而相去之遠者二十五絃皆動，比之鼓宮宮動，鼓角角動，又難矣。然以理觀之，不問宮商角徵羽，皆是以音爲音，故曰音之君；皆不離乎絃上之聲，故曰未始異於聲。如此則與以陰召陰，以陽召陽者何異？魯遽乃自以爲勝，其弟子亦各是其是，而非真是也。且若是者邪，言惠子之所謂是，亦即如此魯遽也。

校注

〔一〕「儒、墨」，原作「墨翟」，道藏本同，據宋本改。

〔二〕「言」，原作「絃」，據宋本、道藏本改。

惠子曰：「今夫儒、墨、楊、秉，且方與我以辯，相拂以辭，相鎮以聲，而未始吾非也，則奚若矣？」莊子曰：「齊人蹢子於宋者，其命閽也不以完，其求鈃鍾也以束縛，其求唐子也而未始出域，有遺類矣。夫楚人寄而蹢閽者，夜半於無人之時而與舟人鬭，未始離於岑而足以造於怨也。」

相拂以辭，以言語相抗對也；相鎮以聲，以名聲相屈服也。未始吾非，言要終以我爲是也。蹢音擲，的，説文云：「住足也。」蹢而不能行之子曰蹢子。齊人以其蹢子而寄之宋，謂其可以守閽也，守閽不用完全之人，以此處其子，自以爲是矣。然而求致鈃鍾，乃知束縛而愛護之，何愛物而不愛子乎？彼何嘗不自以爲是？鈃鍾，小鍾也。唐，亡也，子亡在外，而只求於鄉域之内，是其惑也，彼何嘗自以爲惑？此又另是一句，不與上蹢子之意相關。遺，餘也，略也，類似也，言此三事皆與惠子、楊、墨之徒略相似也，故曰有遺類矣，亦猶前言若是也耶。然不結於「怨也」之下，而先結於此，正是其作文之妙處。寄，客也，楚有蹢閽之人，寄於外國，不能自歸，附舟而返，方至於岸，而是夜之半，即與舟人有爭，忘其濟己之恩，已造成仇怨矣。岑，岸也，未始離岸，言載之而來，舟未離岸，又非久而忘之也。蹢，住足也，病足而爲閽者，故曰蹢閽。忘恩之鬬，是夜固不自知，旦而視之，能無愧乎？方其鬬時，彼亦自以爲是也。凡此數句，皆設喻以譏惠子之自是，但以惠子好辯，故特爲詭譎之辭，有不可遽曉者以困之，此乃二人平生戲劇之言，東方朔與舍人爭辯〔一〕，亦有此意，可以參看。

校注

〔一〕「東方朔與舍人爭辯」，見漢書卷六十五東方朔傳。

莊子送葬，過惠子之墓，顧謂從者曰：「郢人堊漫其鼻端若蠅翼，使匠石斲之，匠石運斤成風，聽而斲之，盡堊而鼻不傷，郢人立不失容。宋元君聞之，召匠石曰：『嘗試爲寡人爲之。』匠石曰：『臣則嘗能斲之。雖然，臣之質死久矣。』自夫子之死也，吾無以爲質矣，吾無與言之矣。」

堊，白泥，以白泥墁其鼻端，其薄如蠅之翼，乃使匠石削而去之。運斤成風，言其急也。泥盡而鼻不傷，斲者固難矣，然其人若立得不定，匠石雖巧，安得其鼻不傷？是立者尤難也。質是用巧之地也。此意蓋言有惠子之辯，而後我得以窮之，惠子既死，則無可與語者矣。

管仲有病，桓公問之，曰：「仲父之病病矣，可不謂云，至於大病，則寡人惡乎屬國而可？」管仲曰：「公誰欲與？」公曰：「鮑叔牙。」曰：「不可。其爲人絜廉善士也，其於不己若者不比之，又一聞人之過，終身不忘。使之治國，上且鉤乎君，下且逆乎民。其得罪於君也，將弗久矣。」公曰：「然則孰可？」對曰：「勿已，則隰朋可。其爲人也，上忘而下畔，愧不若黃帝而哀不己若者。以德分人謂之聖，以財分人謂之賢。以賢臨人，未有得人者也；以賢下人，未有不得人者也。其於國有不聞也，其於家有不見也。勿已，則隰朋可。」

屬國，托國也。不比之，不比數其人也。鉤，要束之意也。逆，强民以禮義之意也。凡此數語，謂其黑白太分明也。上忘者，忘其勢也；下畔者，離遠而無求於下也，畔，離也。以德分人，猶曰「德乃降，黎民懷」〔二〕也。以財分人，不自私也。以賢臨人，擅其名以矜乎下也。有不聞、有不見者，言其不察察也。此事不見於他書，只見於列子，亦寓言而已。謂，語我也；云，自言也，故曰可不謂云，至於大病。

校　注

〔一〕「德乃降」二句，見書大禹謨。

吴王浮于江，登乎狙之山。衆狙見之，恂然棄而走，逃於深蓁。有一狙焉，委蛇攫抓〔一〕，見巧乎王。王射之，敏給搏捷矢。王命相者趨射之，狙執死。王顧謂其友顔不疑曰：「之狙也，伐其巧、恃其便以敖予，以至此殛也。戒之哉。嗟乎，無以汝色驕人哉。」顔不疑歸而師董梧以鋤其色，去樂辭顯，三年而國人稱之。

委蛇攫抓，跳躍來去，攀執樹枝之意。敏給，射之矢去速也，狙能搏接其矢，亦甚捷速。相者，王左右也。衆人齊射之，狙雖巧捷，力不敵而死矣，死而見執，故曰執死。鋤其色者，去其驕矜之色也。去樂，甘於自苦也；辭顯，退而就辱也。此爲矜能掇禍者之諭。

校　注

〔一〕「抓」，宋本、道藏本作「掻」。下同。

南伯子綦隱几而坐，仰天而噓。顏成子入見曰：「夫子，物之尤也。形固可使若槁骸，心固可使若死灰乎？」曰：「吾嘗居山穴之口矣。當是時也，田禾一覩我，而齊國之衆三賀之。我必先之，彼故知之；我必賣之，彼故鬻之。若我而不有之，彼惡得而知之？若我而不賣之，彼惡得而鬻之？嗟乎。我悲人之自喪者，吾又悲夫悲人之悲者，其後而日遠矣。」

物之尤也，言人物之中爲最大也。田禾，齊君也，國人以其見賢者，故賀之。我在當時不能自晦其迹，故有此名。曰先曰賣，言我必有形迹可見，故彼得而知我也。以形迹自見者，乃自喪者也。能悲人之自喪，而不能自覺其身，則其悲人者又可悲也。山穴之口，地名也。我在當時，惟以悲人之悲而自覺，所以其後道日加進，遂至今日形若槁骸，而心若死灰也，故曰其後日遠矣。遠者，道愈高遠也。

仲尼之楚，楚王觴之，孫叔敖執爵而立，市南宜僚受酒而祭曰：「古之人乎，於此言已。」曰：「丘也聞不言之言矣，未之嘗言，於此乎言之。市南宜僚弄丸而兩家之難解，孫叔敖甘寢秉羽而郢人投兵。丘願有喙三尺。」彼之謂不道之道，此之謂不言之辯，故德總乎道之所一，而言休乎知之所不知，至矣。道之所一者，德不能同也；知之所不能知者，辯不能舉也；名若儒、墨而凶矣。故海不辭東流，大之至也；聖人并包天地，澤及天下，而不知其誰氏。是故生無爵，死無謚，實不聚，名不立，此之謂大人。狗不以善吠爲良，人不以善言爲賢，而况爲大乎？夫爲大不足以爲大，而况爲德乎？夫大備矣，莫若天地，然奚求焉，而大備矣。知大備者，無求，無失，無棄，不以物易己也。反己而不窮，循古而不摩，大人之誠。

古之人乎，於此言已，意謂飲酒之時，可以劇談，雖古人亦然也。夫子答曰，我有不言之言，未嘗與人言，今於此言之。弄丸，戲事也；秉羽扇而甘寢，無作爲之意也。汝二人皆能爲無爲之爲，又何待我說？喙三尺者，言無如此之長喙也。宜僚、叔敖之事，與史家所載殊異，亦寓言而已。〔一〕道之所一，自然者也；德者，得之在己者也。在造物之一者，與人爲者不同，故曰德不能同，看此德字與本書他處說得又自不同。名若儒、墨，便非不言之辯矣，故曰凶。不知其誰氏，民無得而名也。實不聚者，言己雖有善，而不以歸之一身也。賢者且不以多言爲能，况大人乎？有大之名，則不足以爲大，而况自然之德又可名乎？大備，大成也，唯其無求，所以無失，無棄。不以物易己者，己貴於物也〔二〕。循古者，順古道而行也；不摩，不容力也。

校注

〔一〕「與史家所載殊異，亦寓言而已」，道藏本同，宋本作「與史異，亦寓言爾」。

〔二〕「也」上，原衍「物」字，據宋本、道藏本刪。

子綦有八子，陳諸前，召九方歅曰：「爲我相吾子，孰爲祥？」九方歅曰：「梱也爲祥。」子綦瞿然喜曰：「奚若？」曰：「梱也將與國君同食以終其身。」子綦索然出涕曰：「吾子何爲以至於是極也？」九方歅曰：「夫與國君同食，澤及三族，而況父母乎？今夫子聞之而泣，是禦福也。子則祥矣，父則不祥。」子綦曰：「歅，汝何足以識之，而梱祥邪？盡於酒肉，入於鼻口矣，而何足以知其所自來？吾未嘗爲牧而牂生於奥，未嘗好田而鶉生於宎，若勿怪，何邪？吾所與吾子遊者，遊於天地。吾與之邀樂於天，吾與之邀食於地；吾不與之爲事，不與之爲謀，不與之爲怪；吾與之乘天地之誠而不以物與之相攖，吾與之一委蛇而不與之爲事所宜。今也然有世俗之償焉。凡有怪徵者，必有怪行。殆乎。非我與吾子之罪，幾天與之也。吾是以泣也。」無幾何而使梱之於燕，盜得之於道，全而鬻之則難，不若刖之則易，於是乎刖而鬻之於齊，適當渠公之街，終身食肉而終。

酒肉入於鼻口而未知其何所自來，言何自以得也。牂，牝羊也；奥，西南隅也；宎，室之東北隅也。未嘗牧，未嘗田，而此物忽生於室中，異事也。此意蓋喻我與吾子無求於世，安得有此？邀樂於天者，順天以自樂也；邀食於地者，隨世自養而無他求也。事，世事也；謀，私謀也。世事、私謀則於自然之道爲怪異。我未嘗與吾子爲之，言無心於世也，故曰不與之爲事，不與之爲謀，不與之爲怪。一委蛇者，一循乎自然也；不求應乎事，亦不知事之宜不宜，故曰不與之爲事所宜。償，還債也，我方樂於無爲，而彼之相與國君同食，則是其分劑之中，有此世俗之債未償也。如此之相，怪證也，我子不應得之，將來必有乖異之事，故曰怪行。渠公之街，臨街之門也，爲閭者也。此一段又言人世有出於意外之事者，亦其命也。

齧缺遇許由，曰：「子將奚之？」曰：「將逃堯。」曰：「奚謂耶？」曰：「夫堯，畜畜然仁，吾恐其爲天下笑。後世其人與人相食與？夫民，不難聚也，愛之則親，利之則至，譽之則勸，致其所惡則散。愛利出乎仁義，捐仁義者寡，利仁義者衆。夫仁義之行，唯且無誠，且假夫禽貪者器。是以一人之斷制利天下，譬之猶一覕也。夫堯知賢人之利天下也，而不知其賊天下也，夫惟外乎賢者知之矣。」

愛之則親，利之則至，譽之則勸，致其所惡則散，知此四者，則可以聚其民也。致其所惡，非其所欲也，致所惡，則民不歸也。順其好惡，求以得民，皆容心者也。仁義之行施之於外，有爲之爲，故曰無誠。貪如禽獸者，或假此仁義之名以爲用，故曰假夫禽貪者器。覕，割也，一覕者，猶言一截截斷也。有心於斷制，以此而利天下，則其純朴自然之質，皆一截截斷矣。外乎賢者，出乎賢者之上也，必出乎賢者之上而後知有心於利天下者，反以賊天下也。

有暖姝者，有濡需者，有卷婁者。所謂暖姝者，學一先生之言，則暖暖姝姝而私自說也，自以爲足矣，而未知未始有物也，是以謂暖姝者也。濡需者，豕蝨是也，擇疏鬣自以爲廣宮大囿，奎蹄曲隈，乳間股脚，自以爲安室利處，不知屠者之一旦鼓臂布草操煙火，而己與豕俱焦也。此以域進，此以域退，此其所謂濡需者也。卷婁者，舜也。羊肉不慕蟻，蟻慕羊肉，羊肉羶也。舜有羶行，百姓悦之，故三徙成都，至鄧之墟而十有萬家。堯聞舜之賢，舉之童土之地，曰冀得其來之澤。舜舉乎童土之地，年齒長矣，聰明衰矣而不得休歸，所謂卷婁者也。

暖姝，淺見自喜之意，此以譏刺好學者。未知未始有物者，言不知無物之妙也。濡需，濡滯而有所需待，貪着勢利之人也。疏鬣，豕之毛也。奎蹄者，蹄之勢似奎星也，奎曲猶今曰斗折也，必古有此語。〔一〕曲隈，蹄之曲處也；股脚，腰下腹邊與足相近之處。此即「乞兒向火倚冰山」之意，言所恃者，不足恃也。域者，囿其心於富貴之間而不自知也，故曰以域進，以域退。卷婁，傴僂而自苦之貌，其意蓋言修德之人，自以爲名，而人皆歸之，反爲所苦，終身勞役，不能自已，借此以譏侮帝王也。童土，猶童山也，謂其始之所居在於不毛之地。

校注

〔一〕「奎蹄者，蹄之勢似奎星也，奎曲猶今曰斗折也，必古有此語」，原無此二十三字，道藏本同，據宋本補。

是以神人惡衆至，衆至則不比，不比則不利也。故無所甚親，無所甚踈，抱德煬和以順天下，此謂真人。於蟻棄知，於魚得計，於羊棄意。以目視目，以耳聽耳，以心復心。若然者，其平也繩，其變也循。古之真人，以天待之，不以人入天。古之真人，得之也生，失之也死；得之也死，失之也生。

衆至者，衆人之所歸也；不比，不和也；不利，自害也。抱德煬和，養其德而不露也，煬者，內自溫暖之意。蟻，至微之物也，而猶未盡能無知；羊，至愚者也，而猶未盡能無意。唯真人則無知矣，無意矣，故曰於蟻棄知，於羊棄意。魚之在水，悠悠自得，真人之自爲計，但如魚然，蓋以水喻造物，以魚喻其身也。蟻之與羊，其所食者猶在外，未能無求，故不若魚也。真人之心與其耳目皆與人同，但無心以用之，故曰以目視目，以耳聽耳，以心復心。繩之平，自然之平也；變而循之，順其動也。不以有心而預其自然之理，故曰不以人入天。其生也若得若失，其死也亦若得若失，不以死生爲得失，聽其如何，生而曰得亦可，死而曰得亦可，死而曰失亦可，生而曰失亦可。

藥也其實，堇也，桔梗也，雞壅也，豕零也，是時爲帝者也，何可勝言？

堇，川烏也；雞壅，雞頭也；豕零，木豬苓。醫者制藥，隨其所用，各有所主。主者爲帝，其他爲臣，謂之藥者，其實皆同，隨其所用而有輕重。亦由人之在世，得時而用則爲貴，不得時而用則爲賤，其在我者，初無貴賤也。此數句，奇文。

勾踐也以甲楯三千棲於會稽。唯種也能知亡之所以存，唯種也不知其身之所以愁。故曰：鴟目有所適，鶴脛有所節，解之也悲。

大夫種能爲勾踐報吴，於已亡之中而求存，可謂智矣，而不知反以殺其身。始者之用種，爲帝之時也，及其殺之，又一時也。鴟之目用於夜而不用於晝，亦隨時也。鶴脛之節，雖長而不可斷。解，斷也。言鶴之立，其兩脛或伸或屈，亦要隨時而用也。

故曰：風之過河也有損焉，日之過河也有損焉。請只風與日相與守河，而河以爲未始其攖也，恃源而往者也。

河上之風日皆能損水，而河未始以爲損者，其源長也。其源出於自然，故物雖損己，而我無所攖拂也。此五句自是一意。只，但也；請，使也。使風與日但相與守河，謂風日共守而不去也。

故水之守土也審，影之守人也審，物之守物也審。

水土自然相入，形影自然相依。守，不相離也。物之守物，如水流濕，火就燥，本乎天者親上，本乎地者親下是也。審，定也，信也，謂決定如此也。此三句是一意，天地之間自然一定之理，決不可易也。看此三箇審字，方知第七篇淵名之審，不可以蟠字易之。

故目之於明也殆，耳之於聽也殆，心之於殉也殆，凡能其於府也殆。殆之成也不給改，禍之長也茲萃。

殆，危也，有心於用明，有心於用聽，有心於殉物，皆非自安之道，故曰殆。府，臟府也，智出於臟〔一〕腑，自以爲能，凡如此者皆危，故曰凡能其於府也殆。不給，即猶不及也，危殆既成，則不及改矣。茲萃，愈多也，茲與滋同。

校注

〔一〕「臟」，宋本、道藏本作「胸」。

其反也緣功，其果也待久。而人以爲己寶，不亦悲乎？故有亡國戮民無已，不知問是也。

反，覆也；緣，因也。因謀功之心，則必至於自覆敗。果，必也。有待久之謀，則其心固必而不化。此皆爲身之害，而人人以此自喜，如得寶然，故曰人以爲己寶。古今之亡國與夫被刑戮之人，相尋而無已，皆不知於此致問而已，言其不問道也。

故足之於地也踐，雖踐，恃其所不蹍而後善博也；人之知也少，雖少，恃其所不知而後知天之所謂也。

人之行地，兩足所踐，不過少許，若皆削去其地，僅能容足，則難行矣。博，遠也。於其所踐之外，必有足所不踐之地，則其行也可以致遠。蹍，亦踐也。此句以譬下句。人之所知者能幾何，其所不知者皆天也，不恃吾之所知，而恃吾之所不知，則知天矣。

知大一，知大陰，知大目，知大均，知大方，知大信，知大定，至矣。大一通之，大陰解之，大目視之，大均緣之，大方體之，大信稽之，大定持之。

大一，造化之運者也，天向一中分造化是也。陰，靜也，大陰，至靜也，極其靜定則無所不解矣，解音蠏，猶佛書所謂解脱〔一〕也。大目，所見者廣也。大均，大分劑也；緣，順也。大方，太虚也，大方無隅，混然一體，故曰大方體之。大信，真實之理也；稽者，決也。知此真實之理，則無疑可決矣。大定，物物之定理也；持，總持也。總天下之物者，此一定之理也。

校　注

〔一〕「解脱」，一般指擺脱煩惱業障繫縛而得自在，特殊地説，指斷絶生死原因，不再拘於業報輪迴，與涅槃圓寂含義相通。成唯識論述記卷一：「言解脱者，體即圓寂。由煩惱障縛諸有情，恒處生死；證圓寂已，能離諸縛，立解脱名。」由定慧諸途皆可趨向涅槃，得到解脱，故某些禪定亦稱解脱。

盡有天，循有照，冥有樞，始有彼。則其解之也似不解之者，其知之也似不知之也，不知而後知之。

凡事到盡處，便見天命，故曰盡有天，即人事盡而天理見也。循乎自然，則吉凶、禍福、榮辱、得喪其理皆見，故曰循有照。冥冥之中，自有執其樞要者，即所謂主張綱維是者也，故曰冥有樞。無物之始，必有物以始之，齊物論曰「非彼無我，非我無所取」，即此彼字，故曰始有彼。彼，造物自然之理也。曰天、曰照、曰樞、曰彼，雖可解之知之，亦似不解不知者，謂不敢以爲可知可解也，惟其以不知爲知，乃真知也。

其問之也，不可以有崖，而不可以無崖。頡滑有實，古今不代，而不可以虧，則可不謂有大揚搉乎？闔不亦問是已，奚惑然爲？以不惑解惑，復於不惑，是尚大不惑。

問者，問造物之理也，言我欲問造物之理，以爲有崖際不可也，以爲無崖際亦不可也。頡，頡頏也；滑，旋轉也。言造物之妙，無所捉摸也。不可捉摸，則若無物而又實有之，故曰頡滑有實。從古至今，只是一箇造化，初無更代，而用之不窮，何嘗有一毫虧損？故曰古今不代，而不可以虧。以此理言之，豈不爲一項大議論乎？揚搉，提掇發揚而論之也。闔，何也；是，造物之理也。何不問此造物之理，又奚疑乎？故曰奚惑然爲。以此不疑之理而解天下之疑，而又復歸於不疑之地，則庶幾乎至於大不疑矣。趙州問南泉不疑之道〔一〕，便是此數語之意。尚，庶幾也。只不疑二字，莊子鼓舞出來，却撰出此數句，以結一篇之文，可謂奇特。此篇亦與內篇何異？

校注

〔一〕「趙州問南泉」句，景德傳燈録卷十：「異日（趙州從諗）問南泉：『如何是道？』南泉曰：『平常心是道。』師曰：『還可趣向否？』南泉曰：『擬向即乖。』師曰：『不擬時如何知是道？』南泉曰：『道不屬知、不知，知是妄覺，不知是無記。若是真達不疑之道，猶如太虛，廓然虛豁，豈可强是非邪？』師言下悟理。」

雜篇則陽第二十五

則陽游於楚，夷節言之於王，王未之見，夷節歸。彭陽見王果曰：「夫子何不譚我於王？」王果曰：「我不若公閲休。」彭陽曰：「公閲休奚爲者邪？」曰：「冬則擉鼈于江，夏則休乎山樊。有過而問者，曰：『此予宅也。』夫夷節已不能，而况我乎？吾又不若夷節。夫夷節之爲人也，無德而有知，不自許以之神，其交固顛冥乎富貴之地，非相助以德，相助消也。夫凍者假衣於春，暍者反冬乎冷風。夫楚王之爲人也，形尊而嚴；其於罪也，無赦如虎。非夫佞人正德，其孰能撓焉？故聖人，其窮也使家人忘其貧，其達也使王公忘爵禄而化卑。其於物也，與之爲娱矣，其於人也，樂物之通而保己焉；故或不言而飲人以和，與人並立而使人化，父子之宜，彼其乎歸居，而一間其所施。其於人心者若是其遠也，故曰待公閲休。」

則陽，姓彭，名陽，字則陽。夷節嘗薦則陽於王，未用而歸也。此予宅者，言其無定居也。彭陽好進，故以隱者語之，欲其自悟也。無德而有知，不知有天理而純用私智也。神，在我之自然者也。

顛迷富貴之交，堅固不解而失其本心，不復知本身有自然之神，故曰不自許以之神也。其於人也，非相與爲善，乃相率以爲自損之道也，故曰非相助以德，相助消也，此句自下得好。凍者得衣，則其暖如春，暍者得風，則其冷如冬，言人之相與，必以有餘濟其不足也。彭陽之好進，是其不足者也，我告汝以隱退，如執熱之以濯，禦寒之授衣，將於汝有補也。形尊而嚴，言恃勢以陵下也。罪人而不赦，好殺如虎，是不仁也。撓，自屈也，非真小人，孰能屈撓其身以事之？有佞人之正德，謂真小人也，却如此下四字，自佳。故聖人其窮也以下，皆言有道而隱，無求進用之意。王公，尊者也，忘其爵禄而能下士，化尊爲卑也。窮萬物之理以自樂，故曰其於物也，與之爲娱。其於人世，循乎萬物之理，而略無窒礙，以自保其真爲樂，故曰樂物之通而保己。有不言之教，可以悟人，如以至和飲之也，佛書所謂如飲醍醐〔一〕是也。目擊而道存，正容使人意也消，故曰與人並立而使人化。彼其，猶詩曰「彼其之子」也。此一句倒下，意謂彼其之子，若歸而居乎，尊卑長幼，各得其宜，故曰父子之宜，彼其乎歸居。而其所施一本於閒暇，殊不容力焉，故曰而一閒其所施，此言其在家在鄉，各得其和也。其於人心若是其遠，猶言人之度量相遠如是哉。蓋謂公閱休之心如此，而彭陽之心若彼，其相去遠矣。吾又不若夷節者，言夷節佞人也，彼亦好進者也，所以進汝於王，我豈肯似彼耶？此鄙薄夷節之意也。父子之宜，彼其乎歸居，是一句。〔二〕

校注

〔一〕「如飲醍醐」，酥上如油者爲醍醐。大般涅槃經卷三：「醍醐者，名爲世間第一上味。」「諸藥中醍醐第一，善治衆生熱惱亂心。」如飲醍醐喻聞法豁然領悟之狀，如景德傳燈録卷五載懷讓對道一說法：「一聞示誨，如飲醍醐。」

〔二〕「父子之宜，彼其乎歸居，是一句」，原無此句，據宋本、道藏本補。

聖人達綢繆，周盡一體矣，而不知其然，性也。復命摇作而以天爲師，人則從而命之也。憂乎知，而所行恒無幾，時其有止也若之何？

綢繆者，陰陽造化往來相因而不已之意。一體者，精粗合而爲一也。聖人達乎造化之理，而窮盡周偏精粗合一之妙，所以循乎自然而不知其所以然，故曰性也。性，自然者也。摇作，即動用也，動用作爲，皆復歸於天命，而以自然爲主，故曰以天爲師。命之者，稱名之也，以聖人之名從而稱之，聖人初何心哉？故曰人則從而命之也。憂乎知者，以人之私智，其憂萬端，多少計較，能有幾件計較得行？故曰所行恒無幾。我將有爲有行，而尼之於命，人亦如之何？故曰時其有止也若之何。時，命也；止，尼也。此兩句曲盡世情，推原其患，皆自知字始，若知其所不知，則無憂矣，故下面有美鑑之喻。

生而美者，人與之鑑，不告則不知其美於人也。若知之，若不知之，若聞之，若不聞之，其可喜也終無已，人之好之亦無已，性也。聖人之愛人也，人與之名，不告則不知其愛人也。若知之，若不知之，若聞之，若不聞之，其愛〔一〕人也終無已，人之安之亦無已，性也。

妍生於醜，若不告之以醜者，則亦不自知其妍矣。有妍媸美惡分別，便是憂端之所由生，故曰不知不聞，其喜終無已。我既無美惡之別，與物以無心，則人之好我也亦無已，此自然之理也，故曰性。因鑑美之喻，又及聖人愛人之名，其意蓋謂愛人至於有名，則有心矣，有心則離本真之性矣。

校注

〔一〕「愛」，原作「憂」，據宋本、道藏本改。

舊國舊都，望之暢然；雖使丘陵草木之緡，入之者十九，猶之暢然。況見見聞聞者也，以十仞之臺縣衆間者也。冉相氏得其環中以隨成，與物無終無始，無幾無時，日與物化者，一不化者也，闔嘗舍之。

久旅而歸，見其舊國都，必有暢然之意，言有所感也。縱使入其舊國之中，人物已變，丘陵之上，草木皆荒穢緡合，比之昔日，十失其九，但有一分相似處，猶且暢然有感。而况求道之人，忽然自悟，得見其所自見，聞其所自聞者，皆本然固有之物，能不喜乎？佛氏所謂「本來面目」、「本地風光」〔一〕，便是此意。十仞之臺，最高處也；縣，張樂也；衆，縣多也；間，猶言笙鏞間作〔二〕也。處甚高之地，而聽交奏迭作之樂，可以聳動世俗之耳目，而况古之聖人，以虚中無爲自然之理，隨萬物而樂之。其自處之高也如何？環，空中之物，虚之喻也。無終而無始，終始如一也。無幾無時，無古今也，幾者，時節之變也。日與物化，言與物俱往，日新又新，即我之所得，一箇不化底如此用出來。舍者，去也；闔者，何也。言世俗之人何不舍去故習而歸至道也。冉相氏，即古聖人也。

校　注

〔一〕「本來面目」、「本地風光」義同，指人本來之真如自性。六祖大師法寶壇經行由品載慧能爲惠明説法曰：「不思善，不思惡，正與麽時，那個是明上座本來面目？」敦煌本壇經：「妄念浮雲蓋覆，自性不能明，故遇善知識開真法，吹却迷妄，内外明徹。」

〔二〕「笙鏞間作」，書益稷：「笙鏞以間。」

夫師天而不得師天，與物皆殉，其以爲事也若之何？夫聖人未始有天，未始有人，未始有始，未始有物，與世偕行而不替，所行之備而不洫，其合之也若之何？湯得其司御門尹登恒爲之傅之，從師而不囿；得其隨成，爲之司其名。

師天而不得師天，言以自然爲法而無法自然之名，不過與物相順而已，故曰與物皆殉。若有心於爲事，則末如之何矣，纔有爲事之意，便非自然也。有人，有爲也；天，無爲也。非惟無有爲之迹，亦併與其無爲者無之，故曰未始有天，未始有人。有物，迹也，無物之始，無迹也，非惟無有物之迹，亦併與其無迹者無之，故曰未始有始，未始有物。行乎斯世，未嘗不與人同，於人世初無廢事也，故曰與世偕行而不替。不替，不廢也。萬行俱備，而不着於其一，故曰所行之備而不洫。齊物曰以言其老洫也，洫者，泥着而陷〔二〕溺之意也。與道爲一，則不求而自合，若求合於道，則不可得而合之矣，故曰其合之也若之何？湯之於伊尹，學焉而後臣之，莊子把這一句却改名換字，以其官爲司御，又曰門尹登恒，皆是做此詭怪説話。傅者，輔也，言尹輔湯也，湯雖以尹爲師，而不爲其所籠也，故曰從師而不囿。湯之無爲也，自得萬物之成理而隨之，自處於無爲自然之地，使其輔相之尹而主其名，故曰得其隨成，爲之司其名。言湯無爲，而尹有爲也；湯無名，而尹有名也。司，主也，言門尹擔當了許多有爲之名也。

校注

〔一〕「陷」，原作「滔」，宋本同，據道藏本改。

之名羸法，得其兩見。仲尼之盡慮，爲之傅之。容成氏曰：「除日無歲，無内無外。」之名，此名也；羸，餘也，剩也。言此名之在世間，是剩法也，猶言長物也。兩見，身與名爲二也，有心於爲名，則不得其混然之一者，故曰得其兩見。伊尹之所擔當，已自未爲奇特，而孔子又慕之，盡其思慮，將以爲輔相於斯世，言夫子又欲爲伊尹之事也，此是譏侮聖人之意。容成氏，借古聖人之名也。合三百六十日而後爲一歲，逐日而除去之，則但可謂之日，不可謂之歲，故曰除日無歲。此一句自好，老子曰「數車無車」，亦此意。外之名因内而生，無内則無外矣，故曰無内無外。舉此二句以證自然之意。

魏瑩與田侯牟約，田侯牟背之，魏瑩怒，將使人刺之。犀首聞而耻之曰：「君爲萬乘之君也，而以匹夫從讎。衍請受甲二十萬，爲君攻之，虜其人民，係其牛馬，使其君内熱發於背，然後拔其國。忌也出走，然後抶其背，折其脊。」季子聞而耻之曰：「築十仞之城，城者既十仞矣，則又壞之，此胥靡之所苦也。今兵不起七年矣，此王之基也。衍亂人，不可聽也。」華子聞而醜之曰：「善言伐齊者，亂人也；善言勿伐者，亦亂人也；

謂伐之與不伐亂人也者，又亂人也。」君曰：「然則若何？」曰：「君求其道而已矣。」

魏瑩，魏惠王也；田侯，齊威王也。胥靡，刑餘之人，城築之所役也。城既成而又壞之，則役者以爲苦矣。兵不起七年，此魏王之業之美也，而犀首教之用兵，猶壞其已成之城也。衍，犀首之名也。華子之言，蓋謂着一伐字則皆未免於容心，故以三者皆爲亂人，知道則併與兵不言矣，故曰君求其道而已矣。

惠子聞之而見戴晉人。戴晉人曰：「有所謂蝸者，君知之乎？」曰：「然。」「有國於蝸之左角者曰觸氏，有國於蝸之右角者曰蠻氏，時相與爭地而戰，伏尸數萬，逐北旬有五日而後反。」君曰：「噫，其虛言與？」曰：「臣請爲君實之。君以意在四方上下有窮乎？」君曰：「無窮。」曰：「知遊心於無窮，而反在通達之國，若存若亡乎？」君曰：「然。」曰：「通達之中有魏，於魏中有梁，於梁中有王。王與蠻氏，有辨乎？」君曰：「無辨。」客出而君惝然若有亡也。客出，惠子見。君曰：「客，大人也，聖人不足以當之。」惠子曰：「夫吹管也，猶有嗃也；吹劍首者，吷而已矣。堯、舜，人之所譽也；道堯、舜於戴晉人之前，譬猶一吷也。」

此一段極好。惠子聞華子有求道之説，故薦戴晉人而見之王〔二〕，戴晉人，有道者也。蝸角之喻，似若虛言，而下面説得來却成真箇，故曰請爲君實之。無窮，太虛之間也。通達之國，即中國也。

以太虚而觀中國，則至爲微細，若有若無，故曰若存若亡乎。杜子美曰：「俯視但一氣，焉能辨皇州？」即此意也。以中國而觀魏，又爲小矣；梁是其都也，於魏國之中而觀所都之地，又小矣；於所都之中而求王之一身，愈微而愈小矣。自太虚之上，等而下之，則觀王之身與蝸角之蠻、觸何異？故曰無辨，言其同也。惝然若有亡者，茫然自失而知其所爭之不足爭也。管猶有竅，比之簫笛，雖無音節，其吹之者，猶有嗃然之聲。若以劍首而吹，則一吷而已，言其全無聲也。此意蓋謂有道者之前，雖欲説仁、説義、説道、説理，皆無所容其聲也。

校注

〔一〕「王」，原脱，據宋本、道藏本補。

孔子之楚，舍於蟻丘之漿。其鄰有夫妻臣妾登極者，子路曰：「是稯稯何爲者邪？」仲尼曰：「是聖人僕也。是自埋於民，自藏於畔。其聲銷，其志無窮，其口雖言，其心未嘗言，方且與世違而心不屑與之俱。是陸沉者也，是其市南宜僚邪？」子路請往召之。孔子曰：「已矣。彼知丘之著於己也，知丘之適楚也，以丘爲必使楚王之召己也，彼且以丘爲佞人也。夫若然者，其於佞人也羞聞其言，而況親見其身乎？而何以爲存？」子路往視之，其室虛矣。

蟻丘之地，有賣漿之家，夫子宿於其家也。登極者，升其屋極而望人也。稯稯，紛紛也。聖人僕者，言聖人之徒也。自埋於民，自隱於民間也。畔，鄰也，藏居於比鄰，人亦不知之也。其聲銷，逃名也。沉不在水而在陸，喻隱者之隱於市廛也。言此人必爲市南宜僚之徒，宜僚姓熊，居於市南，楚人也。著於己者，謂我必知之。著，知也。佞人，多言之人也。何以爲存，言其必去而不留矣。其室虛者，逃而去，恐夫子言之楚王而召之，故逃去也。

長梧封人問子牢曰：「君爲政焉勿鹵莽，治民焉勿滅裂。昔予爲禾，耕而鹵莽之，則其實亦鹵莽而報予；芸而滅裂之，其實亦滅裂而報予。予來年變齊，深其耕而熟耰之，其禾繁以滋，予終年厭飧。」莊子聞之曰：「今人之治其形，理其心，多有似封人之所謂；遁其天，離其性，滅其情，亡其神，以衆爲。故鹵莽其性者，欲惡之孽爲性萑葦，兼葭始萌，以扶吾形，尋擢吾性。並潰漏發，不擇所出，漂疽疥癰，内熱溲膏是也。」

封人因耕而喻政，莊子又以喻學，東坡稼説實倣此也。變齊者，變易其法也。厭飧，飽食也。以衆爲，言世間此等人多也。惡，好惡也；孽，妖孽也。好惡之害，其蔽塞本然之性，猶萑葦也，即茅塞其心之意。性既蔽塞，則其昏欲之長，如兼葭之始萌，充滿其身，言通身皆是人慾也。扶，助也。以物欲而助其形，則視聽言動，起居飲食，皆失其自然之理，故曰尋擢吾性。尋，漸也；擢，拔也。始者真性只爲之蔽塞，及其甚也，漸漸拔而去之，是天理盡滅。真性既失，氣亦爲病，故有並潰者，有漏發者，不擇所出，觸則成病也。並潰者，漂疽疥癰也，此膿血之病也；漏發者，內熱溲膏也，今之消病也。此一段所以戒世人之縱情慾而不知學道者，終必殺其身也。

栢矩學於老聃，曰：「請之天下遊。」老聃曰：「已矣。天下猶是也。」又請之，老聃曰：「汝將何始？」曰：「始於齊。」至齊，見辜人焉，推而强之，解朝服而幕之，號天而哭之曰：「子乎子乎。天下有大菑，子獨先離之，曰莫爲盜？莫爲殺人？榮辱立，然後覩所病；貨財聚，然後覩所爭。今立人之所病，聚人之所爭，窮困人之身使無休時，欲無至此，得乎？

天下猶是者，言天下皆如此。莫爲盜，莫爲殺人者，言汝之所以被罪而囚者，或爲盜乎？或爲殺人乎？莫爲，言莫是如此也。榮辱，名也；貨財，利也；病，患害也。在上者尚名，而後有此患害，爲國好聚財，而後有此爭競，謂此事皆自上始也。老子曰：「不尚賢，使民不爭；不貴難得之貨，使民不爲盜。」即此意。以名利而役人，使之自困，無時而已，安得不至於此？其意蓋言，太古之時，無名無利，故風俗醇厚，國無刑人也。

古之君人者，以得爲在民，以失爲在己；以正爲在民，以枉爲在己；故一形有失其形者，退而自責。今則不然，匿爲物而愚不識，大爲難而罪不敢，重爲任而罰不勝，遠其塗而誅不至。民知力竭，則以僞繼之，日出多僞，士民安取不僞？夫力不足則僞，知不足則欺，財不足則盜，盜竊之行，於誰責而可乎？」

失得、正枉兩句，即「百姓有過，在予一人」〔一〕。一人之形有不得其生，則人君退而自責，即匹夫不被澤，若己納之溝中也。〔二〕今則不然者，言後世也。匿爲物，蔽其物而不言，而以不知者爲愚；大爲難行之事，而以其不敢爲者爲罪。重爲任，不量人之力也；遠其塗，不計人之行程也。强人所不能，而乃罰其不勝者，誅其不至者。在上之人，其所出政令，一日僞於一日，士民安得不僞乎？强其力所不能，必以僞應之；强其智所不及，必以欺應之；過取而無厭，必爲盜以輸之。是我使之爲僞、爲欺、爲盜也，又誰責乎？三句一體，即就下句盜竊上結，非惟此一句意易明，亦文法也。

校注

〔一〕「百姓有過，在予一人」，見書泰誓。

〔二〕「匹夫不被澤」二句，孟子萬章下：「思天下之民，匹夫匹婦，有不被堯、舜之澤者，若己推而內之溝中。」

蘧伯玉行年六十而六十化，未嘗不始於是之而卒詘之以非也，未知今之所謂是之非五十九非也。

年六十而六十化，一年之見勝如一年也。然安知六十歲之是便爲是耶？此一則話也。

萬物有乎生而莫見其根，有乎出而莫見其門。人皆尊其知之所知，而莫知恃其知之所不知而後知，可不謂大疑乎？已乎已乎，且無所逃。此所謂然與，然乎？

其生也必有根，其出也必有門，但人不見之耳，此是其所不可知者。凡人知其所知，而不知其所不知者乃爲至妙，此大惑之人也。且無所逃者，言自然而然，不知之知，通古今、徹上下皆如此，何處而非此理？如何逃得？然與，然乎者，疑〔一〕辭也，謂之然與，而其所然果然乎？子貢對曰：「然。非與？」即此意也，見衛靈公篇。然與，音餘。

校　注

〔一〕「疑」，原作「後」，道藏本同，據宋本改。

仲尼問於太史大弢、伯常騫、狶韋曰：「夫衛靈公飲酒湛樂，不聽國家之政；田獵畢弋，不應諸侯之際，其所以爲靈公者何耶？」大弢曰：「是因是也。」伯常騫曰：「夫靈公有妻三人，同濫而浴。史鰌奉御而進所，搏幣而扶翼。其慢若彼之甚也，見賢人若此其肅也，是其所以爲靈公也。」狶韋曰：「夫靈公也死，卜葬於故墓不吉，卜葬於沙丘而吉。掘之數仞，得石槨焉，洗而視之，有銘焉，曰：『不馮其子，靈公奪而埋之。』夫靈公之爲靈也久矣，之二人何足以識之？」

畢弋，取鳥獸之用也。諸侯交際之禮，皆不應答之，其人如此，謚之以靈公何耶？言未足當其惡也。大弢曰，此亦因國人所同是而謚之，上是字猶此字也。進所，進所居之處也；奉御，猶今言召對也。搏幣者，執其贄見之幣，而靈公使人扶翼之，言有禮也。肅，敬也。沙丘石槨先有靈公之名，則未生之前，此名已定，於人何力焉？此段蓋言世事皆出於自然也。之二人，大弢與伯常騫也。沙丘，古人葬處也。不馮其子者，其子孫不可託，遂爲靈公所奪也。馮，託也。

少知問於太公調曰：「何謂丘里之言？」太公調曰：「丘里者，合十姓百名而以爲風俗也，合異以爲同，散同以爲異。今指馬之百體而不得馬，而馬係於前者，立其百體而謂之馬也。是故丘山積卑而爲高，江河合水而爲大，大人合并而爲公。是以自外入者，有主而不執；由中出者，有正而不距。四時殊氣，天不賜，故歲成；五官殊職，君不私，故國治；文武大人不賜，故德備；萬物殊理，道不私，故無名。無名故無爲，無爲而無不爲。時有終始，世有變化。禍福淳淳，至有所拂者而有所宜；自殉殊面，有所正者有所差。比于大澤，百材皆度；觀乎大山，木石同壇。此之謂丘里之言。」

聚井爲丘，聚丘爲里，故曰丘里。一里之中有十姓百名，人物雖異，而風俗則同，合異以爲同之喻也。丘里之言者，公一里之言也。合異以爲同，萬物同一理也；散同以爲異，物物各具一理也。合百體以爲馬，一體之上無馬之名，此散同以爲異也。立其百體乃謂之馬，合異以爲同也。積而爲山，合而爲水，亦此意也。合并而爲公，合萬物之異以爲同也。有主而不執也，言所主雖在内而無所執，執則非自然矣。正者，萬物之理也。出乎胸中者，其理與萬物同，則自然相順而不相距也。不執不拒，乃順自然而無同異之意。天不賜，不以爲功也，猶言非相爲賜也。五官，列爵惟五也，各職其職，君何私輕重焉？大人於文武之德，時乎而文，時乎而武，可用則用，亦非相與賜也，故爲全備之德。萬物各具一理，故曰殊理。以大道合之而爲公，故曰不私。無名者，無得而名也。淳淳，流行自然也。吉凶禍福之至，倚伏無常，或有所拂逆而反爲宜，塞翁得馬失馬之意也。拂，逆也，不如意也；宜，如意也。人有自殉之心，則如其面然，皆不同矣。有所正者，執定而拘泥之也，有所泥者或失之，即今人謂擬則差〔二〕也，故曰有所正者有所差。比，譬也，譬如大澤之中，百物之材，各中其度，無小無大，皆可用也。同壇，即同地也，木之與石，本在一山，初何分別？此合異以爲同也。

校注

〔一〕「擬則差」，見四一三頁注〔一〕。

少知曰：「然則謂之道，足乎？」太公調曰：「不然。今計物之數，不止於萬，而期曰萬物者，以數之多者號而讀之也。是故天地者，形之大者也；陰陽者，氣之大者也。道者爲之公，因其大以號而讀之則可也。已有之矣，乃將得比哉？則若以斯辯，譬猶狗馬，其不及遠矣。」

物不止於萬，而言萬物，其總數也。期，約也，約言之也。天地陰陽，亦形氣之總名爾，形氣不止於天地陰陽，但以其大者言之。道之爲公，亦因其大而借言之耳。雖已有道之名，而亦豈可以此相比喻而言邪？故曰已有之矣，乃將得比哉。狗馬，不可爲類者也；斯，此也。因道之名若以相比並而爲此辯說，則如犬馬之異類，不可得而合也。不及，不相若也；遠，甚也。

少知曰：「四方之内，六合之裏，萬物之所生惡起？」太公調曰：「陰陽相照，相蓋相治，四時相代，相生相殺，欲惡去就於是橋起，雌雄片合於是庸有。安危相易，禍福相生，緩急相摩，聚散以成。此名實之可紀，精之可志也。隨序之相理，橋運之相使，窮則反，終則始。此物之所有，言之所盡，知之所至，極物而已。覩道之人，不隨其所廢，不原其所起，此議之所止。」

萬物之生，從何而始？故曰惡起。相照，相應也；相蓋，相合也；相治，相消長也。四時相代，春生秋殺，隨時各有不同也。因此于後有欲惡、去就、雌雄、分合、安危、禍福、緩急、聚散之事，謂因有天地陰陽，而後有人世之事也。凡此數者，皆是其同中之異者。橋然而起，橋，拱高也；片，判也，片合，即分合也；庸有，常有也；以成，即相成之意，但換下一字，文法也。自欲惡而下，至於聚散，其名實皆可紀，其精微皆可志，謂件件可見，非惟可言，亦可書也。隨其時序而相理，即陰陽之相治也。橋，起也，橋起而運，相爲消長，故曰相使。窮而反爲通，終而復爲始，此皆萬物之所必有者。言而至於盡，亦此而已；知而及其至，亦此而已；盡心盡力，只説得箇物字，故曰極物而已。惟知道之人，則於其所以廢、所以起者，皆歸之於無，皆歸之自然，則其言議至於此而止，謂到這裏無可説處矣。

少知曰：「季真之莫爲，接子之或使，二家之議，孰正於其情，孰偏於其理？」太公調曰：「雞鳴狗吠，是人之所知，雖有大知，不能以言讀其所自化，又不能以意其所將爲。斯而析之，精至於無倫，大至於不可圍。或之使，莫之爲，未免於物而終以爲過。

季真、接子，當時有此二人，各爲其説：一曰莫爲，一曰或使。莫爲者，言冥冥之中，初無主宰，皆偶然爾；或使者，有主宰，無非使然，所謂「行或使之，止或尼之」〔一〕是也。正於其情，正得其實也，偏於其理，見之偏也，二者孰當孰否也。雞鳴狗吠，不同之喻也。言人所知，既有不同，則雖有大智之人，亦不能盡其言，亦不能盡其意。所自化者，言其所自見之妙。讀，猶誦也，其自見之妙，豈能誦其言而知之？所將爲，所欲爲也，其所欲爲之意，豈能以意度之？斯者，此理也，若以此理而分析之，可以語大，可以語小，言不可窮也。無倫，小之極；不可圍，大之極也。二者之說，皆未免於物累，而要終皆有過患，言其皆有節病也。

校注

〔一〕「行或使之」二句，見孟子梁惠王下。

或使則實，莫爲則虛。有名有實，是物之居；無名無實，在物之虛。可言可意，言而愈疏。

或使則實者，謂冥冥之中有物以司之，是實也；莫爲則虛者，謂冥冥之中，本無所主，是虛也。既有實則與名俱矣，則是累於物矣。居者，在也，言在於物之中也，故曰是物之居。若謂之無，則名實俱無，而所謂無者終在，未能併與無者無之，亦是累於物也，故曰在物之虛。大抵曰有曰無，皆可以言傳，可以意度，皆未免於言，則去道愈疏遠矣。

未生不可忌，已死不可阻。死生非遠也，理不可覩。

忌者，禁也。未生之初，不容不生；既生而死，豈可得而違阻也？死生之理，本在目前，初非甚遠，但欲見而不可見，故曰理不可覩。

或之使，莫之爲，疑之所假。吾觀之本，其往無窮；吾求之末，其來無止。無窮無止，言之無也，與物同理。

若以爲或之使，若以爲莫之爲，則世之疑情，方假此而起，又安得爲無累乎？本，始也，未動之時也。即未動之時觀之，已見其往者無窮矣。末，終也，既動而止之時也。就其既止之時而觀之，已見其方來者無止。以此而觀，但泯於無言，方可合萬物而同一理，故曰言之無也，與物同理。

或使莫爲，言之本也，與物終始。道不可有，有不可無。道之爲名，所假而行。或使莫爲，在物一曲，夫胡爲於大方？

二者之言，推求其本，謂之或使，謂之莫爲，皆未能遠離於物，但見與物終始而已，故曰與物終始。不能離物，則是有也，謂之道，可有乎？故曰道不可有。既曰有，則所謂有者，何可得而無之？言離不去也，故曰有不可無。若以真實而觀，道之一字，本是假名以行於世，故曰道之爲名，所假而行。二者之言，皆爲泥物，而在於一偏，安得謂之大道？一曲，一偏也；大方，大道也。既結了上面説話，却别説兩句，又妙。

言而足，則終日言而盡道；言而不足，則終日言而盡物。道物之極，言默不足以載；非言非默，議有所極。」

同乎此言也，但我果有所見，雖謂之言，亦可盡道，終日言之，亦自不妨，故曰言而足，終日言而盡道。若我無所見，則言不足以盡道，言之縱多，亦不離於形似而已，故曰言而不足，終日言之而盡物。道，精也；物，粗也。以精粗之極而求之，言亦不足盡，默亦不足盡。載，在也，謂不在此也。非言非默之中，自有至極之議。極議，至言也，佛氏所謂「如我按指，海印發光，似汝舉心，塵勞先起」〔一〕，即此意也。又曰：「我爲法王，於法自在。」〔二〕蓋言造道之人，説亦是，不説亦是，汝未造道，便説得是，也不是。此篇亦與內篇何異？

校注

〔一〕「如我按指」四句，楞嚴經卷四：「寶覺真心，各各圓滿，如我按指，海印發光。汝暫舉心，塵勞先起，由不勤求無上覺道，愛念小乘，得少爲足。」這四句後來也成爲禪師們常討論的題目。

〔二〕「我爲法王，於法自在」，出於法華經譬喻品。法王爲佛陀稱號之一。無量壽經：「佛爲法王，尊超衆聖，普爲一切天人之師。」

雜篇外物第二十六

外物不可必，故龍逢誅，比干戮，箕子狂，惡來死，桀、紂亡。人主莫不欲其臣之忠，而忠未必信。故伍員流于江，萇弘死于蜀，藏其血三年而化爲碧。人親莫不欲其子之孝，而孝未必愛，故孝己憂而曾參悲。

外物，身外之事也，是求在外〔一〕者也。桀、紂之時，賢者、不肖者均於被禍，是不可必也。此皆紂事，却併桀説，以意逆之可也。萇弘被放歸蜀，刳腸而死，蜀人以匱盛血，三年而化爲碧玉，此事與左傳所載〔二〕稍異，其言似誕。晉元帝託運糧不至而殺其臣，其血逆柱而上，〔三〕齊以明月之識殺斛律光，其血在地，去之不滅，〔四〕則亦世間所有之事也。孝己，殷高宗之子，見逐於後母；曾子未見悲泣之事，想以芸瓜大杖則走〔五〕之事言之。讀此書者，但觀其意，若此類皆不必拘。蓋謂忠孝人之所貴，而或害其身，是皆外物不可必也。

校注

〔一〕「外」，原作「我」，道藏本同，據宋本改。

〔二〕「左傳所載」，左傳哀公三年：「六月，癸卯，周人殺萇弘。」

〔三〕晉元帝事，晉書卷六十九劉隗傳：「建興中，丞相府斬督運令史淳于伯而血逆流。」時元帝尚未即位，位居丞相，斬淳于伯事則爲其執法僚屬所爲。

〔四〕齊殺斛律光事，北史卷五十四斛律光傳：「周將韋孝寬懼光，乃作謠言，令間諜漏之於鄴曰：『百升飛上天，明月照長安。』」光字明月。北齊後主殺斛律光，「血流於地，剗之，迹終不滅」。

〔五〕「芸瓜大杖則走」，孔子家語六本：「曾子耘瓜，誤斬其根，曾皙怒，建大杖以擊其背，曾子仆地而不知人久之。有頃乃蘇，欣然而起。」「子曰：『汝不聞乎？昔瞽瞍有子曰舜，舜之事瞽瞍，欲使之，未嘗不在於側，索而殺之，未嘗可得，小棰則待過，大杖則逃走。』」芸、耘通。

木與木相摩則然，金與火相守則流。陰陽錯行，則天地大絯，於是乎有雷有霆，水中有火，乃焚大槐。

木與木相摩，則其火自出，今舟人用榆柳亦然。火與金相守，焊鎔之事也。木本無火，相摩而生，金爲至堅，見火而流，亦言不可必之意。大絯，大異也。大雷雨之時，或焚樹木，故曰水中有火，乃焚大槐。不曰他木，而曰槐者，槐能生火，故以槐言之，淮南子曰「老槐生火」，見氾論篇。亦非專焚大槐也，此皆陰陽錯行而爲災，事之不常見者，亦言其不可必也。

有甚憂，兩陷而無所逃，螴蜳不得成，心若縣於天地之間，慰暋沉屯，利害相摩，生火甚多，衆人焚和，月固不勝火，於是乎有僓然而道盡。

甚憂者，極憂也；兩陷，非有人道之患，則有陰陽之患也，人間世云是兩也，即此意。螴蜳者，怵惕不自安之意；不得成者，言甚憂無所逃而不成情緒也。心若縣於天地之間，言心有繫縛，自苦也。慰暋，鬱悶也；沉屯，陷溺險難也。利害相戰於胸中，其内熱也甚於焦火，故曰生火甚多。此皆世俗一等不知道之人，不知外物之不可必，而過用其心，故至此焚傷其胸中至和之氣，故曰衆人焚和。月，性也，衆人之生，其得於天者，全此至和之理，猶如月然，但爲物慾所昏，其炎如火，故其爲月者不能勝之，遂至於焚和也。山谷云：「本心如日月，利慾蝕之既。」正用此意。僓然者，弛然而自放也；道盡者，言其天理滅盡也。蓋謂衆人汩於利欲，終身不悟，至於滅盡天理而後已也。

莊周家貧，故往貸粟於監河侯。監河侯曰：「諾。我將得邑金，將貸子三百金，可乎？」莊周忿然作色曰：「周昨來，有中道而呼者。周顧視車轍中，有鮒魚焉。周問之曰：『鮒魚來，子何爲者邪？』對曰：『我，東海之波臣也。君豈有斗升之水而活我哉？』周曰：『諾。我且南遊吳、越之王，激西江之水而迎子，可乎？』鮒魚忿然作色曰：『吾失我常與，我無所處。吾得斗升之水然活耳，君乃言此，曾不如早索我於枯魚之肆？』」

監河侯，説苑曰魏文侯也，亦未必然，或是監河之官，以侯稱之，不然，則侯是其姓也。邑金者，采邑之租金也。波臣，猶曰水官也。此段必當時有此戲言，因記於此，亦今人所謂遠水不救近火之意。枯魚之肆者，言待得此水之來，吾已爲鱐矣。常與，常時相與者也。

任公子爲大鉤巨緇，五十犗以爲餌，蹲乎會稽，投竿東海，旦旦而釣，期年不得魚。已而大魚食之，牽巨鉤，錎没而下，驁〔二〕揚而奮鬐，白波若山，海水震蕩，聲侔鬼神，憚赫千里。任公子得若魚，離而腊之，自淛河以東，蒼梧以北，莫不厭若魚者。已而後世輇才諷説之徒，皆驚而相告也。夫揭竿累，趨灌瀆，守鯢鮒，其於得大魚難矣。飾小説以干縣令，其於大達亦遠矣，是以未嘗聞任氏之風，俗其不可與經於世亦遠矣。

巨緇，大黑索也。犗音界，牛也。錎與陷同。海水震蕩，聲侔鬼神，言此魚摇動海水，其聲可畏也。憚赫，驚恐也，千里之人皆聞其聲而懼也。厭，厭飫而食之也。輇才，揣量淺見之士也；諷説，道聽塗説者。知其常而不知異，見其小而不見大，故驚以相告也。累，小繩也。灌，注也，灌瀆，言流水之小瀆也。鯢鮒，小魚也。縣令，猶今揭示也，縣與懸同，縣揭之號令，猶今賞格之類。言見小之人，飾其辭説，干求于上，求合其所示之令格，縱得之，能幾何？故曰其於大達亦遠矣。俗，世俗之士也，俗士不可與言經世之道，故曰俗其不可與經於世亦遠矣。遠矣，猶甚矣也。

校注

〔一〕「鶩」，道藏本同，宋本作「鶩」。

儒以詩、禮發冢，大儒臚傳曰：「東方作矣，事之何若？」小儒曰：「未解裙襦，口中有珠。詩固有之曰：『青青之麥，生於陵陂。生不布施，死何含珠爲？』」「接其鬢，壓其顪，儒以金椎控其頤，徐別其頰，無傷口中珠。」

此段蓋喻游説之士，借詩、書聖賢之言，以文其姦者。自上語下曰臚，自下語上曰句，臚傳者，大儒爲首而告其下也。青青之麥，生於陵陂，賦墓田也。生不布施，死何含珠爲，譏富者也。此詩只四句，或是古詩，或是莊子自撰，亦不可知。接其鬢以下，大儒教小儒之語。接，撮也；壓，以手按之也；顪，頤下也。控其頤者，控開其頤也。別，亦開也。言歌此詩，教其徒徐取其珠，而欲無所損也。詩曰何以含珠爲，則我今取之，亦合古詩之意矣。

老萊子〔一〕弟子出薪，遇仲尼，反以告，曰：「有人於彼，修上而趨下，末僂而後耳，視若營四海，不知其誰氏之子。」老萊子曰：「是丘也。召而來。」仲尼至。曰：「丘，去汝躬矜與汝容知，斯爲君子矣。」仲尼揖而退，蹙然改容而問曰：「業可得進乎？」老萊子曰：「夫不忍一世之傷而驚萬世之患，抑固窶耶，亡其略弗及邪？惠以歡爲驁，終身之醜，中民之行進焉耳，相引以名，相結以隱。與其譽堯而非桀，不如兩忘而閉其所譽。反無非傷也，動無非邪也。聖人躊躇以興事，以每成功。奈何哉其載焉終矜爾？」

出薪者，出而採薪也。修上，上長也；趨下，其行趨鏘也。末，微也，言其背微有僂曲之狀。後耳者，面前視之，不見其耳也。視若營四海，即蒿目以憂當世之患之意。躬矜，汝身矜持之行也；容知，容，外飾也，知，思慮也。業可得進者，言道業可得而學否也。一世之傷，一時之人憔悴可傷也；驁，傲然而不恤之意。言汝爲一時而憂，過用其心，能貽後世之患，汝皆驁然而不顧也。汝既如此，道之窮宜也。窶，窮也；固，宜也。汝之道其窮如此，是不知天下之事有非智略所能及者，故曰亡其略弗及耶，亡與忘同。惠，施惠於人也；歡，欲得人之歡心也。以施惠而得人之歡心爲驁，以此自驁於世不可，此乃終身可醜之行也。庸人之所爲，則務進〔二〕於此而已，故曰中民之行進焉耳。中民，庸人也。以名而相汲引，以隱蔽之計而自相交結，此形容中民之爲也。堯、桀兩忘，則不惟無毀，亦無譽矣，故曰閉其所譽。反，背也，反背自然之理，則無非傷道之事也。不好靜而好動，則無非邪僻之行也。聖人則不然。躊躇者，欲進不進之意，以躊躇興事，即不得已而後應也。惟其無心，所以每每成功。載，自負也，汝奈何終身以矜持之意而自負，故曰奈何哉其載焉終矜爾，此一句下得奇。

校注

〔一〕「老萊子」，宋本、道藏本作「老萊之」。

〔二〕「進」，原作「入」，道藏本作「人」，據宋本改。

宋元君夜半而夢人被髮闚阿門，曰：「予自宰路之淵，予爲清江使河伯之所，漁者余且得予。」元君覺，使人占之，曰：「此神龜也。」君曰：「漁者有余且乎？」左右曰：「有。」君曰：「令余且會朝。」明日，余且朝。君曰：「漁何得？」對曰：「且之網得白龜焉，其圓五尺。」君曰：「獻若之龜。」龜至，君再欲殺之，再欲活之，心疑，卜之，曰：「殺龜以卜，吉。」乃刳龜，七十二鑽而無遺筴。仲尼曰：「神龜能見夢於元君，而不能避余且之網；知能七十二鑽而無遺筴，不能避刳腸之患。如是，則知有所困，神有所不及也。雖有至知，萬人謀之，魚不畏網而畏鵜鶘。去小知而大知明，去善而自善矣。嬰兒生無石師而能言，與能言者處也。」

阿，曲也，阿門，曲側之門也。宰路，淵名也。清江之神使我使於河伯。再欲殺之，再欲活之，再三遲疑而不決也。卜以殺爲吉，遂殺之。七十二鑽，言用之而占七十二次也。龜靈於人，而不靈於己，故曰知有所困，神有所不及也，此意蓋謂名之以知，則有窮時。此下數句，却汎言世情以實之。人有至知者，豈能以一身而勝萬人之謀？鵜鶘之取魚，飲涸其水而後盡其魚，此有心害魚者，非網之比也。上言人若有心而害我，一人之智豈能敵之。此言我苟有心，則人亦以有心應我，故以此喻之。惟能去其小知，而付之自然，則大知明矣。去吾爲善自名之意，則善自歸我，故曰去善而自善矣。石與碩同，石師，碩大之師，能教人者。嬰兒之能言，不待求師而自能者，與能言者同處，則自然能言也。大知自善，自然之理也；不教能言，自然之喻也。

惠子謂莊子曰：「子言無用。」莊子曰：「知無用而始可與言用矣。夫地非不廣且大也，人之所用容足耳。然則廁足而墊之致黄泉，人尚有用乎？」惠子曰：「無用。」莊子曰：「然則無用之爲用也亦明矣。」

墊，掘也，容足之外皆爲深淵，則不可行矣，即前謂足也踐，恃其所不蹍之意，故曰無用之用。

莊子曰：「人有能遊，且得不遊乎？人而不能遊，且得遊乎？夫流遁之志，決絕之行，噫，其非至知厚德之任與。覆墜而不反，火馳而不顧，雖相與爲君臣，時也，易世而無以相賤。故曰至人不留行焉。夫尊古而卑今，學者之流也。且以狶韋氏之流觀今之世，夫孰能不波？唯至人乃能遊於世而不僻，順人而不失己。彼教不學，承意不彼。

能遊者則遊之，不能遊者終於不能，此言世有達者，有不達者也。遊，自樂之意也。流遁，逐物而忘返也；決絶，與世判然自異也。任，爲也，至知厚德，循自然之人，則其所爲無流遁決絶之失矣。覆墜，言陷溺於世故也；火馳，逐於世如火之急也。此皆爲世俗所累而不能反身自顧，故曰不反不顧，言不能回光返照〔一〕也。雖一時之間，有貴有賤，名爲君臣，而没身之後，貴賤何有？言王侯與螻蟻同盡，隨丘墟也。惟至人之所行，則於世無留戀之意，故曰至人不留行焉。古今人情，大抵相類，安有淳澆之别？學者尊古而卑今，不知世變者也。狶韋氏，三皇五帝之先也。若以天地之初上古之世而觀於今日，則皆爲波蕩流逐而失其性者矣〔二〕，故曰夫孰能不波。學者之古今，只自三皇五帝爲始，此蓋譏貶古帝王之意。僻，偏也，遊於世而無所偏倚，不以古今爲是非也。雖和光同塵〔三〕，不與世相忤，而我之所存者自在，故曰順人而不失己。彼之所教，自以爲是，我固不學之，然亦承順其意而無彼我之分，此即齊物因是之意，故曰承意不彼。

校注

〔一〕「回光返照」，見三九七頁注〔一〕。

〔二〕自「有言王侯」至「失其性者矣」一段，宋本在「貴賤何」下，道藏本錯簡在「無彼我之分此」下，施本同，而以「貴賤何」不成文，因補一「異」字，「此有言」不可通，故改作「此猶言」，今皆據宋本乙正。

〔三〕「和光同塵」，老子五十六章：「塞其兑，閉其門，挫其鋭，解其忿，和其光，同其塵，是謂玄同。」

目徹爲明，耳徹爲聰，鼻徹爲顫，口徹爲甘，心徹爲知，知徹爲德。凡道不欲壅，壅則哽，哽而不止則跈，跈則衆害生。物之有知者恃息，其不殷，非天之罪。天之穿之，日夜無降，人則顧塞其竇。

徹，通也，得自然之理而大通徹，則耳目之所視聽爲真聽真明，鼻口之所嗅味爲真顫真甘，心之所知者爲真知，德爲至德矣。壅，壅塞窒礙也；哽，哽咽而不通也；跈者，足所踐之迹也。我之見道，苟窒礙哽塞而不能自覺，則累於形迹矣。不止，迷而不知止也。既累於形迹，則衆害生矣。息，生也，生之謂性，人皆有之，有此受生之性而後有所知覺，所謂知覺者，恃此息也，人莫不然。而或至於不當其理者，豈天靳之？不殷，不當也。天理之在人心，日夜發見，其孔竅發見處，何嘗有止息？故曰天之穿之，日夜無降。穿，心竅也；無降，無止也。竇，亦心竅也。人以物慾而自蔽惑，是塞其竇也。顧，乃也。

胞有重閬，心有天遊。室無空虛，則婦姑勃磎。心無天遊，則六鑿相攘。大林丘山之善於人也，亦神者不勝。德溢乎名，名溢乎暴，謀稽乎誸，知出乎爭，柴生乎守，官事果乎衆宜。春雨日時，草木怒生，銚鎒於是乎始修，草木之到植者過半而不知其然。

胞，脬膜也，人身皮肉之内，有一重膜包絡此身。重閬者，空曠也。人身之内，如此空曠，而心君主之，以天理自樂，則謂之天遊。勃磎，爭鬭也，窄小之屋，婦姑常在面前，則易至於爭鬭，此即不虛曠之喻。心纔蔽塞，不知天理之樂，則六鑿必至於相攘逆。六鑿，六根也。大林丘山，人見之而必喜者，是其平日耳目窄隘，不能存自然之神以勝外物，忽然一見空遠之地，則以爲喜，故曰亦神者不勝。求名於外，則德性自蕩溢矣；暴急而不自安，則名亦蕩溢矣，言併與名失之也。有誸急之意，而後稽度於智謀之事，誸與弦同；有爭競之心，而後〔一〕智謀所由出；守執不化，而後柴梗不樂之意所由生。果，實也，塞也，逍遥遊〔二〕曰腹猶果然之果也。求衆事之皆宜而後分職以任事者，有固必不通之弊，此言癡兒了官事，官事不可了也。〔三〕銚鎒，田器也。春雨時至，草木奮然而生，故曰怒生。當此之時，人知修田器以爲耕種之事，則必鋤拔其草木，其草木之得雨而方生植者皆傾倒過半矣。到與倒同，子美曰「霜倒半池蓮」，即此倒字。銚鎒之人，豈戕賊草木之生哉？爲耕種之計，不得不然，亦不自知其於生意有害也。此意蓋言生者方生，拔者自拔，草木雖去，而耕種之物又生，便是其成也，毁也，其毁也，成也。〔四〕由此而觀，則成敗、得喪、死生、禍福，皆當聽其自然，何必容心乎？自德溢乎名而下，皆容心之失也，能無容心，則有天遊矣。

校注

〔一〕「後」，原脱，據宋本、道藏本補。

〔二〕「逍遥遊」，原作「齊物」，道藏本同，據宋本改。

〔三〕「癡兒」二句，晉書卷四十七傅咸傳：「（夏侯）駿弟濟素與咸善，與咸書曰：『江海之流混混，故能成其深廣也。天下大器，非可稍了，而相觀每事欲了。生子癡，了官事，官事未易了也。了事正作癡，復爲快耳。』」

〔四〕「其毁也，成也」，原無此五字，據宋本、道藏本補。

静然可以補病，眥㓕可以休老，寧可以止遽。雖然，若是，勞者之務也，非佚者之所，未嘗過而問焉。

静然者，安然也；補病者，去故即新，捨末而歸本也。此心能安然，則向之失者，可以補而全之矣。眥音剪，㓕音滅，眥㓕者，屏去物欲而全其天理，則可以優游而至老。遽，急也，能寧其心，則可以止遽矣。此三句皆言既失而復得，楊子曰「先病而後瘳」〔一〕也，故曰雖然，若是，勞者之務也。

若是句絶，言其已見物累之若是，而後能自悔，若夫安佚自得之人，胸中本來泰然自得，則不問及此矣。佚，自得者也，非佚者之所，猶曰非佚者之事也。所，猶「所其無逸」〔二〕之所也。

校注

〔一〕「楊子曰」句，揚雄法言孝至：「或問德，有始而無終，與有終而無始也，孰寧？曰：寧先病而後瘳乎？寧先瘳而後病乎？」

〔二〕「所其無逸」，見書無逸。

聖人之所以駴天下，神人未嘗過而問焉；賢人所以駴世，聖人未嘗過而問焉；君子所以駴國，賢人未嘗過而問焉；小人所以合時，君子未嘗過而問焉。演門有親死者，以善毁，爵爲官師，其黨人毁而死者半。

因未嘗問一句，又生下四句。駴與駭同，聖人以仁義而治天下，是駴之也，神人則無此矣。賢者以盛德而駭世，聖人則無此矣。君子則以聲名而駭其一國，賢人則無此矣。小人則營營以求合於一時，君子則無此矣。演門，地名也。善毁，孝也，以孝而得爵，遂爲官師，其黨人慕之，乃至有哀毁而死者，言好名之爲累也。官師，猶今曰官員也。

堯與許由天下，許由逃之。湯與務光，務光怒之。紀他聞之，帥弟子而踆於窾水，諸侯弔之。三年，申徒狄因以踣河。

許由、務光以隱得名，紀他慕之，亦相率而隱於窾水。踆與蹲同，此一字，鄙薄之之意也。紀他之意，亦欲諸侯以國讓之，而諸侯但以其苦，弔之而已，已自可笑。三年之後，申徒狄又慕隱名，以至自投於河。此盖極言好名之累也。

筌者所以在魚，得魚而忘筌；蹄者所以在兔，得兔而忘蹄；言者所以在意，得意而忘言。吾安得夫忘言之人而與之言哉？」

上面既説盡了，却以筌蹄之語結末，亦與前篇言而足、言而不足體格一同。筌、蹄，取魚、取兔之具也，既得則無用矣。言，寓意也，得其意則忘言矣，不能忘言，則泥着而失其意矣，惟忘言者而後可與言。此篇文亦精細。在兔，意在於得兔也。

莊子鬳齋口義卷九

雜篇寓言第二十七

寓言十九，重言十七，卮言日出，和以天倪。寓言十九，藉外論之。親父不爲其子媒，親父譽之，不若非其父者也。非吾罪也，人之罪也。與己同則應，不與己同則反。同於己爲是之，異於己爲非之。

此篇之首，乃莊子自言，其一書之中，有三種説話。寓言者，以己之言借他人之名以言之；十九者，言此書之中十居其九，謂寓言多也，如齧缺、王倪、庚桑楚之類是也。重言者，借古人之名以自重，如黄帝、神農、孔子是也；十七者，言此書之中，此類十居其七也。卮，酒卮也，人皆可飲，飲之而有味，故曰卮言；日出者，件件之中有此言也。和，調和也；天倪，天理也。以天理而調和衆人之心也。藉，借也，不出於己而出於他人曰外，故曰藉外論之。父譽其子以求婚，則其人必不信，故必借他人以譽之，此譬喻也。此罪不在我，因人之不見信，故有此寓言也。若以爲出於我，則在人之見必有同異之分。應，是之也；反，非之也。與己、不與己，此言他人自私之見也。

重言十七，所以已言也，是爲耆艾。年先矣，而無經緯[一]本末，以期年耆者，是非先也。人而無以先人，無人道也。人而無人道，是之謂陳人。

已，止也，已言，可以止其爭辯也。借重於耆艾之人，則聞者不敢以爲非，可以止塞其議論也。古先帝王聖賢，皆耆艾也。經緯本末，言知常知變、知首知終也；期年，期頤之年也。年雖先矣，而學無所見，但以期頤之年而稱爲耆宿，則其年雖先，不足爲先，謂無以過人也。人而無以過人，則是不能盡其爲人之道，此陳人而已。陳人，謂世間陳久無用之人也。此意蓋謂我之所借重者，皆耆艾可尊之人，非徒以爲前輩人物而借重之也。

校注

〔一〕「緯」，原作「綸」，據宋本、道藏本改。

卮言日出，和以天倪，因以曼衍，所以窮年。不言則齊，齊與言不齊，言與齊不齊也，故曰無言。言無言，終身言，未嘗言；終身不言，未嘗不言。有自也而可，有自也而不可；有自也而然，有自也而不然。惡乎然？然於然。惡乎不然？不然於不然。惡乎可？可於可。惡乎不可？不可於不可。物固有所然，物固有所可，無物不然，無物不可。非卮言日出，和以天倪，孰得其久？萬物皆種也，以不同形相禪，始卒若環，莫得其倫，是謂天均。天均者，天倪也。

曼衍者，游衍自得也。窮年者，以此送日月也。不言則齊，以無言之言，則歸於一理。齊，一也。以此一而形諸言，以其言而論此一，皆爲有所容心，則不得爲齊一矣，故曰齊與言不齊，言與齊不齊也。惟無言則齊，無言，無心之言也。終身言，未嘗言，無心於言也。終身不言，未嘗不言，不言之中亦可悟理，則非不言也。有自，有所由來也，言凡人之所謂可，所謂不可，所謂然，所謂不然，其言皆有所自來，故各是其所是，我則何從而然可之？惟隨其然者、可者而然之、可之，隨其不然者、不可者而不然之、不可之。物固有所然，謂凡物各有所是也，既各有所是，則物物皆是，故曰無物不然，無物不可，此意齊物中論之甚詳。非卮言日出，和以天倪，孰得其久者，言我非以自然之言而調和衆口，若與之同爲是非，則豈能要諸久遠哉？蓋謂自然之理，千古萬古跌不破也。萬物之種，同出於造物，以其不同形而相代於天地之間，則人以草爲草，木爲木，禽爲禽，獸爲獸，但見其形之不同，而不知同出於元氣，其種則一也。萬物之在天地，往來終始，若循環然，其倫理之妙，人莫得而窮之，謂其不可盡知也。此之謂天均，均者，同也，天理之同者，故曰天均。

莊子謂惠子曰：「孔子行年六十而六十化，始時所是，卒而非之，未知今之所謂是之，非五十九非也？」惠子曰：「孔子勤志服知也。」莊子曰：「孔子謝之矣，而其未之嘗言。孔子云：『夫受才乎大本，復靈以生。鳴而當律，言而當法，利義陳乎前，而好惡是非，直服人之口而已矣。使人乃以心服，而不敢蘁立，定天下之定。』已乎已乎，吾且不得及彼乎。」

服知者，服，事也，知，知見也，勤心以從事於知見，謂博學也。謝者，去也，言孔子已謝去博學之事而進於道，但未嘗與人言爾。孔子云者，莊子舉孔子之言，謂孔子嘗有此語也。受才乎大本，猶言受性於太始也，大本即造物也。靈，知覺之性也，復，返也，反而歸之本來知覺之性，而後可以盡人生之道，故曰復靈以生。鳴，亦言也；律，即法也；當者，言皆當理也。以利義陳於前，而有所是非好惡，則人與我對立，可以服其口，而未能服其心。是必舍去義利，而忘其是非好惡，乃可以使人心服，而無敢與我對立而爲忤者，而後可以定天下之定理矣。蘁，忤逆也，蘁立者，對面而立，則我爲順，而彼爲逆。周禮曰「以受諸侯之逆」〔一〕，亦言向我而來者爲逆也。莊子既稱夫子之言，乃對惠子而歎曰：已乎已乎，我安得及彼孔子哉？只此可見，莊子非不知敬吾聖人者。

校注

〔一〕「以受諸侯之逆」，周禮夏官司馬：「掌諸侯之復逆。」

曾子再仕而心再化，曰：「吾及親仕，三釜而心樂。後仕，三千鍾不洎，吾心悲。」弟子問于仲尼曰：「若參者，可謂無所縣其罪乎？」曰：「既已縣矣。夫無所縣者，可以有哀乎？彼視三釜、三千鍾，如觀雀蚊虻相過乎前也。」

不洎，言不及其親也〔一〕。無所縣其罪乎者，縣，繫累也，謂曾子此言，有繫累之罪乎，無繫累之罪乎？蓋疑其前後兩變，有悲有喜也。既已縣矣者，謂止此悲喜之心，便是有所繫累也。若無所繫累，則外物之輕重過於吾之前者，猶鳥雀蚊虻然，豈以此爲悲喜哉？纔有悲喜，則有心矣。

校注

〔一〕「也」，原作「見」，據宋本、道藏本改。

顏成子游謂東郭子綦曰：「自吾聞子之言，一年而野，二年而從，三年而通，四年而物〔一〕，五年而來，六年而鬼入，七年而天成，八年而不知死、不知生，九年而大妙。

一年而野，返其朴也。二年而從，從順也，於是非喜惡無所逆也。三年而通，大通徹也。四年而物，猶槁木死灰也。五年而來，寂滅之中又有不寂滅者也，禪家所謂大死人却活〔二〕是也。鬼入者，納造化於其胸中也。天成者，與天爲一也。不知死、不知生，無入而不自得也。大妙者，極其玄也。自一年至九年，此即借爲節次之語，此事非可以歲月計也。

校注

〔一〕「四年而物」，原脱此四字，據宋本、道藏本補。

〔二〕「大死人却活」，碧巖録四十一則：「趙州問投子：『大死底人却活時，如何？』」言一切妄想都斷盡，却又智慧朗照。

生有爲，死也。勸公，以其死也，有自也；而生陽也，無自也。而果然乎？惡乎其所適？惡乎其所不適？

此數句言無生無死之理。生有爲者，言以生爲有生，則有死矣，有死生之見，自私者也。若以至公之理而勸之，欲其知造物之間，無不死之物，故曰勸公，以其死也。然謂之死，則是有所自矣。謂之死而有所自，則求其生於萌動之始，本無所自，既其始也無生，則安得有死？陽，動之始也。以死生之理如此言之，不知其果然乎否也。所適，然也，所不適，不然也，要其盡而觀，則惡乎然，惡乎不然？言謂之有亦非，謂之無亦非，故曰而果然乎？惡乎其所適？惡乎其所不適？

天有歷數，地有人據，吾惡乎求之？莫知其所終，若之何其無命也？莫知其所始，若之何其有命也？有以相應也，若之何其無鬼耶？無以相應也，若之何其有鬼耶？」

歷數，星辰日月之往來，有曆書度數也；人據，人迹之所至，有可考據者，猶言圖經也。以歷數及人據而求之，果可以盡天地之理乎？故曰吾惡乎求之。天地之間，日遷月往〔一〕，誰能知其所終？其運而往也，必有造物主之，安得謂之無命？然芒芒之初，本來無物，安得謂之有命？朝必有暮，寒必有暑，時至氣應，毫髮不差，如此相應，安得謂之無鬼神？然謙者未必福，仁者未必壽，幽明之間，有時而不相應，安得謂之有鬼神？此數句乃發明造物不可知之意。

校注

〔一〕「往」，宋本、道藏本作「化」。

衆罔兩問於景曰：「若向也俯而今也仰，向也括而今也被髮，向也坐而今也起，向也行而今也止，何也？」景曰：「叟叟也，奚稍問也？予有而不知其所以。予，蜩甲也，蛇蜕也，似之而非也。火與日，吾屯也；陰與夜，吾代也。彼，吾所以有待邪？而況乎以有待者乎？彼來則我與之來，彼往則我與之往，彼强陽則我與之强陽。强陽者又何以有問乎？」

叟叟，若隱若顯之意也。稍，略也，率略意也，謂其何爲率然有此問也。予之所有，本自不知其所以然者，故曰予有而不知其所以。蜩已化而甲在，蛇已化而蜕在，蓋以形之動者，比蛇蜩之生，而以影比蜕甲也。似之而非者，言以此爲比，亦近似之而非果然也。在日與火之中，則有此影，故曰屯。屯，聚也。晝陰而無日，夜至而無火，則影不可見，是代去也。彼，指形也，吾，影也，言吾之所待者彼乎？故曰彼，吾所以有待邪？然形之動也，又有所待，故曰而況乎以有待者乎。强陽，動也，形待强陽之氣而動，彼形之所以往來者，强陽也，彼以强陽而動，我亦從之。其爲强陽者，本非形之所知，汝又何問我乎？此段與齊物同，但添强陽、火日之説，又要弄筆頭，禪家所謂重説偈言〔一〕也。

校注

〔一〕「重説偈言」，禪家謂重覆説法之義。古尊宿語録卷二十舒州白雲山海會演和尚初住四面山語録：「師入院，開堂日，宣疏了，乃云：『疏帖一時讀了，若是具金剛眼睛底，何必重説偈言？』」

陽子居南之沛，老聃西遊於秦，邀於郊，至於梁而遇老子。老子中道仰天而歎曰：

「始以汝爲可教，今不可也。」陽子居不答。至舍，進盥漱巾櫛，脱屨户外，膝行而前曰：「向者弟子欲請夫子，夫子行不閒，是以不敢。今閒矣，請問其過。」老子曰：「而睢睢盱盱，而誰與居？大白若辱，盛德若不足。」陽子居蹴然變容曰：「敬聞命矣。」其往也，舍者迎將，其家公執席，妻執巾櫛，舍者避席，煬者避竈。其反也，舍者與之爭席矣。

請問其過者，言夫子謂我不可教，其過在何處也。睢睢盱盱，矜持而不自在之貌。誰與居者，言其物我未忘，常若與人同居也。大白若辱者，明而自晦之意。盛德若不足者，言其雖有而不自居也。迎將，迎送也；家公，旅邸之主也；執席、執巾櫛，奉承之也；煬者，炊者也；避舍、避竈，敬之也；爭席者，不知其可敬也。未聞老子之言之先，有矜持自名之意，故人見而敬之。既得點化，則退然自晦，而人視之以爲常人矣。此篇文亦細。

雜篇讓王第二十八

堯以天下讓許由，許由不受。又讓於子州支父，子州支父曰：「以我爲天子，猶之可也。雖然，我適有幽憂之病，方且治之，未暇治天下也。」夫天下，至重也，而不以害其生，又況他物乎？唯無以天下爲者，可以託天下也。舜讓天下於子州支伯，子州支伯曰：「予適有幽憂之病，方且治之，未暇治天下也。」故天下，大器也，而不以易生，此有道者之所以異乎俗者也。

幽憂者，猶今言暗疾也。無以天下爲者，言不欲爲天子者，方可託之以天下，是有天下而不與者也。異於俗者，言其與世俗不同也。

舜以天下讓善卷，善卷曰：「予立於宇宙之中，冬日衣皮毛，夏日衣葛絺；春耕種，形足以勞動；秋收斂，身足以休食；日出而作，日入而息，逍遥於天地之間而心意自得。吾何以天下爲哉？悲夫，子之不知予也。」遂不受，於是去而入深山，莫知其處。舜以天下讓其友石户之農，石户之農曰：「捲捲乎后之爲人，葆力之士也。」以舜之德爲未至也，於是夫負妻戴，攜子以入於海，終身不反也。

捲捲，自勞之貌。葆力，勤苦用力也。德爲未至者，言非自然之德。二人皆逃而去之，妻以首戴，夫以背負，共攜其子而逃。此二段無斷語者，即與前意同。

大王亶父居邠，狄人攻之。事之以皮帛而不受，事之以犬馬而不受，事之以珠玉而不受，狄人之所求者土地也。大王亶父曰：「與人之兄居而殺其弟，與人之父居而殺其子，吾不忍也。子皆勉居矣。爲吾臣與爲狄人臣奚以異？且吾聞之，不以所用養害所養。」因杖筴而去之。民相連而從之，遂成國於岐山之下。夫大王亶父可謂能尊生矣。能尊生者，雖富貴不以養傷身，雖貧賤不以利累形。今世之人居高官尊爵者，皆重失之，見利，輕亡其身，豈不惑哉？

所用養者，謂資之以自養者也，即土地也。所養，百姓也。尊生者，以身爲重，以外物爲輕也，此譏當時患失之士。

越人三世弑其君，王子搜患之，逃乎丹穴。而越國無君，求王子搜不得，從之丹穴。王子搜不肯出，越人薰之以艾，乘以王輿。王子搜援綏登車，仰天而呼曰：「君乎君乎，獨不可以舍我乎？」王子搜非惡爲君也，惡爲君之患也。若王子搜者，可謂不以國傷生矣，此固越人之所欲得爲君也。

君乎君乎，言以我爲國君乎。惟無意於爲君者，方可託以國，故曰越人所欲得爲君也。

韓、魏相與爭侵地。子華子見昭僖侯，昭僖侯有憂色。子華子曰：「今使天下書銘於君之前，書之言曰：『左手攫之則右手廢，右手攫之則左手廢，然而攫之者必有天下。』君能攫之乎？」昭僖侯曰：「寡人不攫也。」子華子曰：「甚善。自是觀之，兩臂重於天下也，身亦重於兩臂。韓之輕於天下亦遠矣，今之所爭者，其輕於韓又遠。君固愁身傷生以憂戚不得也。」僖侯曰：「善哉，教寡人者衆矣，未嘗得聞此言也。」子華子可謂知輕重矣。

攫，拏取之也。銘，猶契約也。廢，斷而去之也。攫其銘而可以有天下，愛其身者，且不攫之，況以韓國比之天下，則輕矣。以不得爲憂戚，乃至於愁身傷生，將以自喪，又重於失一臂矣，故曰知輕重。此喻甚有益於世俗。此段文似内篇。

魯君聞顏闔得道之人也，使人以幣先焉。顏闔守陋閭，苴布之衣而自飯牛。魯君之使者至，顏闔自對之。使者曰：「此顏闔之家與？」顏闔對曰：「此闔之家也。」使者致幣，顏闔對曰：「恐聽者謬而遺使者罪，不若審之。」使者還，反審之，復來求之，則不得已。故若顏闔者，真惡富貴也。故曰：道之真以治身，其緒餘以爲國家，其土苴以治天下。由此觀之，帝王之功，聖人之餘事也，非所以完身養生也。今世俗之君子，多危身棄生以殉物，豈不悲哉？凡聖人之動作也，必察其所以之與其所以爲。今且有人於此，以隨侯之珠彈千仞之雀，世必笑之。是何也？則其所用者重而所要者輕也。夫生者，豈特隨侯之重哉？

苴布，粗布也。聽者謬，言誤聽也。土苴，糟粕也，其意謂帝王治天下國家之功，在聖人之道，皆餘事耳。身者，天下國家之本，修身則可以治天下國家，此聖賢之論也。莊子之言如此分別，人皆謂其以精粗分作兩截，殊不知其意只謂知道之人，不以外物累其本心，如堯之非心黄屋，如舜、禹之有天下不與，如此方可以盡無爲之治，但其言抑揚太甚耳。緒餘土苴四字，只就餘字上生，亦猶曰塵垢粃糠可以陶鑄堯、舜也。其造語過當處，皆此類。荆公之學，真箇把做兩截看了，却欲以此施用，多舉緒餘土苴之語，所以朱文公深辯之〔一〕。莊子立言之過，或誤後世，似亦可罪，然其心實不然也。危身棄生以殉物，便是以外物累其心也。所以之，所以往也。所以之、所以爲，兩句只一意。以珠彈雀，人必不肯，以物累身，人則不知，此譬喻甚明切。此一段文似内篇。

校注

〔一〕朱文公之辯，朱文公文集卷七十讀兩陳諫議遺墨：「若夫道德性命之與刑名度數，則其精粗本末雖若有間，然其相爲表裏，如影隨形，則又不可得而分別也。今謂安石之學獨有得於刑名度數，而道德性命則爲有所不足，是不知其於此既有不足，則於彼也亦將何自而得其正耶？」

子列子窮，容貌有饑色。客有言之於鄭子陽者，曰：「列禦寇，蓋有道之士也，居君之國而窮，君無乃〔一〕爲不好士乎？」鄭子陽即令官遺之粟。子列子見使者，再拜而辭。使者去，子列子入，其妻望之而拊心曰：「妾聞爲有道者之妻子，皆得佚樂。今有饑色，君過而遺先生食，先生不受，豈不命邪？」子列子笑謂之曰：「君非自知我也。以人之言而遺我粟，至其罪我也，又且以人之言，此吾所以不受也。」其卒，民果作難而殺子陽。

鄭國之相曰子陽，列子，鄭人也。以人言而遺粟，言其非真知己，既非真知己則譽者可信，毁亦可信矣，此説亦甚切當。此段與列子同。

校注

〔一〕「乃」，原作「以」，據宋本、道藏本改。

楚昭王失國，屠羊説走而從於昭王。昭王反國，將賞從者，及屠羊説。屠羊説曰：

「大王失國，説失屠羊；大王反國，説亦反屠羊。臣之爵禄已復矣，又何賞之有？」王曰：「强之。」屠羊説曰：「大王失國，非臣之罪，故不敢伏其誅；大王反國，非臣之功，故不敢當其賞。」王曰：「見之。」屠羊説曰：「楚國之法，必有重賞大功而後得見，今臣之知不足以存國而勇不足以死寇。吴軍入郢，説〔一〕畏難而避寇，非故隨大王也。今大王欲廢法毁約而見説，此非臣之所以聞於天下也。」王謂司馬子綦曰：「屠羊説居處卑賤而陳義甚高〔二〕，子綦爲我延之以三旌之位。」屠羊説曰：「夫三旌之位，吾知其貴於屠羊之肆也；萬鍾之禄，吾知其富於屠羊之利也，然豈可以貪爵禄而使吾君有妄施之名乎？説不敢當，願復反吾屠羊之肆。」遂不受也。

大王反國，説反屠羊，言各得其本分事也。三旌，三公也，三公之車服，各有旌别，故曰三旌。此段亦佳。

校注

〔一〕「説」，原作「越」，據宋本、道藏本改。

〔二〕「高」，原作「焉」，據宋本、道藏本改。

原憲居魯，環堵之室，茨以生草，蓬户不完，桑以爲樞，而甕牖二室，褐以爲塞，上漏下濕，匡坐而弦。子貢乘大馬，中紺而表素〔一〕，軒車不容巷，往見原憲。原憲華冠縰履，杖藜而應門。子貢曰：「嘻，先生何病？」原憲應之曰：「憲聞之，無財謂之貧，學而不能行謂之病。今憲貧也，非病也。」子貢逡巡而有愧色。原憲笑曰：「夫希世而行，比周而友，學以爲人，教以爲己，仁義之慝，輿馬之飾，憲不忍爲也。」

茨者，苦也，以草蓋屋也。夫妻二室，皆以甕爲牖，故曰甕牖二室。壁中鑿而取明者曰牖。舊衣而塞其牖，抵風雨也，故曰褐以爲塞。弦，拊琴瑟也；匡坐，正坐也。紺，深青赤色也；表素者，以白色爲外衣也。軒車不容巷，言巷小而車大也。華冠，華皮爲冠也；縰履，曳其履也。希世而行，言其以所行而媚世也。比周而友，所交非人也。學不爲己而爲人，教人非爲道而爲利。假仁義以文姦，故曰仁義之慝。

校注

〔一〕「表素」，原作「素裳」，據宋本、道藏本改。

曾子居衛，緼袍無表，顔色腫噲，手足胼胝。三日不舉火，十年不製衣，正冠而纓絶，捉衿而肘見，納屨而踵決。曳縰而歌商頌，聲滿天地，若出金石。天子不得臣，諸侯不得友。故養志者忘形，養形者忘利，致道者忘心矣。

緼袍，今之絮衣也；無表者，外破而露其絮也。腫噲，虚浮也。正冠而纓絶，方欲正其冠，而纓又絶，纓所以維其冠也。肘見，衿之袖已破也。踵決，屨之後已破也。曳縰，扶曳而行也。商頌，所歌之曲也。若出金石，有節奏也。養志者忘形，不以養身者累其心也。養形者忘利，不逐外物以勞其身也。致道者忘心，無心則近道也。

孔子謂顏回曰：「回，來。家貧居卑，胡不仕乎？」顏回對曰：「不願仕。回有郭外之田五十畝，足以給飦粥；郭内之田十畝，足以爲絲麻；鼓瑟〔一〕足以自娱，所學夫子之道者足以自樂也。回不願仕。」孔子愀然變容曰：「善哉回之意。丘聞之：『知足者不以利自累也，審自得者失之而不懼，行修於内者無位而不怍。』丘誦之久矣，今於回而後見之，是丘之得也。」

郭外，田也；郭内，園也。顏子未必有此，莊子之言亦未必可信。所學夫子之道足以自樂，樂者何物也？故二程每教人求顏子樂處〔二〕，此不可草草看過也。知足者不以利自累，言足乎己，無待於外也。審者，信也，在我者真有以自得，則外物之失不足喜懼也。無位而不怍，不以人不知爲愧也。誦之久矣，於今見之，謂昔聞其語，今見其人也。丘之得者，言真得友也。

校注

〔一〕「瑟」，宋本、道藏本作「琴」。

〔二〕「二程」句，河南程氏粹言聖賢篇：「鮮于侁問曰：『顏子何以不能改其樂？』子曰：『知其所樂，則知其不改。謂其所樂者何樂也？』曰：『樂道而已。』子曰：『使顏子以道爲可樂而樂乎，則非顏子矣。』」河南程氏遺書卷十二：「簞瓢陋巷非可樂，蓋自有其樂耳。『其』字當玩味，自有深意。」尚有他處論及。

中山公子牟謂瞻子曰：「身在江海之上，心居乎魏闕之下，奈何？」瞻子曰：「重生。重生則利輕。」中山公子牟曰：「雖知之，未能自勝也。」瞻子曰：「不能自勝則從，神無惡乎？不能自勝而强不從者，此之謂重傷。重傷之人，無壽類矣。」魏牟，萬乘之公子也，其隱巖穴也，難爲於布衣之士，雖未至乎道，可謂有其意矣。

心居魏闕者，未能忘富貴也。重生則輕利，知本心之可貴，則外物輕也。雖知之，未能自勝者，理未能勝欲也。不能自勝則從者，謂此心未能自已，則且聽而順之，此言在江海之間而時起此念，不必强爲抑遏也。若强爲抑遏，則能内傷其神，亦或至於致病，故曰不能自勝則從。從，順之也。順之則於神無傷，故曰神無惡乎。不能自勝，一傷也，此念動時也，若於念起之時强抑遏而不順之，則苦於自制，是二傷也，故曰重傷。此非自壽之道。無壽類者，不入壽者之類也。魏牟以公子而爲隱者，故其自勝愈難，雖所學未至於道，亦有向道之意矣，此語即中庸「勉而行者」〔一〕之事。

校注

〔一〕「勉而行者」，禮記中庸：「勉强而行之。」

孔子窮於陳蔡之間，七日不火食，藜羹不糝，顔色甚憊，而弦歌於室。顔回擇菜，子路、子貢相與言曰：「夫子再逐於魯，削迹於衛，伐木〔一〕於宋，窮於商周，圍於陳蔡，殺夫子者無罪，藉夫子者無禁。弦歌鼓琴，未嘗絶音，君子之無耻也若此乎？」顔回無以應，入告孔子。孔子推琴，喟然而嘆曰：「由與賜，細人也。召而來，吾語之。」子路、子貢入。子路曰：「如此者可謂窮矣。」孔子曰：「是何言也？君子通於道之謂通，窮於道之謂窮。今丘抱仁義之道以遭亂世之患，其何窮之爲？故内省而不窮於道，臨難而不失其德，天寒既至，霜雪既降，吾是以知松柏之茂也。陳蔡之隘，於丘其幸乎。」孔子削然反琴而弦歌，子路扢然執干而舞。子貢曰：「吾不知天之高也，地之下也。」古之得道者，窮亦樂，通亦樂。所樂非窮通也，道德於此，則窮通爲寒暑風雨之序矣。故許由娱於潁陽，而共伯得乎丘首。」

藜羹不糝，言有菜而無米也。藉，陵轢之也；無禁者，不以爲罪也。天寒既至，知松柏之茂，即所謂歲寒而後知松柏也。因陳蔡之阨，而後聖人固窮之道可以自見，可以爲法於後世，故曰於丘其幸乎。削然，瀟灑之意；反琴者，再取琴而彈之也。扢然，躍然也，子路聞此言而喜也。子貢以下數句，謂子貢因此而悟也。丘首，山名也；所謂共伯未必爲共和，大抵皆寓言，難以實求之。其意蓋謂子貢喜而有言，遂稱許由之徒所以能終隱者，亦是窮而樂其道也。許由、共伯，皆託子貢之言。商周者，周之都有商之舊地舊民也。

校注

〔一〕「木」，宋本、道藏本作「樹」。

舜以天下讓其友北人無擇，北人無擇曰：「異哉后之爲人也，居於畎畝之中而遊堯之門。不若是而已，又欲以其辱行漫我。吾羞見之。」因自投清冷之淵。

不若是而已，言舜之所爲已自不是，汝之自失止在一身，可以已矣，而又欲汙我，遂投淵而死。此事他無經見，亦只寓言也。辱行，猶曰穢德也。

湯將伐桀，因卞隨而謀，卞隨曰：「非吾事也。」湯曰：「孰可？」曰：「吾不知也。」湯又因瞀光而謀，瞀光曰：「非吾事也。」湯曰：「孰可？」曰：「吾不知也。」湯曰：「伊尹何如？」曰：「强力忍垢，吾不知其他也。」湯遂與伊尹謀伐桀，剋之，以讓卞隨。卞隨辭曰：「后之伐桀也謀乎我，必以我爲賊也；勝桀而讓我，必以我爲貪也。吾生乎亂世，而無道之人再來漫我以其辱行，吾不忍數聞也。」乃自投椆水而死。湯又讓瞀光曰：「知者謀之，武者遂之，仁者居之，古之道也。吾子胡不立乎？」瞀光辭曰：「廢上，非義也；殺民，非仁也；人犯其難，我享其利，非廉也。吾聞之曰：『非其義者，不受其禄，無道之世，不踐其土。』况尊我乎？吾不忍久見也。」乃負石而自沉於廬水。

强力，有作爲之意；忍垢，耐世俗汙辱之事。武者遂之，言戰伐者成功也；仁者居之，以瞀光爲仁者也。卞隨、瞀光，皆古之隱者，但其自沉一節亦不可考，或亦寓言而已。

昔周之興，有士二人，處於孤竹，曰伯夷、叔齊。二人相謂曰：「吾聞西方有人，似有道者，試往觀焉。」至於岐陽，武王聞之，使叔旦往見之，與之盟曰：「加富二等，就官一列。」血牲而埋之。二人相視而笑曰：「嘻，異哉。此非吾所謂道也。昔者神農之有天下也，時祀盡敬而不祈喜；其於人也忠信，盡治而無求焉。樂與政爲政，樂與治爲治，不以人之壞自成也，不以人之卑自高也，不以遭時自利也。今周見殷之亂而遽爲政，上謀而下行貨，阻兵而保威，割牲而盟以爲信，揚行以説衆，殺伐以要利，是推亂以易暴也。吾聞古之士，遭治世不避其任，遇亂世不爲苟存。今天下闇，周德衰，其並乎周以塗吾身也，不如避之以潔吾行。」二子北至於首陽之山，遂餓而死焉。若伯夷、叔齊者，其於富貴也，苟可得已，則必不賴高節戾行。獨樂其志，不事於世，此二士之節也。

叔旦，叔者，弟之稱也。加富二等者，言倍其禄也；就官一列，極其品也。殺牲而取其血以盟，而後埋之。舉神農而言，謂上古之世不如此也。時祀，祭以時也；不祈喜者，祀而不求福也。盡治而無求者，無求名之心也。與政爲政，與治爲治，雖有爲而無容心也。遽爲政者，汲汲然修其善政也。下行貨者，言以爵禄而招誘天下之士也。阻兵，行險也；保威，立武也。揚行，揚其名也。以亂易暴，言與紂同惡也。其並乎周者，我若與周同乎斯世，是塗辱吾身也，猶曰「如以朝服朝冠坐於塗炭也」〔一〕。不賴者，不取以爲資也，后山云「親年方賴禄」，是用此賴字。戾行，亢也，刻意曰爲亢而已矣，即戾行也。言伯夷、叔齊非欲爲高節戾行，使於富貴稍有可受〔二〕之義，則必受之矣，亦不至爲此高亢之舉，惟其於義無可受之理，所以如此。天下闇，商亂也。周德衰者，謂周方興，而其所爲又如此也，惡其以智謀取天下，故曰德衰。此篇不全似莊子之筆，但隨珠彈雀、兩臂重天下、説反屠羊數段猶佳，然終不及他篇矣，若盜跖、説劍、漁父則又甚焉。

校注

〔一〕「如以」句，孟子萬章下：「如以朝衣朝冠坐於塗炭也。」

〔二〕「受」，原作「愛」，宋本同，據道藏本改。

雜篇盜跖第二十九

孔子與柳下季爲友，柳下季之弟名曰盜跖。盜跖從卒九千人，横行天下，侵暴諸侯，穴室樞户，驅人牛馬，取人婦女，貪得忘親，不顧父母兄弟，不祭先祖。所過之邑，大國守城，小國入保，萬民苦之。孔子謂柳下季曰：「夫爲人父者必能詔其子，爲人兄者必能教其弟。若父不能詔其子，兄不能教其弟，則無貴父子兄弟之親矣。今先生，世之才士也，弟爲盜跖，爲天下害，而弗能教也，丘竊爲先生羞之。丘請爲先生往説之。」柳下季曰：「先生言『爲人父者必能詔其子，爲人兄者必能教其弟』，若子不聽父之詔，弟不受兄之教，雖今先生之辯，將奈之何哉？且跖之爲人也，心如涌泉，意如飄風，强足以拒敵，辯足以飾非，順其心則喜，逆其心則怒，易辱人以言。先生必無往。」孔子不聽，顔回爲馭，子貢爲右，往見盜跖。盜跖乃方休卒徒太山之陽，膾人肝而餔之。孔子下車而前，見謁者曰：「魯人孔丘，聞將軍高義，敬再拜謁者。」謁者入通，盜跖聞之大怒，目如明星，髮上指冠，曰：「此夫魯國之巧僞人孔丘非邪？爲我告之：『爾作言造語，妄稱文、武，冠枝木之冠，帶死牛之脅，多辭謬説，不耕而食，不織而衣，摇脣鼓舌，擅生是非，以迷天下之主，使天下學士不反其本，妄作孝悌而徼倖於封侯富貴者也。子之罪大極重，疾走歸。不然，我將以子肝益晝餔之膳。』」謁者復通，盜跖曰：「使來前。」孔子趨而進，避席反走，再拜盜跖。盜跖大怒，兩展其足，案劍瞋目，聲如乳虎，曰：「丘來前。若所言，順吾意則生，逆吾心則死。」孔子曰：「丘聞之，凡天下有三德：生而長大，美好無雙，少長貴賤見而皆説之，此上德也；知維天地，能辯諸物，此中德也；勇悍果敢，聚衆率兵，此下德也。凡人有此一德者，足以南面稱孤矣。今將軍兼此三者，身長八尺二寸，面目有光，脣如激丹，齒如齊貝，音中黄鐘，而名曰盜跖，丘竊爲將軍耻，不取焉。將軍有意聽臣，臣請南使吴、越，北使齊、魯，東使宋、衛，西使晉、楚，使爲將軍造大城數百里，立數十萬户之邑，尊將軍爲諸侯，與天下更始，罷兵休卒，收養昆弟，共祭先祖。此聖人才士之行，而天下之願也。」盜跖大怒曰：「丘來前。夫可規以利而可諫以言者，皆愚陋恒民之謂耳。今長大美好，人見而説之者，此吾父母之遺德也。丘雖不吾譽，吾獨不自知邪？且吾聞之，好面譽人者，亦好背而毁之。今丘告我以大城衆民，是欲規我以利而恒民畜我也，安可長久也？城之大者，莫大乎天下矣。堯、舜有天下，子孫無置錐之地；湯、武立爲天子，而後世絶滅，非以其利大故邪？且吾聞之，古者禽獸多而人民少，於是民皆巢居以避之，晝拾橡栗，暮棲木上，故命之曰有巢氏之民。古者民不知衣服，夏多積薪，冬則煬之，故命之曰知生之民。神農之世，臥則居居，起則于于，民知其母，不知其父，與麋鹿共處，耕而食，織而衣，無有相害之心，此至德之隆也。然而黄帝不能致德，與蚩尤戰於涿鹿之野，流血百里。堯、舜作，立羣臣，湯放其主，武王殺紂。自是之後，以强凌弱，以衆暴寡。湯、武以來，皆亂人之徒也。今子修文、武之道，掌天下之辯，以教後世，縫衣淺帶，矯言僞行，以迷惑天下之主，而欲求富貴焉，盜莫大於子。天下何故不謂子爲盜丘，而乃謂我爲盜跖？子以甘辭説子路而使從之，使子路去其危冠，解其長劍，而受教於子，天下皆曰孔丘能止暴禁非。其卒之也，子路欲殺衛君而事不成，身〔一〕菹於衛東門之上，是子教之不至也。子自謂才士聖人邪？則再逐於魯，削迹於衛，窮於齊，圍於陳蔡，不容身於天下。子教子路菹此患，上無以爲身，下無以爲人，子之道豈足貴邪？世之所高，莫若黄帝，黄帝尚不能全德，而戰涿鹿之野，流血百里。堯不慈，舜不孝，禹偏枯，湯放其主，武王伐紂，文王拘羑里。此六子者，世之所高也，孰論之，皆以利惑其真而强反其性情〔二〕，其行乃甚可羞也。世之所謂賢士，伯夷、叔齊，伯夷、叔齊〔三〕辭孤竹之君而餓死於首陽之山，骨肉不葬。鮑焦飾行非世，抱木而死。申徒狄諫而不聽，負石自投於河，爲魚鱉所食。介子推至忠也，自割其股以食文公，文公後背之，子推怒而去，抱木而燔死。尾生與女子期於梁下，女子不來，水至不去，抱梁柱而死。此四者無異於磔犬流豕、操瓢而乞者，皆離名輕死，不念本養壽命者也。世之所謂忠臣者，莫若王子比干、伍子胥。子胥沈江，比干剖心，此二子者，世謂忠臣也，然卒爲天下笑。自上觀之，至于子胥、比干，皆不足貴也。丘之所以説我者，若告我以鬼事，則我不能知也；若告我以人事者，不過此矣，皆吾所聞知也。今吾告子以人之情，目欲視色，耳欲聽聲，口欲察味，志氣欲盈。人上壽百歲，中壽八十，下壽六十，除病瘦、死喪、憂患，其中開口而笑者，一月之中不過四五日而已矣。天與地無窮，人死者有時，操有時之具而託於無窮之間，忽然無異騏驥之馳過隙也。不能説其志意、養其壽命者，皆非通道者也。丘之所言，皆吾之所棄也，亟去走歸，無復言之。子之道，狂狂伋伋，詐巧虚僞事也，非可以全真也，奚足論哉？」孔子再拜，趨走出門，上車，執轡三失，目芒然無見，色若死灰，據軾低頭，不能出氣。歸到魯東門外，適遇柳下季。柳下季曰：「今者闕然數日不見，車馬有行色，得微往見跖耶？」孔子仰天而嘆曰：「然。」柳下季曰：「跖得無逆汝意若前乎？」孔子曰：「然。丘所謂無病而自灸也。疾走，料虎頭，編虎須，幾不免虎口哉。」

入保者，閉門自守也。心如涌泉，言其氣方旺也。意如飄風，虚驕輕飃之意也。妄稱文、武，言妄稱文王、武王之道以自名。枝木，削木枝之皮以爲冠。牛脅，牛皮也。得幸於季，言與下季得相親也。望履幕下，言一見於幕下而望其履也，此再通謁之辭。知維天地，知可以包羅天地，天地不能出其知之外也。能辯諸物，才能可以辯名諸物也，謂其無不知也。其卒之也，要其終也。禹偏枯，言其胼胝也。孰論之，詳論之也。磔犬流豕，言其身之自殺如殺犬豕也；操瓢而乞，有求於人也。離，麗也，泥着於名也，故曰離名。不念本，不知其本真之性。伋伋，即汲汲也。執轡三失，言轡屢落也。車馬有行色，言其似有所往而方歸也。微，無也，得無往見跖乎。若前乎者，若我前日之所言也。

校注

〔一〕「身」，原脱，據宋本、道藏本補。

〔二〕「性情」，宋本、道藏本作「情性」。

〔三〕「伯夷、叔齊」，原脱此四字，據宋本、道藏本補。

子張問於滿苟得曰：「盍不爲行？無行則不信，不信則不任，不任則不利。故觀之名，計之利，而義真是也。若棄名利，反之於心，則夫士之爲行，不可一日不爲乎。」滿苟得曰：「無耻者富，多信者顯。夫名利之大者，幾在無耻而信。故觀之名，計之利，而信真是也。若棄名利，反之於心，則夫士之爲行，抱其天乎。」子張曰：「昔者桀、紂貴爲天子，富有天下，今謂臧聚曰『汝行如桀、紂』，則有怍色，有不服之心者，小人所賤也。仲尼、墨翟窮爲匹夫，今謂宰相曰『子行如仲尼、墨翟』，則變容易色稱不足者，士誠貴也。故勢爲天子，未必貴也；窮爲匹夫，未必賤也；貴賤之分，在行之美惡。」滿苟得曰：「小盗者拘，大盗者爲諸侯，諸侯之門，義士存焉。昔者桓公小白殺兄入嫂而管仲爲臣，田成子常殺君竊國而孔子受幣。論則賤之，行則下之，則是言行之情悖戰於胸中也，不亦拂乎？故書曰：『孰惡孰美？成者爲首，不成者爲尾。』」子張曰：「子不爲行，即將疏戚無倫，貴賤無義，長幼無序，五紀六位將何以爲別乎？」滿苟得曰：「堯殺長子，舜流母弟，疏戚有倫乎？湯放桀，武王殺紂，貴賤有義乎？王季爲適，周公殺兄，長幼有序乎？儒者僞辭，墨者兼愛，五紀六位將有別乎？且子正爲名，我正爲利。名利之實，不順於理，不監於道。吾日與子訟於無約曰：『小人殉財，君子殉名。其所以變其情，易其性，則異矣；乃至於棄其所爲而殉其所不爲，則一也。』故曰：無爲小人，反殉而天；無爲君子，從天之理。若枉若直，相爲［二］天極；面觀四方，與時消息。若是若非，執而圓機；獨成而意，與道徘徊。無轉而行，無成而義，將失而所爲。無赴而富，無殉而成，將棄而天。比干剖心，子胥抉眼，忠之禍也；直躬證父，尾生溺死，信之患也；鮑子立乾，申子不自理，廉之害也；孔子不見母，匡子不見父，義之失也。此上世之所傳，下世之所語，以爲士者正其言，必其行，故服其殃，離其患也。」

盍不爲行者，言何不修其德行也。觀之名，計之利，而義真是者，言欲求名利，惟修義爲是也。人若棄名利，則反逆其心，無以自樂，必欲求之，非行義不可，此學干禄之意也。多信者顯，言多爲可信之言以求榮顯，此言假信之名以自利者。子張言以義求利，滿苟得則曰今之求名利者，詐而已矣，若謂棄名利而反逆其心，必欲得之，則縱吾心之所欲，以爲苟得自滿之計，猶爲天真而無矯揉，故曰抱其天也。小盜者拘，大盜者爲諸侯，即前胠篋篇之論。言行之情悖戰於胸中，謂其行不顧言，言不顧行也。成者爲首，不成者爲尾，即前所謂得其時者爲義之徒，失其時爲篡夫，此意蓋以仁義之行，皆爲詐僞而非天真也。五紀，五常也；六位，三綱也，君臣、父子、夫婦也。子正爲名者，謂汝以仁義之名求得，我則但爲利而已，不假矯僞之名也。爲名爲利，皆非真實道理，故曰名利之實，不順於理，不監於道。無約，無拘束而聽其自然也。曰滿苟得，曰無約，此又寓意於其名者，如前篇知、無爲之類也。棄其所爲者，捨其所當爲而不爲，謂不能存生保性也；徇其所不爲者，謂爲利爲名，乃其所不當爲者也。徇天理自然，則無君子小人之名矣，故曰無爲小人，反循而天，無爲君子，從天之理。言亦不爲君子，亦不爲小人，則可以徇從汝天理之自然矣。而，汝也。無曲無直，相而視之，皆自然至極之理，故曰若枉若直，相爲天極。東西南北，各有其方，而春夏秋冬屬焉，消息往來皆一氣也，故曰面觀四方，與時消息。執圓機則無是非，故曰若是若非，執而圓機。信意而行，獨得於我，則從容體道矣，故曰獨成而意，與道徘徊。轉，背也，背道而行，自名以義，以求成功，則失其所謂本真者矣，故曰無轉而行，無成而義，將失而所爲。而，汝也。趨赴於富而求殉其成功，則將失其自然之天矣，故曰無赴而富，無徇而成，將棄而天。凡曰無者，言莫如此也，禁止之意也。正其言，謂以忠信廉義之言爲實也；必其行者，謂必爲忠信廉義之行也。服，被也，離，麗也，言必遭其殃害也。子張欲行義以求富貴，因干禄之語〔二〕而借其名也。滿苟得則以苟得而滿其欲爲自然之道，故設爲問答之辭，意謂矯飾以求利達，不如直情之爲愈，蓋矯孟子「天爵」、「人爵」之説〔三〕也。

校注

〔一〕「爲」，宋本、道藏本作「而」。下「故曰若枉若直，相爲天極」同。

〔二〕「干禄之語」，論語爲政：「子張學干禄。」

〔三〕孟子之説，孟子告子上：「孟子曰：『有天爵者，有人爵者。仁義忠信，樂善不倦，此天爵也。公卿大夫，此人爵也。古之人，修其天爵，而人爵從之；今之人，修其天爵，以要人爵。既得人爵，而棄其天爵，則惑之甚者也，終亦必亡而已矣。』」

無足問於知和曰：「人卒未有不興名就利者。彼富則人歸之，歸則下之，下則貴之。夫見下貴者，所以長生安體樂意之道也。今子獨無意焉，知不足邪，意知而力不能行邪，故推正不忘耶？」知和曰：「今夫此人，以爲與己同時而生、同鄉而處者，以爲夫絶俗過世之士焉？是專無主正，所以覽古今之時、是非之分也，與俗化世，去至重，棄至尊，以爲其所爲也。此其所以論長生安體樂意之道，不亦遠乎？慘怛之疾，恬愉之安，不監於體；怵惕之恐，欣懽之喜，不監於心。知爲爲而不知所以爲，是以貴爲天子，富有天下，而不免於患也。」

推正不忘者，言汝之無意於富貴，豈其智不足耶？意，度也，度汝亦知此而力有不及耶？故推正理以遏求富貴之心而不能忘耶？此人，富貴之人也，言此等富貴之人皆與我同生斯世，同處此鄉，豈是絶俗過世之士？言其非有甚高而不可及也，其意蓋謂此亦眼前人耳，我豈不知之？此人其心全無所主，全失其性命之正，但知趨時以求己分之益而爲流俗所化，言其所爲皆俗人也。是非之分者，言以他人爲非，以己爲是，自求其身之益也。古今，久近也，前一時如何，今一時如何，覽察其時之向背以自求利也。至重、至尊者，天理之自然也，皆棄而去之，獨爲其所諸求富貴之事，此豈長生安身養心之道也？求富貴之人，其身其心，或安或否，或悲或喜，迷而不覺，不能自見，故曰不監於體，不監於心。爲爲者，爲其所爲，乃人爲也；所以爲者，天理也。知有人爲，而不知有天理，雖爲天子，猶不免於損身之患害，況其下者乎？

無足曰：「夫富之於人，無所不利，窮美究勢，至人之所不得逮，聖〔一〕人之所不能及，俠人之勇力而以爲威强，秉人之知謀以爲明察，因人之德以爲賢良，非享國而嚴若君父。且夫聲色滋味權勢之於人，心不待學而樂之，體不待象而安之。夫欲惡避就，固不待師，此人之性也。天下雖非，我孰能辭之？」知和曰：「知者之爲，故動以百姓，不違其度，是以足而不爭，無以爲故不求。不足故求之，爭四處而不自以爲貪；有餘故辭之，棄天下而不自以爲廉。廉貪之實，非以迫外也，反監之度。勢爲天子而不以貴驕人，富有天下而不以財戲人。計其患，慮其反，以爲害於性，故辭而不受也，非以要名譽也。堯、舜爲帝而雍，非仁天下也，不以美害生也；善卷、許由得帝而不受，非虚辭讓也，不以事害己也。此皆就其利，辭其害，而天下稱賢焉，則可以有之，彼非以興名譽也。」

此又不言貴，只言富。窮美者，可以盡求其所好也；究勢者，可以盡權勢之事也。雖至人聖人，亦有不及焉，言其力量之可以自用也。俠人、因人、秉人，皆言其富可以使人也，即「十萬通神」〔二〕之意。欲，欲富也；惡，惡貧也。避貧而就富，不待教而後能，故曰不待師，此出於天性之自然也。天下之人雖皆以爲非，而我安能辭避之？此設爲貪者之言，無足，貪而不知足也，故名以無足，滿苟得之類也。動以百姓者，言智者之所爲，每以百姓之同得於天者爲主，故不敢自違於法度。百姓所同得，「有物有則」〔三〕者也，度即則也。足而不爭，德足於己而無所爭也。無以爲故不求，爲不在人而在天，人力無所與，故曰無以爲，知人力之無所與，則不求矣。使其在我有所不足，則窮極四方而爭求之，亦不以爲貪，此求德也，求在内者也。德足而有餘，則身外之物皆辭之，雖辭天下，亦不爲廉。此貪廉二者之實，非以爲人也，非務外也，而皆反求諸天理之法度而監之，故曰反監之度。以財戲人，鼓舞天下也。慮其反，反身而慮之也。雍，「黎民於變時雍」〔四〕也。不以美害生者，言其無爲而爲，不以美名而害其身，有天下而不與也。可以有之，言天下之賢名，可以自有而無愧也。其爲道爲德，出於中心之誠，非求以興名譽也，此又把堯、舜與許由皆作好説。

校注

〔一〕「聖」，宋本、道藏本作「賢」。下「雖至人聖人」同。

〔二〕「十萬通神」，幽閒鼓吹載張延賞問一大獄，獄吏賄至十萬，遂不問，曰：「錢至十萬，可通神矣，無不可回之事。吾懼及禍，不得不止。」

〔三〕「有物有則」，見九九頁注〔一〕。

〔四〕「黎民於變時雍」，見書堯典。雍，和也。

無足曰：「必持其名，苦體絶甘，約養以持生，則亦久病長阨而不死者也。」知和曰：「平爲福，有餘爲害者，物莫不然，而財其甚者也。今富人，耳營鐘鼓管籥之聲，口嗛於芻豢醪醴之味，以感其意，遺忘其業，可謂亂矣；侅溺於馮氣，若負重行而上也，可謂苦矣；貪財而取慰，貪權而取竭，靜居則溺，體澤則馮，可謂疾矣；爲欲富就利，故滿若堵耳而不知避，且馮而不舍，可謂辱矣；財積而無用，服膺而不舍，滿心戚醮，求益而不止，可謂憂矣；内則疑刦請之賊，外則畏寇盜之害，内周樓疏，外不敢獨行，可謂畏矣。此六者，天下之至害也，皆遺忘而不知察，及其患至，求盡性竭財，單以反一日之無故而不可得也。故觀之名則不見，求之利則不得，繚意絶體而爭此，不亦惑乎？」

必持其名者，言必欲求名而不求富貴之利，則徒然自苦，其身雖存，如大病然。絶甘，去美味也。約養，儉以自奉也。久病長阨而不死，即易所謂「貞疾，常不死」也。平爲福，有餘爲害，物莫不然，財其甚，此篇文字枝葉太粗，比之讓王、漁父又不及，但如此一句，亦好語也，豈可泯没？嗛，塞滿其口也，猿猴之頷曰嗛。感其意者，動其意也，言役其心也。遺忘其業，失其所當爲也。馮氣，怒其氣而不得通也；侅溺，不自在也。若人行負重物而登高然。取慰，取足也，取竭，用盡也，今諺云「有勢莫盡用」是也。靜居則溺，言不耐閒而自没溺於嗜慾也。體澤則馮者，其身充肥悦澤則馮滿，有驕漲之意也。滿若堵者，言積財而高於堵，所謂阿堵物〔二〕是也；不知避，不知足，趨求而未已也。馮，恃也，恃此以爲誇而不能舍。服膺，念念不忘也。念念不忘，但見憔憔戚戚之意滿於胸中，故曰滿心戚醮。不自得如此，猶求益而不止也。刲請，刧取也。藏於屋内者，恐有刧盗，故爲樓疏周環其室。運而出外，恐有大盗，必盛其徒旅，而不敢獨行。疏，窗也；樓，墻上之樓也。六者，曰亂、口苦、曰疾、曰辱、曰憂、曰畏是也。遺忘而不察者，言皆失檢點而不自覺也。單，獨也，但也；故，事也；反，復也。及其病患已成，雖欲求全其生，去其財，但求一日復如貧居無事之初，而不可得也。盡性，全生也；竭，去也；反，願去富而就貧也。及至於此，則名亦何在，利亦何在？繚意絶體，纏縛其身心也。爭利之時，徒纏縛其身心，反以成此禍患，非愚乎？東坡謂讓王以下四篇，非莊子所作，此見極高。四篇之中，盗跖尤甚，而太史公莊子傳但謂作漁父、盗跖、胠篋以詆譏孔子之徒，略不疑其文字精粗異同，何也？豈子長之意，且以其非議夫子爲言，不暇及其文字乎？不然，則此書此篇，在漢而後，或因散軼爲人所竄易，亦猶今列子也。

校注

〔一〕「阿堵物」，世説新語規箴：「王夷甫雅尚玄遠，常嫉其婦貪濁，口未嘗言『錢』字。婦欲試之，令婢以錢遶床，不得行。夷甫晨起，見錢閡行，呼婢曰：『舉却阿堵物。』」阿堵，猶這個，六朝人口語。

雜篇說劍第三十

昔趙文王喜劍，劍士夾門而客三千餘人，日夜相擊於前，死傷者歲百餘人，好之不厭。如是三年，國衰，諸侯謀之。太子悝患之，募左右曰：「孰能說王之意止劍士者，賜之千金。」左右曰：「莊子當能。」太子乃使人以千金奉莊子。莊子弗受，與使者俱往見太子，曰：「太子何以教周，賜周千金？」太子曰：「聞夫子明聖，謹奉千金以幣從者。夫子弗受，悝尚何敢言？」莊子曰：「聞太子所欲用周者，欲絕王之喜好也。使臣上說大王而逆王意，下不當太子，則身刑而死，周尚安所事金乎？使臣上說大王，下當太子，趙國何求而不得也？」太子曰：「然。吾王所見，唯劍士也。」莊子曰：「諾。周善爲劍。」太子曰：「然吾王所見劍士，皆蓬頭、突鬢，垂冠，曼胡之纓，短後之衣，瞋目而語難，王乃說之。今夫子必儒服而見王，事必大逆。」莊子曰：「請治劍服。」治劍服三日，乃見太子。太子乃與見王，王脫白刃待之。莊子入殿門不趨，見王不拜。王曰：「子欲何以教寡人，使太子先？」曰：「臣聞大王喜劍，故以劍見王。」王曰：「子之劍何能禁制？」曰：「臣之劍，十步一人，千里不留行。」王大説曰：「天下無敵矣。」莊子曰：「夫爲劍者，示之以虛，開之以利，後之以發，先之以至。願得試之。」王曰：「夫子休，就舍待命，令設戲請夫子。」王乃校劍士七日，死傷者六十餘人，得五六人，使奉劍於殿下，乃召莊子。王曰：「今日試使士敦劍。」莊子曰：「望之久矣。」王曰：「夫子所御杖，長短何如？」曰：「臣之所奉皆可。然臣有三劍，唯王所用，請先言而後試。」王曰：「願聞三劍。」曰：「有天子劍，有諸侯劍，有庶人劍。」王曰：「天子之劍何如？」曰：「天子之劍，以燕谿石城爲鋒，齊岱爲鍔，晉魏爲脊，周宋爲鐔，韓魏爲鋏；包以四夷，裹以四時；繞以渤海，帶以常山；制以五行，論以刑德；開以陰陽，持以春夏，行以秋冬。此劍，直之無前，舉之無上，案之無下，運之無旁，上決浮雲，下絕地紀。此劍一用，匡諸侯，天下服矣。此天子之劍也。」文王芒然自失，曰：「諸侯之劍何如？」曰：「諸侯之劍，以知勇士爲鋒，以清廉士爲鍔，以賢良士爲脊，以忠聖士爲鐔，以豪傑士爲鋏。此劍，直之亦無前，舉之亦無上，案之亦無下，運之亦無旁；上法圓天以順三光，下法方地以順四時，中和民意以安四鄉。此劍一用，如雷霆之震也，四封之內，無不賓服而聽從君命者矣。此諸侯之劍也。」王曰：「庶人之劍何如？」曰：「庶人之劍，蓬頭、突鬢，垂冠，曼胡之纓，短後之衣，瞋目而語難。相擊於前，上斬頸領，下決肝肺。此庶人之劍，無異於鬭雞，一旦命已絶矣，無所用於國事。今大王有天子之位，而好庶人之劍，臣竊爲大王薄之。」王乃牽而上殿。宰人上食，王三環之。莊子曰：「大王安坐定氣，劍事已畢奏矣。」於是文王不出宮三月，劍士皆服斃其處也。

喜劍者，喜劍鬭之戲也。夾門，擁門也，以劍術之士而客於王之門者三千餘人。以幣從者，言以此爲從者之奉也，猶今人言犒從也。蓬頭、突鬢，露其髮與鬢也；垂冠，不高其冠，如今包巾也。縵，繞於項下者也；曼胡，粗魯也。短後，不襜也。語難者，欲鬭之時，以語相詰難也。示以虛，開以利，與其進也；後發而先至，鷙鳥將擊必匿之勢也。設戲，設劍戲也。敦劍者，敦，斷也，以劍相擊也。御杖，御，用也，杖，執也。鋒，劍首也；鍔，刃也；鐔，劍口也；鋏，劍把也。裹以四時，言用之有時也。制以五行，順五行之理也。日爲德，月爲刑，日月陰陽，春夏秋冬，皆順造化自然之意。直之、舉之、案之、運之、上決、下絶，皆形容其所用廣大之意。芒然自失者，聞其所言之大，覺其所好之淺，故自失也。上法天，下法地，中和民意，即天時、地利、人和也。四鄉，四方也。牽而上殿者，挽之而上也。三環者，不坐而行，環所食之地三匝也，此自愧之意也。服與伏同，王既不用此戲，劍士皆退伏，自斃於其所居之處也。

莊子鬳齋口義卷十

雜篇漁父第三十一

孔子遊乎緇帷之林，休坐乎杏壇之上，弟子讀書，孔子弦歌鼓琴，奏曲未半。有漁父者，下船而來，鬚眉交白，被髮揄袂，行原以上，距陸而止，左手據膝，右手持頤以聽。曲終而招子貢、子路二人俱對。客指孔子曰：「彼何爲者也？」子路對曰：「魯之君子也。」客問其族。子路對曰：「族孔氏。」客曰：「孔氏者何治也？」子路未應，子貢對曰：「孔氏者，性服忠信，身行仁義，飾禮樂，選人倫，上以忠於世主，下以化於齊民，將以利天下。此孔氏之所治也。」又問曰：「有土之君與？」子貢曰：「非也。」「侯王之佐與？」子貢曰：「非也。」客乃笑而還，行言曰：「仁則仁矣，恐不免其身，苦心勞形以危其真。嗚呼，遠哉其分於道也。」子貢還，報孔子。孔子推琴而起曰：「其聖人與？」乃下求之，至於澤畔，方將杖拏而引其船，顧見孔子，還鄉而立。孔子反走，再拜而進。客曰：「子將何求？」孔子曰：「曩者先生有緒言而去，丘不肖，未知所謂，竊待於下風，幸聞咳唾之音以卒相丘也。」客曰：「嘻，甚矣子之好學也。」孔子再拜而起曰：「丘少而修學，以至於今，六十九歲矣，無所得。聞至教，敢不虛心？」客曰：「同類相從，同聲相應，固天之理也。吾請釋吾之所有而經子之所以。子之所以者，人事也。天子、諸侯、大夫、庶人，此四者自正，治之美也。四者離位而亂莫大焉。官治其職，人憂其事，乃無所陵。故田荒室露，衣食不足，徵賦不屬，妻妾不和，長少無序，庶人之憂也；能不勝任，官事不治，行不清白，羣下荒怠，功美不有，爵禄不持，大夫之憂也；廷無忠臣，國家昏亂，工技不巧，貢職不美，春秋後倫，不順天子，諸侯之憂也；陰陽不和，寒暑不時，以傷庶物，諸侯暴亂，擅相攘伐，以殘民人，禮樂不節，財用窮匱，人倫不飭，百姓淫亂，天子有司之憂也。今子既上無君侯有司之勢，而下無大臣職事之官，而擅飾禮樂，選人倫，以化齊民，不泰多事乎？且人有八疵，事有四患，不可不察也。非其事而事之，謂之總；莫之顧而進之，謂之佞；希意道言，謂之諂；不擇是非而言，謂之諛；好言人之惡，謂之讒；析交離親，謂之賊；稱譽詐僞以敗惡人，謂之慝；不擇善否，兩容顏適，偷拔其所欲，謂之險。此八疵者，外以亂人，內以傷身，君子不友，明君不臣。所謂四患者，好經大事，變更易常，以挂功名，謂之叨；專知擅事，侵人自用，謂之貪；見過不更，聞諫愈甚，謂之狠；人同於己則可，不同於己，雖善不善，謂之矜。此四患也。能去八疵，無行四患，而始可教已。」

緇帷，林名也。揄袂，揚袂也。選人倫者，揀選其理以教人也。行言者，不告子貢、子路而去，行且言也。遠哉其分於道者，言其離於道遠也。拏，船篙也。反走，退行數步而後進也。緒言，微言也，謂其畧言而未盡也。卒相丘者，言終以教助某也。同類相從，同聲相應者，言此理人人同得之也。釋吾之所有者，言釋去吾所有之道也；經子之所以者，條陳世人之所宜知也。釋，放下不説也；經，條陳也。四者自正，各任其職也；四者離位，相侵其事也。一官各治其一職，人人各憂其所事也。憂，思也，詩曰「職思其憂」是也。乃無所陵，乃不相陵奪也。徵賦不屬，不屬，不繼也。功美不有，無功也。不持，不能持守也。春秋後倫，朝覲失序也。天子有司，天子之公卿也。非其事而事之，謂之總，非己事而强爲之，自兜攬也。莫之顧而進之，不使之言而强進其言，逞口才也。佞，口才也。析離他人之交親，賊害之也。稱譽詐僞者，譽其所不當譽，私爲欺詐也；敗惡，猶毁辱也，毁其所不當毁也。毁譽出於私意，爲姦而已矣，慝，姦也。以顔色投人之好曰顔適，無善無惡，皆欲其悦己，故曰兩容。揣人意之所欲而潛引拔之，長其惡也，此險人也。八疵者，言八者皆大疵病。君子不友者，君子不當與之友也。明君不臣者，小人勿用，必亂邦也。好經大事，喜經理國家大事也；紛更變異，以易其常法；自欲高立功名，挂，高也；叨，忝也。專用其私智，獨擅其事任，侵人之權而喜於自用，貪者也。狠，狠戾而不受諫也。他人雖有善，以其不同己，亦以爲不善，自矜誇也。此四者人之大患也。能去此疵患，方可學道，故曰始可教已。

凡此皆子處人世所宜用者，故曰子之所以。以者，用以自點檢〔一〕也。

校　注

〔一〕「點檢」，宋本、道藏本作「檢點」。

孔子愀然而歎，再拜而起曰：「丘再逐於魯，削迹於衛，伐樹於宋，圍於陳蔡。丘不知所失，而離此四謗者，何也？」客悽然變容曰：「甚矣子之難悟也。人有畏影惡〔一〕迹而去之走者，舉足愈數而迹愈多，走愈疾而影不離身，自以爲尚遲，疾走不休，絕力而死。不知處陰以休影，處靜以息迹，愚亦甚矣。子審仁義之間，察同異之際，觀動靜之變，適受與之度，理好惡之情，和喜怒之節，而幾於不免矣。謹修而身，慎守其真，還以物與人，則無所累矣。今不修之身而求之人，不亦外乎？」

不知所失者，言不知何過也。四謗，魯、衛、宋、陳蔡四辱也。處陰、處靜，道之喻也。審仁義之間，辯説仁義不同之理也。同異之際，是非之分也。動靜之變，隨時之宜也。受與之度，辭受之節也。好惡之情，喜怒之節，講明情性之理也。漁父之意，謂夫子之爲此，皆爲人而非爲己，所以不免於四謗，若修其身而守其本真自然之道，而無物我之對，則無所累矣。還以物與人者，言以外物還之於人，而一歸之自然，則物我不對立也。今不求之於身而汲汲於爲人，是務外而不務内也。

校注

〔一〕「惡」，道藏本同，宋本作「避」。

孔子愀然曰：「請問何謂真？」客曰：「真者，精誠之至也。不精不誠，不能動人。故强哭者雖悲不哀，强怒者雖嚴不威，强親者雖笑不和。真悲無聲而哀，真怒未發而威，真親未笑而和。真在内者，神動於外，是所以貴真也。其用於人理也，事親則慈孝，事君則忠貞，飲酒則懽樂，處喪則悲哀。忠貞以功爲主，飲酒以樂爲主，處喪以哀爲主，事親以適爲主，功成之美，無一其迹矣。事親以適，不論所以矣；飲酒以樂，不選其具矣；處喪以哀，無問其禮矣。禮者，世俗之所爲也；真者，所以受於天也，自然不可易也。故聖人法天貴真，不拘於俗。愚者反此，不能法天而恤於人，不知貴真，禄禄而受變於俗，故不足。惜哉，子之早湛於人僞而晚聞大道也。」

不精不誠，不能動人，即「至誠感神」〔一〕之意也。强哭、强怒、强親、真悲、真怒、真親，此六句甚精切。真在内者，神動於外，言有諸中，必形諸外，神動者，精神感動於外也。事親以適者，適親意也。功成之美，無一其迹者，功成而不有，無一事而有其迹也。不選其具者，不擇其味也。無問其禮，「與其易也，寧戚」〔二〕也。禮者，文飾於外，故曰世俗之爲。真者，天命自然之理也。法天貴真而不拘於俗者，不以非世俗之所好爲拘也。恤於人者，憂不與人合也。不知天爵之貴，故曰不知貴真。以世俗之禄爲禄，而甘爲流俗所化，故曰禄禄而受變於俗。如此之人，但見其不足，言常慊然也。湛於人僞，溺於務外之學也。

校　注

〔一〕「至誠感神」，書大禹謨作「至誠感神」。

〔二〕「與其易也」二句，見論語八佾。

孔子又再拜而起曰：「今者丘得遇也，若天幸然。先生不羞而比之服役，而身教之。敢問舍所在，請因受業而卒學大道。」客曰：「吾聞之，可與往者與之，至於妙道；不可與往者，不知其道，愼勿與之，身乃無咎。子勉之。吾去子矣，吾去子矣。」乃刺船而去，延緣葦間。顔淵還車，子路授綏，孔子不顧，待水波定，不聞拏音而後敢乘。子路旁車而問曰：「由得爲役久矣，未嘗見夫子遇人如此其威也。萬乘之主，千乘之君，見夫子未嘗不分庭伉禮，夫子猶存〔二〕倨傲之容。今漁父杖拏逆立，而夫子曲要磬折，再拜而應，得無大甚乎？門人皆怪夫子矣，漁父何以得此乎？」孔子伏軾而歎曰：「甚矣由之難化也。湛於禮義有間矣，而樸鄙之心至今未去。進，吾語汝。夫遇長不敬，失禮也；見賢不尊，不仁也。彼非至人，不能下人，下人不精，不得其真，故長傷身。惜哉，不仁之於人也，禍莫大焉，而由獨擅之。且道者，萬物之所由也，庶物失之者死，得之者生，爲事逆之則敗，順之則成。故道之所在，聖人尊之。今漁父之於道，可謂有矣，吾敢不敬乎？」

比之服役，言比之弟子也。舍所在，問其居也。延緣葦間，以橈撐舟，沿岸而去也。此四字，畫筆也。水波定，舟去遠也。如此其威者，言如此其敬畏之也。逆立，對面立也。拜而應者，手揖曰拜也。湛於禮義有間者，言汝浸潤於禮義之學，亦有時矣。彼非至人，不能下人者，彼漁父若非至人，豈能使人如此降下而尊敬之也？下人不精，不得其真者，推誠自屈，以求教於人，庶幾可聞真實之誨也，此一句乃爲學之本。故長傷身者，言不如此則無益於身，而有損也。萬物之死生，皆在一道之中，漁父，有道者也，吾尊其道，所以敬之。

自讓王以下四篇，其文不類莊子所作。讓王篇中猶有一二段，漁父篇亦有好處，盜跖篇比之説劍又踈直矣。據盜跖篇「今謂宰相曰」，戰國之時，未有稱宰相者，此爲後人私撰明甚。前漢藝文志，莊子五十二篇，其篇數與今不同。唐書只四十卷，即今行於世者。不知所謂五十二篇者，更有讓王、説劍之類乎？抑猶有莊子所作而不傳者乎？

校注

〔一〕「存」，宋本、道藏本作「有」。

雜篇列御寇第三十二

列御寇之齊，中道而反，遇伯昏瞀人。伯昏瞀人曰：「奚方而反？」曰：「吾驚焉。」曰：「惡乎驚？」曰：「吾嘗食於十餮，而五餮先饋。」伯昏瞀人曰：「若是，則汝何爲驚已？」曰：「夫内誠不解，形諜成光，以外鎮人心，使人輕乎貴老，而𩐋其所患。夫餮人特爲食羹之貨，多餘之贏，其爲利也薄，其爲權也輕，而猶若是，而況於萬乘之主乎？身勞於國而知盡於事，彼將任我以事而效我以功，吾是以驚。」伯昏瞀人曰：「善哉觀乎。汝處已，人將保汝矣。」無幾何而往，則户外之屨滿矣。伯昏瞀人北面而立，敦杖蹙之乎頤，立有間，不言而出。賓者以告列子，列子提屨，跣而走，暨乎門，曰：「先生既來，曾不發藥乎？」曰：「已矣，吾固告汝曰『人將保汝』，果保汝矣。非汝能使人保汝，而汝不能使人無保汝也，而焉用之？感豫出異也。必且有感，摇而本性，又無謂也。與汝遊者又莫與告也，彼所小言，盡人毒也。莫覺莫悟，何相孰也？巧者勞而知者憂，無能者無所求，飽食而遨遊，汎若不繫之舟，虚而遨遊者也。」

奚方而反，言在何所而回也。食於十饗而五饗先饋，其人敬己，不待買而饋之。「和順積中，英華發外」〔一〕，此聖門之言。内誠不解，誠積於中而未化也。解，化也。諜，動也，形諜，形容舉動也；成光者，有光儀也，即積中發外之意，而此以爲有迹之學。外鎮人心者，鎮，服也，言我未能無迹，故人得而見之，所以心服而敬我也。趙州曰：「老僧修行無力，爲鬼神覷破。」〔二〕即此意也。貴者老者，則人所敬，我今非老非貴，其人反輕彼而敬我，言敬己在於貴老之上也。整，聚也，積也，此等事積而久之，必成患害，言名迹愈露則不能逃當世之患也。多餘之贏，言其求利惟欲多，欲有餘而已。贏，剩〔三〕也。世之有力量者，則能輕重人，賣漿，微者也，初無權力可以輕重人也，而能敬我如此，况爲君者？身方勞而智已竭，必將求我而用，使我効其成功，此所謂整其所患也。効，獻也。瞀人喜之，故曰善哉觀乎，言汝於此具一隻眼也。又曰汝止矣，謂不必出遊矣，人將歸向，守汝而爲師矣。處，止也；已，助字也。保，守也，歸者衆而守其門也。此一保字，便已有不足之意，蓋瞀人之見又高一層也。户外之屨滿，從學者衆也。敦杖蹙之乎頤，竪立其杖而拄之於頤也。蹙，拄也。賓者，主賓客者也。提屨而走，古人坐於席，必脱屨而後入，急於迎瞀人，故不及穿屨也。發藥者，言教誨開發而藥石之。已矣，休言之意，我前此已言人將守汝矣。汝不能使人無保汝者，即所謂忘我易，使人忘我難也。而焉用之者，言汝之所爲何以至此也。人之感動而悦豫於汝者，必汝不能自晦，使乖異出見乎其外而致然也，故曰感豫出異也。汝既如此，非惟形見於外者不能自隱，必且感觸摇動汝之本性，其於〔四〕身尤無益也。無謂，即無益也；又，尤之意也。與汝遊者，汝之朋友也。所學未至，其言淺近，故曰小言。其言皆能爲人之毒害，又無以與汝相規正者，則汝終無所覺悟，誰復問汝爲如何也。相孰，相誰何也。相，借問之意也。凡世之人，其巧者必自勞，其智者必自苦，唯體道自然而不用其能者，則於外物無所求，但飽食嬉遊而已。汎乎若不繫之舟，言其心無所係着也。其歸結即在一虚字上，虚則與太虚爲一而遊於物之初矣。無能，即無爲之意也。

校注

〔一〕「和順積中」二句，禮記樂記：「和順積中而英華發外。」

〔二〕趙州語，見三六七頁注〔一〕。此爲南泉普願之事，非趙州也。

〔三〕「剩」，道藏本同，宋本作「利」。

〔四〕「性其於」，原作「然性其」，據宋本、道藏本改。

鄭人緩也，呻吟裘氏之地。祇三年而緩爲儒。河潤九里，澤及三族，使其弟墨。儒、墨相與辯，其父助翟。十年而緩自殺。其父夢之曰：「使而子爲墨者，予也。闔胡嘗視其良，既爲秋柏之實矣。」夫造物者之報人也，不報其人而報其人之天。彼故使彼。夫人以己爲有以異於人，以賤其親，齊人之井飲者相捽也。故曰今之世皆緩也。自是，有德者以不知也，而况有道者乎？古者謂之遁天之刑。

呻吟，歌詠也。祇三年，恰三年也。河潤九里，以比喻其澤及人之廣也。以其餘資使其弟從墨者而學之。緩爲儒而弟翟爲墨，學既不同，遂有辯論之異。父愛其弟而助之，緩怨其父而自殺，遂見夢於其父曰：資給汝子以爲墨者，我之餘澤也，今兄弟既爭而自殺，我之墳上松柏已成而生實矣。言其死之久也。良，或作埌，冢也。闔胡嘗視其良者，言何不視吾冢也。闔與胡，皆何也。舉此舊事，莊子遂從而斷之曰：緩以爲使其弟學墨者，我也，而不知造物之於人，自有報應之理，不以人之能者爲應，而以其人之所得於天者爲應，彼之學墨而能墨者，是造物以其天應之，非汝以人力資給之而能也。彼故使彼，上彼字，造物也，下彼字，指其弟翟也。夫人，指緩也；以己爲有以異於人，謂以其學儒而澤及三族，有過人也；以賤其親者，怒其父也。言天實使彼能墨，而緩乃以爲己能而怨其親，是不知天也。井泉，出於自然者也，捽，相爭扭也，齊人飲於自然之水，而因水相爭，此水豈汝之私有耶？其所見亦與緩同。今世之人皆不知天，而以私意自爭，故曰今世之人皆緩也。看彼故使彼、井飲以下言語，便是莊子文章，讓王而下四篇，安得此語？有德者且以造物爲不可知，而况得道者乎？莊子之言，每謂一層之上更有一層，故以有道有德爲分别。

遁天，遁棄其天理，刑者，得罪於造物也，此句責緩之徒也。

聖人安其所安，不安其所不安；衆人安其所不安，不安其所安。莊子曰：「知道易，勿言難。知而不言，所以之天也；知而言之，所以之人也。古之人，天而不人。」

所安者，自然之理也；所不安者，人爲也。勿言難者，謂難於忘言也，知道而至於忘言，則與天爲徒矣。知道而未免於言，則未離於人爲，猶有迹也。古人則純乎天而不人矣。之，即也，往也；之天、之人，歸於天、歸於人之意。

朱泙漫學屠龍於支離益，單千金之家，三年技成而無所用其巧。

單，殫也，言竭其千金之資也。學雖成而無龍可屠，此意蓋自喻莊子之道廣大而未有所施也。

聖人以必不必，故無兵；衆人以不必必之，故多兵。順於兵，故行有求。兵，恃之則亡。

不必者，不可知者也，以不必者爲必，即知其所不知也。無兵，無爭也。衆人以不可必之事而自爲可必，故多爭競也。用兵，爭之大者，故舉其大者言之。人若順其爭競之心，則其行於世者，常有求敵之意，言物我不能忘也，故曰順於兵，故行有求。以知力之爭而自恃，則必至於忘其身而後已，故曰兵，恃之則亡。

小夫之知，不離苞苴、竿牘，敝精神乎蹇淺，而欲兼濟道物，太一形虛。若是者，迷惑于宇宙，形累不知太初。彼至人者，歸精神乎無始，而甘瞑乎無何有之鄉。苞苴，饋遺也，竿牘，往來相問勞者也，此皆蹇淺不足道之事。彼小夫者，敝其精神，以此爲智，而欲兼濟天下，輔導萬物，以合於太一之始，無形之妙，豈可得邪？形虛，即無形也。其所見若是，則上下之宇，古今往來之宙，且迷惑而不知。蓋爲形迹所累，而不知有太初自然之理也。惟至人則歸其精神，致於無物之始，而安處乎無爲之地。甘，美也，瞑，睡也，以美睡喻安處也。

水流乎無形，發泄乎太清。悲哉乎，汝爲知在毫毛，而不知大寧。水之流也，人皆見其有形，而不知其實出於無形，言自無而有也。及其發泄而去也，人又不知其歸於太清也。太清即太虛也。此意蓋以庸人不知事物之終始，如觀水然，故曰知在毫毛，言其所見者小也。大寧，大安也，即無爲自然之理也。悲哉乎三字，在下句汝爲之上，嘆其見小也。

宋人有曹商者，爲宋王使秦。其往也，得車數乘；王説之，益車百乘。反於宋，見莊子曰：「夫處窮閭阨巷，困窘織屨，槁項黄馘者，商之所短也；一悟萬乘之主而從車百乘者，商之所長也。」莊子曰：「秦王有病召醫，破癰潰痤者，得車一乘，舐痔者得車五乘，所治愈下，得車愈多。子豈治其痔耶，何得車之多也？子行矣。」困窘織屨，言負匱而自織屨也。槁項黄馘，言其老也。槁項，瘦而無肉也；黄馘，髮黄而被耳也。癰痤在上，痔疾在下，醫愈下而賞愈厚也。以舐痔得車鄙之，言其污辱不足貴也。痤，亦癰類也。

魯哀公問於顏闔曰：「吾以仲尼爲貞幹，國其有瘳乎？」曰：「殆哉圾乎。仲尼方且飾羽而畫，從事華辭，以支爲旨，忍性以視民而不知不信，受乎心，宰乎神，夫何足以上民？彼宜汝與？予頤與？誤而可矣。今使民離實學僞，非所以視民也，爲後世慮，不若休之。」

貞固足以幹事，詩曰「爲邦之幹」，貞幹猶賢輔也。有瘳者，言國之弊病可得而醫也。圾，危也，殆，亦危也，殆哉圾乎，危之甚也。畫，采色也，物既加以采色，而又以羽飾之，言其文飾之甚也。華辭，華靡之言也。以支爲旨，謂其所主之意，不知本也。忍性，矯激也；視民，臨民之上也。不知不信者，自不知其不真實也。受乎心者，其心着乎此也；宰乎神者，其神識以此爲主宰也。夫何足以上民者，言不足以長民也。彼，指夫子，汝，指哀公也，言謂彼有益於汝乎？故曰彼宜汝與。頤，養也，言汝若以彼爲賢而養之，無益於汝，必誤於汝。誤而可者，猶言誤則有之也。今若使國中之民皆離真實而學詐僞，非所以教民也。視，教示之也。若爲後世而慮，不若已之。休，已也。

難治也，施於人而不忘，非天布也。商賈不齒，雖以事齒之，神者弗齒。爲外刑者，金與[一]木也；爲内刑者，動與過也。宵人之離外刑者，金木訊之；離内刑者，陰陽食之。夫免乎外内之刑者，唯真人能之。

民可以不治，治若有心於治之，則難治矣，故曰難治也。施於人而不忘，有心而治者也。施，施政也。布，陳也，天布即天經也，有心於施政教，則非天經矣。譬如商賈之人，爲士者必不肯與之爲齒。縱因事偶然相與聚會而爲齒列，而其胸中之神，亦有不樂之意，譬彼有爲之人，有道者亦不肯與之齒矣。此蓋以商賈喻仁義之學者。外刑者，刀鋸三木，内刑者，動與過，言人身之舉動過失，與刑戮同也。訊，鞫問也。陰陽食之者，有造化之譴也，食如日食之食，病之也。外刑一句，形下句也。離，麗也。

校注

〔一〕「與」，原作「安」，據宋本、道藏本改。

孔子曰：「凡人心險於山川，難於知天；天猶有春秋冬夏旦莫之期，人者厚貌深情。故有貌愿而益，有長若不肖，有順懁而達，有堅而縵，有緩而釬。故其就義若渴者，其去義若熱。故君子遠使之而觀其忠，近使之而觀其敬，煩使之而觀其能，卒然問焉而觀其知，急與之期而觀其信，委之以財而觀其仁，告之以危而觀其節，醉之以酒而觀其則，雜之以處而觀其色。九徵至，不肖人得矣。」

厚貌深情，言矯飾之貌未易見，隱伏之情未易測。有貌雖朴愿而情實求益利者；有胸中亦抱所長而外不似有能者，不肖，不似也；有柔順懁急而反達理者；縵，纏繞也，有似堅剛而實軟弱纏繞者，詩云：「昔爲百鍊剛，化作繞指柔。」〔一〕縵，繞指也。釬，急也，有若寬緩而實褊急者。此皆言人之不可知也。其就義若渴者，言其進鋭；其去義若熱者，言其退速也。即是進鋭退速一句，如此下得便奇特。相去遠者，易至相欺，故以遠而觀其忠；近而親者，易至於褻慢，故以近而觀其敬；劇煩劇者，才易困，故以煩使之而觀其能；見未明者，對答必遲，故卒然問之，觀其知；期約之急，易至於失信，故急與之期而觀其信；臨財易至於苟得，故委之以財而觀其仁，此仁字與道字同；患難易至於苟免，故告以危而觀其節；酒能昏人，故以醉而觀其威儀，則，儀則也；色能惑人，故以雜處之而觀其自守。徵者，驗也，以此九者而驗之，則賢與不賢可見矣。此一段議論甚正，乃借爲孔子之言，可知莊子非不敬孔子也。

校注

〔一〕「昔爲」二句，劉琨重贈盧諶詩：「何意百鍊剛，化爲繞指柔。」

正考父一命而傴，再命而僂，三命而俯，循牆而走，孰敢不軌？如而夫者，一命而吕鉅，再命而於車上儛，三命而名諸父，孰協唐、許？

傴，背曲也；僂，腰曲也；俯，身伏於地也。言爵愈高而身愈下也。循牆而走，不敢當正路而行，謙也。世有此賢者，則人孰敢不以爲法？軌，法也。而夫者，彼丈夫也。吕鉅，驕矜之貌也。車上儛者，言輕掀也。名諸父者，驕其宗族，呼叔伯之名也。唐，堯也；許，許由也。堯讓天下於許由，而且不受，此等小人所得能幾，便驕矜如許，豈知有唐堯、許由之事乎？協，合也，以我與唐堯、許由合而觀之，則可見輕重。孰協者，言彼又孰能合而觀之也。

賊莫大乎德有心而心有眼〔一〕，及其有眼也而内視，内視而敗矣。

此數語於學道人分上最爲親切，禪家所謂滲漏心，又曰第二念〔二〕，便是此意。德，爲德也，爲德而知其爲德，則是有心矣，此最爲學道者之害，故曰賊莫大乎德有心。於其有心之中而又有思前筭後之意，喻如心又開一眼也，此謂之滲漏，謂之第二念。以此有眼之心，而視其内，則千差萬别，紛紛擾擾，不復知有渾然者，則無緣可以成道矣，故曰敗。敗，不成也。

校注

〔一〕「眼」，原作「睫」，據宋本、道藏本改。下「及其有眼」同。

〔二〕「滲漏心」、「第二念」，禪家主張於參悟時須保持「正念」，心無所住，心空境空，而不得離此起滲漏心(亦叫第二念)。「若起此心,即障却自己正知見,永劫無有入頭處。」(大慧普覺禪師語録第二十)洞山良价曾指出有三種滲漏:見滲漏、情滲漏、語滲漏(見五燈會元卷十三),以辨驗修證真僞。華嚴經卷七十八曰:「如金剛器無有瑕缺,用盛於水,永不滲漏而入於地,菩提心金剛器亦復如是,盛善根水永不滲漏,令入諸趣。」

凶德有五,中德爲首。何謂中德?中德也者,有以自好也而呰其所不爲者也。

凶德有五,心、耳、目、鼻、口也。中德,心也,言耳、目、鼻、口之害,不如在心之害,故曰中德爲首。有以自好,言我有所能也。呰,訾也,誚也,以我之能而誚人所不能,則此心不可學道矣。圓覺云:「不重久習,不輕初學。」大慧云:「切不得道我會他不會。」便是此意。

窮有八極,達有三必,形有六府。美、髯、長、大、壯、麗、勇、敢,八者俱過人也,因以是窮。緣循、偃佒、困畏,不若人,三者俱通達。知慧外通,勇敢多怨,仁義多責。達生之情者傀,達於知者肖;達大命者隨,達小命者遭。

窮有八極,言有所恃者,必至於窮。達有三必,言慊然不足者,有時而必達。美,貌美也;髯,有鬚也,房玄齡云「李緯好鬚髯」〔二〕是也;長,身長也;大,腰圍大也;壯,有力也;麗,有華采也;勇,氣盛也;敢,志堅也。此謂八極,言八者皆過人,必以此自恃,而其終也至於窮。緣循,柔順不得已於事之意；偃佒，隨倒隨起之意；困畏，有所困厄而憂畏也。此三者比之他人，皆不如人，而必至於通達，言其與世無競，人必喜之也，此皆莊子矯亢之論。形有六府，言人身之中有此六箇藴蓄也。府，藏蓄之地也。知慧，一府也，外通者，以其智慧用於外而求達也；勇敢，一府也，恃力者必多怨；仁義，一府也，以仁義求名，必多憂責；達生，一府也，達有生之理，必傀然自高；達知，一府也，達衆人之智見，必每事而消詳之。達命，一府也，在天者爲大，在己者爲小。達在天者，則隨順之，聽自然也；達在己者，則隨時所遭皆歸之命。遭者，猶有得失委命之心，隨則無容心矣，此二者自有分别。所言六府，而末後命字紬繹爲兩句，此亦文法也。

校注

〔一〕房玄齡語，舊唐書卷六十六房玄齡傳：「二十一年，太宗幸翠微宫，授司農卿李緯爲民部尚書，玄齡時在京城留守，會有自京師來者，太宗問曰：『玄齡聞李緯拜尚書，如何？』對曰：『玄齡但云李緯好髭鬚，更無他語。』太宗遽改授緯洛州刺史，其爲當時準的如此。」新唐書卷九十六房玄齡傳作改授緯太子詹事。

人有見宋王者。錫車十乘，以其十乘驕穉莊子。莊子曰：「河上有家貧恃緯蕭而食者，其子没於淵，得千金之珠。其父謂其子曰：『取石來鍛之。夫千金之珠，必在九重之淵而驪龍頷下，子能得珠者，必遭其睡也。使驪龍而寤，子尚奚微之有哉？』今宋國之深，非直九重之淵也；宋王之猛，非直驪龍也。子能得車者，必遭其睡也。使宋王而寤，子爲整粉矣。」

驕稺者，驕矜而有孩拊莊子之意也。緯，織也，蕭，蘆草也，與編曲字同；恃此而食，以此爲貨也。取石鍛之，惡其珠而毁之也。此意蓋喻人之求富貴者，皆危道也，皆欺君也，其君覺悟，則必遭誅戮。奚微之有，殘食無遺也。

或聘於莊子。莊子應其使曰：「子見夫犧牛乎？衣以文繡，食以芻菽，及其牽而入於太廟，雖欲爲孤犢，其可得乎？」

與前篇龜曳泥中意同。

莊子將死，弟子欲厚葬之。莊子曰：「吾以天地爲棺槨，以日月爲連璧，星辰爲珠璣，萬物爲齎送。吾葬具豈不備邪，何以加此？」弟子曰：「吾恐烏鳶之食夫子也。」莊子曰：「在上爲烏鳶食，在下爲螻蟻食，奪彼與此，何其偏也。」

此意蓋譏當世厚葬之人，奪烏鳶而與螻蟻，見之偏也。此言雖過，非真達理者未易及。

以不平平，其平也不平；以不徵徵，其徵也不徵。明者唯爲之使，神者徵之。夫明之不勝神也久矣，而愚者恃其所見入於人，其功外也，不亦悲乎？

萬物之理本平，我以不平之心而欲平其平，則其平者亦不平矣；萬物之理一一可驗，我以不驗之心而驗之，則其可驗者亦不驗矣。故曰以不平平，其平也不平；以不徵徵，其徵也不徵。徵，驗也。唯爲之使者，言其莫之爲而以爲或之使者，則是以無心爲有心也，明者之自累每如此。至於神則聽其自應驗而已。明之不勝神，言人之有爲不能勝無爲也。愚者恃其私見而入於人爲，每每求功於外，不亦悲乎？

雜篇天下第三十三

天下之治方術者多矣，皆以其有爲不可加矣。古之所謂道術者，果惡乎在？曰：「無乎不在。」曰：「神何由降？明何由出？」聖有所生，王有所成，皆原於一。不離於宗，謂之天人。不離於精，謂之神人。不離於真，謂之至人。以天爲宗，以德爲本，以道爲門，兆於變化，謂之聖人。以仁爲恩，以義爲理，以禮爲行，以樂爲和，薰然慈仁，謂之君子。以法爲分，以名爲表，以操爲驗，以稽爲決，其數一二三四是也，百官以此相齒，以事爲常，以衣食爲主，蕃息蓄藏，老弱孤寡爲意，皆有以養民之理也。古之人其備乎。配神明，醇天地，育萬物，和天下，澤及百姓，明於本數，係於末度，六通四闢，小大精粗，其運無乎不在。其明而在數度〔一〕者，舊法世傳之史尚多有之。其在於詩、書、禮、樂者，鄒魯之士、搢紳先生多能明之。詩以道志，書以道事，禮以道行，樂以道和，易以道陰陽，春秋以道名分。其數散於天下而設於中國者，百家之學時或稱而道之。天下大亂，賢聖不明，道德不一，天下多得一，察焉以自好，譬如耳目鼻口，皆有所明，不能相通。

猶百家衆技也，皆有所長，時有所用。雖然，不該不徧，一曲之士也。判天地之美，析萬物之理，察古人之全，寡能備於天地之美，稱神明之容。是故内聖外王之道，闇而不明，鬱而不發，天下之人各爲其所欲焉以自爲方。悲夫，百家往而不反，必不合矣。後世之學者，不幸不見天地之純、古人之大體，道術將爲天下裂。

莊子於末篇序言古今之學問，亦猶孟子之篇末「聞知」、「見知」〔二〕也。自天下之治方術者多矣，至於道術將爲天下裂，分明是一箇冒頭。既總序了，方隨家數言之，以其書自列於家數之中，而鄒魯之學乃鋪述於總序之内，則此老之心，亦以其所著之書皆矯激一偏之言，未嘗不知聖門爲正也。讀其總序，便見他學問本來甚正。東坡云莊子未嘗譏夫子〔三〕，亦看得出。方術者，學術也。人人皆以其學爲不可加，言人人皆自是也。古之所謂道術者，此術字與仁術、心術一同。惡乎在，無乎不在，便有「時中」〔四〕之意，言百家之學，雖各不同，而道亦無不在其中。神何由降，明何由出，言神明之道何自而可見也。聖王生成之功，即天地生成之理，皆原於一。一者，造化也。曰宗、曰精、曰真，皆與一字同，但如此作文耳。以天爲宗，以德爲本，以道爲門，皆無爲自然也。兆於變化，即原於一也。聖人，即天人、至人、神人也。薰然慈仁，此以氣象言也。法則有區別，故曰以法爲分。名則有標準，故曰以名爲表。以操爲驗，以稽爲決，言其所驗所決，各有所據也。其數一二三四，言纖悉歷歷明備也。相齒者，大小上下有序也。以事爲常者，各有常職也。以衣食爲主者，教民農桑也。蕃息蓄藏，如三年耕一年食〔五〕之類是也。老弱孤寡爲意者，發政施仁，必先斯四者是也。凡其分官列職，爲政爲教，皆是養民之理也。古之人其備乎，言古之聖人能盡之也。可以配神明，可以和天地。醇，和也。育萬物，和天下，澤及百姓，言其功用之廣大也。本數、末度，猶言精粗本末也。係，相屬之意也，謂本末不相離也。六通四闢，言東西南北上下，用無不可也。運，道也。道之運，小大精粗皆道也，故曰無乎不在。看此數句，其於道之體用，未嘗不明也。數度，可紀者也。言其法度曉然而可紀者，皆有舊法世傳之史書也；尚多有之，言皆載此事也。鄒魯之士、搢紳先生，此指聖門而言之也，分明是説孔子六經。春秋道名分，即名分兩字〔六〕，便有懼亂臣賊子之意。其數散於天下，言鄒魯得其全，而其學或散於天下，設教於中國，分爲百家，亦時時有稱道此事者，但不能全如鄒魯之學而已。天下大亂，是説春秋以後也。賢聖不明，上無文、武、周公，下無孔、顔之徒也。道德不一，散而爲百家也。天下多得一，謂天下之人多得其一端；而察焉以自好，謂只察見其一端，便自好而自誇也。耳目鼻口不能相通，言耳不能視，目不能聽，口不能嗅，鼻不能味，各隨其所能，故曰皆有所明。以此譬喻百家衆技，亦皆有所長，亦時乎可用，但不能該盡周徧聖人之道，故爲一偏一曲之士而已。天地之美因是而分判不全，萬物之理因是而分析不合，若以古人學問之全而察之，則知百家之一曲者少能備天地之美，稱神明之容。美，道之在内者，體也；容，道之在外者，用也。稱，當得也。

寡能稱神明之容者，言當不得也。内聖，體也；外王，用也。内外之道至此不明，人各以其所欲而自爲方術百家之學，自今以往，迷而不知反，必不可得而復合矣。使後世之學者，不能見天地之純全、古道之全體，此後世之不幸也。道術之在天下，自此皆分裂矣，故曰道術將爲天下裂。此一句結得極有力，亦極爲好文字。

校　注

〔一〕「數度」，原作「歷數」，據宋本、道藏本改。

〔二〕「聞知」、「見知」，孟子盡心下：「由堯、舜至於湯，五百有餘歲，若禹、皋陶，則見而知之，若湯則聞而知之。由湯至於文王，五百有餘歲，若伊尹、萊朱，則見而知之，若文王則聞而知之。由文王至於孔子，五百有餘歲，若太公、散宜生，則見而知之，若孔子則聞而知之。」

〔三〕東坡語，蘇軾莊子祠堂記：「余以爲莊子蓋助孔子者，要不可以爲法耳。」

〔四〕「時中」，見一九七頁注〔一二〕。

〔五〕「三年耕」句，禮記王制：「三年耕，必有一年之食。」

〔六〕「字」，原作「事」，據宋本、道藏本改。

不侈於後世，不靡於萬物，不暉於度數，以繩墨自矯而備世之急，古之道術有在於是者。墨翟、禽滑釐聞其風而説之，爲之大過，已之大循。作爲非樂，命之曰節用，生不歌，死無服。墨子汎愛兼利而非鬭，其道不怒；又好學而博不異，不與先王同，毁古之禮樂。黄帝有咸池，堯有大章，舜有大韶，禹有大夏，湯有大濩，文王有辟雍之樂，武王、周公作武。古之喪禮，貴賤有儀，上下有等，天子棺椁七重，諸侯五重，大夫三重，士再重。今墨子獨生不歌，死不服，桐棺三寸而無椁，以爲法式。以此教人，恐不愛人，以此自行，固不愛己，未敗墨子道。雖然，歌而非歌，哭而非哭，樂而非樂，是果類乎？其生也勤，其死也薄，其道大觳，使人憂，使人悲，其行難爲也，恐其不可以爲聖人之道。反天下之心，天下不堪，墨子雖獨能任，奈天下何？離於天下，其去王也遠矣。墨子稱道曰：「昔者禹之湮洪水，決江河而通四夷九州也，名川三百，支川三千，小者無數。禹親自操橐耜而九雜天下之川，腓無胈，脛無毛，沐甚雨，櫛疾風，〔二〕置萬國。禹，大聖也，而形勞天下也如此。」使後世之墨者，多以裘〔三〕褐爲衣，以跂蹻爲服，日夜不休，以自苦爲極，曰：「不能如此，非禹之道也，不足謂墨。」相里勤之弟子五侯之徒，南方之墨者苦獲、已齒、鄧陵子之屬，俱誦墨經，而倍譎不同，相謂别墨。以堅白、同異之辯相訾，以觭偶不仵之辭相應，以巨子爲聖人，皆願爲之尸，冀得爲其後世，至今不決。墨翟、禽滑釐之意則是，其行則非也。將使後世之墨者，必自苦以腓無胈、脛無毛，相進而已矣。亂之上也，治之下也。雖然，墨子真天下之好也，將求之不得也，雖枯槁不舍也，才士也夫。

不侈後世，不教後世以侈也。靡，麗也，不以萬物之飾爲麗也。暉，華也，不以禮樂度數爲暉華也。繩墨，自拘束也，自拘束其身以矯世，而欲天下之用皆有餘，其意主於儉以足用，故曰備世之急，言世人以衣食爲急，故至於紛爭以致亂也。古之道術有在於是者，言古者學問之中亦有此理，而墨翟、禽滑釐獨聞其說而喜之，故曰聞其風而悅之。惟其喜之，遂至於爲之太過，言過甚也。循，順也，大循其說，抑遏過甚，故曰已之大循。已者，抑遏之意也。非樂、節用，墨子書中之篇名。言墨子既作爲非樂、節用之書，欲天下之人其生也不歌，不用樂也，故非樂，其死也無殯斂之服，近於裸葬，以此爲節用。汎愛兼利，於人無所不愛也，故以爭鬬爲非，以不怒爲道。博不異者，尚同也，推廣其說以爲博而主於尚同也。雖博不異，而其教不與先王同。自黄帝以來，至於武王，未嘗不用樂，而墨子欲毁去之。古昔以來，自貴至賤，未嘗無居喪之禮，而墨子亦欲毁之，以三寸之棺爲式而不用槨，節用也。以此教人，太儉苦矣，故曰恐不愛人，言非所以愛人之道也。不愛己者，言自苦也。未敗者，言墨子之道要終必不可行也。人生不能無歌，而墨以歌爲非，人情不能無哭，而墨以哭爲非，不能無樂，而以樂爲非，是其道全不近人情，故曰其果類乎。類，近也，言如此果與人情相近乎？其生也勤苦，其死也薄葬。太觳，言太朴也。其行難爲者，言所行之行，他人難做也。反天下之心，不近人情也。天下皆不堪，而墨子獨能之，任，亦堪也。雖一人獨能堪忍，如天下不能何？既離於人心，則非可以爲王天下之道矣。名川，天地之間大川也；支川，禹疏鑿而爲之也。橐，盛土器也；耜，掘〔三〕土之具也。九音鳩〔四〕，鳩其功而雜治天下之川。墨子之説，謂禹大聖人，且自勞如此，而况他人乎？跂與屐同，蹻與屩同，木曰屐，草曰屩；服，用也。相里，姓也，勤，名也，亦學墨而爲師於世者，其弟子皆五國諸侯之徒，言從學者衆也。苦獲、已齒、鄧陵子，三人名也，此三人皆居南方，亦讀墨書者，而其譎恠尤倍於墨子，又且其説皆不同，故自名以别墨，言墨之别派也。不仵，不異也，觭偶本異，而曰不相仵，此强辯之事也。以觭偶不仵之辭相爲問答，故曰相應。巨子者，猶言上足弟子也，禪家謂法嗣是也。傳其學者既多，取其得法之大者以爲聖人而主之。尸，主也。冀得爲其後世，言其巨子又傳之弟子，以爲之後也，後世猶曰子孫也。不决，不斷也，言其傳流至今猶在也。推原其始，則墨翟之意，亦是美意，但所行太過當，故曰意則是，而行則非。相進者，相尚也，言傳墨子之道者，相尚爲自苦之事，欲以此治天下，未見其治，必先能召亂也，故曰亂之上也。雖然，墨子之好，出於其心之真，今世亦無此人矣。求之不得者，言更無復有斯人也。不舍，不止也，雖極其枯槁而爲之不止，亦可謂豪傑之士矣。才士者，豪傑之稱也。孟子闢楊、墨，此書亦以楊、墨兼言者屢矣，今以道術分論數家而不及楊氏者，意以其學不足比數也。

校注

〔一〕「沐甚雨，櫛疾風」，原作「沐甚風，櫛疾雨」，據宋本、道藏本改。

〔二〕「裘」，原作「喪」，據宋本、道藏本改。

〔三〕「搰」，原作「握」，據宋本、道藏本改。

〔四〕「音鳩」，原作「者」，宋本同，據道藏本改。

不累於俗，不飾於物，不苟於人，不忮於衆，願天下之安寧以活民命，人我之養畢足而止，以此白心，古之道術有在於是者。宋鈃、尹文聞其風而悦之，作爲華山之冠以自表，接萬物以別宥爲始，語心之容，命之曰心之行，以聏合驩，以調海内，請欲置之以爲主。見侮不辱，救民之鬭，禁攻寢兵，救世之戰。以此周行天下，上説下教，雖天下不取，强聒而不舍者也，故曰上下見厭而强見也。

不累於俗，去世俗之累也。不飾於物，不以外物自奉也。不忮於衆，不咈人情也。以人人得其生爲願，視人猶我，皆願其足以自養而已。以此爲心而暴白於天下，此宋鈃、尹文之學也。華山，冠名也。別宥，即在宥中，隨分而自處爲別，寬閑而自安爲宥；始，本也；接萬物，以此意接引人也。心之容，心之體段也。講明其心以語人，而名之曰心之行。行者，心之用也，今釋氏所謂「大用現前」〔一〕是也。以和聏之意而合人之歡，以此調一四海，欲尊置宋銒、尹文二人以爲其教主。謂民好鬭也，爲受侮不辱之説以救之。謂時世好戰爭也，爲禁攻寢兵之説以救之。上以説其君，下以教世人，雖天下之人皆不聽之，而彼自强聒不舍，言誇説不已也。上下皆見厭而强以此自見，必當時有此諺語，故以此一句結之，而曰故曰也。

校注

〔一〕「大用現前」，禪家稱學者在宗匠機微啓迪下，真如本心得以頓現，即爲大用現前。

雖然，其爲人太多，其自爲太少，曰：「請欲固置五升之飯足矣。」先生恐不得飽，弟子雖饑，不忘天下，日夜不休，曰：「我必得活哉？圖傲乎救世之士哉？」

其爲人之意太多，其所爲太自苦，其爲説曰：每日但得五升之飯，師與弟子共之，先生以此五升猶且不飽，弟子安得不饑？言其師弟子皆忍饑以立教，而謂我不忘天下，日夜不止，蓋曰我之自苦如此，豈爲久活之道哉？但以此矯夫托名救世而自利之人，故曰圖傲乎救世之士哉。圖，謀也；

傲，矯之也。亦猶豫讓曰：「吾之爲此極難，所以愧天下之爲人臣而懷二心者。」〔一〕便是此意。李翰林有獨酌寄韋六詩曰：「念君風塵遊，傲爾令自哂。」便是此傲字。

曰：「君子不爲苛察，不以身假物。」以爲無益於天下者，明之不如已也，以禁攻寢兵爲外，以情欲寡淺爲內，其小大精粗，其行適至是而止。

其說又曰不爲苛察，苛察則非別有矣，言不當有爾我之辨也。不以身假物者，事事皆自爲而不假借於人以自助。若於天下有損而無益，雖明知其可爲，亦不如〔二〕已之，故曰明之不如已也。其學之大意則欲人於外無攻戰之爭，於內無情欲之汩。寡淺，減削情欲也。其學之大小精粗雖不同，而其所行之大意僅如是而已。適，由僅也。

校注

〔一〕豫讓語，史記卷八十六刺客列傳載，豫讓欲刺趙襄子而報智伯，友勸其委質臣事襄子而後爲，「豫讓曰：『既已委質臣事人，而求殺之，是懷二心以事其君也。且吾所爲者極難耳，然所以爲此者，將以愧天下後世之爲人臣懷二心以事其君者。』」

公而不黨，易而無私，決然無主，趣物而不兩，不顧於慮，不謀於知，於物無擇，與之俱往，古之道術有在於是者。彭蒙、田駢、慎到聞其風而悅之，齊萬物以爲首，曰：「天能覆之而不能載之，地能載之而不能覆之，大道能包之而不能辯之，知萬物皆有所可，皆〔一〕有所不可，故曰選則不偏，教則不至，道則無遺者矣。」是故慎到棄知去己而緣不得已，泠汰於物以爲道理，曰：「知不知，將薄知而後鄰傷之者也。」謑髁無任而笑天下之尚賢也，縱脱無行而非天下之大聖，椎拍輐斷，與物宛轉，舍是與非，苟可以免，不師知慮，不知前後，魏然而已矣。推而後行，曳而後往，若飄風之還，若羽之旋，若磨石之隧，全而無非，動靜無過，未嘗有罪。是何故？夫無知之物，無建己之患，無用知之累，動靜不離於理，是以終身無譽。故曰：「至於若無知之物而已，無用賢聖，夫塊不失道。」豪傑相與笑之曰：「慎到之道，非生人之行而至死人之理。」適得怪焉。田駢亦然，學於彭蒙，得不教焉。彭蒙之師曰：「古之道人，至於莫之是、莫之非而已矣。其風窢然，惡可而言？」常反人，不聚〔二〕觀，而不免於魭斷，其所謂道非道，而所言之韙不免於非。彭

校注

〔一〕「如」，原作「知」，據宋本、道藏本改。

蒙、田駢、慎到不知道，雖然，概乎皆嘗有聞者也。

不黨，亦無私也。易，坦夷也。決，去私意而無所偏主。趣物者，言萬物之理趣也；不兩者，一也。不顧於慮，不謀於知，無計度也。於物無擇，無所決擇，眼界平也。與之俱往，順自然而行也。彭蒙、田駢、慎到，皆齊之隱士，其説以爲天地亦萬物之一者，謂之物〔三〕則皆齊同，而其爲首者，則無爲之道也。天能覆不能載，地能載不能覆，言有所偏也。大道，道家之學者也，但知包容爲一，而無所分辨，此在當時有一種辯説之學，自有此語。皆有所可，有所不可者，言各有一偏也。若就萬物之中而選擇之，則決不能周徧。以此爲教，則不能盡其極。若歸之道，則無餘論矣，故曰道則無遺者矣，選擇則有可，有不可也。棄知去己而緣不得已，無爲也。泠汰，脱洒也，泠然而踈汰於物，無拘礙也；以爲道理者，以物物無礙爲至理也。其説曰：若以知與不知爲分，則將迫於知而近於自傷矣。薄，迫；鄰，近也。謑髁，不正不定之貌；無任，不留心於事任也；尚賢，以任事也。彼既不事事，故笑天下之尚賢。爲聖之學，必尚操行，彼既縱脱而無行，故以天下聖學者爲非。椎拍輐斷，皆無圭角之意。與物宛轉而略無圭角。亦無所是，亦無所非，以苟免於世俗之累爲意。不以知慮爲師，無思慮也。不知前後，無思筭也。魏然者，兀然不動之意也。推之而後行，曳之而後往者，迫而後應，不得已而後起之意也。風還羽旋，磨石之隧，皆無心而與物宛轉之喻。隧，轉也，回也。以不見非於世而自全，動靜隨其自然而不爲過甚，故不得罪於世人也。其學如此者，何也？蓋曰物惟無知，則無是己之患，亦無容心之累。動静皆順，故不離於理。不求知於人，欲終身而無譽，惟其無譽，所以無咎，故曰未嘗有罪也。無知之物，木石瓦礫之類是也。建己，是己而自立也。故其説曰，人之處世，何用聖賢之名？但能若土塊無知之物，則可以不失於道，故曰塊不失道。看此等説話，便似今之深山窮谷頭陀修行之人，故豪傑笑之，以爲猶死人也。適得怪焉者，言彭蒙之徒，以此見訝於世也。得不教者，言其初學之時，自相契合，不待教之而後能也。彭蒙亦有所師，其師之言曰，古之有道者，本以無是非爲主。窢然，風之聲也，謂其發言如飄風之窢然，無所容心，雖言而何所容言？故曰惡可而言。其見常與世人相反，不能聚合倫類而觀，故爲一偏之説，不免於但求無圭角而已。鯇斷，無圭角也。其言雖甚壯，而其所謂道者非道也，故不免於世〔四〕人之非笑。韙與偉同〔五〕。彭蒙、田駢、慎到不知道，此莊子斷一句也。概乎者，以大概觀之，亦皆有聞於斯道，但不得其正耳。此等結句，看他文筆。

校注

〔一〕「皆」，原脱，據宋本、道藏本補。

〔二〕「聚」，原作「見」，據宋本、道藏本改。

〔三〕「物」，原作「一」，據宋本、道藏本改。

〔四〕「世」，原作「庶」，據宋本、道藏本改。

〔五〕「韙與偉同」，原無此四字，宋本空四格，據道藏本補。

以本爲精，以物爲粗，以有積爲不足，淡然獨與神明居，古之道術有在於是者。關尹、老聃聞其風而悅之，建之以常無有，主之以太一，以濡弱謙下爲表，以空虛不毁萬物爲實。關尹曰：「在己無居，形物自著，其動若水，其靜若鏡，其應若響。芴乎若亡，寂乎若清，同焉者和，得焉者失。未嘗先人而常隨人。」老聃曰：「知其雄，守其雌，爲天下谿；知其白，守其辱，爲天下谷。」人皆取先，己獨取後，曰受天下之垢；人皆取實，己獨取虛，無藏也故有餘，巋然而有餘；其行身也，徐而不費，無爲而笑巧；人皆求福，己獨曲全，曰苟免於咎。以深爲根，以約爲紀，曰堅則毁矣，鋭則挫矣。常寬容於物，不削於人，可謂至極。關尹、老聃乎，古之博大真人哉。

本，道也；物，事物也。以有積爲不足者，言藏富天下也。與神明居，是守自然者。關尹，師於老聃者，此言先弟而後師，一時筆快〔一〕之語耳。以無物爲宗，以太極之始爲主。建，亦主也。濡弱謙下，即舌柔長存〔二〕之意；爲表者，言其應世接物〔三〕見於外者如此也。空虛則物物皆全矣，故曰以空虛不毁萬物爲實。實，實理也。樂軒所謂「一物都無萬物全」〔四〕是也。在己無居者，無私主也。形物自著者，隨物之形，見皆自然也。水之動，鏡之靜，空谷之響應，皆無心也。芴乎若亡者，恍忽之中若有物，又若無物也。寂乎其清，不見其清之名也。以同於物者爲和，以無所得爲得，有得則失矣。未嘗先人常隨人，即迫而後動，不得已而後起也。知其雄，守其雌，以能而隱於不能也。知其白，守其辱，言自高而不爲高也。谿谷在下而能容物，爲谿爲谷，有容乃大〔五〕之意也。人皆取先，己獨取後，即未嘗先人而常隨人也。受天下之垢，知白受辱也。不以實爲虛，以虛爲實，故曰人皆取實，己獨取虛。無藏也故有餘，即以有積爲不足也。惟其以虛爲實，故雖無藏而巋然常有餘，亦「一物都無萬物全」之意。徐，安也；不費，無所損也。人皆以巧爲巧，而我以無爲爲巧，故笑之。人皆以福爲福，而我以無禍爲福。曲全者，致曲而自全其身也。苟免於咎者，福莫長於無禍也。以深爲根，言其本在於太一之始也。以約爲紀，言以至簡至約爲守身之法也。紀，法也。凡物堅者鋭者則有挫有毁，即所謂齒剛則折也。以能容萬物爲量，則人於我無所侵削矣。不削於人，言獨全其生也。可謂至極者，言此天下至極之道也。謂之博大真人，尊之之辭也。

校注

〔一〕「快」，原作「刀」，據宋本、道藏本改。

〔二〕「舌柔長存」，説苑敬慎：「常摐張其口而示老子曰：『吾舌存乎？』老子曰：『然。』『吾齒存乎？』老子曰：『亡。』常摐曰：『子知之乎？』老子曰：『夫舌之存也，豈非以其柔耶？齒之亡也，豈非以其剛耶？』」

〔三〕「物」，原作「見」，據宋本、道藏本改。

〔四〕樂軒所言，樂軒集卷一三教：「枉費工夫是學仙，聖門妙處與僧傳。百年合死千年贅，一物都無萬物全。」

〔五〕「有容乃大」，書君陳：「有容，德乃大。」

寂漠無形，變化無常，死與生與，天地並與，神明往與。芒乎何之，忽乎何適，萬物畢羅，莫足以歸，古之道術有在於是者。莊周聞其風而悦之，以謬悠之説，荒唐之言，無端崖之辭，時恣縱而不儻，不以觭見之也。以天下爲沉濁，不可與莊語，以卮言爲曼衍，以重言爲真，以寓言爲廣，獨與天地精神往來而不敖倪於萬物，不譴是非，以與世俗處。其書雖瓌瑋而連犿無傷也，其辭雖參差而諔詭可觀。彼其充實不可以已，上與造物者遊，而下與外死生、無終始者爲友。其於本也，弘大而闢，深閎而肆；其於宗也，可謂調適而上遂矣。雖然，其應於化而解於物也，其理不竭，其來不蜕，芒乎昧乎，未之盡者。

寂漠無形，無物也。變化無常，以不一爲一也。死與生與，不知死生也。據此一句，即知釋氏之學，其來久矣。天地並與，與天地同體也。神明往與，與造化同運也。何之、何適，動而無迹也。萬物畢羅，各盡萬物之理也。莫足以歸，人莫知其所歸宿也。謬悠，虚遠也；荒唐，曠大而無極也；無端崖，無首無尾也。時恣縱而不儻者，其説放縱而無所偏黨也。儻，即黨也。不以觭見者，其所見不主一端也。觭，奇也。以天下之人愚而沉濁，不可以誠實之言喻之。莊語，端莊而語誠實之事也。曼衍，無窮也。爲真者，言借重於古先，欲人以爲真實也。爲廣者，寄寓爲言，廣大不拘也。與天地精神往來，與造化自然爲友也。不敖倪萬物者，不以此敖倪於世俗也，莊子之意，正敖倪於斯世，而乃爲此反説。不譴是非者，是非無所泥也，無是無非而後可與世俗居處也。瓌瑋，高壯也；連犿，和同混融之意也；無傷，無譏於人也。參差，或彼或此，或抑或揚，不可定也；諔詭，滑稽詭譎也。此兩句自説破其著書之意，蓋謂其言雖怪誕，而自可玩味，看得此兩句破，便讀得莊子也。彼其充實不可以已者，言其書之中皆道理充塞乎其間，亦世間所不可無之書也。本，即宗也，言其書之本宗無非弘大、深閎、調適之道也。闢，開廣也；肆，縱放也；上遂者，可以上達天理也。其言雖皆無爲自然，而用之於世，則應於教化而解釋物理，謂可以化俗而明理也。其理不竭者，言用之不盡也。不蜕者，謂其言自道而來，不蜕離於道也。芒乎昧乎，言其書之深遠也。未之盡者，言其胸中所得，非言語所可盡也。

自冒頭而下，分别五者之説，而自處其末，繼於老子之後，明言其學出於老子也。前三段着三箇雖然，皆斷説其學之是非，獨老子無之，至此又着雖然兩字，謂其學非無用於世者，此是其文字轉換處，筆力最高，不可不子細看。

惠施多方，其書五車，其道舛駁，其言也不中。麻物之意曰：「至大無外，謂之大一；至小無内，謂之小一。無厚不可積也，其大千里。天與地卑，山與澤平。日方中方睨，物方生方死。大同而與小同異，此之謂小同異；萬物畢同畢異，此之謂大同異。墨翟、宋、尹、彭、田、慎到之徒，猶爲見道之偏者，若惠子則主於好辯而已，故不預道術聞風之列，特於篇末言之。其書五車，言其所著書，以五車載之而不足也。其書雖多，其所學未正，其言亦不當，故以舛駁不中譏之。麻物之意，言歷歷考其所談事物之意。至大無外，大虚也；至小無内，秋毫之類也。此八字自與莊子所説同，但謂之大一、小一，便生辯説之端。謂之一，則無大小矣，於一之中，又分大小，便是同中之異、異中之同也。無厚，至薄也，不可積者，積則厚矣。積之不已，其大可至於千里，又言大與小同也，言千里之大，即無厚之積也。天雖高，地雖卑，而天氣有時下降，則亦爲卑〔二〕矣，故曰天與地卑。山高於澤，而澤之氣可通於山，則山與澤平矣。睨，側視也，日方中之時，側而視之，則非中矣，則中謂之側亦可，故曰方中方睨。物方發生，而其種必前日之死者，故曰方生方死。有大有小，是爲小同異；合萬物而爲同異，則爲大同異。雖謂之大而不出小者之積，雖謂之小而合之可以爲大，則無同無異矣。

校注

〔一〕「卑」，原作「畢」，據宋本、道藏本改。

南方無窮而有窮，今日適越而昔來。連環可解也。我知天下之中央，燕之北、越之南是也。氾愛萬物，天地一體也。」惠施以此爲大觀於天下而曉辯者，天下之辯者相與樂之。

南方，海也，本無窮而謂之方，則必有窮。四方皆然，獨言南者，非特舉其一見其三，蓋天傾西北，而海獨居南，比之三方則又遠，故特言之。今日適越而昔來，言足雖未至乎越，而知有越之名而後來，則是今日方往，而亦可以爲昔來矣。兩環相連，雖不可解，而其爲環者，必各自爲圓，不可以相粘，不相粘則非連環矣。燕北、越南，固非天下之中，而燕人但知有燕，越人但知有越，天地之初，彼此皆不相知，則亦以其國之中爲天地之中也。萬物與天地爲一，則天地雖大，即萬物之中一物，何以爲大小？即一體也。大觀者，言以此爲獨高於天下也，故以其説教學辯之人。天下之學者，既相與樂之，而其説浸廣，故又有「卵有毛」以下之論。

卵有毛，雞三足，郢有天下，犬可以爲羊，馬有卵，丁子有尾，火不熱，山出口，輪不蹍地，目不見，指不至，至不絶，龜長於蛇，矩不方，規不可以爲圓，鑿不圍枘，飛鳥之景未嘗動也，鏃矢之疾而有不行不止之時，狗非犬，黄馬驪牛三，白狗黑，孤駒未嘗有母，一尺之棰，日取其半，萬世不竭。辯者以此與惠施相應，終身無窮，桓團、公孫龍辯者之徒。飾人之心，易人之意，能勝人之口，不能服人之心，辯者之囿也。惠施日以其知與人之辯，特與天下之辯者爲怪，此其柢也。然惠施之口談，自以爲最賢，曰天地其壯乎，施存雄而無術。

卵有毛者，言毛之在卵，雖未可見，而雀之爲雀，鷄之爲雞，毛各不同，譬如雞爲鴨伏卵，出於卵者爲鴨毛，而不爲雞毛，則是卵有毛矣。雞本二足，必有運而行之者，是爲三矣。郢有天下，言楚都於郢，而自爲王，亦與得天下同矣。犬可以爲羊，謂犬羊之名出於人，而不出於物，使有物之初，謂犬爲羊，則今人亦以爲羊矣，謂羊爲犬，則今人亦以爲犬矣。馬有卵者，胎生雖異於卵生，而胎卵之名，實人爲之，若謂胎爲卵亦可，即犬羊之意。丁子，蝦蟆也，蛙也，楚人謂之丁子，丁子雖無尾，而其始也實科斗化成，科斗既有尾，則謂丁子爲有尾亦可。水寒火熱亦人名之，況有火中之鼠，火浣之布〔一〕，鼠能出入於火中，火可以浣布，則非熱矣。空谷傳聲，人呼而能應，非山有口乎？行於地則爲輪，纔着地則不可轉，則謂輪不蹍地亦可。目見而後指可至，然目不可至，而指不能見，則是其至者目〔二〕與指不可得而分絶也。龜長於蛇，使龜如蛇之長，則不名爲龜矣，既謂之龜，則其長合止如此，謂之長於蛇亦可。矩，即方也；規，即圓也。既謂之矩，則不可又謂之方，既謂之規，則不可又謂之圓。枘雖在鑿之中，而枘之旋轉，非鑿可止，則謂之不圍亦可，言圍之不住也。鳥既飛則影隨鳥而去，但可謂鳥之飛，不可謂影之動。矢鏃之去雖疾，其在弦也，則謂之止，其射侯也，則謂之行，離〔三〕弦而未至，射侯而未中，則是不行不止之時。狗、犬即一物也，謂之狗則不可謂之犬矣，謂之犬則不可謂之狗矣，故曰狗非犬。馬、牛二體也，黄、驪，色也，以二體與色並言，則謂之三；黄、驪，二色也，馬、牛，皆體也，二色附於體而見，則爲三矣。白狗黑，黑白之名非出於有物之始，則謂白爲黑亦可。孤駒未嘗有母，名之以孤，則非有母矣，不可言孤，又言嘗有母也。一尺之棰，折而爲二，今日用此五寸，明日用彼五寸，雖旋轉萬世，不盡可也。凡此以上，又皆學於惠子，推廣其説，以與惠子相應，終其身强辯而不已，即桓團、公孫龍之徒是也。飾人之心者，蔽人之心也，易人之意者，變亂人之意也。一時之辯，口雖可屈，而其人終不心服，此辯者迷於其中而不自知也，故曰囿。惠施日以其知與人之辯者，謂愈恃其聰明以與人强辯也。特，獨也，獨與其徒爲人所怪訝而已。其本領不過如此，故曰此其柢也。柢，本也。自恃其口談之才，以爲其壯與天地同，所存雖自以爲雄高，而實無學術。

校注

〔一〕火鼠、火布，古今注：「火鼠，入火不焚，毛長丈許，可爲布，所謂火浣布者是也。」三國志卷四魏書四齊王芳紀裴松之注：「文帝以爲火性酷烈，無含生之氣，著之典論，明其不然之事，絶智者之聽。及明帝立，詔三公曰：『先帝昔著典論，不朽之格言，其刊石於廟門之外及太學，與石經並，以永示來世。』至是西域使至，而獻火浣布焉，於是刊滅此論，而天下笑之。」

〔二〕「目」，原作「見者」，據宋本、道藏本改。

〔三〕「離」，原作「雖」，據宋本、道藏本改。

南方有倚人焉曰黄繚，問天地所以不墜不陷、風雨雷霆之故。惠施不辭而應，不慮而對，偏爲萬物説，説而不休，多而無已，猶以爲寡，益之以怪。以反人爲實而欲以勝人爲名，是以與衆不適也。弱於德，强於物，其塗隩矣。由天地之道觀惠施之能，其猶一蚉一宝之勞者也。其於物也何庸？夫充一尚可，曰愈貴道，幾矣。惠施不能以此自寧，散於萬物而不厭，卒以善辯爲名。惜乎，惠施之才，駘蕩而不得，逐萬物而不反，是窮響以聲，形與影競走〔一〕也。悲夫。

倚人者，畸異之人也。南方有一獨高之人曰黄繚，見惠子而問，天何以不墜，地何以不陷，風雨雷霆誰實爲之？此皆造物之妙，豈可容言？惠子亦不辭讓而應客，亦不經思慮，率然而對，且偏爲萬端之説。萬物，萬端也。説既多，而猶以爲少，增益以怪誕之論〔二〕。但以反異於人爲其能，欲以口舌勝人，自爲名譽，是以與世皆不和。不適，不相得也。在内本無所得，故曰弱於德；徒然强辯於外，故曰强於物。隩者，幽暗也，言其所行之塗不明白正大而幽僻也。以天地之道而視惠施所能，猶蚉虻然，以此而爲人物於世，亦何用乎？故曰何庸。充，足也，若但以一人之私見而自足猶可，若以此爲勝於貴道者，則殆矣。愈，勝也；幾，殆也。不能自寧，不自安分也。散於萬物者，謂散求萬物之理以遷就其説而無所厭足。終於不知道，而僅以辯得名。卒，終也。惠施亦爲有才者，但放蕩而無所得，逐於外物而不知反，是可惜也。駘，放也。響出於聲，聲本響末也，窮響於聲，不知本也；影出於形，形本影末也，欲息其影，不知形止則影止，乃與形共走，亦不知本之喻也。

此篇，莊子之終也，却以惠子結末，雖以其不預聞道之列，亦以辯者之言固皆以無爲有，而其語亦自奇特，故以寘之篇末。蓋著書雖與作文異，亦自有體製，起頭結尾，皆是其用意處。如春秋之絶筆獲麟，如中庸之「上天之載，無聲無臭」，此書内篇之渾沌七竅，皆是一箇體製，不可不知也。諸家經解，言文法者，理或未通，精於理者，於文或略，所以讀得[三]不精神，解得無滋味。獨艾軒先生道既高，而文尤精妙，所以六經之説，特出千古，所恨網山、樂軒之後，其學既不傳，今人無有知之者矣。

校注

〔一〕「走」，原作「爭」，據宋本、道藏本改。

〔二〕「論」，原作「説論」，據宋本、道藏本改。

〔三〕「得」，原作「書」，據宋本、道藏本改。

附録

林希逸墓碑碑文

按：林希逸墓碑于二十世紀九十年代由福清市漁溪鎮教師林尉民、林克文兩先生發現，現嵌在漁溪鎮文武祠大廳壁上。碑已斷裂，碑文稍有殘泐。

宋竹谿鬳翁林先生之墓

有宋中大夫、祕閣修撰、提舉建寧府武夷山冲佑觀、福清縣開國男、食邑三百户林公，諱希逸，字肅翁，世為福清縣人。高祖贈朝請郎，諱與權，始自仙欅遷漁溪，妣安人張氏；曾祖諱昌言，通判廣州，贈金紫光禄大夫，妣宜人陳氏；祖諱畬，妣陳氏；考諱億，贈中散大夫，妣令人王氏。　先君生紹熙四年癸丑歲八月十九日，承學特贈迪功文遠樂軒陳先生。紹定五年入太學。端平二年以學省〔一〕詞賦第一人、對策擢第四人，授從事郎、平海軍節度推官。淳祐三年，特差提領豐儲倉所幹辦公事。五年主管三省架閣，除國子録。六年，以少師安晚鄭公薦， 御筆召試館職，除正字，改宣教郎，除校書郎。七年兼莊文府教授，除樞密院編修官、兼權都官郎官、兼 崇政殿説書、兼翰林權直，以教授講詩終篇，授奉議郎。八年，除直祕閣、知興化軍，至郡以修進 高宗實録，授承議郎，磨勘轉朝奉郎。九年，兩易知南劍州，改知饒州劄兼提點坑冶。十年，至郡，旨兼權。十一年，召赴行在，改直寶謨閣，江、淮、荆、湖、福建、廣南路都大提點坑冶鑄錢公事，兼知饒州，除考功郎官。十二年，轉朝散郎，主管明道宫。寶祐三年，轉朝請郎、主管玉局觀，轉朝奉大夫。四年，丁令人憂。六年，丁相當國，依舊職知贛州，未上，降朝請，明年主管玉局觀，敘復。景定元年，今辨章魏公入相，以司封郎官召，主管崇禧觀，二年，再召，又除廣東運判。三年，除考功郎官、兼 國史院編修官、實録院檢討官。造 朝，兼禮部郎官，兼 崇政殿説書、兼直舍人院，轉朝散大夫、除司農少卿，轉朝請大夫。四年，除祕書少監，太常少卿，轉朝議大夫，進講春秋徹章，授中奉大夫，修進 寧宗實録，授中大夫兼國子司業。去國，提舉玉局觀， 郊恩封福清縣開國男。咸淳元年，除直寶文閣、湖南運副，提舉冲佑觀。四年再祠，除知贛州。五年提舉玉局觀，除祕書監兼 侍講。六年兼權直學士院。造 朝，除起居郎，與祠，除祕閣修撰、提舉冲佑觀。七年辛未歲九月十五日，以疾終于家，年七十有九。所著易講述、詩口義、春秋三傳正附論、周禮説、考工記圖解、老莊列子口義、學記、奏議、講議、内外制、詩文四六共二百卷。遺令以深衣殮三月而葬，卜十有二月丙午，窆于萬安鄉蘇田里南山之原。先妣贈令人，莆田長官方氏順昌主簿諱汲之女，丙辰冬卒，前三年葬此。子三人：泳，朝奉郎、前知泉州安溪縣，以親老恩注通判興化軍；冰，故迪功郎、建寧府崇安縣尉；浩，故儒林郎、監行在咸淳倉。女三人：適承議郎、知泉州南安縣余士明，從政郎、建寧府右司理陳植，季許婚將仕郎黄淦。孫三人：行祖、象祖並登仕郎，幼名仁。女孫四人：長許婚將仕郎郭大雅。孤泳將以家録乞文于知先君信後世者。嗚呼哀哀，昊天罔極，忍死瀝血，書志壙之石。嗚呼哀哀，宇宙猶存，文字千古。來者尚曰：嗚呼，是為竹溪鬳翁林先生之墓。樂軒門人横塘布衣劉翼書諱，孤泳泣血謹志。

校注

〔一〕「學省」，當作「省試」，按淳熙三山志卷三十二：「端平二年乙未吴叔告榜」：「林希逸，甲科。字肅翁，福清人。解試、省試賦魁。」

序跋

南華一書，今古之奇筆也，然尊之者或流於清虚，譏之者或疑其怪誕，雖文字之妙不容泯没，而箋傳不明，爲書之累久矣。余少侍樂軒陳先生，聞其緒餘之論，頗知好之而未能盡通其章句。其後與竹溪共游兩學，時取而共讀之，喜其剖析之明，而離合不常，所聞無幾，然而好之益甚矣。既成進士，南歸閑居之日久，遂得究力於諸經，其於此書也，愈讀愈好，而愈疑之。蓋此書之所以難通者，字義多異於吾書，言論或違於先聖，旨趣之不可詰，如憑虚捕象罔而赤手搏蛟螭，會歸之不可定，如窮三江而昧支流，遡九河而迷故道。每一開卷，未嘗不躍然以喜，亦未嘗不惕然以惑。戊午訪竹溪於溪上，因語而及，溪忽謂我曰：「余嘗欲爲南華老仙洗去郭、向之陋，而逐食轉移，未有閉户著書之日。憂患廢退以來，遂以此紓憂而娱老，今書幸成矣。」余喜而就求之，歸而亟讀之，則見其條分而縷析，支斷而節解，章無虚句，句無虚字，縱横捭闔，鼓舞變化，若無津涯，而字字句句，各有著落，恍然如醒得醒，如縶得釋。然後知其自立於一家而不可拘以字義，雖縱懷於幽眇，而不遺于世事，非不知聖賢之可尊，而耻於尚同，非不知詭譎之爲過，而主於抗俗。今人古人信詆〔二〕雖異，要皆徒窺其藩，而未達其奥也。朅來試邑，雖簿書填委，日力窘束，而清旦之初，吏圍未合，必張燈諷誦之，或竟一篇，或終一卷，手舞足蹈，如見其人。於是作而言曰：南華之書，斯世所不可無，竹溪之解，亦南華所不可無者也。蓋竹溪之學得於樂軒，樂軒得之網山，網山得之老艾，歷三世之傳而無旁出者。竹溪既盡其師之傳，又蒐獵釋老諸書於六經子史之外，故能究此老之隱微，盡此老之機解。使南華而可作，必以竹溪爲知我者也，讀此書者，今可以無憾矣。吾邑雖陋，以其好之篤，又欲廣其傳，縮節衺飪，幸而集事，因識其所以好、所以得、所以喜者如此。竹溪林氏名希逸，字肅翁，嘗爲文字官矣，今以寶謨直主玉局觀。鬳齋，其書室也，其諸文頗似莊子，此書以口義名者，謂其不爲文，雜俚俗而直述之也。景定改元，中和節，宣教郎知邵武軍建寧縣林經德序。

漆園老仙之作是書也，其見道精，其憤世甚，亦惟其隱放之跡足以行之，奇崛之文足以發之。至于茫昧浩渺之莫窮，鼓舞變化之不測，盖亦信其眼力之所及，筆力之所至，有不自知其過於激、鄰於誕者，其初心豈曰吾欲以此而垂世立教哉？又豈曰吾欲以此而崇老抑儒哉？奈之何讀之者之不察也，非以虛無宗之，則以異端闢之。見既出塵，語又驚世，往往句讀之未盡通，字義之未盡明，則又以疑辭闕之，脱簡諉之，彼其心亦豈欲得此於後之人哉？鬳齋先生玉堂林公，得聖人之道於樂軒，樂軒之視漆園，所謂後世之子雲，鬳齋之於樂軒，則太玄之侯芭也。於是出而爲之，著其篇焉，分其章焉，析其句焉，明其字焉，使篇無不解之章，章無不解之句，句無不解之字。向之虛者以實，異者以同，疑者以信，脱者以完，而南華一經，歷幾千百載始得爲天地間全書。豈惟老仙將雀躍于九萬里之上，樂軒亦必且手舞足蹈於瞻前忽後之間矣。或曰：以性命之書加訓詁之學，若朱夫子所謂集大成者，其自易經以至騷詞，莫不有釋，乃獨闕然於莊書者，將無不可哉？同曰：上規姚、姒，下逮莊、騷，非韓公之言乎？晉、宋人未足盡莊、老實處，非朱子之言乎？不然，豈其猶有所未盡耶？抑果有所待而然耶？鬳齋之功，當不在朱子下矣。同懼夫學者忘昔之難，樂今之易，而或至于忽之也，故重言焉。景定辛酉，季夏望日，石塘林同謹書。

莊子雄豪宏肆，以神行萬物之上，以心遊宇宙之表，至樂極詣，古無斯人。其言辭蕩汩變化，凌薄日月，疏决雲河，妙密流動，鱗麗羽爛，天昭海溟，左縟而不瑰，遷雄而不肆，又文之傑立宇宙者也。鬳翁著此書，解若江海之浸，膏澤之潤，情其情而思其思，夢其夢而覺其覺，故能言其言而指其指。聲音笑貌，身親出之而人親覿之，然則是距可以幸取力致哉？鬳翁學精識絶，淵源深而練習熟，其悟發之境，戛摩之地，高曠則無有與攖，靜深而穎然上達。吾觀鬳翁，歸然抱負體用於天地之間，充足明偉，有以自伸，其猶鯤鵬耶？而又沈浸於其書如彼，則其言非鬳翁孰能得之哉？今鬳翁所著，卓然起莊子於朽骨，發千古之寶藏，鬳翁亦博大弘偉，豪傑鉅儒哉。余始得是讀之，輒書奇遇於編末，以傳子孫，非敢曰能知鬳翁之是書也。景定辛酉十一月己巳，三衢徐霖景説跋。

東坡居士記莊子曰，大率皆寓言，其正言蓋無幾。六經，正言也，正則無奇。莊子，寓言之，寓斯奇矣。謂堯之遜務光，跖之侮孔子，社樹之能見夢，冶金之能踊躍，南海之帝某，北海之帝某，與中央游，鑿混沌死，粟眇天墜，嬰戲人物，非奇乎？余自童習内、外篇，闕疑處多，及以注讀之，駢拇支指，附贅縣疣，真所謂在郭象雲霧中。有朋相過談鬳齋先生口義，章句不破碎，而理義完備，余亟請焉，旬日而得。風簷細閲，一則曰此文字妙處，二則曰此等語奇特，此等字精神，雖昌黎、太白奪換處，勘破殆竟。詩從浮丘伯幾傳而後有孔安國，書從伏生幾傳而後有夏侯勝，鬳齋之學得於樂軒、艾軒，學之必有師也如此。余也不撰杖屨，圯下書，海上方，一旦盡得之，得何容易？儻不廣傳於乾端坤倪之外，則文章之觀，鐘鼓之音，瞽者聾者無以與乎爾。此板舊鋟於樵，繙閱則便，巾笥爲難，今本之大者中之，字之疏者密之，使一覽義見，亦猶余得之之易也。雖然，鬳齋於依依澄澄間，積閑歲月，下妙工夫，此特一斑耳。抑翰林主人，非漆園子也，如用之，則以六經往。敬以兹本刊于延平，且識篇末。咸淳屠維荒落之夏，日在端午，合沙陳寥炎南夫書於郡之清心。

校　注

〔一〕「詆」，原作「誦」，道藏本同，據宋本改。

林希逸莊子鬳齋口義在日本

〔日〕池田知久著　〔中〕周一良譯

一、前言

這篇論文起因于中國杭州大學古籍研究所周啓成先生對我提出的問題，是爲了回答而寫成的。因此在進入本題之前，先簡單提一下關于它的起因。

一九八六年二月，周啓成先生通過叔父周一良先生寫信給我。周一良先生是北京大學歷史系教授，一九八五年三月訪問東京大學，因此認識。周啓成先生向我提出了三個問題。

第一是，林希逸的莊子鬳齋口義在日本有哪些版本。第二是，莊子口義對日本思想界有什麽樣的影響。第三是，日本有没有關于莊子（以至老莊）研究的日文和西文專著與論文的目録。

這三個問題裏，第三個關于老莊研究的日文書目，我爲了此次訪華要帶來，以前作了準備。但是西文以及其他（中文、朝鮮文）方面的，本來没有打算搞。兩月以來非常忙碌，西文目録迄未作成，目前還在編製中。總之，正是兩位周先生，他們建議我應該搞西文以及其他方面的目録的。

這篇論文的目的，在于回答上述第一、第二兩個問題。由于自己的不學，對這兩個問題也没有能力立即回答，因此，從接到來信的二月份起，纔急忙開始研究這些問題，這是實情。下面所説的，一定有不少不充分、不正確、甚至錯誤的地方，希望得到諸位的指教，以便改正。儘管如此，還要感謝兩位周先生，給了我這樣的研究機會。

二、參考文獻

關于上述第一、第二兩個問題，可供參考的日本的研究論文不多，現列于下：

〔一〕日本的老莊學　武内義雄　一九三七年　武内義雄全集六（一九七八年）　角川書店

〔二〕中世禪林中的莊子研究——五山文學與近世學問間的關係　芳賀幸四郎　一九五二年　日本歷史四四

〔三〕關于中世禪林的學問及文學之研究　芳賀幸四郎　一九五六年　日本學術振興會

〔四〕林羅山的老子解釋　永窪啓治　一九六六年　香川中國學會報六

〔五〕近世的老子口義　拇野茂　一九六八年　支那學研究三三（廣島支那學會）

〔六〕江户時代的老莊思想　福永光司　一九七二年　道教與日本文化（一九八二年）人文書院

〔七〕近世中期老莊思想之流行——談義本研究（一）　中野三敏　一九八一年　戲作研究　講談社

〔八〕林希逸的立場　荒木見悟　一九八一年　中國哲學論集七（九州大學中國哲學研究會）

〔九〕　徂徠學中的自然及作爲　日野龍夫　一九八三年　講座日本思想一　東京大學出版會

〔一〇〕宋儒林希逸之老子解釋——作爲考察本朝江户時代老子解釋的基礎作業　大野出　一九八四年　寫本

這些著作中，多數是關于老子口義的論文，幾乎没有專門討論莊子口義的。其中〔四〕與〔七〕我未見到。〔一〇〕是北海道大學文學部中國哲學研究室學生大野出君的畢業論文。附帶説明，我以下的議論，多有賴于上述這些論著。

三、林希逸莊子鬳齋口義的日本版本

這裏只舉和刻本即日本刻本。僅就和刻本而言，實際此外恐怕還有不少。中國刻本似也有數種傳入，還有通過朝鮮傳來的莊子口義。關于這些，目前（一九八六年四月）尚未充分調查，待以後仔細調查。

〔一〕莊子鬳齋口義十卷附新添莊子論　宋林希逸（附）宋李士表　五册　刊本　刊年未詳（寬永初年？）

〔二〕同上　五册　寬永六年（一六二九）印　風月宗知

〔三〕同上　五册　萬治二年（一六五九）印　吉野屋權兵衛

〔四〕同上　頭書本　十册　寬文三年（一六六三）刊　山屋治右衛門

〔五〕同上　頭書本　十册　寬文五年（一六六五）修　風月庄左衛門

〔六〕莊子鬳齋口義鈔　惟肖得巖　自延文五（一三六〇）至永亨九年（一四三七）散佚（？）

〔七〕莊子口義諺解　十一册　山本洞雲　至萬治三年（一六六〇）寫本

〔八〕莊子鬳齋口義棧航　人見壹　寬文元年（一六六一）刊本

〔九〕莊子口義愚解二卷　二册　渡邊蒙庵　寶曆十二年（一七六二）刊本〔明和六年（一七六九）以莊子愚解之名抄成五册的寫本〕
〔一〇〕莊子口義抄　十册　撰者不詳　寛文十年（一六七〇）刊本
〔一一〕莊子鬳齋口義大成俚談鈔十九卷首二卷　二十一册　毛利貞齋　元禄十六年（一七〇三）刊本
〔一二〕同上十二册　享和三年（一八〇三）刊本
〔一三〕同上　十册　弘化三年（一八四六）刊本
〔一四〕同上　刊年未詳
〔一五〕同上　明治二十三年（一八九〇）排印本〔收入漢籍國字解全書，改題爲莊子俚諺鈔，用抄本排印〕

這些著作中，第〔八〕的人見壹是朱子學者林羅山的門人，第〔九〕渡邊蒙庵是荻生徂徠的高足太宰春台的門人。

四、日本思想史上的林希逸莊子鬳齋口義

（一）始讀林希逸莊子鬳齋口義的惟肖得巖

日本得此書，開始根據林希逸來講莊子的人，似乎是禪僧惟肖得巖。〔最早讀老子

口義的日本人是誰，不象莊子口義那樣清楚，但至遲室町時代已傳到日本（武内義雄）。關于列子口義更不詳。〕

得巖的傳見于本朝高僧傳卷四十，延文五年（一三六〇）生，卒于永亨九年（一四三七）。他是室町時代「五山」（日本仿效中國的「五山十刹」制定的）臨濟宗的禪僧，代表「五山文學」的重要人物之一。莊子口義是中國禪僧傳入日本，或是日本禪僧到中國留學帶回，特別是得巖入明留學從中國直接傳入，都不清楚。

從鎌倉時代末期經過室町時代，鎌倉的五山同京都的五山幾乎是日本的文化、學術中心。而且，重要的是，五山學術中的儒學，學的是朱子學，同時也學老子、莊子思想。

得巖曾進入位于與儒學關係甚深的京都五山之上的南禪寺（少林院），他在那裏學了佛教，同時也學了儒學，而且也學了莊子（芳賀幸四郎）。這樣的「三教一致論」在五山似乎佔統治地位。可以認爲，林希逸的莊子口義即在這種氣氛中被接受，而且在促進「三教一致論」的方向之下，影響了日本思想界。

中國宋代（朱子學成立的時代）的禪宗，主張儒佛一致和三教一致。這是爲了對抗唐代韓愈、北宋歐陽修以來以及被朱子學所繼承的儒教的排佛傾向。所以從中國（宋）

入籍日本的僧人們，在把禪宗（臨濟宗）傳入的同時，也傳來了三教一致論。日本的入宋僧人們，也和禪宗一起把三教一致論帶了回來（芳賀）。得巖也是三教一致論者，對「三教圖」曾致讚語：

合歸于一劈成三，唐梵云云付口譚。更有主人無面目，傳言贈語彼司南。（東海璚華集三教合面圖贊）

在得巖之前，是用郭象注和成玄英疏來讀莊子的，但那時對郭象注（或郭象思想）似乎還没有深刻的、正確的理解，不過利用其訓詁字義的注釋而已。〔對郭象注具備深刻的、正確的理解，在日本是徂徠學派誕生以後的事，大體可以認爲在十八世紀以後，杜多秀峯著郭注莊子覈玄在寬政四年（一七九二）〕得巖的師傅名叫耕雲老人（子晉明魏），明魏依然是用郭象注講莊子的。到得巖纔捨棄郭象注，根據口義來講授莊子。〔關于老子，進入江户時代後，一時還是盛行河上公的章句（拇野茂）。林希逸三子口義中，莊子口義是最早流行的。其理由是老子口義中佛教氣味不太濃，道儒二教一致爲主，而莊子口義則是道儒佛三教一致，可能這一點打動了室町時代禪僧之心。〕

從此五山纔廣泛知道口義之存在。稍後室町時代中期僧人景徐周麟也在希逸字偈序中說：「劉宋之有謝希逸也……趙宋之有林希逸也。」（翰林胡蘆集第八）他知道林希逸之名，無疑是從莊子口義得知的。月舟壽桂的幻雲文集所收游雲説也引用了莊子口義。讀莊子口義，試以新思想解釋莊子者不少，例如天隱龍澤、万里集九、伯容見雍、一華老人等皆是（芳賀、拇野）。

尊重口義的學風支配了五山，不久擴及日本全國。這種情況見于林羅山在慶長七年（一六〇二）回答祖博（京都人，號涸轍齋）的信中：

本朝昔儒讀注疏不見口義，南禪寺巖惟肖始讀口義。今時往往人皆得見之（林羅山文集卷三答祖博）。

又林恕（鵞峯，羅山之三子）寬文元年（一六六一）給人見壹莊子鬳齋口義棧航所作的序也説：

龍阜僧得巖就明魏問郭注。既而得希逸口義估畢之。自是以降，郭注廢而口義行矣。

（二）林羅山之朱子學與鬳齋口義

進入江户時代後，德川幕府執行獨尊儒學（朱子學）的教育政策，此點人所熟知，不再説明。可以參考丸山真男的日本政治思想史研究（一九五二年東京大學出版會）。德川家康召朱子學家藤原惺窩使之講書，任用林羅山爲幕府儒官。尤其林羅山歷仕第一代家康、第二代秀忠、第三代家光、第四代家綱等四代將軍，因而林羅山的儒學（朱子學）上升到國教的地位。

但是，這個林羅山同時很好地研究了林希逸的老子口義和莊子口義。他于元和四年（一六一八）爲老子鬳齋口義加了訓點並交付出版（此書始終未出版），在跋語中這樣説：

本朝古來，讀老、莊、列者，老則用河上公，莊則用郭象，列則用張湛，而未嘗有及希逸。近代南禪寺沙門（得）巖惟肖嘗聞莊子于耕雲老人明魏，而後惟肖始讀莊子希逸口義，爾來比比皆然。雖然，未及老子希逸口義，至於今人皆依河上。余嘗見道書全書，載老子數家注……希逸視諸家最爲優（林羅山文集卷五十四老子口義跋）。

原來林羅山其人在文禄四年（一五九五）至慶長二年（一五九七）曾入五山之一的建仁寺，學習過中國書籍。這時他遵照口義學習了莊子。因從得巖以來，五山已形成莊子用口義的傳統。林羅山在建仁寺大統庵時，與大統庵相鄰接的十如院有僧人英甫永雄講授莊子。林羅山曾往聽講，永雄所據之本仍然爲林希逸的口義。這個情況，從上引慶長七年（一六〇二）答祖博信中可以得知：

今晨講莊子，比年之奇事也。忽思丙申年，東山十如院僧永雄讀此書未果，距今殆七年于此。余時十有四歲，傾耳於側，雄以希逸口義讀之，余恨其不果（林羅山文集卷三答祖博）。

又羅山先生年譜慶長元年（一五九六）條亦云：「先生十四歲，今兹永雄講南華口義。其所援用，屢請先生校出之。」可以爲證。

自此以後，林羅山在莊子諸家注中似對口義給與了最高評價。他在答祖博中說：

余思注疏雖古而未若口義之爲明快也。況古人論郭象之霧露乎？

又前引林恕序亦云：

我先人羅山翁講經之暇，繙南華口義，粗記其出處於鼇頭，百數十件，未畢而罷矣。

再就老子來說，羅山似未在建仁寺學習。也許離建仁寺回家以後，由於莊子口義牽連而讀到了老子口義。他元和四年（一六一八）對老子口義加訓點，其改訂增補版，于正保四年（一六四七）由京都的林甚右衛門刊行。又正保二年（一六四五）遵三代將軍家光之命，寫了以和文解釋老子的老子諺解，其解釋也是根據老子口義的（拇野）。

（三） 鬳齋口義受重視的理由

進入江户時代以後，人們何以重視口義？其一，或許是由于林羅山的愛好與推重，因爲他是幕府的儒官，他的推重當然發揮了不小影響。其二，林希逸的後裔如一即非（明萬曆四十四年（一六一六）—清康熙十年（一六七一））來到日本這一偶然事件，亦有關係。如一十八歲出家，萬治元年（一六五八）來日，直到寬文十一年（一六七一）去世，留居日本。他來日時帶來了家傳的老子口義舊本。他以此和日本流傳的老子口義，校定本文及注文，施加句讀和評點（似在寬文四年（一六六四）至寬文八年（一六六八）間完成（拇野））不久加以刊行。此書以即非老子經之名，在從寬文十年（一六七〇）的增補書籍目録到正德五年（一七一五）的增益書籍目録大全的十二種書籍目録中，十一種有所著録（大野出）。這件事足以表示此書當時如何受人歡迎。不難想象，如一來日與即非老子經之盛行，如何引起人們對林希逸三子口義的興趣了。然而上述兩種理由不免流于表面和偶然，必須探索更深層的必然的理由，這樣就又碰到林羅山何以重視口義這個問題。這是個很難解答的問題，日本似乎還没有研究這個問題的人。而且，我又不是專門研究朱子學或者思想史的，以下的推測也可能有錯誤，姑且提出來。

第一，如上所述，鎌倉時代末期以來，以五山禪僧爲中心，盛行三教一致論。羅山也好，江户時代初期的知識份子也好，都生活在這個三教一致的 syncretism 潮流之中，因而作爲日本朱子學開山之祖的羅山，自然也是一邊信奉儒學（朱子學），同時好老子、莊子，也不完全排斥佛教。

第二，由于林希逸的三子口義作爲三教一致論的著作，是寫得很好的。作爲老子、莊子、列子的注釋書，全面提出三教一致論，而且最早問世，學術上也扎實，除三子口義外，其他還未見過。

第三，我考慮三子口義是應在日本朱子學的形成與發展上，起了推進（或補充）的作用。朱子學者貝原益軒在慎思録（正德四年（一七一四））卷五説：「林希逸取宋儒之意註老、莊。」這可以説是説明日本朱子學如何看待口義的極好資料。鎌倉時代末期以來的五山禪僧，一邊以佛教爲中心，同時融合儒學（朱子學）與老、莊，羅山則反過來，以儒學爲中心，同時承認老、莊與佛教。從朱子學説來，原來是從的變成了主。在此種客觀情況下，口義所完成的任務有待于更深入研究。

第四，還有林羅山朱子學的性格問題。中國朱子學批判老、莊，排斥佛教，是純粹儒學。而日本朱子學原來由禪僧培育，故而具有與老、莊及佛教握手的性格。更具體説來，莊子口義中有批判朱子學及儒學的地方，但羅山似未感覺到，對于這類問題頗不敏感。中國的朱子學與羅山都主張排佛，此點羅山與佛教造詣很深的林希逸當然相對立，然羅山全無非難口義的佛教之事。他後來遵幕府之命，着僧衣，受僧職，所以他的排佛問題恐不宜過分拘泥認真。故而以林羅山爲中心的江户時代初期的朱子學顯然與中國朱子學不同，恐怕是否應稱爲「朱子學」都不無疑問。要之，這個時期日本的朱子學確系具有過渡的性格。

（四）林希逸的人與思想

這里簡單談一下林希逸的人與思想。林希逸的傳記見于宋元學案卷四十七艾軒學案、宋元學案補遺補舍人林希逸、重纂福建通志等。他于紹熙四年（一一九三）或五年（一一九四）生于福清，字肅翁，又字淵翁，號竹溪，又號鬳齋或獻機。端平二年（一二三五）進士及第，初爲平海軍節度推官，淳祐六年（一二四六）遷秘書正字，以中書舍人終。卒年不詳，于咸淳五年（一二六九）寫後村行狀，當時尚在世（七十六或七十七歲）。林希逸的著作頗多，現存者有考工記解二卷、三子口義、鬳齋續集三十卷、竹溪十一稿詩選一卷、心游摘稿序。

希逸的學術譜系爲：

程頤——尹焞——林光朝（號艾軒）——林亦之——陳藻（號樂軒）——林希逸

可以遠溯到程伊川。他的思想爲儒學即廣義的理學，但没有程伊川或朱子那樣講狹隘的理和 Rigorism（荒木見悟）。

他稱自己的學問爲「心學」（莊子口義庚桑楚篇），其心學如老子口義第一章所云：

天地之始，太極未分之時也。其在人心，則寂然不動之地。……其謂之天地者，非專言天地也，所以爲此心之喻也。……此章人多只就天地上説，不知老子之意。正要就心上理會。如此兼看，方得此書之全意。

與其説窮天地等事物之理，不如説是關心心的狀態。莊子口義大宗師篇云：「不以心捐道，即心是道，心外無道也。」是在心中求道之學。更具體地説，是求「無心」（老子口義第十五章、第二十九章，莊子口義人間世篇、大宗師篇、知北遊篇）、「虚心」（老子口義第二十二章）、「不動心」（老子口義第五十五章，莊子口義知北遊篇），求「不容心」于事物（老子口義第三章、第四章、第六章）。希逸的這種心學，包含很多與朱子學不一致的地方，自不待言（荒木）。

又他雖是儒者，而用心研究老莊與佛教（禪宗），視老莊與佛教爲完全相同的東西，而爲之傾倒。例如莊子口義發題云：「大藏經五百四十函，皆自此中紬繹出。」駢拇篇引經文又云：「此數語中，如所謂聰者，非謂其聞彼也，自聞而已矣。所謂明者，非謂其見彼也，自見而已矣，一大藏經不過此意。」是把莊子與大藏經完全等同起來了。他青年時親近佛書（及老莊），傾倒于佛教，似有其師樂軒（陳藻）以至更溯到艾軒（林光朝）的影響。莊子口義發題云：「希逸少嘗有聞於樂軒，因樂軒而聞艾軒之説，文字血脉稍知梗概。又頗嘗涉獵佛書，而後悟其縱横變化之機，自謂於此書稍有所得，實前人所未盡究者。」駢拇篇也説：「先師嘗曰：佛書最好證吾書，證則易曉也。」不僅受其先師影響，似乎他自己也有求于佛教，與當時的禪僧們結了友誼。例如他爲同鄉人枯崖冏悟所編枯崖和尚漫録寫的跋文云：「此集所記，皆近世善知識也。中間柔萬庵、元雙杉，皆余舊方外友也。」（景定四年（一二六三））（荒木）

所以，以儒學爲本，同時也傾倒于老莊及佛教的林希逸的思想，正是典型的三教一致論。但其師樂軒以儒學爲形而下之學，佛教爲形而上之學，「樂軒曰：儒者悟道則其心愈細，禪家悟道則其心愈粗」（莊子口義在宥篇），認爲在任務各有分擔的基礎上，期待着高層次的一致；而希逸更進一步，主張老莊與佛教直接即是儒學。莊子口義在宥：「觀此一段，莊子依舊是理會事底人，非止談説虚無而已。伊川言釋氏有上達而無下學，此語極好。但如此數語中，又有近於下學處，又有精粗不相離之意。」他在此處明顯地認爲莊子即釋氏，主張那些不僅是形而上的「虚無」、「上達」、「粗」，而且具有形而下的「事」、「下學」、「精」。

但是，希逸這樣對形而下的事物的關心，並非走向窮事物之理的方向。老子口義發題云：「大抵老子之書，其言皆借物以明道，或因時世習尚就以諭之。」可知他對老子關心的不是物而是道。這個道即上述之「無心」，因而上引所謂「理會事」，實即胸中懷抱「無心」，同時現實地處理「事」。如老子口義中，作爲中心主題而追求的，正是胸中懷抱那樣的「道」的聖人處理「物」的方式（第三章、第五章、第七章）。

以上所述林希逸的三教一致論，當然是與朱子學之排佛、排老莊相對立的。朱子之排佛乃衆所周知，此處不談。僅就排老而言，朱子語類卷一百二十五「老莊」下云：「老子極勞攘。」對此希逸在上引老子口義發題已提及，緊接又云：「而讀者未得其所以言。故晦翁以爲老子勞攘。」加以批判。他認爲，朱子對老子的認識是只見表面的淺薄的看法。

（五）江户時代莊子鬳齋口義的盛衰

江户時代初期到十八世紀三四十年代，盛行根據口義來讀老子、莊子、列子。元文五年（一七四〇）近藤舜政的老子答問書説：

老子注自韓非子解老、喻老而後，有嚴君平之指歸，河上公之章句，王弼注，周弘政疏，張機老子義，玄宗之御注，陸希聲注，蘇子由解，林希逸口義，無垢子之注，老莊翼，老莊翼注，陶周望解，林兆恩注，邵弁老莊匯詮，憨山之注，蒙山之注等，此外尚有多種，其大致如此。……何以我邦盛行鬳齋之口義？莊子、列子亦皆如此。又元禄十五年（一七〇二）刊行之倭版書籍考諸子百家之部莊子項下，載有莊子注疏及莊子口義，莊子注疏下所附解説云：「晉郭象注，唐玄英法師疏也。莊子之古注也。看莊子當先依注疏，不應只專看林氏口義。」如果反過來看，這段材料好象告訴我們，當時專門只看林氏口義的人是如何多了。再者老子項下只載老子經口義一種，解説云：「口義爲晚宋儒者福州林希逸作。老子諸注中無有勝于口義之注解者。……倭訓始出自羅山先生。」列子項下亦只載列子口義一種。

到江户時代已過半，荻生徂徠出現，他重視郭象注的時候，林希逸的口義于是急劇失勢了。荻生徂徠完全排斥林希逸的三部口義，説：「要之，漢以前之書籍老莊列之類益人知見，林希逸之解則不佳。」（享保十二年（一七二七）之答問書下）還必須注意此一事實，即荻生徂徠之高足服部南郭于元文四年（一七三九）校訂刊行了郭注莊子。南郭的門人杜多秀峰于寬政四年（一七九二）出版了詳細研究郭象注的郭注莊子覈玄，也值得注意。

再看老子，寬保三年（一七四三）渡邊操（號蒙庵）的老子愚解自序中説：「今世人讀老子者，多賴林鬳齋口義，視我鄉小子學生亦猶爾。陳者取其書詳讀之，其解與經文不相合居多。」這是比較早批判口義的。蒙庵之師是太宰春台。此書之末附有春台所撰春台先生與操書，其中云：「河上公之説不傳，今所有者，宋以後人之僞作也。……希逸氏見之，其將夜遁。痛快痛快。」相當于徂徠再傳弟子的户崎允明也在明和六年（一七七二）的老子正訓自序中説：「王林諸家囿清言之弊，修辭之際，强解屢爏矣，此以意害辭也。」批判了王弼和林希逸（大野）。

爲什麽荻生徂徠和他的門人等（徂徠學派）重視郭象注呢？第一是思想上的理由，即郭象注中包含有「知足安分」思想。如果想知道「知足安分」爲郭象注突出的特色，試比較逍遥遊篇首章郭象注和口義即可了解。我認爲，徂徠學派是期待使「知足安分」思想爲鞏固江户時代「士農工商」的身分制起作用的（關於郭象思想的研究，我想日本東大文學部户川芳郎教授的郭象的政治思想及其莊子注，一九六六年，日本中國學報十八，爲最好）。徂徠學派同時也注意研究荀子，認爲他的「分」的思想頗有意義（這個問題，即荀子思想對徂徠學派具有什麽意義，尚有待研究）。徂徠學派上述這樣學問上思想上的組合，基本上是與江户時代中期的社會、政治動向相一致的。進入十八世紀以後，徂徠學派上升到日本顯學的地位。這樣，隨着徂徠學派的抬頭和盛行，郭象注受到重視，口義逐漸衰落下去。荻生徂徠的高足太宰春台在所著紫芝園漫筆卷五中斥責説：「林希逸老莊口義，最爲鈍劣淺學，不足取已。」

第二，仍是思想上理由，他們對三教一致論抱有疑問，要使儒學成爲純粹儒學，老莊也好，佛教也好，都各自純化。春台在卷八又説：

宋儒之愚者，當以林希逸爲最矣。夫爲老列莊三子著口義，往往傅會以釋氏之説，又時以吾聖人之道較之。夫三子之所以爲道，與吾聖人皆異其指。雖間有如同者，但其末而已。希逸見之，因欲合而一之。所謂不揣其本而齊其末者也。既不知三子，又不知釋氏之道，何況吾聖人之道乎？

他批判了林希逸的三教一致論。在日本思想史上，不借助老莊佛教，作爲獨立思想研究儒學，是日本思想發展史上必然的方向之一。

第三，是學問上的理由。上引太宰春台的文章，顯示出學術上不依照佛教，也不依照儒學，而是按照老列莊來研究老列莊，這是值得注意的。這個姿態與徂徠所提倡的古文辭學密切相關。以老列莊爲首的諸子百家各按其固有的語言，固有的邏輯來理解，有關中國古代文化的實證的學術因而取得很大成果。讀莊子時，口義固不必論，對郭象注也不滿足，更溯根本，必須校定本文，與諸子百家對照比較，去把握莊子的真義，于是日本學者自己寫出了各自的注釋(武内、福永光司)。

在上述思想的學術發展情況下,林希逸的口義遂被朱子學所揚棄。朱子學者貝原益軒愼思録卷五説:「老莊之説固與聖人之道懸絶,論之不可不嚴。……林希逸取宋儒之意註老莊,然與老莊之本意不相合者多矣。」也作了批判。禪僧無隱道費在心學典論卷一中也説:「希逸雖讀佛書,而不達佛理,其言甚無謂矣。」從佛教方面,林希逸口義也開始被視爲不好的書。

這樣,林希逸的莊子鬳齋口義從十八世紀中葉以後,就已完全不被重視了。

一九八六·四·二八稿

一九八七·二·二補

(原載二松學舍大學論集第三十一號)

林希逸三子鬳齋口義的主要觀點、方法及其對中國老莊注釋的影響*

周啓成

林希逸是中國十二世紀的思想家、詩人，他所著三子鬳齋口義以其獨特的觀點、方法在中國老莊學史上可説是獨樹一幟，對後世老莊注釋産生過重大影響。此書還曾傳入日本及朝鮮半島等地，一時相當流行，對這些國家的思想界也産生過較大影響。

我曾對林希逸的莊子鬳齋口義作過校注工作(莊子鬳齋口義校注一書一九九七年由中華書局出版)，對林希逸的思想及其注釋手法有一定認識，此外對於三子鬳齋口義對後世的影響也曾作過初步探討，下面就來談談我的一點認識。由於我偏處中國東南一隅，所見資料不全，更兼學識淺陋，因而難免挂一漏萬、以偏概全之誤，則望學者、專家不吝賜教。

* 本文爲二〇〇三年在日本東方學會第四十八届國際東方學者會議的發言。

一、林希逸的學術淵源及三子鬳齋口義的主要觀點、方法

林希逸，字肅翁，號鬳齋，南宋福建路福清縣人。他的著作頗豐，現在考知，幾乎遍及經、史、子、集四部，只是一部分已經散佚了。

林希逸是理學家，屬艾軒學派，他的學術淵源如下圖所示：

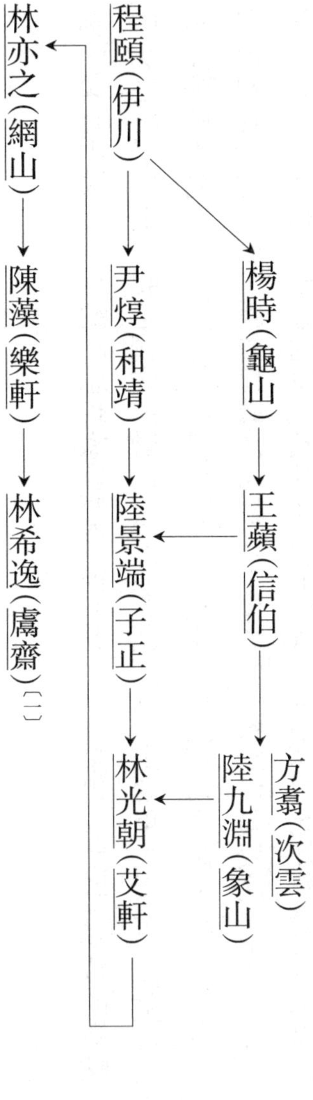

請注意林光朝的思想來源。林光朝是艾軒學派的創始人，他受了三方面的影響：一是由尹焞到陸景端而到林光朝；一是由王蘋到陸景端而到林光朝；還有是由作爲艾軒講友的方翥、陸九淵而到林光朝的思想影響。

值得注意的是王蘋這一條綫。王蘋是程頤的小弟子，又師事同門楊時。王蘋在講學中常引用禪學和道家理論，認爲三教只是「門户各别」而已。全祖望在宋元學案按語指出，王蘋的學問「近禪」，而林光朝則從尹焞得到的少，而從王蘋受到的多，所以他實在是先於陸九淵而湧現出來的具有心學傾向的學者。〔二〕林希逸作爲艾軒學派的第四代弟子，劉克莊就曾説他的學問也是「近禪」〔三〕，他在三子鬳齋口義中公開地、毫不避諱地大量引用禪學及道家理論，這在衆多理學派别中實在是有點驚世駭俗，毫無疑問，這和林光朝一派的學術特點有很大關係。日本著名的老莊研究學者池田知久教授指出：「以儒學爲本，同時也傾倒於老莊及佛教的林希逸的思想，正是典型的三教一致論。」〔四〕這個論斷無疑十分精闢。

艾軒學派還有一個特點，就是重視文章。林希逸在到興化軍任地方官時對當地學子説：「初疑漢儒不達性命，洛學不好文辭，使知性與天道不在文章外者，自福清兩夫子（指林亦之、陳藻）始，學者不可不知信從也。」〔五〕這是説從林亦之、陳藻開始的艾軒學派，重視文章，認爲文章和義理不可分割，不可偏廢，這和輕視文辭的洛學有很大區别。在林林總總的宋代理學派别中，講究文章技巧的分析，無疑是艾軒學派的一個重要特點，甚至可説是一個背離理學傳統的特點。

莊子口義是三子口義中最先成書的一部，此書在寶祐六年（一二五八）完稿。當時正是權相丁大全勢力最盛大之時，林希逸仕途不得意，退居鄉里，注莊解憂。老子鬳齋口義及列子鬳齋口義則作于景定年間，政治處境已有所改變了。

林希逸在莊子口義的發題中談到莊子一書五大難讀之處及解決的途徑時説：

此書所言仁義、性命之類，字義皆與吾書不同，一難也；其意欲與吾夫子爭衡，故其言多過當，二難也；鄙略中下之人，如佛書所謂爲最上乘者説，故其言每每過高，三難也；又其筆端鼓舞變化，皆不可以尋常文字蹊徑求之，四難也；況語脉機鋒，多如禪家頓宗所謂劍刃上事，吾儒書中未嘗有此，五難也；是必精於語、孟、中庸、大學等書，見理素定，識文字血脉，知禪宗解數，具此眼目而後知其言意一一有所歸着，未嘗不跌蕩，未嘗不戲劇，而大綱領、大宗旨未嘗與聖人異也。〔六〕

這實是林希逸對於他注莊所取的主要觀點、方法的一個總説明。他基本上是站在理學的立場上，但同時也容納了禪宗哲學。他的基本看法是莊子「大綱領、大宗旨未嘗與聖人異」。從此出發，他運用師傳的解析文章的技法，也使用了禪宗的參悟本領，對莊子所用概念加以考訂，對於所謂「過當處」、「鼓舞處」、「戲劇處」一一加以廓清，努力使莊子本義得以顯露在讀者面前。細析莊子鬳齋口義一書，可以看出，以理學解莊、以佛學解莊，有得也有失。

林希逸列子口義的觀點和莊子口義基本相似，也用佛學和理學來注釋。他認爲「莊列源流本一宗，微言妙趣不妨同」〔七〕。故列子口義中總是「莊列」並舉，謂「莊列皆一宗之學」，而不把老子算在其中。對於列子口義一書，值得重視的是林希逸對列子的篇章考訂。他認爲「列子非全書」，在流傳過程中已經殘佚一部分，又羼入了一些別人的文字，所以不完整，不純粹，理論上不如莊子精彩。他辨析列子的文字，一是從與老子、莊子、穆天子傳、考工記等書相同相似的段落加以對比，由於他的博學，所以列舉十分詳細。他在對比後下結論時卻很慎重，多數存疑，極少斷定孰先孰後。其二，也從文字的風格來辨析，他認爲那些表達太「直截」、「太露筋骨」的部分，都非列子原作。其三，他主要從莊子學來理解列子一書的理論體系。有少部分篇章在其他書中未見，又合於莊子理論，而文字渾成、含蓄，他就斷爲是列子「本書」。對列子的楊朱、説符二篇，他認爲其理論逾越出莊子理論的範疇，所以都是「後人所雜」，這是很有見解的。

林希逸在老子口義中談到他的總觀點和方法時，認爲和莊子相比，老子有其特殊的地方。此書也有一則發題，很值得注意：

「大抵老子之書，其言皆借物以明道，或因時世習尚，就以諭之，而讀者未得其所以言……獨穎濱（指蘇轍）起而明之，可謂得其近似。而文義語脉未能盡通，其間窒礙亦不少。且謂其多與佛書合，此却不然。莊子，宗老子者也，其言實異於老子，故其自序以「生與死與」爲主，具見天下篇，所以多合於佛書。若老子所謂無爲而自化，不爭而善勝，皆不畔於吾書，其所異者，特矯世憤俗之辭時有太過耳……然則前輩諸儒亦未嘗不與之，但以其借諭之語皆爲指實言之，所以未免有所貶議也。」〔八〕

這裏他指出老莊在思想上實同中有異，他認爲莊子近於佛書，而老子則多合於儒學，所以老子口義中較少運用佛理來對比老子思想。他還認爲老子憤世疾俗之辭有時説得過分，有時借諭之辭被人當作實指，所以在讀者中就産生了誤解。通讀老子口義一書，我們會發現，林希逸常把老子一些對現實强烈批判的論見，一些對近似儒家的思想予以抨擊的文字（從郭店楚簡看，這不是老子原意），作爲比喻，使其批判色彩淡化，努力把老子一書變成一部指導修身養性的書。

林希逸三子鬳齋口義對於老、莊、列文章的技巧頗注意論析，他特别着重論析莊子篇章的結構、「筆勢」及修辭手法。他很重視文章的開頭結尾，譬如對在宥篇，他説：「『聞在宥天下，不聞治天下也。』此篇又做一句破題，又是一體。」對於内篇七篇，他説：「文字最看歸結處，如上七篇，篇篇結得别。」他評論莊子文章的「筆勢」説：「説得一節高一節，此是莊子之筆勢，若聖賢之言，則平易而已。」（大宗師）此外對於莊子行文的誇張、對比、描摹等手法，他都有細緻的評析。

林希逸三子口義問世之後，歷經元、明、清七百多年，在中國老莊學史上曾産生過較顯著、較大的影響。僅就筆者所見的部分歷代老子注、莊子注、列子注看，這種影響又是不一樣的。莊子口義在歷代莊子注中起了劃時代的影響，可以説是開啓了明清以來莊子注的一個新天地；而老子口義在歷代老子注中有一定影響，但不是非常顯著；而列子口義則未見後人重視。

後世老、莊注家由於各自的學術背景不同，所以他們對林希逸口義的吸收也各自不同，有的推崇備至，有的則部分吸收，也有的擯棄不用，就是接受其影響的，也常根據自己觀點而加以修正、發展，因而表現出各種各樣的形態。下面且作一個不完全的概述。

二、老子鬳齋口義對後世的影響

老子注中牽合儒、佛的理論，唐宋以來，已成風氣。成玄英運用佛學、道教的觀點來解老，引莊子來證老子；後來的陸希聲則認爲：「蓋仲尼之術興於文，文以治情；老氏之術本於質，質以復性。性情之極，聖人所不能異；文質之變，萬世不能一也。」所以，兩家殊途同歸，「孔老之術不相悖」〔九〕。王安石、王雱父子都注老子，會通儒、道，把老子理論納入經世之學中。蘇轍的老子解則標舉「復性」，説「孔老爲一」，「佛老不二」〔一〇〕。宋徽宗在他的御注中也力圖把儒、道「合而同之」。邵若愚注老則多引釋氏、張平叔等人之見。董思靖則多引司馬光、程伊川之説。

林希逸老子口義問世之後，最早注意此書的是劉辰翁（劉須溪），在他評點的老子道德經二卷〔一一〕中只取林希逸口義一家，每章都照録口義原文，一字不漏。南宋之前，注老子者有多少家？只取口義，可見對林注是如何取重了。細析此書中全部劉評，可以看到，三分之二以上的評論是同意口義，或者基本同意口義之見的。第五章評論口義對老子「天地不仁，以萬物爲芻狗」的注釋時甚至説：「林解芻狗極是。」在不少章中，只録口義，未措一辭，可見是完全同意鬳齋之見了。劉的多數評語，只是在口義的基礎上加以伸説、補充，而不是駁斥口義的。

此書也有十幾章對口義提出尖刻的批評，如第四章、第六十七章就連批三個「非」字，第三章批個「謬」字，第六十章批一「謬」、一「非」字，第六十三章批「小兒之見」，等等，不一而足。這是由於林希逸和劉辰翁二人在評注老子上的出發點本來不同，林希逸在發題中就説明，老子合儒書而不合佛書，所以老子口義中引用佛書甚少，而劉辰翁則多就佛學來論老子。從第一章的闡釋中就可見二人在評注老子上的出發點本來不同。林希逸主要就儒家之道來解釋老子之論，認爲此章是論天地之始、人心之始。他説：「有與無，雖爲兩者，雖有異名，其實同出，能常無常有以觀之，則皆謂之玄。玄者，造化之妙也。以此而觀，則老子之學，何嘗專尚虚無？」而劉辰翁則認爲：「凡有必歸於盡，不壞不滅者，其惟無乎？知天地之始，則知所謂無者矣。有字只是對無字説，妙在常無。母者、徼者，直閲而玩之耳。徼，猶邊徼。有無之際，非有不能見無故也。」「如林解則與儒者之學相近，甚不爲玄也。尚未識意，安得又玄？」

劉辰翁對林希逸的批評，多數較牽强。如第三章是老子談其治民的理論，口義釋得很平實，而劉辰翁則直批「謬」字，説：「此處兼養生説了，而非虚人之心，實人之腹也。」其實，他的論見則未免引申過遠，而非老子本意。

四庫全書編者曾評論劉辰翁「其點論古書，尤好爲纖詭新穎之詞」〔一二〕。此病似乎在評點老子中也存在。後人也有爲林希逸不平者，清黄文蓮老子道德經訂注在談到第四章中劉辰翁對林希逸的批評時説：「愚按，劉氏每以林解爲非，而不知此處所解亦誤。」〔一三〕是的，劉辰翁對林希逸的批評，常常也是站在錯誤的立場上的批評。但是，我們更要認識到劉辰翁獨取林希逸老子口義，這種總體評價上的肯定和取重，也是注家中極少見的。

到元代，有劉惟永、丁昌東編集道德真經集義，雖羅列各家，但每章必引「林鬳齋」，足見對老子口義的推重了。〔一四〕本書把老子口義作爲以儒學觀點解老的代表，首章末引石潭（即丁易東的看法）：「老子之解多矣，以學儒者解之，多以儒之所謂道者言之，若程泰之、林竹溪之類是也。」

明初老子一書即受重視，明太祖有御注問世。當時設有政府部門管理道教事務，道士必須通曉道教經義，方可授以度牒。在這種情況下，道士危大有編成道德真經集義一書，僅採集河上公等十二家注，其中就包括口義一家，多次引到「林氏」。危大有認爲，老子「非特道經之祖也，三教諸經亦豈外此而別有其理哉？」〔一五〕從一個道士看來，老子思想竟可以包容三教之廣了。

林希逸老子口義常常把老子一些有悖於儒家觀念的對當政者的强烈批判的文字作爲比喻，使其批判色彩淡化，危大有的集義，也接受了這種觀點。如第十八章，林希逸把「智慧出，有大僞」等三句皆作「譬喻」，危大有也把這種觀點列於首位加以接受。又如五十三章，老子强烈抨擊那些窮奢極欲的統治者爲「盜夸」，而林希逸稱之爲「譬喻之語也」，危大有也採録了這種看法。集義本是爲應付國家考試而編的教科書，林希逸口義這種減弱老子批判鋒芒的做法，正適合於當政者所選用。由此我聯想到日本江户時代德川幕府儒官林羅山，他推重老子鬳齋口義，思想上恐怕也有類似的出發點吧。

德清是明代的名僧，他不但有很深的佛學修養，而且熟讀四書、易經，尤喜老莊。他曾注老子與莊子内篇，以老莊宗旨與佛家融合，也用以比附儒家思想，有很强的三教一致的傾向。德清的莊子注比老子注更有名，但其實他的老子道德經解同樣值得重視。此書雖未直接引用老子鬳齋口義，但其實這二者有着密切的内在聯繫。德清老子道德經解的開頭，有着長篇發明宗旨的論説，其中一段這樣的文字：

「愚謂看老莊者，先要熟覽教乘，精透楞嚴，融會吾佛破執之論，則不被他文字所惑。然後精修静定，工夫純熟，用心微細，方見此老工夫苦切。」〔一六〕

這段話與前面所引林希逸莊子鬳齋口義的發題中的一段話相比，從注老莊的觀點、方法上看，何其相似。德清要求讀者「不被他文字所惑」，而林希逸則在注釋中一再提出不要理會老子的「鼓舞之文」、「憤世」之言、「借喻之語」，二者一致。但也有差别：林希逸是站在孔門理學家的立場上，融合佛、道二氏；而德清則是立足佛門，去融會儒、道。對儒、道二家源流的關係，德清説：「愚嘗竊謂：孔聖若不知老子，決不快活，若不知佛，決不奈煩。老子若不知孔，決不口口説無爲而治，若不知佛，決不能以慈悲爲實。佛若不經世，決不在世間教化衆生。愚意孔、老即佛之化身也。」這種不顧文化史源流實際，把儒、佛、道三家任意加以比併的做法，也和林希逸極其相似。林希逸在莊子口義發題中説：「大藏經五百四十函皆自此中紬繹出。」又説：「子細看來，大藏經中許多説話，多出於此。」（見知北遊篇口義）

林希逸注老子常把老子評論政事的實寫之言作爲借喻，從而曲解老子本意，德清注老子也有這種情況。如六十九章，是老子談兵的重要章節，口義謂「此章全是借戰事以喻道，推此則書中借喻處其例甚明」。德清則注曰：「此章舊解多在用兵上説，全不得老子主意。今觀初一句，乃借用兵之言，至輕敵喪寶則了然明白，是釋上慈字，以明不爭之德耳。」這樣的注釋其實反而把老子的重要軍事思想模糊了。

到清乾隆年間，有黄文蓮老子道德經訂注一書。此書參考諸家之見，大約四分之一章節都引用到老子鬳齋口義，主要在於詞語訓釋方面，對比各家注釋後，常稱「林説爲是」，「林説爲優」，〔一七〕顯示出對林注的取重。

三、莊子鬳齋口義對後世的影響

林希逸之前，已有人用佛學來解莊，支遁已開其端，成玄英雖是道士，其實疏中佛理也不少，王雱新傳也引過一點。然而大量直接引用佛家的概念、命題來和莊子對比，則是林希逸口義所特有。在以儒解莊方面，王安石、蘇軾固然已經建立了莊子「有意於天下之弊而存聖人之道」〔一八〕、「陽擠而陰助」〔一九〕的理論，但是大量直接引用儒家的概念、論斷來與莊子對照，細緻證實其説的則是林希逸。從文字上來解莊、評莊方面，也可以説濫觴於口義。蘇軾雖已極推重莊子文章，但是直到林希逸，才一方面依據文字的分析，尋繹莊學的理論系統的義脉，一方面又從文章學的角度來賞鑒莊子文章的種種妙處。林希逸的莊子口義可説從以上三方面都對後世莊學產生了重要的影響。

莊子鬳齋口義問世不到十年，褚伯秀纂集南華真經義海纂微，共收録十三家注釋，口義爲其一。有趣的是，此書湯漢序説：「近時釋莊者益衆，其説亦有超於昔人。然未免翼以吾聖人言，挾以禪門關鍵，似則似矣，是則未是。」〔二〇〕這明顯是不滿口義這一類莊注，但當時三教融合的潮流實在太强大了，褚伯秀根本没有顧及湯漢等人之見。在此書中「林氏鬳齋口義」雖因時近而排列在諸家之末，但經常整段引録，極受重視。

此後不久又有劉辰翁（劉須溪）評點的莊子南華真經，此書除點校外，有大量解釋，除林希逸外，很少引用他人意見，可説對口義極爲推重。雖然此書大旨與林希逸相同，但是在多處批評口義：「林解多不通」，「林解每欲求異」，「林亦何嘗知禪林本色哉？其言修煉亦然。」〔二二〕這種情況和他評老子口義相同。

明代中後期有個道士名叫陸西星，他早年習儒，廣泛涉獵儒、釋、道各家之書，信奉道教後，在内丹理論方面有重要見解。他力主三教同一之説，在所著南華真經副墨的序中説：「予嘗謂，震旦之聖南華，竺西之貝典也。貝典專譚實相，而此兼之命宗。蓋妙竅同玄，實大乘之秘旨。學二氏者，烏可以不讀南華？」〔二三〕他接着用莊子的命題和道經佛典一一作對比，來證明他的觀點。歷代莊子注何其多，他最稱道的只有郭象、林希逸二家，但對這二家他也指出其不足：「昔晉人郭象首註此經，影響支離，多涉夢語；鬳齋口義，頗稱疏暢，而通方未徹，挂漏仍多。是知千慮一失，在實知猶不能免。」實際就把林希逸口義放在近世最高成就位置上了。他説他這部副墨正是在郭、林二家之注的基礎上，「參訂異同」而成。

陸西星也與劉須溪一樣，雖極爲推重林希逸，在具體注釋中，卻多次批評口義，説林鬳齋看得不透。例如下面這一段：

莊子齊物論：「若是而可謂成乎，雖我亦成也；是而不可謂成乎，物與我無成也。是故滑疑之耀，聖人所圖也。爲是不用而寓諸庸，此之謂以明。」

林希逸口義：「凡天下之事，若只據其所能而可以爲了當，則我之現前所能者謂之了當亦可也；若據此現前者未爲了當，則凡天下之人與我，皆不得謂之了當。成，猶言了當也。」「滑疑，言不分不曉也，滑亂而可疑，似明而不明也。耀，明也。聖人之心其所主者未嘗着迹，故其所見之處若有若無。圖，欲也，言聖人之所欲者如此也。所以去其是不用而寓諸尋常之中，此之謂以明。」

陸西星副墨：「此四句亦最難看，意會似言有成有虧，乃是定數，你我皆落成虧套中，不能自脱，成則我亦與之俱成，虧則我亦與之俱虧，故曰若是而可謂成乎，雖我亦成也，若是而不可謂成乎，物與我無成也。此箇套子，自既有是非之後，輾轉相因，誰能解脱？惟有聖人不落此套，故滑疑之耀，聖人所圖，爲是不用而寓諸庸，便不落此套。滑者，捉不住，疑者，見不殺，皆爲是不用之意。滑疑之耀，乃不明之明也，與非所明而明之彼者，大是天淵。蓋不用己是則無愛成，無愛成則無道虧矣。聖人只明得此理，故曰此之謂以明。此章正好與老子光而不耀，廉而不劌同看，熟老子者方可以看莊子。林鬳齋自謂看得莊子精到，此處却説不透徹，不知此老如何着眼。」

對照此處口義與副墨之見，可以看得出，陸西星在解釋莊子這段話時認爲，聖人不落成虧套子之中，没有主觀成見，則超於物論是非之上，這其實是最有見識的做法，是真正的「明」，這就是所謂以明。這是看得比較透徹的。而林希逸從「聖人之心其所主者未嘗着迹」來解釋，不能説錯，但的確不及陸見明晰。陸西星的見解明顯表現出心學的色彩，重在心内用工夫。在南華真經副墨之中這一類對口義的批評還可以看得到，有的説得是，有的也略牽强，但總地説，從總的觀點、方法上説，都還是走在林希逸開拓的學術道路上。平心而論，林希逸用佛學、儒學解莊，雖有助於闡解莊義，但是粗糙、膚淺之處也不少，後世學者的補充修正，正是一種必然的趨勢。作爲林派莊注的重鎮的陸西星的副墨，對於以後清代莊學則産生了不小的影響。

在其他明代莊注中，口義的影子也隨處可見。焦竑是一個融合儒、佛、道思想爲一爐的人，他的老子翼中雖然較少提到林希逸，而莊子翼中卻有二十多處提到口義，可見思想上的共鳴。又方以智的藥地炮莊，也多處摘引口義，但未按原文直録，只作爲他「炮莊」的諸多材料之一。還有徐曉的南華日抄，他説林希逸「稱莊子究歸無得罪於」聖門云爾，謂之知莊子可也，謂之盡莊子之藴則未也」，莊子「豈特無得罪於聖門而已哉？」故録林説「而敢附鄙見於後」。〔一三〕他的觀點是莊子大有功於儒家了，這則是站在捍衛儒學的立場上來進一步發展林希逸的理論了。

評析文字，是林希逸莊子口義的一個重要特點。明羅勉道南華真經循本一書中也多言莊子的文法，譬如卷一逍遥游中談到：「轉接處多用『且夫』、『請試言之』等，讀者若知此機括，亦使文字不斷。」又如評「小知不及大知」説：「二知字皆平聲，綴上知字起下。莊子文法多如此。」[二四]對比口義評齊物論中「汝聞人籟而未聞地籟」所説：「前曰獨不聞，後曰獨不見，此一段文字之關鎖也。」二者不是極爲相像嗎？羅勉道對莊子「文法」的評析，可以説是完全走在林希逸口義的道路上。

林希逸在口義中多次指出，莊子中不少地方行文有「鼓舞處」，有「戲劇處」，讀來不可過於當真，又有些地方往往説得「過當」、「過高」，實際用意倒並非如此。明僧德清的莊子内篇注中也承繼了這一觀點，他在評析逍遥遊一篇時告誡説：「此篇立意，以至人無己、聖人無功、神人無名爲骨子。立定主意，只説到後方才指出，此是他文章變化鼓舞處。學者若識得立言本意，則一書之旨了然矣。」[二五]又如對此篇中的寓言，他又評説：「言雖戲劇，而心良苦矣。此等文要得其趣，則不可以正解。」他多次從剖析莊子「文章波瀾血脉」入手，來發掘莊子思想的底藴，這種做法正是和自詡「見理素定，識文字血脉」的林鬳齋是一致的。

明代有方虚名南華真經旁注[二六]一書，此書體制是在莊子本文旁邊加小字注，注釋字句（書名旁注大約即由此而來），書眉加評語，每篇下有題解。表面看似乎並没有十分推重林希逸口義，只在天地篇的評語中提到林希逸對「合喙鳴，喙鳴合」的詮釋說：「林云：合喙，不言也；鳴，言也……」其實細察一下旁注全書，就可以發現，此書大量地引用口義，只不過都不注出處。內篇各篇的題解，全部録自口義。評注中迻録口義也甚多，如大宗師篇注釋「假於異物，託於同體」一語，引用了圓覺經「地水火風」之論，駢拇篇注釋「夫不自見而見彼」的「彼」字，提到「禪家所謂狂犬逐塊，所謂幻花又生幻果」等語，其實都是録之於口義。這樣的地方極多，在明清莊注中，像旁注這樣大量不公開摘録口義的做法，極爲少見。

旁注一書十分注重章法、句法、字法，評語中頻繁地注明這些字眼，提醒讀者注意。譬如他在評人間世首章仲尼答顔回的話時指出：「連用四且字。」在他看來，這就是字法。評語中這類對文章開頭、結尾、呼應技巧的分析極多，繁碎而膚淺，模仿口義，但可取者甚少。

清初有明遺民胡文蔚南華真經合注吹影，此書採集衆家，而十分推崇林希逸口義。其後有林雲銘的莊子因一書，林雲銘服膺陸西星，多引其見，而陸西星正是推重和追隨林希逸的，所以可以説，林雲銘在注莊的路子上還是走的林希逸一派。他認爲，「莊子旨近老氏，人皆知之，然其中或有類於儒書，或有類於禪教，合三氏之長者，方許讀此書」。

譬如繕性一篇所論「知與恬交相養」，口義用佛學靜、定的關係來詮釋，莊子因也是從此來注釋。又如則陽篇末，林雲銘説：「佛法之在中國也，何嘗自天竺求書始哉？」〔二七〕這種觀點也是襲自于林希逸大藏經源自莊子之論。

康熙年間宣穎的南華經解也是一部重要莊注。宣穎在自序中認爲莊子思想其實是與中庸相表裏，而不是佛學的先驅。在以後的論述中他又進一步指出莊學與佛學的不同。這一點很有見解。但在注莊之中，他又常引佛典來解莊，有些方面簡直直接從口義中去摘取了。如駢拇篇末，釋「夫不自見而見彼，不自得而得彼」二句，口義説：「這一彼字，不是輕可下得，禪家所謂狂犬逐塊，所謂幻花又生幻果，便是這個彼字。」宣穎的注釋是：「彼字妙，無端相逐，不可定其爲誰也，禪家所謂狂犬逐塊，又所謂幻花又生幻果是也。」〔二八〕二者幾乎完全一樣。

宣穎在文字的評析方面比起林希逸來要詳密得多，他在文中多次提到「孫月峰」，這指的是明代評點派文學家孫鑛，孫鑛從時文技巧的角度極力從古代經典中去尋求文章繩墨布置之法。這種文學批評方面的潮流也影響到宣穎，所以他比之口義之評文則又要進步多了。此外胡文英莊子獨見、孫嘉淦南華通都對莊子文章的技法作了類似的評析。其後又有劉鳳苞南華雪心編，很推崇宣穎注，謂「宣茂公分肌析理，論文最詳，故篇中證引頗多」〔二九〕。這當屬於注意評析莊文的林希逸一派的餘響了。

清陸樹芝有莊子雪〔三〇〕一書，此書前有讀莊子雜説一篇，極力爲莊子辯解，認爲莊子實際是並不反孔，「其意正欲駕老子之上，爲奇之極至，而陰以助孔也」。這是完全承繼了蘇軾「陽擠陰助」之説，與林希逸一脉相通。因此此書中引用口義之處很多，顯示出對林希逸之見的重視。

還有劉鴻典的莊子約解一書，這人也力主莊子不非孔，此書序説：「莊子之尊孔子，其功不在孟子下也。」他又在此書「凡例」中提出：「後世三教分門，而其初則祇有一道也。」「三教聖人，皆同此理，所以註中雜引佛經、道書等語，祇求合於莊子之旨，非有心於附會也。」〔三一〕這種觀點和方法都和林希逸完全一致，所以他所引的諸家之見中，口義佔很大一部分，林希逸之受推重，可想而知了。

綜觀三子鬳齋口義對宋以後老莊注釋的影響，可以得到以下兩點認識：

其一，三子鬳齋口義的影響和三教融合的潮流緊密相關（雖然同時也有來自儒家的排斥佛、老的呼聲）。理學在南宋末年成爲官學，朱學陸學逐漸接近，而明代則出現了王陽明這一心學巨擘，理學和佛學、道教相接近，就成了自然之勢。佛教方面則禪宗勢力大爲擴張，臨濟宗向南方擴展，尤其是其中分出的楊歧派更爲十分盛大，雲門、曹洞諸宗也在逐漸擴大。不少高僧都表現出向儒道妥協的傾向。而道教在宋、明兩代都曾受到皇家的提倡，張伯端、王重陽都有推重儒佛的主張。三教的融合既是適合皇家思想統治的需要，在理論上也有日漸契合的一面。林希逸三子鬳齋口義正是適合了這一思想潮流，其受到重視自不是偶然。後世莊注中，德清、陸西星、宣穎受口義影響最大，他們在各自身份上自有釋子、道徒、儒士的區別，但是在三教融合的理論上没有太大的分歧。當然，同中也有異，他們有的以佛爲主，有的以儒爲主，也有的兼而重之。在這條以佛以儒注釋老莊的道路上，他們都追隨著林希逸，可是越往前走，越看到林希逸理論之不足，於是也對林希逸提出批評。這些後學的批評並不是貶低林希逸，其實倒是説明他們對林希逸的重視、繼承和發展。但是隨著清代樸學的興起，這種三教融合論在老、莊注釋中還是逐漸式微了。這種情況和日本學術史上三子鬳齋口義的盛衰，也有相似之處。

其二，三子鬳齋口義的影響和文學批評的潮流相關。宋末至元在科舉考試推動下，文壇上極講「文法」，例如謝枋得的文章軌範，此書對文章的文體、氣格、起始轉折作了詳細的論述。宋代政壇上駢文是官書的主要形式，對駢文做法的探討，也影響到對「文法」的探討。林希逸對莊子文章的評析和文壇上這種講究文法的風氣自是分不開解析方面的細密則是林希逸不能望其項背者，這又是文學批評方面進步的推動使然。究作法的風氣促進下，老莊注釋中文章評析則大大進了一步，宣穎等人在對莊子文章明清考試都要考「四書文」（即八股文），八股文作法更爲人們所講究。在古文、時文講批評方面出現了茅坤、孫鑛等人的古文評點之學，清代的古文家仍很講究文章作法，而的。而後世莊注中羅勉道的南華真經循本則最接近林希逸口義。而到明代後期文學

注釋

〔一〕上圖參考宋元學案卷二十五、二十七、二十九、四十七，中華書局一九八六年十二月版；閩中理學淵源考卷九，景印文淵閣四庫全書第四六〇册，臺灣商務印書館股份有限公司一九八六年七月版。

〔二〕宋元學案卷二十九震澤學案、卷四十七艾軒學案。

〔三〕劉克莊，城山三先生祠，後村先生大全集卷九十，四部叢刊景上海涵芬樓藏賜硯堂抄本。

〔四〕池田知久，林希逸莊子鬳齋口義在日本（周一良譯）。原載二松學舍大學論集第三十一號，譯文載莊子鬳齋口義校注附録。

〔五〕閩中理學淵源考卷八。

〔六〕莊子鬳齋口義校注，中華書局一九九七年三月版。
〔七〕江湖後集卷十，景印文淵閣四庫全書第一三五七册。
〔八〕道德真經口義，道藏第十二册，文物出版社、上海書店出版社、天津古籍出版社影印本，一九八八年三月版。以下出於三子鬳齋口義之引文不再出注。
〔九〕陸希聲，道德真經傳，道藏第十二册。
〔一〇〕蘇轍，老子解，景印文淵閣四庫全書第一〇五五册。
〔一一〕劉須溪評點，老子道德經二卷，明天啓刻本。
〔一二〕四庫全書總目卷四十六班馬異同評提要。
〔一三〕黄文蓮，老子道德經訂注，四庫未收書輯刊六輯十九册，北京出版社二〇〇〇年一月版。
〔一四〕劉惟永，道德真經集義大旨，道藏第十四册。
〔一五〕危大有，道德真經集義，道藏第十三册。
〔一六〕德清，老子道德經解，藏外道書第一册，巴蜀書社一九九二年八月版。
〔一七〕黄文蓮，老子道德經訂注，四庫未收書輯刊六輯十九册，北京出版社二〇〇〇年一月。
〔一八〕王安石，莊周上，見臨川文集卷六十八，景印文淵閣四庫全書第一一〇五册。
〔一九〕蘇軾，莊子祠堂記，見東坡全集卷三十六，景印文淵閣四庫全書第一一〇七册。

〔二〇〕褚伯秀，南華真經義海纂微，道藏第十五册。

〔二一〕劉須溪評點，莊子南華真經，明刻本。

〔二二〕陸西星，南華真經副墨，藏外道書第二册。

〔二三〕轉引自關鋒莊子内篇譯解和批判所附莊子注解書目，中華書局一九六一年六月版。徐曉南華日抄原書惜未見到。

〔二四〕羅勉道，南華真經循本，道藏第十六册。

〔二五〕德清，莊子内篇注，清光緒十四年（一八八八）金陵刻經處刻本。

〔二六〕方虚名，南華真經旁注，明萬曆刻本。

〔二七〕林雲銘，莊子因，一九一二年上海千頃堂書局石印本。

〔二八〕宣穎，莊子南華經解，民國上海朝記書莊石印本。

〔二九〕劉鳳苞，南華雪心編，清光緒二十三年（一八九七）晚香堂刻本。

〔三〇〕陸樹芝，莊子雪，清嘉慶四年（一七九九）刻本。

〔三一〕劉鴻典，莊子約解，清同治五年（一八六六）刻本。

圖書在版編目（CIP）數據

莊子鬳齋口義校注 /（宋）林希逸撰；周啓成校注. -- 福州：福建人民出版社，2024. 10. --（八閩文庫）. -- ISBN 978-7-211-09561-2

Ⅰ. B223.52

中國國家版本館 CIP 數據核字第 2024BP4681 號

莊子鬳齋口義校注

作　　者：［宋］林希逸 撰　周啓成 校注
責任編輯：莫清洋
助理編輯：陳慧子
責任校對：李雪瑩
裝幀設計：張志偉
美術編輯：陳培亮
出版發行：福建人民出版社
電　　話：0591-87533169（發行部）
地　　址：福建省福州市東水路 76 號
經　　銷：福建新華發行（集團）有限責任公司
印刷裝訂：雅昌文化（集團）有限公司
地　　址：深圳市南山區深雲路 19 號
電　　話：0755-86083235
開　　本：890 毫米 ×1240 毫米　1/32
印　　張：20
字　　數：346 千字
版　　次：2024 年 10 月第 1 版第 1 次印刷
書　　號：ISBN 978-7-211-09561-2
定　　價：110.00 元